T0194356

Sammlung Metzler
Band 342

Rainer Dietrich

Psycholinguistik

2., aktualisierte und erweiterte Auflage

Verlag J.B. Metzler Stuttgart · Weimar

Der Autor

Rainer Dietrich (geb. 1944) ist Professor für Psycholinguistik an der Humboldt-Universität zu Berlin und Mitglied der Berlin School of Mind & Brain; Hauptarbeitsgebiete: Sprachproduktion, Zweitspracherwerb.

Bibliografische Information der Deutschen Nationalbibliothek
Die Deutsche Nationalbibliothek verzeichnet diese Publikation in der Deutschen Nationalbibliografie; detaillierte bibliografische Daten sind im Internet über http://dnb.d-nb.de abrufbar.

ISBN: 978-3-476-12342-8
ISBN 978-3-476-05088-5 (eBook)
DOI 10.1007/978-3-476-05088-5

© 2007 Springer-Verlag GmbH Deutschland
Ursprünglich erschienen bei J.B. Metzler'sche Verlagsbuchhandlung und Carl Ernst Poeschel Verlag GmbH in Stuttgart 2007
www.metzlerverlag.de
info@metzlerverlag.de

Vorwort zur ersten Auflage

Die *Psycholinguistik* soll zwei Zwecken dienen. Der Band präsentiert das Bild, das man sich heute von den kognitiven Zuständen und Vorgängen des sprachlichen Wissens, des Spracherwerbs, von Sprachproduktion und -verstehen sowie von Sprachstörungen macht. Zugleich ist der Stoff so ausgewählt, geordnet und dargestellt, dass er in einem zweistündigen Einführungskurs in einem Semester behandelt werden kann. Das Buch bietet die empirisch begründete Skizze der Sprachfähigkeit des Menschen und – damit verbunden – viele weiterführende Fragen, die aus Befunden folgen und die sicherlich durch weitere Messungen und Deutungen zu beantworten sind, wenn unsere Ideen unsere Laborarbeit in eine glückliche Richtung lenken.

Dass der Text schließlich zustande gekommen ist, habe ich vielen zu verdanken. Am meisten den Studierenden, die mit Neugier und Eifer an meinen Psycholinguistikkursen der letzten zehn Jahre an der Humboldt-Universität zu Berlin teilgenommen und – wie Thorsten Fellberg – mancherlei Unklarheiten in meinen Ausführungen angemerkt haben. Die Mitarbeiter, Kollegen und Freunde in und an der Berliner Psycholinguistik mit Guido Kiecker im Mittelpunkt haben nicht nur die dazu gehörenden Räume zu einem professionellen, lebendigen und produktiven Labor gemacht, sondern auch mehr als sie bemerkt haben, zu meinem Blick auf die Inhalte des Faches beigetragen. Dass es Ingrid Häfner geschafft hat, mehrere hundert Seiten handschriftlichen Manuskripts quasi nebenbei in Word-Dateien zu überführen, sollte Anlass geben, ihr die Solopartie in einer Neueinspielung von Lee Roy Andersons Typewriter anzubieten.

Inhaltlich besonders förderlich waren die ausgedehnten Arbeitsaufenthalte von Herbert Schriefers und Jörg Jescheniak am Berliner Labor und die gründlichen Kommentare von Jürgen Weissenborn zu einem Entwurf von Teilen des Buches. Als geradezu unentbehrlich hat sich erwiesen, dass ich bei Bedarf jederzeit am Max-Planck-Institut für Psycholinguistik arbeiten und mit Wolfgang Klein über alles reden konnte. Während eines solchen Aufenthalts dort hat Tilman von Meltzer Literaturverzeichnis und Referenzen bearbeitet und später auch das Register erstellt; er und Thomas Wilhelmi haben Korrektur gelesen und auch ihre Anmerkungen zum Inhalt waren mir sehr hilfreich. Die Stimme, die in Kapitel 5.1 zu sehen ist, ist die von Katja Kühn.

Das Buch wäre vielleicht gar nicht oder jedenfalls noch nicht fertig geworden, hätte ich nicht die ungestörte Zeit am Stück gehabt, die durch ein Forschungssemester der Deutschen Forschungsgemeinschaft gewährleistet ist.

Gewidmet ist das Buch Lu aka Lise. Sie hat mir zu der Erfahrung verholfen, dass es eine Steigerung von Sprechen und Hören gibt, das Aussprechen und das Zuhören.

Vorwort zur zweiten Auflage

Nach gut fünf Jahren liegt nun die zweite Auflage der Psycholinguistik vor. Die Veränderungen gegenüber der Erstauflage spiegeln die Entwicklung der psycholinguistischen Forschung und Lehre der letzten Jahre in mehreren Hinsichten wider. Zunächst einmal hat das Volumen an Forschungs- und Lehraktivitäten in unseren Arbeitsfeldern stark zugenommen. Da anderseits das Bisherige weiterhin forschungsleitend wirkt und zum kanonischen Wissen gehört, also nicht gestrichen werden konnte, ist der Umfang des Büchleins gewachsen.

Auf die wachsende Aufmerksamkeit der linguistischen Forschung an experimentellen Methoden wurde mit dem neuen Methodenkapitel, 1.3, eingegangen und auch die methodologischen Kommentare im gesamten Text sind stärker ausgeführt und aktualisiert worden. In der neuen Einführung in die psycholinguistischen Grundlagen und Prozesse des Lesens, Kapitel 5.6, und das vollkommen überarbeitete und erweiterte Kapitel über die Sprachstörungen, Kapitel 6, wurden die stark gewachsenen und veränderten Kenntnisstände in diesen Arbeitsfeldern aufgenommen. Um diese Ergänzungen kohärent einzubinden, wurde schließlich der gesamte Text überarbeitet. Das Sachregister ist erweitert und die Literaturangaben sind um eine neue Sektion mit Angaben zu einschlägigen Handbüchern ergänzt.

Die meisten Anregungen von außen verdanke ich den rund tausend Studierenden, die seither wieder in den psycholinguistischen Kursen am Labor gelernt und mitgearbeitet haben, den vielen Fachgesprächen mit Jürgen Weissenborn, der Technikgruppe mit Guido Kiecker und Stefan Vangeel, die die neuen Messgeräte und -methoden installiert, repariert und laufend aktualisiert haben, Ingrid Häfner wieder einmal für die Übertragung meiner Handschrift in Word-Dateien, siehe dazu oben im Vorwort zur ersten Auflage, und besonders den Diplomanden, Doktoranden und Projektmitgliedern, Yasmin Dalati, Adriana Hanulikova, Chung Shan Kao, Kathrin Pusch, Jessica Rosenberg, Juliane Schütte und Katja Suckow, die mich mit ihren Fragen, Anregungen und den Ergebnissen ihrer Arbeit täglich begleitet und beeindruckt haben.

Eine beträchtliche Zahl von Fehlern und Lücken in den Referenzen im Text und den Angaben im Literaturverzeichnis beseitigt hat Johannes Gerwien.

Inhalt

1. Psycholinguistische und angrenzende Fragen

1.1 Sprache und andere Kommunikationssysteme

Von den vielerlei lautlichen Äußerungen, zu denen die Ente in der Lage ist, werden einige von fast allen Arten, einige hingegen nur von wenigen beherrscht. Von den zwanzig Arten, die Konrad Lorenz (1965) vergleicht, verfügen offenbar alle über die Äußerung vom Typ EPV, das einsilbige Pfeifen des Verlassenseins. Bei nur zwei Arten, beide echte Gänse im Unterschied zu den Pfeifgänsen, beobachtet man den mehrsilbigen Kükenstimmführungslaut (MKst.) der Anserinen. Die beiden Gansarten, die gerade diese Äußerungsart lernen können, unterscheiden sich auch biologisch von den übrigen Entenarten. Aber es gibt auch biologische Gemeinsamkeiten; alle sind eben Enten und alle beherrschen das einsilbige Pfeifen des Verlassenseins.

Das **Verhalten biologischer Gattungen** zu vergleichen, zielt darauf ab, ihre stammesgeschichtliche Verwandtschaft zu untermauern und ihre biologische Ausstattung funktional zu erklären. Ersteres ist heute auch anhand vergleichender Analysen des Erbgutes mit molekularbiologischen Methoden möglich, und die stammesgeschichtliche Stellung des Menschen relativ zu seinen Gattungsnachbarn und Vorfahren ist biologisch so weit bekannt, dass die entsprechenden Erkenntnisse zum Schulwissen gehören. Was der Biologieunterricht aber nicht lehrt, ist, wie ähnlich das menschliche Verhalten dem von Angehörigen benachbarter Gattungen ist. Zwar herrscht weitgehend Konsens darüber, dass Moralempfinden, Gewissen, Abschätzung der Folgen eigenen und fremden Handelns bei keiner anderen Spezies als beim Menschen nachgewiesen sind. Ob aber der Mensch das einzige Wesen ist, das begrifflich denkt und mittels Äußerungen einer gegliederten Wortsprache kommuniziert, wie es Medicus (1985) postuliert, lässt sich gerade mit der Methode der vergleichenden Verhaltensanalyse in Frage stellen. Aussagekräftige Kategorien für einen Vergleich könnte schon die Liste von dreizehn Merkmalen kommunikativen Verhaltens liefern, die Charles Hockett (1960) verwendet, um die menschliche Sprache mit dem Tanz der Bienen und mit den Äußerungen von Gibbons zu vergleichen. Danach weisen die sprachliche Kommunikation des Menschen und die Rufe der Gibbons gemeinsame Merkmale auf; verschieden sind sie hingegen in der zweifachen Gegliedertheit des Kommunikationssystems, der lautlichen und der nicht-lautlichen, die der menschlichen Sprache eigen ist, nicht aber den Gibbon-Rufen. Gemeinsam ist beiden andererseits die Arbitrarität der Äußerungsmittel, die sie aber wiederum nicht mit dem Tanz der Bienen teilen, dem aber durchaus Bedeutungshaltigkeit zugesprochen wird, was die Bienen damit mit der Affen- und Menschenkommunikation teilen.

Was ist mit einer solchen Klassifizierung gewonnen? Die Fakten lassen sich in geordneter Weise beschreiben und das ist nicht wenig. Aber welche Fakten? Im sprachwissenschaftlichen Grundkurs lernen wir die Unterscheidung zwischen Sprache und Rede, d.h. dem System der Ausdrucksmittel (langue) und der kommunikativen Verwendung der jeweils geeigneten Mittel in einer Situation (parole). Ursprünglich zur Unterscheidung linguistischer Gegenstände gedacht, bietet diese begriffliche Unterscheidung auch einen Ansatzpunkt zu weiterer Klarheit in der ethologischen Forschung. Unterscheidet man nämlich zwischen Kommunikation und Sprachsystem generell, nicht nur beim Menschen, so stellt sich die **ethologische Ausgangslage** so dar:

Viele Arten haben die Fähigkeit, zweckmäßig und eindeutig zu kommunizieren und jede verwendet dazu ein je artspezifisches System. Die Kommunikationsverfahren sind bestimmt von biologischen, sozialen und kognitiven Voraussetzungen der jeweiligen Art und ihrer Lebenswelt. Und die artspezifischen Sprachen sind es auch – aber anders (vgl. Hauser 1996). Die Kommunikationsverfahren sind angepasst einerseits an die peripheren Organe der Produktion und Rezeption, andererseits an die psychischen Repräsentationen der jeweiligen Organismen. Es ist trivial, dass die menschliche Kommunikation primär über den lautlichen Kanal und im Frequenzbereich zwischen 100 und 20.000 Hertz betrieben wird, da wir nicht unter Wasser leben und unsere Sprech- und Hörorgane nicht für die Verarbeitung von Ultraschall geeignet sind. Nicht trivial dagegen ist die Frage im Blick auf die sprachlichen Systeme. Hauser, Chomsky & Fitch (2002) nehmen die Sicht eines Besuchers vom Mars ein und wundern sich: »If a Martian graced our planet it would be stuck by one remarkable similarity among Earth's living creatures and a key difference. [...] It would note that all living things are designed on the basis of [...] systems that read a universal language encoded in DNA-base pains. [...] In contrast, it would notice the absence of a universal code of communication« (S. 1569).

Damit destilliert sich ein **engerer Begriff von Sprachfähig-keit** heraus, als Hockett zum Gegenstand seiner Klassifikation ge-wählt hat, nämlich der des »code of communication«, linguistisch gesprochen, das Konzept der »Grammatik.« Warum haben die Le-bewesen bei aller Verschiedenheit der Kommunikationverfahren nicht immerhin eine universale Grammatik entwickelt? Stellen wir die Warum-Frage einstweilen hintan bis die Was-Frage formuliert und geklärt ist. Inwiefern gibt es keine universale »Grammatik« im Unterschied zur universalen Codierung der Genome? Es sind grundsätzlich zwei Befunde denkbar:

1. Jede Artengrammatik (Bienentanz, Gesang der Stare, die Lautsprache der Bonobo-Männchen etc.) ist strukturell vollkom-men verschieden von jeder anderen. Sie teilen keine, aber auch gar keine strukturellen Eigenschaften.

2. Die alternative Erkenntnis könnte sein, dass es ein endliches Repertoire grammatischer Relationen gibt, das aber nicht alle Ar-tengrammatiken alle diese Relationen aufweisen. Bei Relationen denken wir an Nachbarschaftsrelationen (Laut1 – Laut 2 – Laut 1 – Laut 3; Wort 1 – Wort 2 – Wort 3 – Wort 2 ...), hierarchi-sche Relationen wie (Laut 1$_{Silbenonset}$ – ((Laut 2 – Laut 3)$_{Silbenkern}$ – Laut1$_{Koda}$)$_{Reim}$)$_{Silbe}$ etc. Ein Spezialfall dieses Befundes wäre, dass die Grammatiken intrinsisch hierarchisch geordnet sind; jede höhere weist alle Strukturmerkmale aller hierarchisch niedrigeren auf und zusätzlich ein artspezifisches Merkmal. Dass die Arten-grammatiken nicht komplett verschieden sind, ist unmittelbar ein-sichtig, denn viele, die wir aus dem täglichen Umgang mit Tieren kennen, weisen in ihren Ausdrücken die Nachbarschaftsrelationen auf: Stare singen »Sätze«, in denen sich »Wörter« wiederholen (vgl. z.B. Gentner et al. 2006, S. 1204) und Bonobo-Äußerungen sind akustisch der Lautform einer grammatischen Äußerung von Men-schen nicht unähnlich.

Die Annahme einer vollständigen gegenseitigen Disjunktion aller Artengrammatiken ist also leicht zu widerlegen, ebenso die-jenige einer universalen Grammatik aller Wirbeltiere. Was nun aber letztlich der Fall ist, ist eine empirische Frage. Es müssten die Struktureigenschaften aller Grammatiken ermittelt und diese dann auf ihre Teilmengeninklusionen hin untersucht werden, eine Herkulesarbeit. Ein machbares Vorgehen wäre, theoriegeleitet ei-ne Annahme zu formulieren und diese dann empirisch zu testen. Mit jedem Falsifikationsversuch, dem sie standhält, gewinnt sie an Wahrscheinlichkeit. Hauser, Chomsky & Fitch (2002) gehen diesen Weg. Ihre Annahme ist, dass die Grammatik der Men-schensprache viele Merkmale mit den Grammatiken anderer Arten teilt, sich aber in genau einem Strukturmerkmal von allen Tieren unterscheidet.

In der natürlichen Sprache des Menschen gibt es die Relation der »Rekursivität«, d.h., sie weist Regeln der Form $A \rightarrow A^\frown B$ auf. Die Konstituente A kann eine Kette dominieren, die wiederum ein A als Glied enthält. Wenn diese Annahme zutrifft und zugleich keine Tier-Grammatik gefunden wird, die ein Strukturmerkmal aufweist, das in der Menschgrammatik nicht auch belegt ist, so würde das heißen, dass die menschliche Sprache einzigartig ist – unter den Lebewesen der Erde. Dies ist die einstweilige Folgerung von Chomsky (2006) aus einer Reihe von evolutionstheoretischen Fakten und Räsonnements. Er lässt wenig Zweifel daran, dass diese wie jene nichts als Spekulationen sind – aber entscheidbar – in the long run. Das ist eine starke Behauptung und sie ist erwartungsgemäß nicht unumstritten – in beide Richtungen. Gentner et al. (2006) behaupten, dass auch die Grammatik des Starengesanges Rekursivität aufweist und Jackendoff & Pinker (2005) problematisieren Grundbegriffe von Hauser, Chomsky & Fitch (2002), darunter den der »Grammatik« als ein System von Prinzipien, angewandt auf elementare lexikalische Einheiten.

Anthropologisch wird die **Einzigartigkeit der menschlichen Kommunikation** nicht erst an der Fähigkeit zur Sprache verankert, sondern an der artspezifischen Fähigkeit, absichtsgeleitet zu handeln und die Absicht von Interaktionspartnern zu erkennen. Zwar führen z.B. Affen wie auch Kleinkinder Zeigegesten aus, um die Aufmerksamkeit eines anderen auf Objekte in der Umgebung zu lenken; die Intention des Menschen dabei, so Tomasello et al. (2005) und Tomasello & Carpenter (2005), ist aber eine fundamental andere. Sie ist eingebunden in ein gegenseitiges Verstehen von Intentionen, eine Fähigkeit über die nach dieser Theorie ausschließlich der Mensch verfügt. Wir gehen hier nicht weiter ins Detail. Noam Chomsky soll die Stichhaltigkeit der Feststellung, menschliche Sprache sei Kommunikationssystemen der Tiere ähnlich, mit derjenigen gleichgesetzt haben, das Verhalten des Menschen, der in die Luft springt und die Arme auf und ab schwingt, sei dem Flug des Vogels ähnlich; also könne der Mensch im Prinzip fliegen wie der Vogel. Manch einem wird es fraglich sein, ob derlei Behauptungen überhaupt wissenschaftlich diskutiert und entschieden werden können. Die Fragen jedenfalls tauchen immer wieder auf, typischerweise auch in Einführungsseminaren. Ob man darauf entschieden oder dilatorisch antwortet, eine wissenschaftliche Antwort setzt in jedem Fall voraus, dass man über die Sprachfähigkeit des Menschen Bescheid weiß. Und bei der Annäherung an dieses Wissen verhilft gerade die ethologische Perspektive zu der nützlichen Distanziertheit, die die Wahrnehmung und die Aufnahme der Befunde prägen sollte. Der Mensch ist kein Delphin, keine Biene und kein Schimpanse. Dennoch ergibt sich beim Durcharbeiten dieses Textes mehr Plastizität, wenn man sein Kommunikationsverhalten mit der Kommunikation im Tierreich im Übrigen hie und da vergleicht. Natürlich fällt der Kontrast krass ins Auge, wenn dem Pfeifen der Graugans ein Stück aus einem routinierten und inhaltlich zudem fesselnden Gespräch gegenübergestellt wird.

Ein packendes Beispiel eines solchen Gesprächs ist etwa der Dialog zwischen zwei Flugzeugführern in einer kritisch werdenden Lage beim Landeanflug auf einen Flughafen. Quelle dieser authentischen Aufzeichnung ist eine Transkription des Cockpit-Voice-Recorder-Mitschnitts (CVR) durch die Nationale Transport-Sicherheitsbehörde der U.S.A.

Zur Situation: Im September 1993 befindet sich ein Airbus 320–211 von Frankfurt am Main kommend auf dem Anflug auf den Flughafen von Warschau. Der Flug hat die Nummer Lufthansa 2904. An Bord sind Pilot und Copilot, vier weitere Mitglieder der Besatzung, darunter der Purser, der u.a. die Kommunikation zwischen Kabine und Cockpit wahrnimmt, sowie vierundsechzig Passagiere. Der Anflug findet unter ungünstigen Windbedingungen statt, vom Boden werden der Maschine Böen von starkem Seitenwind über der Landebahn gemeldet. Dadurch setzt die Maschine seitlich gekippt auf der Bahn auf; es berühren nicht alle Räder des Fahrwerks gleichzeitig den Boden, was zu Bremsproblemen und schließlich zu einer gefährlichen Annäherung an die hintere Landebahnbegrenzung führt.

Hier sind die letzten drei Minuten der Kommunikation aus der Sicht des Cockpit:

Sprecher bzw. Hörer sind:

PF: Der Pilot, der fliegt.
PNF: Der Pilot, der nicht fliegt (Copilot)
PUR: Purser
TWR: Tower (Fluglotse im Tower)
APP: Approach (Fluglotse für den Luftraum über dem Flughafen)
ACO: Stimme der automatischen Höhenansage im Cockpit.

Zeit	Sprecher	Äußerung
15.29:38	PNF	Noch hundert. <Klack> Bist leicht überm glideslope
15.29:40		< glideslope = eine Anzeige des Leitstrahls, auf dem das Flugzeug beim Anflug bleiben muss.>
15.29:42	PF	Stimmt.
15.29:46	PNF	Ungefähr eine Daumenbreite.
15.29:47	APP	<Funkverkehr auf Polnisch>
15.29:52	PUR	Kabine ist klar.
	PF	Danke.
15.29:55		<Klack; Tür zwischen Cockpit und Kabine>
15.29:58	PF	Sonst schaffe ich das nicht.
15.30:03	PNF	... gute Idee.
15.30:06	PNF	Gear down. <= Fahrwerk raus>
15.30:07	PF	Gear down. <Bestätigung>
15.30:08		<Geräusch von Hebel und Fahrwerk>
15.30:14		<Gong; Höhenwarnung>
15.30:16	PF	Jetzt hat er ihn. < den glideslope>
15.30:17	PNF	Genau.
15.30:23	PF	Dreitausendachthundert. <Fuß. Die Höhe unterhalb der in der gegebenen Situation kein Durchstarten mehr möglich ist.> Zeilen gelöscht
15.30:45	PNF	Lufthansa two-nine-zero-four is established.
15.30:48	APP	Lufthansa two-nine-zero-four continue ILS <= Instrumentenlandesystem> approach runway one-one as number one, call tower one-two-one point six, thank you, see you later.
15.30:56	PNF	Roger, one-six, bye bye.
15.31:00	PNF	Tower, good afternoon, Lufthansa two-nine-zero-four ILS runway one-one.
15.31:07	TWR	Lufthansa two-nine-zero-four, continued ILS approach, call me Outer Marker, wind one-six-zero degrees two-five kilometers per hour and before landing, eh it was report windshear on the final runway one-one
15.31:18	PF	Windshear <=Seitenwind>
15.31:21	PNF	Roger, that's understood, I call you Outer Marker.
15.31:25	PF	<Click> Flaps three. <Landeklappen in Stellung drei>
15.31:26	PNF	Flaps three. <Bestätigung>
		[...]
15.32:14	PF	Dreht ja noch ordentlich.
15.32:16	PNF	Muss ja drehen.
15.32:17	PF	Muss ja, das kann ja gar nicht anders sein.
15.32:23	PNF	Gut
15.32:27	PF	Mach bitte mal die Ignition an.
15.32:32	PNF	Landing checklist available.
15.32:33	PF	Landing checklist.
15.32:36	PNF	Landing.
15.32:37	PNF	Landing, all green.
15.32:38	PF	Landing, all green
15.32:57	PNF	Field in sight. <Landebahn in Sicht>
15.32:58	PF	Visual. <Umschalten von Instrumentenflug auf Sichtflug>

Zeit	Sprecher	Äußerung
15.33:00	PF	Immer noch von achtern.
15.33:02	PF	Rate of descent is out of limits. <Sinkgeschwindigkeit außerhalb der Grenzwerte>
15.33:03	PNF	Ja, elf hundert Fuß.
15.33:08	PF	Rain repellent, bitte.
15.33:10		<Geräusch des Scheibenwischers>
15.33:15	ACO	Four hundred.
15.33:20	ACO	Three hundred.
15.33:26	ACO	Two hundred.
	TWR	<Funkverkehr in polnischer Sprache>
15.33:29	PNF	Von rechts kommt jetzt.
15.33:31	PF	Jetzt kommt die windshear.
15.33:33	ACO	One hundred.
15.33:36	PNF	Dreht, dreht (turning, turning)
15.33:37	ACO	Fifty.
15.33:39	ACO	Thirty.
15.33:40	ACO	Retard, retard.
15.33:45		<Clack>
15.33:49	PF	Brems mal mit.
15.33:52	PF	Full braking.
15.33:56	PNF	Reverse auf?
15.33:57	PF	Ja's voll.
15.33:58		<Clack>
15.34:01	PNF	Hundert.
15.34:02	PF	Weiter bremsen.
15.34:05	PF	Scheiße.
15.34:06	PF	Was machen wir jetzt?
15.34:08	PNF	Tja, du kannst nix mehr machen.
15.34:10	PF	Ich möchte' nicht da gegen knallen.
15.34:11	PNF	Dreh'n weg.
15.34:12	PF	Was?
	PNF	Dreh ihn weg.
15.34:16	PF	Scheiße!
15.34:17		<Krachen>

Man braucht den Inhalt dieser Kommunikation nicht in allen Details zu verstehen, um spontan und zweifelsfrei die Behauptung zu wagen, dass sie von keinem anderen Lebewesen als vom Menschen und einstweilen auch von keinem Automaten vollzogen werden könnte. Was ist in dieser Kommunikation und in dem Verhalten, in das sie eingebettet ist, alles im Gange? Offenbar sind Aktivitäten mehrerer Verhaltensbereiche der Beteiligten zu beobachten. Was die Transkription am augenfälligsten macht, ist, dass alle Beteiligten Äußerungen produzieren. Sie verfügen mithin über die dazu erforderlichen Sprechorgane und die Fähigkeit, mit ihnen lautsprachliche Äußerungen zu artikulieren. Die Äußerungen sind sprachlich wohlgeformt, ein Hinweis auf die Beherrschung der verwendeten Sprache, d.h. Kenntnis der Wörter und der Gesetzmäßigkeiten ihrer Zusammenfügung zu Sätzen und Satzfolgen. Pilot, Copilot und der Sprecher in der Anflugkontrolle verwenden abwechselnd Äußerungen in zwei Sprachen, was zum einen die entsprechenden Kenntnisse und Fertigkeiten einer Person in mehreren Sprachen belegt, zum anderen annehmen lässt, dass die Sprecher die Veranlassungen kennen, mal die eine, mal die andere Sprache zu verwenden, und diese Veranlassungen kalkulieren und befolgen können. Mehrsprachigkeit in diesem Sinne kommt übrigens auch im Reich der Vögel vor (vgl. Williams, Zeigler & Marler 2004). Welche Einzelaktivitäten des Weiteren die gesamte Produktion einer Äußerung ihrerseits enthält, wird in Kapitel 4 genauer behandelt. Vorläufig genügt es festzuhalten, dass dem Artikulieren der Äußerung Denkvorgänge, also kognitive Prozesse, vorangehen. Der Sprecher plant offenbar bei jeder Äußerung, an wen sie gerichtet ist, was mitgeteilt werden soll, welchem Ziel die Äußerung dienen soll, z.B. einer Bitte, einer Frage, einer Aufforderung etc.

Das alles lässt sich unter das sprachliche Verhalten unterordnen. Ebenfalls dazu zählen die Aktivitäten des Verstehens, die dem Dokument nur indirekt zu entnehmen sind. Um 15.29:42 sagt der Pilot *Stimmt*, um 15.30:17 der Copilot *Genau*. Äußerungen wie diese zeigen, dass seitens des Sprechers auf eine vorangegangene Äußerung des Kommunikationspartners reagiert wird, diese also wahrgenommen, verstanden und ihr Inhalt auf seine Zustimmungsfähigkeit durch den Adressaten beurteilt worden ist. Auch dem Verstehen und den dabei stattfindenden Einzelaktivitäten wird ein eigenes Kapitel (Kap. 5) gewidmet sein. Eingebunden ist das sprachliche Verhalten in diesem Beispiel in verschiedene nichtsprachliche Aktivitäten von Sprecher bzw. Hörer. Da ist zunächst einmal das gesamte motorische Verhalten, das Bewegen von Körper und Körperteilen, ferner die laufende auditive, visuelle, taktile und olfaktorische Wahrnehmung.

Direkte Hinweise auf die visuelle Wahrnehmung finden sich in den Äußerungen 15.29:40 *Bist leicht überm Glideslope* und 15.32:57 *Field in sight*. Die erste zeigt an, dass der Copilot einen Zustand eines Anzeigeinstruments gesehen hat, die zweite, dass er die Landebahn direkt sieht. Visuelle Sprachverarbeitung, also Lesen, findet in der obigen Kommunikation nicht statt. Sie ist aber, wie man sich denken kann, auch Bestandteil der menschlichen Sprachfähigkeit und wird in Kapitel 5.6 behandelt.

Dem sprachlichen Verhalten nur mittelbar zu entnehmen sind Vorgänge des nicht-sprachlichen Denkens, des Sozialverhaltens und des Empfindens. Nicht-sprachliches Denken findet sich z.B.

mittelbar belegt in der Äußerung 15.29:58, mit der der Pilot zu verstehen gibt, dass die Entscheidung, zeitweise oberhalb des Radarleitstrahls zu fliegen, der Sache nach begründet ist. Der Gedankengang des Piloten ist auch ohne flugtechnisches Wissen ein Stück weit zu verstehen. Jedenfalls deutet die Äußerung darauf hin, dass angesichts der Windverhältnisse, der Sinkrate, der Entfernung von der Landebahn und der Fluggeschwindigkeit eine vollständige Annäherung an den Leitstrahl mit dem Landemanöver als Ganzem nicht zu vereinbaren ist. Ausdruck von Sozialverhalten ist eine Äußerung wie *Danke* (PF, 15.29:52) und emotionales Verhalten schließlich belegt mehr oder weniger indirekt die Äußerung 15.34:10 und unmissverständlich die von 15.34:16.

Halten wir also fest: Nach Maßgabe und Vermögen seiner artspezifischen Ausstattung fügt sich das sprachliche Kommunizieren des Menschen in sein Gesamtverhalten ein:

- Vorgänge der peripheren Sprachorgane
- Wahrnehmung
- Gedächtnisvorgänge
- Denken im weiten Sinne, d.h. von den autonomen, dezentralen Informationsverarbeitungen bis zu den bewussten Problemlöseprozessen
- Soziale Orientierung
- Gefühlsleben

1.2 Gegenstand und Ziele der Psycholinguistik

Wenn man sich daran macht, die Abläufe des sprachlichen Verhaltens und seine Voraussetzungen genauer zu untersuchen, betrachtet man es aus einer der genannten Perspektiven. Die psycholinguistische Perspektive ist die, sprachliches Verhalten als einen Bestandteil des menschlichen Denkens, der Kognition, zu betrachten. Der griffigen Hilfsvorstellung folgend, dass wissenschaftliches Arbeiten systematisches Suchen nach Antworten auf offene Fragen ist, ist Psycholinguistik das systematische Suchen nach einer Antwort auf die Frage:

Welches Wissen und welche kognitiven Verarbeitungssysteme machen die Sprachfähigkeit des Menschen aus?

Die Frage ist vielleicht zu umfassend formuliert, so dass ihr keine fassbare Vorstellung vom Gegenstand psycholinguistischer Arbeit zu entnehmen ist. Und tatsächlich wird sie in dieser Allgemeinheit auch nicht in einem Schritt angegangen, jedenfalls heutzutage nicht mehr. Ein Ergebnis der psycholinguistischen Forschung der letzten rund hundert Jahre ist, dass die Sprachfähigkeit des Menschen auf dem Zusammenwirken mehrerer Wissensbestände und Verarbeitungssysteme beruht. Dasselbe gilt für die Vorgänge des Erwerbs der Sprachfähigkeit und ebenso für das seinerseits wieder umfassende Feld der Störungen.

Betrachten wir noch einmal die Kommunikationsvorgänge in dem obigen Cockpit-Beispiel. Was die Beteiligten da sprachlich tun, lässt auf verschiedene Bestände an Wissen und verschiedene Teilfertigkeiten schließen. Grob zu unterscheiden sind in erster Annäherung die Kenntnis von Wörtern einerseits und Kenntnisse davon, wie welche Wörter kombiniert werden können und müssen, damit eine Äußerung herauskommt, die dem Angesprochenen gerade die Information zu verstehen gibt, die der Sprecher aktuell ausdrücken will. Die Kenntnis von Wörtern, ihren Bedeutungen, ihren syntaktischen Bedingungen, ihrem inneren Aufbau (*kann-st*, *komm-t*, *Daumen-breit-e*) und ihrer Ausdrucksseite, d.h. Lautung und Schreibung, bildet zusammengefasst **das lexikalische Wissen**. Es ist statisch, verändert sich beim Erwachsenen eher langsam, jedenfalls verglichen mit dem Wissen über Aktienkurse, Benzinpreise oder die Stimmung der nächsten Mitmenschen; kurzum, es ist ein relativ stabiles Langzeitwissen.

Das **Wissen der grammatischen Kombinatorik** ist zwar auch langzeitlich – der Mensch hat es auch dann, wenn er nicht gerade redet oder mit ihm geredet wird – es ist aber dem Inhalt nach ein prozedurales Wissen um das Zusammenpassen sprachlicher Einheiten unter strukturellen Bedingungen. Wer die Kombinationsregeln des Deutschen beherrscht, verfügt z.B. über die Kenntnis, dass der Artikel vor einem Nomen, mit dem er zusammengehört, sich hinsichtlich seiner Genusform nach dem Nomen richtet und nicht umgekehrt. Dieser Kenntnis gemäß verwendet der Copilot in der Äußerung 15.29:46 die Form *eine* und nicht *ein* oder *einen*, weil *eine* die feminine Form des Akkusativs ist, was dem Genus von *Daumenbreite* entspricht. Dieses sog. grammatische Wissen ist ebenfalls äußerst reichhaltig und kompliziert, wessen man sich als Muttersprachensprecher kaum bewusst ist. Eine Ahnung davon entsteht mitunter, wenn man eine fremde Sprache zu lernen beginnt, sagen wir als Deutschsprachiger das Italienische, und wenn man dann, im vermeintlichen Besitz des qualvoll Erworbenen, in einem Hotel in der Toscana an der Rezeption ein ruhiges Zimmer für zwei Personen, drei Nächte und mit nur einem Frühstück bestellen will, nach Wörtern und Konstruktionen, Flexionsformen und der richtigen Aussprache sucht. Dass der Mensch sich den Inhalt seines grammatischen Wissens nicht bewusst machen kann und dass er auch nicht auf anderem Wege unmittelbar beobachtet werden kann, stellt die Wissenschaftler vor besondere methodische Herausforderungen. Das grammatische Wissen ist nur auf dem Wege systematischer Beobachtung des sprachlichen Verhaltens und der darin belegten Äußerungen möglich. In einer einzelnen Äußerung wird aber jeweils nur von einem winzigen Ausschnitt des gesamten grammatischen – und übrigens auch lexikalischen – Wissens Gebrauch gemacht.

Ebenso wie das sprachliche Wissen selbst sind dem Menschen auch die meisten **Prozeduren der jeweiligen Sprachverwendung** nicht bewusst. Diese machen in ihrer Gesamtheit neben dem sprachlichen Wissen den anderen Hauptanteil der Sprachfähigkeit aus. Eine entsprechende Unterscheidung ist in der Linguistik schon zu Anfang des 20. Jahrhunderts durch den Indogermanisten und Sprachtheoretiker Ferdinand de Saussure getroffen worden. In dem nach seinen Vorlesungen geschriebenen Buch *Grundlagen der allgemeinen Sprachwissenschaft* wird die Sprachfähigkeit als ganze als »faculté de langage« bezeichnet, der Wissensbestand als »la langue« und die Rede als »la parole«.

Vom sprachlichen Wissen und der Fähigkeit, es zu verwenden, führt ein direkter Weg zu der Frage, wie beides erworben wird. Ein Hauptgebiet der Psycholinguistik untersucht die Frage, wie die Sprachfähigkeit des Menschen sich entwickelt. Damit auch diese sehr abstrakte Frage plastischer wird, zwei Bespiele:

Clara und Wilhelm Stern, ein Forscherehepaar in Breslau Anfang des 20. Jahrhunderts, haben ihre drei Kinder beim Erwerb der Sprache genau beobachtet, besonders genau Hilde, geb. am 7. April 1900. Über Hildes Sprechen und Verstehen etwa 12 Monate nach der Geburt berichten die Sterns die folgenden Beobachtungen:

a) Verstehen:
Gesagt wird: *Wer bin ich denn*?
Hilde: *mamma*
Gesagt wird: *Gib einen Kuss!*
Hilde: Macht eine schmatzende Kussbewegung in die Luft.

b) Sprechen:
Hilde: *puppe.*
Kommentar der Eltern: *puppe* wurde anfangs zu fast allen Spielobjekten gesagt, zu richtigen Puppen ebenso wie zum Stoffkaninchen und zur Stoffkatze, <u>dagegen nicht zu ihrem Glöckchen</u> (Hervorhebung von mir, RD).

Hilde: *babà* <Betonung auf der letzten Silbe>.
Kommentar: *babà* sagte Hilde öfter, wenn sie etwas in den Mund nahm,
was ihr nicht schmeckte.
(Vgl. Stern & Stern 1920: 18–20).

Vergleichen wir diese kommunikativen Aktivitäten von Hilde mit
solchen zweieinhalb Jahre später (Stern & Stern 1920: 72):
   Situation: Die Mutter kommt zu Hilde ins Zimmer, die mit
einer Puppe beschäftigt ist; es entsteht ein Gespräch:

Mutter: *Ist das auch dein Puppenkind?*
Hilde: *Nein, die kleine ist bloß für den Günther* <der kleine Bruder>.
komm, hinsetzen Püppelchen. ich wer' dich halten; ja?
M.: *Was hast du gespielt mit Püppchen?*
H.: *Ich hab schlafen elegen; sie is schon ausgeschlafen.*
M.: *War sie artig?*
H.: *Ja sie war artig – und dann hat sie geschrieen.*

Die Sprachentwicklung ist offensichtlich. In zweieinhalb Jahren
hat Hilde fast alle Sprachkenntnisse erworben, über die unsere
Piloten verfügen, jedenfalls, wenn man vom Fachwortschatz und
von den Englischkenntnissen absieht. Sie kann Äußerungen anderer verstehen und angemessen darauf reagieren. Und das alles,
obwohl sie im Erwerb sprachlichen Wissens weder besonders ausgebildet, noch in der Verwendung systematisch angeleitet worden
ist. Und sie hat diesen Erwerbsvorgang in einem Alter bewältigt,
in dem ihr der Erwerb des Schachspielens oder des Lösens von
Gleichungen nicht so flott von der Hand gegangen wäre. Eine
Sonderstellung hat die Sprachfähigkeit außerdem damit, dass sie,
sofern nicht Krankheit oder Störungen sie verhindern, sozusagen
naturwüchsig bei jedem Kind entsteht.
   Die Fähigkeiten der produktiven und rezeptiven Sprachverwendung umfassen in sich jeweils Gruppen von funktional zusammenhängenden Prozeduren, die scheinbar relativ autonom, d.h.
unabhängig voneinander und unabhängig von zentraler Steuerung
»arbeiten«.
   Werfen wir dazu noch einen Blick auf die kurzen Redewechsel
in der Cockpit-Kommunikation, 15.29:38 bis 15.29:52. *Bist leicht
über'm Glideslope.* Was geschieht hier alles? Der Copilot nimmt eine Anzeige auf einem Gerät wahr und folgert mit seinem Wissen,
dass Ist- und Sollzustand des Flugzeugs nicht übereinstimmen. Er
stellt sich daraufhin die kommunikative Aufgabe, den Piloten auf
diese Abweichung aufmerksam zu machen. Beobachten lässt sich
nur das Ergebnis der Äußerungsproduktion, die Äußerung selbst,
technisch gesprochen, eine Folge von akustischen Erscheinungen,

Schallschwingungen in der Luft der Flugkanzel. Zwischen dem Zeitpunkt der kommunikativen Aufgabe und dem Ende des Sprechens haben eine Reihe von kognitiven Prozessen stattgefunden; darunter die Umwandlung eines mentalen Bildes, hier das von der Abweichung zwischen Ist- und Soll-Lage des Flugzeugs, in einen Typ von Information, der sprachlich zum Ausdruck gebracht werden kann, ferner die zeitliche und räumliche Bezugsetzung dieses Gedankens auf die aktuelle Sprechsituation, das Finden der Wörter im lexikalischen Wissen, das Zusammenbauen des Satzes, die Erstellung einer Vorstellung von einer lautlichen Realisierung, die Aktualisierung der motorischen Artikulationssteuerung etc. Das alles hat schätzungsweise nicht länger als zwei Sekunden gedauert. Mindestens ebenso bemerkenswert ist, dass die Reaktion des Piloten ohne nennenswerte Verzögerung darauf erfolgt. Immerhin muss auch in seinem geistigen Programm des Sprachverstehens eine Kette von Prozessen stattgefunden haben. Dass derartige Vorgänge zeitlich so dicht hintereinander möglich sind, deutet darauf hin, dass der Verstehensvorgang zeitlich überlappend mit dem Sprechvorgang abläuft und umgekehrt die Sprechplanung des Antwortenden wahrscheinlich beginnt, bevor der Verstehensvorgang vollständig abgeschlossen ist.

Natürlich kann die Entwicklung der Sprachfähigkeit auch gestört sein. Ebenso kann schon erworbene Sprachfähigkeit wieder verlorengehen. Stark & Stark (1991: 280) dokumentieren eine Nacherzählung von »Rotkäppchen und der Wolf« durch einen 46-jährigen Patienten, der infolge eines Schlaganfalls an einer sog. Aphasie leidet.

Ich zähle Rotkäppchen. ... <... = längere oder kürzere Pause> Ah Mutter . ah . backt Kuchen . und . andere Sachen .. Und . schickt eine Mädchen weg. .. Und ein Wolf . kommt . und sieht Rotkäppchen. .. Und ah .. ah . ah . Blumen ah /<Abbruch> Und ah und .. pflückt . Blumen. . Und ah . ah Wolf geht. Und ah ah und ah . ah ah . eine Mutter. ... Und pflückt Blumen. viele Blumen. . Und geht und nichts mehr. .. Rotkäppchen .. und ah .. hören . hörn und sehn . und ah/ Weiß ich nicht! Ah Kopf und ..... und .. Mutter .. ah ah gibt sie mehr Milch.

Krankheit und Störung der Sprachfähigkeit (vgl. Kap. 6) zu untersuchen, ist zum einen natürlich direkt motiviert durch die gewonnenen Einblicke und die damit verbundenen Heilungsmöglichkeiten. Darüber hinaus liefert die Beobachtung, welche Komponenten der Sprachfähigkeit separat geschädigt werden können, auch Anhaltspunkte für das Verständnis ihres Aufbaus und ihrer Funktionsweise beim Gesunden. Die Unterscheidung zwischen gestörter und ungestörter Sprachfähigkeit soll übrigens nicht zu der

Annahme führen, Sprechen und Sprachverstehen in der normalen Kommunikation wären völlig frei von Fehlproduktionen bzw. Verstehensfehlern. Jeder kognitive Vorgang, der neunundneunzigmal gelingt, kann auch einmal schief gehen; die resultierenden **Versprecher bzw. Verhörer** sind mitunter amüsant, immer aber als Beobachtung aufschlussreich. Ein Beispiel, auf das beides zutrifft, aus der Sammlung *Reden ist Schweigen und Silber ist Gold* von Helen Leuninger (1993: letzte Umschlagseite):

Sie hören nun die h-Mess-Molle, Verzeihung die h-Moss-Melle, ich bitte sehr um Entschuldigung, die h-Moll-Messe von Johann Sebaldrian Bach – ich häng mich auf.

h-Mess-Molle anstatt *h-Moll-Messe* ist das Ergebnis einer Reihenfolgevertauschung von zwei Morphemen in der Kette von Morphemen eines zusammengesetzten Nomens, eben *Mess* und *Moll*; letztes sollte dem ersteren vorausgehen. Was daran nicht selbstverständlich ist, ist dass die Endung »e« ihren richtigen Platz behalten hat und nicht zusammen mit *Mess* vertauscht worden ist. Tatsächlich kommt uns ein Versprecher wie *h-Messemoll* geradezu fremd und unnatürlich vor. Im weiteren Verlauf der Äußerung passiert dann noch eine Vertauschung, *h-Moss-Melle*, die Kernvokale der beiden Morpheme, die an der vorigen Vertauschung beteiligt waren, werden zurückgetauscht, aber nicht die auslautenden Konsonanten-Cluster |-s| und |-l| Einheiten, die als einzelne vertauscht werden können, so kann man folgern, sind auch einzeln Gegenstand von Verarbeitungsprozeduren und dies führt zu einer Annahme über die Struktur des Verarbeitungssystems, vielleicht auch über die zeitliche Organisation des Prozesses. Die Tatsache, dass eine in der Äußerung spätere sprachliche Einheit mit einer früheren vertauscht wird, kann jedenfalls als Evidenz dafür verstanden werden, dass sie zum Zeitpunkt der Vertauschung schon im Verarbeitungsvorgang aktiv war und dass somit die kognitive Prozedur, der dieser Fehler unterlaufen ist, gleichzeitig Zugriff auf mindestens diese gesamte Substantivkonstruktion *h-Moll-Messe* gehabt haben muss und dass dies der Normalfall ist. Aber Obacht! Bei allem Respekt vor feinsinnigen Schlussfolgerungen ist gegenüber weitreichenden Verallgemeinerungen aus Einzelbeobachtungen doch mehr Skepsis angebracht. Immerhin lässt sich der Versprecher auch als Evidenz für die Gegenannahme verwenden. Das ginge etwa so: Im Normalfall werden von der besagten Prozedur nur kurze, morphemgroße Stücke verarbeitet und gerade der Umstand, dass im vorliegenden Fall ein zu großes Stück in der Verarbeitung aufgenommen worden ist, hat zu der Fehlfunktion geführt. Das

Teilsystem, das hier gerade versagt hat, hat sich eben ein zu großes Stück vorgenommen, es hat von dem auf es zukommenden Stück sozusagen mehr abgebissen, als es kauen konnte.

1.3　Methoden

1.3.1　Zweifach blind

Insoweit das sprachliche Wissen und die Prozesse seiner Verarbeitung einen Bestandteil der menschlichen Natur darstellen, ist die Psycholinguistik eine Naturwissenschaft. Ihr Ziel ist, wie oben gesagt, **den Inhalt und die Organisation des sprachlichen Wissens und die Mechanismen der Sprachverarbeitung generell zu beschreiben.** Die generellen Modelle sind jedoch auf begrenzt viele Faktenbeobachtungen gestützt und insofern ist ein Modell, eine Theorie nicht mehr als eine Behauptung, im glücklichen Fall eine, die Überprüfungen anhand vieler weiterer Beobachtungen standhält. Aber auch noch so lange Lebensdauer verwandelt sie nicht in die Feststellung einer ewigen Erkenntnis. Ob sie zutrifft, steht weiter zur Disposition. Dies ist die eine Weise, in der unser Bemühen um Erkenntnis von Naturgesetzen blind ist; wissenschaftliche Forschung kann nicht Allwissenheit erreichen, wir bleiben auch als Wissenschaftler »zukunftsblind«. Insofern das psycholinguistische Bemühen dem Wissen und Denken gilt, empfinden wir uns zudem auf eine zweite Weise blind. Die Gegenstände der psycholinguistischen Forschung sind Bestandteil der geistigen Natur; sie haben – unserem Empfinden gemäß – kein Gewicht, keine Ausdehnung, keine Form, keine Farbe – keine Materie?

　　Letzteres zu behaupten, hat keinen Sinn, wenn nicht auch angegeben wird, wie eine solche Behauptung empirisch überprüft werden kann. Die Geist-Materie-Problematik zu vertiefen, führt vom Gegenstand dieses Buches weg. Festzuhalten ist aber eine methodische Besonderheit: Vorhandensein und Beschaffenheit geistiger Phänomene sind unserer Beobachtung nicht in dem Sinne unmittelbar zugänglich, wie der Aufbau des Atomkerns oder die Tätigkeit des Herzmuskels. Noch nicht.

　　Diese Blindheit ist also nicht dem Menschen immanent. In dem Maße, wie verbesserte und neue Verfahren zur Beobachtung der Struktur der Tätigkeit des Zentralnervensystems erreicht werden, werden auch die kognitiven Gegenstücke ihre Form und ihre Dynamik und schließlich ihre materiale Seite erkennen lassen.

Nur: Hier ist erst ein Anfang gemacht. Die Aussicht auf Fortschritte wird u.a. davon bestimmt, wie genau und mühelos neuronale Aktivitäten gemessen werden können und – entscheidender wohl – wie detailliert, kohärent und zutreffend wir den Bau der Sprache zu erfassen vermögen. Vor mehr als dreißig Jahren schrieb Harry Whitaker, ein Pionier der Neurolinguistik: »Neurophysiology is faced with a peculiar surfeit of data: it is possible to record all the activity of a single neuron or the activity of collections of neurons [...]. The problem is, what do these spike trains mean? They are undoubtedly the coded form of information, but yet there is little to indicate what the units of communication are.« (Whitaker 1971: IX–X). Eine nicht unähnliche Herausforderung an die Linguistik stellt die Existenz mächtiger Datenverarbeitungsanlagen dar, deren Kapazität der Simulation sprachlichen Verhaltens immer weniger Grenzen setzt. Dass wir vom sprachkompetenten Roboter noch weit entfernt sind, liegt an den Lücken in unserem linguistischen Verständnis. Anders als in der Computerlinguistik jedoch ist in der Psycholinguistik stärker auf die Symbiose der beteiligten Fächer zu setzen, sobald wir dem Gehirn bei der Sprachverarbeitung »zuschauen« können. Damit eröffnet sich die Möglichkeit, neuronale Prozesse linguistisch vorherzusagen und umgekehrt die linguistischen Annahmen neurophysiologisch zu testen. Doch zurück zur Gegenwart.

Die mehrfach erwähnte Tatsache, dass die kognitiven Zustände und Vorgänge der Sprachfähigkeit nicht direkt zu beobachten sind, begründet die gerade erwähnte Skepsis in besonderer Weise. Und diese Skepsis ist als Grundhaltung in der heutigen Psycholinguistik auch generell anerkannt und gepflegt; so kommt der Methode, dem Verfahren, mit dem eine Beobachtung gewonnen wird, eine wesentliche Bedeutung in der Beurteilung der Behauptungen zu, die sich darauf stützen. Ein psycholinguistischer Befund ist nur in dem Maße aussagekräftig, wie die verwendete Methode ihn aussagekräftig macht. Die Notwendigkeit gewissenhafter methodischer Reflexion zeitigt in der psycholinguistischen Arbeit zwei komplementäre Wirkungen, je nachdem, ob sie sich auf die Bewertung gewonnener Ergebnisse richtet oder auf die Planung neuer Untersuchungen. Indem eine psycholinguistische Erkenntnis Voraussagen und damit Allgemeingültigkeit immer nur in dem Rahmen zulässt, der mit den Beobachtungsmodalitäten gesteckt ist, wirkt das Methodenbewusstsein in der Beurteilung eines Befundes häufig restriktiv. Eine Behauptung wird zunächst einmal nur für die Verhältnisse für gültig gehalten, unter denen sie gewonnen worden ist, nämlich eben genau den im Experiment gegebenen.

Bei der Planung einer neuen Untersuchung hingegen fordert dasselbe methodische Bewusstsein äußerste Flexibilität und Kreativität im Ersinnen von aussagekräftigen Verfahren, die möglichst weitreichende und allgemeine Behauptungen rechtfertigen. Beide Aspekte sollen in den folgenden Kapiteln deutlich werden, indem Methodisches jeweils im Zusammenhang mit spezifischen Befunden behandelt wird und im Zusammenhang mit den Experimentplanungen. Die Vorgehensweise bei der psycholinguistischen Beobachtung richtet sich nach dem Inhalt der Fragestellung, dem Umfang des darüber schon vorliegenden Wissens und der technischen und ethischen Machbarkeit des Verfahrens. Als Faustregel kann gelten, dass zur Untersuchung qualitativer Eigenschaften der Sprachfähigkeit Methoden der (vergleichenden) Datenanalyse geeignet sind.

Nehmen wir die Frage: Aus welchen kognitiven Komponenten und Vorgängen setzt sich die Sprachfähigkeit zusammen? Typische Daten für die Untersuchung dieser Generalfrage sind Äußerungen, Verstehensergebnisse, das sprachliche Verhalten Gesunder und Äußerungen von Sprachkranken und -gestörten. In Untersuchungen prozessualer Abläufe und der Struktur mentaler Repräsentation der Sprachfähigkeit wird hingegen eher kontrolliert beobachtet. Die experimentelle Planung setzt generell an dem Umstand an, dass kognitive Prozesse Zeit verbrauchen und dass komplexe Prozesse mehr Zeit kosten als einfache. Auf dieser Grundtatsache beruhen alle experimentellen Beobachtungsverfahren, in denen Zeitverläufe sozusagen kontinuierlich beobachtet und gemessen werden. Die methodische Herausforderung ergibt sich daraus, dass in Verhaltensexperimenten ja immer von Input bis Reaktion gemessen wird, also die Aktivitäten des gesamten Systemablaufs in das messbare Intervall fallen. Lediglich durch geeignete Differenzierungen der sprachlichen Aufgabe lässt sich ereichen, dass eben gerade der zeitliche Ausschnitt des Prozesses beobachtet wird, der beobachtet werden soll.

In den letzten Jahren sind zusätzlich psychophysiologische Verfahren zur kontinuierlichen Reaktionsbeobachtung auf der Basis von elektroencephalographischen Messungen entwickelt worden (vgl. Kap. 4). Neurophysiologische Verfahren werden auch in den zuvor erwähnten Untersuchungen zur Architektur der Sprachfähigkeit eingesetzt; sie beruhen grundsätzlich auf der Annahme, dass der kognitiven Gliederung der Sprachfähigkeit eine lokale Verteilung in der Gehirnsubstanz entspricht, was auch durch frühe und neuere klinische Befunde gestützt wird (vgl. dazu bes. Kap. 6). In der psycholinguistischen Methodenentwicklung der

letzten fünfzig Jahre lässt sich eine klare Tendenz feststellen, eine
Verlagerung der Methoden von der Sammlung und Auswertung
schwach kontrollierter oder authentischer Daten zum Experimentieren und eine Verlagerung von »äußeren« auf »innere« Daten,
also von den sprachlichen Äußerungen und Verstehensergebnis-
sen zu on-line-Reaktionszeitdaten, zu Aufmerksamkeitsverteilun-
gen via Augenbewegungsdaten und schließlich zur Beobachtung
neuronaler Aktivitäten. Umfassend sind Methoden in dem Sprach-
produktionshandbuch von Herrmann & Grabowski (2003: Teil I)
beschrieben und erörtert.

Ein eigenes Kapitel über die **Geschichte der Psycholinguistik**
gibt es in diesem Buch nicht. Auf Arbeiten, die die Erkenntnis
ihrer Zeit nachhaltig erweitert haben, wird innerhalb der Darstellung der Teilgebiete zurückgeblickt. Zusammenhängend präsentiert und durch typische Beispiele illustriert wird die Psycholinguistik der ersten Hälfte des 20. Jahrhunderts von Blumenthal
(1970). Zeitlich damit überlappt sich der historische Überblick in
Kess (1992: Kap. 2), nämlich für die 1950er bis 1970er Jahre, also
die Frühzeit der modernen Psycholinguistik.

1.3.2 Einige Grundlagenbegriffe

Mit dem Inhalt dieses Abschnitts soll die Lektüre der folgenden
Kapitel erleichtert werden; indem grundlegende Begriffe vorab eingeführt werden. Eine Einführung in die Methoden des Faches ist
nicht beabsichtigt. Stattdessen werden methodologische Details
im Zusammenhang mit den illustrierenden Experimentbeschrei-
bungen en passant behandelt. Zur systematischen Vertiefung eignen sich die Handbücher, die im Literaturverzeichnis gesondert
aufgeführt sind.

Explorieren und Experimentieren

Exploration und Experiment sind Bezeichnungen für Wege, die
man zur wissenschaftlichen Erkundung eines Gegenstandes be-
schreiten kann. Sie werden häufig als strikte Alternativen aufgefasst; das wäre allerdings didaktisch überspitzt. Nicht selten finden
sich Vorgehen, die Merkmale der einen mit solchen des anderen
verbinden. Eine wissenschaftliche Erkundung hat allemal das Ziel,
die innere Harmonie unserer Welt durch logische Konstruktion
der Wirklichkeit begreiflich zu machen, wie es Einstein & Infeld
(1938: 195) ausdrücken. Die Exploration ist sozusagen der Weg

des Maulwurfs, das Experimentieren der des Adlers. Die Exploration setzt an den einzelnen kontingent gegebenen Beobachtungen an, das Experimentieren an der schon überschaubaren Landkarte des Feldes. Die Exploration führt über die Klassifikation der Einzelfälle zu Kategorien, die aus irgendwelchen Erwägungen als erkenntnisrelevant gelten können. In der Grammatikforschung sind dies z.b. die Vorkommensbedingungen von Wörtern, die zu Wortklassen (Nomen, Adjektiv, Adverb, Artikel) führen, in der Phonologie die Verteilung von Lauten, die bei sonst gleichem lautlichen Rest des Wortes eine semantische Unterscheidung anzeigen (*Haus – Maus*). Sind alle Fälle kategorisiert, wird nach Zusammenhängen zwischen den Kategorien gesucht, z.B. derart, dass das Auftreten von Substantiven von Eigenschaften der Verben (transitiv, intransitiv) abhängt und nicht umgekehrt.

Man soll nun allerdings nicht annehmen, dass allein durch das Kategorisieren und Vergleichen systematisch neue Erkenntnisse abgeleitet werden können. Es gibt keinen induktiven Weg zur Erkenntnis. Aber der Weg zu einer zündenden Idee ist durch eine systematische Ordnung der Fakten möglicherweise entrümpelt. Beim Ersinnen von Zusammenhängen hinter den Phänomenen sind in vielen Fällen auch Häufigkeiten von Verteilungen inspirierend, etwa die, dass Sätze mit vielen hochfrequenten Wörtern schneller gelesenen werden als gleichlange Sätze mit niedrigfrequenten Wörtern.

Experimentieren ist ein Weg, der voraussetzt, dass der betrachtete Gegenstand schon in vielerlei Hinsicht gut bekannt ist, nur eben in einer Hinsicht noch unklar. Aber auch bezüglich dieser Hinsicht müssen gut begründete Antwortalternativen vorliegen.

Nehmen wir ein Beispiel aus der Entwicklungspsychologie. Angenommen eine Datenlage zeigt, dass Großstadtkinder und Landkinder visuelle Suchaufgaben unterschiedlich erfolgreich bearbeiten. Das kann viele Gründe haben, Trainingsvorteile beim Formensehen, Farbensehen, Bewegungssehen, mehr Fernsehen, mehr Computerspiele u.a. Weiter angenommen, ein Neurologe brächte die Vermutung vor, die Ursache sei ein Unterschied in der Struktur der Synapsenverbindungen in den Hirnrinden der beiden Populationen. Bevor man einer solchen Hypothese ernsthaft nachgeht, müssten vielerlei Umstände vorab gesichert sein. Es muss sicher sein, dass die Synapsendichte mit der visuellen Wahrnehmung funktional zusammenhängt, dass es überhaupt individuelle Variation in der Dichte gibt, dass sie umgebungsabhängig sein kann etc.

Wie eingangs angemerkt, sind auch Mischverfahren möglich. Eine Exploration zu einer Spracherwerbsfrage, z.B. der syntaktischen Entwicklung der Verbalphrase im Alter von 2 bis 4 Jahren, ist auf vergleichbare Daten bei wiederholten Beobachtungen angewiesen. Die Vergleichbarkeit sichert man durch quasiexperimentelle Verfahren. Dem Kind/den Kindern werden in zeitlichen Intervallen dieselben Aufgaben anhand desselben oder äquivalenten Materials gestellt. In einer der größten Zweitspracherwerbsuntersuchungen mit Erwachsenen ist ein Großteil der Datenerhebung so kontrolliert worden (vgl. Perdue 1993–1994: Vol. 1). Komplementär dazu ist die dominierende Methode der linguistischen Forschung. In einer reichhaltigen Theorielandschaft wird eine Lücke oder ein Widerspruch ausfindig gemacht und anhand von geeigneten Belegen aus der Introspektion des Forschers oder aus Texten wird eine Modifikation der Theorie vorgeschlagen. Welcher Weg auch immer gewählt wird, maßgeblich ist, wie weit das Vorgehen den grundlegenden Ansprüchen an jedes Beobachtungsverfahren genügt. **Validität, Objektivität, Reliabilität, Trennschärfe, Einfachheit.**

Ein Verfahren ist umso mehr valide, je genauer mit ihm das beobachtet/gemessen wird, was gemessen werden soll. Inwieweit das für ein gegebenes Verfahren relativ zu einer Beobachtungsabsicht der Fall ist, ist nicht immer so augenfällig wie beim Metermaß und der Längenmessung. Neben der theoretischen Prüfung werden deshalb vielfach empirische Prüfungen der Validität unternommen. Ein Standardverfahren ist die Vergleichung des zu prüfenden Verfahrens mit einem unabhängigen, validen Testverfahren. Objektivität und Reliabilität geben an, wie wahrscheinlich es ist, dass ein Verfahren bei wiederholter Anwendung auf denselben Wirklichkeitsausschnitt (Reliabilität) bzw. durch andere Beobachter (Objektivität) zu denselben Ergebnissen kommt. Ein Verfahren ist umso besser in seiner Trennschärfe relativ zu einer Beobachtungsabsicht, je genauer es für einen beobachteten Wirklichkeitsausschnitt die Unterscheidungen trifft, die für die Untersuchung relevant sind. Ein plumpes Beispiel: Für die alltägliche Unterscheidung der Größe von Schuhen ist eine Messung nach Millimetern zu differenzierend, eine nach Dezimetern zu grob.

Einfachheit ist nach vielen Hinsichten zu beurteilen; die gängigen Kriterien sind relativer Aufwand an Personal, Zeit, Geräten und Material pro Anwendung.

Mit diesen kurzen Hinweisen wird man sich nun leicht in den einschlägigen Methodenhandbüchern weiter informieren können; über das Experimentieren lehrt Huber (2000) alles Wesentliche, über nichtexperimentelle Verfahren Davies (2005); siehe in der Abteilung Handbücher im Literaturverzeichnis.

1.3.3 Einige experimentelle Paradigmen

In unserm Arbeitsfeld ist ein experimentelles Paradigma in erster Näherung ein Verfahren, um spezifische Reaktionen des Menschen auszuloten. Es stellt ein Schema dar, nach dem von Fall zu Fall Messverfahren konstruiert werden, um die jeweils interessierenden Beobachtungsdaten zu gewinnen. Wieso »Paradigma«? Ein Paradigma ist ein Muster. Ein experimentelles Paradigma beruht auf einem empirisch bewährten Funktionszusammenhang. Dieser begründet den generellen Mechanismus des Paradigmas. Ein einfaches Beispiel ist das Lesezeit-Paradigma. Der zugrunde liegende Sachverhalt ist, dass das Lesen eines schwierigen Textes mehr Zeit braucht als das eines vergleichbaren aber weniger schwierigen Textes. So eignet sich das Lesezeit-Paradigma zur Konstruktion von Messverfahren, mit denen in einem Experiment u.a. Annahmen über die Schwierigkeit eines Textes geprüft werden sollen. Den Charakter eines Musters hat das Paradigma, insofern als die darin enthaltenen unabhängigen Variablen als kategoriale Größe fungieren: »schwierig«, »frequent«, »automatisch verarbeitet« sind solche Größen.

Bei der Verwendung eines Paradigmas in einem Experiment werden diese Größen als die auf den Fall bezogenen experimentellen Bedingungen spezifiziert. In einem Syntaxexperiment kann »Schwierigkeit« über die syntaktische Komplexität bestimmt sein, in einem semantischen über Begriffe von Explizitheit vs. Implizitheit von Bedeutungszusammenhängen zwischen Textteilen. Experimentelle Paradigmen werden nach verschiedenen Merkmalen klassifiziert. Bildet man Klassen nach der Natur der abhängigen Variablen, unterscheidet man Reaktionszeitparadigmen von z.B. Augenbewegungsparadigmen. In ersteren ist die Messgröße die Reaktionszeit bei der Bearbeitung der experimentellen Aufgabe, bei letzteren die Verteilungen von Augenbewegungen. Im Folgenden sind einige häufige Paradigmen knapp erläutert.

Lexikalische Entscheidung

Ein kompetenter Sprecher ist in der Lage, angesichts einer Folge von Buchstaben oder Lauten zu entscheiden, ob sie ein Wort seiner Sprache darstellen. Die Erfahrung zeigt, dass ein Wort schneller erkannt wird, als ein Non-Wort. Verwenden lässt sich dieses Paradigma generell, wenn Annahmen über den Zeitbedarf kognitiver Prozesse geprüft werden sollen. Illustrative Untersuchungen lexikalischer Entscheidungen sind u.a. das Experiment 1 in Marslen-

Wilsons (1990: 154ff.), Untersuchungen zum Lexikonzugriff beim Sprachverstehen, ebenso Floccia et al. (2006), beim Lesen Norris et al. (2006) und in einer Dyslexie-Studie Martens & de Jong (2006).

Zur Illustration betrachten wir ein etwas raffinierteres Beispiel: Ausgehend von einer syntaxtheoretischen Behauptung wird die Hypothese aufgestellt, bei der Bewegung einer Phrase von ihrer Position zu einer anderen werde an der Ausgangsposition eine entsprechende Information in die Struktur eingefügt, eine Spur ›t‹. Die Spur werde, so die Behauptung weiter, bei der Verarbeitung dieser Position im Satzverstehen mit verarbeitet. Um nun den Zeitbedarf an der fraglichen Stelle zu ermitteln, kann bei der Präsentation des experimentellen Satzes zeitgenau an der zu bearbeitenden Position eine lexikalische Entscheidung mit drei Klassen von Probewörtern installiert werden; Klasse 1 sind Wörter, die mit dem bewegten Wort syntaktisch übereinstimmen, Klasse 2 syntaktisch verschiedene Wörter und Klasse 3 sind Non-Wörter.

Die Aufgabe ist die lexikalische Entscheidung und erwartet wird, dass die korrekte Reaktion bei syntaktisch ähnlichen Wörtern schneller getroffen wird als bei sonst gleichen, aber syntaktisch verschiedenen und bei Non-Wörtern.

Objektbenennung

Beim Objektbenennen (object naming) ist ein visuell dargebotenes Objekt mit dem passenden Wort der Sprache zu bezeichnen. Dieser Vorgang umfasst mehrere kognitive Aktivitäten von der Wahrnehmung über die Konzeptualisierung des Objekts, die Aktivation des zugehörigen Begriffs und der weiteren Informationen dieser lexikalischen Einheit bis schließlich zur Aussprache des Wortes. Durch geeignete Wahl der Objekte lassen sich nun viele Faktoren gezielt variieren, die Länge des Wortes, die Bedeutungsmerkmale, natürlich der Anlaut, die Akzentstruktur etc. Zu den Auswirkungen der meisten Faktoren liegen Erfahrungen vor, was die Objektbenennung zu einem vielseitigen Messverfahren macht. Ein prototypisches Experiment ist Experiment 1 in Jescheniak & Levelt (1994), ein komplexeres mit Ableitung von EEG-Potentialen ist Experiment 1 in Jescheniak, Hahne & Schriefers (2003).

Szenenbeschreibung

Zur Auslösung komplexer Äußerungen, in der Regel einfacher Sätze, ist das Szenenbeschreibungsparadigma geeignet. Wie bei der

Objektbenennung ist das Material im Allgemeinen eine bildliche Darstellung, nur in diesem Paradigma eben die Darstellung eines Geschehens. Die Aufgabe besteht darin, dieses mit der Äußerung eines Satzes nach vorgegebenem Format oder einer Auswahl vorgegebener Formate zu beschreiben. Gemessen werden üblicherweise die Zeit vom Erscheinen des Stimulus bis zum Sprechbeginn, je nach Hypothese auch die Augenbewegungen und -fixationen während der Beschreibung und ggf. die gewählte Äußerungsform, also die Wortreihenfolge, die Struktur etc. Um sicher zu stellen, dass Dinge auf dem Bild wirklich Gegenstand gewollter Aufmerksamkeit sind und nicht nur betrachtet werden, weil sie auf dem Bild zugegen sind, kann eine spärliche Szenendarstellung um bewusst ausgewählte Dinge mit und ohne Bezug zu der experimentellen Aufgabe angereichert werden; eine mittlerweile gut bewährte Variante dieser Methode ist das sog. Visual-World-Paradigma. Es eignet sich zur Beobachtung von Produktions- als auch von Rezeptionsprozessen. Eine typische Anwendung in der Verstehensforschung ist Weber, Grice & Crocker (2006).

Priming

Das Priming-Paradigma ist ein sehr generelles Verfahrensmuster. Es beruht auf dem Funktionszusammenhang, dass die Durchführung einer kognitiven Prozedur erleichtert ist, wenn sie in einem bestimmten zeitlichen Abstand davor schon einmal oder mehrfach aktiviert war. Beispiel: Es wird eine einfache Handlung – auf Bildern dargeboten – beschrieben, z.B. *Eine Katze fängt eine Maus*. Wird vor der Bildpräsentation ein passivischer Satz zu lesen gegeben, der mit dem Inhalt des Stimulusbildes nicht verbunden ist (*Der Garten wird von dem Gärtner gegossen*), so ist die Wahrscheinlichkeit, dass auch das Bild mit einem Passivsatz beschrieben wird, erhöht (vgl. das Experiment von Bock 1986).

Gedächtnisparadigmen

Sehr häufig werden in Untersuchungen der rezeptiven Sprachverarbeitung Gedächtnisaufgaben eingesetzt. Prototypisch sind Wiedererkennungsparadigma (recognition), Erinnern (recall) ohne oder mit assoziiertem Stimulus (prompted recall); vgl. unter vielen anderen das klassische Experiment zum Leseverstehen von McKoon & Ratcliff (1992).

Wie gesagt, ist diese Liste der experimentellen Paradigmen damit nicht annähernd vollständig. Weitere Paradigmen wurden z.B.

durch Kombination vorhandener entwickelt. Eine regelrechte Erfolgsgeschichte war das sog. Bild-Wort-Interferenzparadigma. Es wird im Zusammenhang mit einem Experiment im Kapitel über Sprechen (Kap. 4) erläutert. Besonders große Fortschritte haben in der psycholinguistischen Methodenentwicklung stattgefunden, weil Techniken des Zugangs zu den kognitiven Prozessen verbessert worden sind. Das sind im Wesentlichen nicht-invasive neurophysiologische Techniken. Sprachverarbeitung ist eine komplexe kognitive Aktivität, die ihre physische Grundlage im Gehirn und seinen Aktivitäten hat. Gängige Verfahren, das Gehirn bei der Sprachverarbeitung zu beobachten, sind die Messung des Auges, speziell seiner Bewegung (Eye-Tracking) und der Veränderung der Pupille (Pupillometrie; vgl. Nuthmann & van der Meer 2005), die Messung von elektrophysiologischen Veränderungen relativ zu gezielt dargebotenen auslösenden Ereignissen bei der Sprachverarbeitung (Event related potientials, ERP), der Veränderung von elektromagnetischen Verhältnissen (MEG) und schließlich von Veränderungen in der lokalen Verteilung von Hirnaktivitäten durch Messung mit bildgebenden Verfahren, besonders die funktionale Kernspintomographie (FMRT) und die Positronenemissionstomographie (PET).

2. Sprachliches Wissen

Immer, wenn Menschen sprechen, schreiben, lesen oder hören, finden kognitive Prozesse statt, die nach Inhalt und zeitlichem Ablauf vom Inhalt und dem Aufbau der Sprachfähigkeit ermöglicht und beschränkt sind. Demzufolge bildet die Kenntnis dieses sprachlichen Wissens eine Voraussetzung für die Erklärung des sprachlichen Verhaltens. Nachdrücklich wird noch einmal daran erinnert, dass mit dem Terminus ›Wissen‹ hier und im Weiteren auch das Wissen bezeichnet ist, das man sich normalerweise nicht begrifflich bewusst macht und auch nicht bewusst machen kann, also z.b. das uns unbewusste syntaktische Programm, dessen Anwendung, ebenso unbewusst, dazu führt, dass wir korrekte Sätze sprechen und schreiben.

Was besagt es nun, dass Inhalt und Aufbau des sprachlichen Wissens – in dem umfassenden Sinn – die Aktivität des Sprachverhaltens ermöglicht? Es besagt ganz lapidar, dass mittels dieses Wissensbestandes etwas möglich ist, was ohne ihn nicht möglich wäre, nämlich der Ausdruck von theoretisch jedem beliebigen Gedanken, der uns im Leben durch den Kopf gehen mag. Ebenso ermöglicht das sprachliche Wissen das Verstehen von sprachlich ausgedrückten Gedanken aus den Köpfen von Menschen um uns herum. Ohne sprachliches Wissen hätte der Purser in der Lufthansamaschine (vgl. Beispiel 15.29.52 am Anfang von Kap. 1) seine Absicht nicht realisieren können, die Piloten zu informieren, dass in der Passagierkabine des Flugzeugs die Voraussetzungen für die Landung hergestellt sind, und die Piloten hätten diese Mitteilung ohne sprachliches Wissen nicht aufnehmen können. Das sprachliche Wissen stellt dem Menschen die Mittel für die Verständigung über nicht-sprachliche psychische Dinge bereit und die Organisation dieses Wissensbestandes prägt alle Modalitäten der sprachlichen Verständigung. Von der Beschaffenheit dieses Wissens hängt ab, wie es mit anderen Bereichen des Geistes und des Körpers zusammenspielt, z.B. mit dem Arbeitsspeicher, in dem bewusste Planungs- und Problemlösearbeit geleistet wird oder mit der motorischen Aktivität der Sprechorgane. Zum Zusammenspiel mit dem Arbeitsspeicher zählt z.B., dass es dem Menschen möglich ist, bestimmte Teile seines sprachlichen Wissens bewusst zu bedenken, d.h. Inhalte des sprachlichen Wissens den Prozessen des

Arbeitsspeichers zugänglich zu machen. Dazu zählen Bedeutungen von Wörtern. Wer Deutsch beherrscht, kann darüber nachdenken, worin sich die Bedeutungen der Wörter *da* und *dort* ähneln und unterscheiden. Beide haben eine räumliche Bedeutung, aber nur *da* hat auch eine zeitliche. Anders liegen die Dinge für das lautliche Wissen. Worin das Wissen besteht, dass /a/ sich von, sagen wir /o:/ unterscheidet, das lässt sich durch direkten Zugriff auf den Inhalt der entsprechenden kognitiven Repräsentation nicht entscheiden. Und weder von dem semantischen Wissen, noch von dem lautlichen oder irgendeinem anderen Ausschnitt kann man per Introspektion angeben, in welcher Weise es mental repräsentiert ist.

Wie Inhalt und Aufbau des sprachlichen Wissens das sprachliche Verhalten prägen, kann man im Alltag vielfach selbst erfahren. Ein Baby, das noch nicht über alle Teile des sprachlichen Wissens verfügt, kann eben nicht lesen und schreiben und es verhält sich auch mündlich anders als Erwachsene und beide wieder anders als ein Aphasiepatient. Was man derzeit psycholinguistisch über das sprachliche Wissen weiß, lässt sich als Antworten auf vier Hauptfragen zusammenfassen:

1. Worin besteht das sprachliche Wissen?
2. Wie ist das sprachliche Wissen gegliedert?
3. Ist sprachliches Wissen im Gehirn lokalisierbar?
4. Gibt es eine genetische Bedingung der Möglichkeit sprachlichen Wissens?

Die ersten drei Fragen werden in diesem Kapitel, die vierte in Kapitel 3.6 behandelt.

2.1   Inhalt sprachlichen Wissens im Überblick

Die Annahmen darüber, worin das sprachliche Wissen des Menschen besteht, leiten sich aus den Ergebnissen der linguistischen Struktur- und Häufigkeitsanalysen der Sprache ab. Sprachliches Wissen umfasst demnach die Kenntnis des sprachlichen Systems und der Verwendungshäufigkeiten seiner Bestandteile, das sind Strukturen und lexikalische Einheiten. Das ist, wohlgemerkt, eine Annahme. Sie ist plausibler als andere Annahmen und in der psycholinguistischen Forschung entsprechend produktiv. Es ist aber keine triviale Annahme; sie kann nämlich Punkt für Punkt bezweifelt werden, wie im Folgenden deutlich werden wird, und es ist bislang auch nur vereinzelt gelungen, die kognitive sprachliche

Struktur durch Evidenz aus der Verhaltensbeobachtung zu rekonstruieren.

Wie für das Sprachsystem gilt für das sprachliche Wissen, dass es zwei Hauptteile umfasst, das Wissen sprachlicher Einheiten und Kombinationswissen; dieses kann man sich als Ensemble von Prinzipien denken, die grundsätzliche Einschränkungen für die Zusammensetzung von Einheiten festlegen. Die Kenntnis der sprachlichen Einheiten nennt man das **mentale Lexikon**, die Kenntnis der Kombinationsmöglichkeiten die **mentale Grammatik**. Aufeinander bezogen sind lexikalisches und grammatisches Wissen gerade durch die Eigenschaften der sprachlichen Einheiten, auf die die Kombinationsprinzipien Bezug nehmen. Wie soll man sich das vorstellen? Führen wir uns ein Beispiel vor Augen!

Eine scheinbar so einfache Äußerung wie *Kabine ist klar* zu sprechen oder zu verstehen, beruht auf der Kenntnis von drei lexikalischen Einheiten und der raschen Kontrolle ihrer kombinationsrelevanten Eigenschaften im Hinblick auf die Kombinationsprinzipien. Welche Eigenschaften sind das im Einzelnen? Da sind zunächst einmal die gedanklichen Inhalte, im Beispiel also die Bedeutungen *Kabine, sein* und *klar*, sowie, dass das Klar-Sein der Kabine in einer bestimmten Zeitspanne der Fall ist, nämlich der aktuellen Gegenwart. Zum zweiten wird eine Äußerungsabsicht zu verstehen gegeben, nämlich, dass es sich um eine Mitteilung handelt, nicht um eine Frage. Alle diese Eigenschaften sind begrifflicher Natur und werden als **konzeptuelle** Bestandteile bezeichnet, unterscheidbar in lexikalische Konzepte (*Kabine, klar* etc.) und indexikalische Konzepte (zeitliche und räumliche), sowie Intentionskonzepte.

Zum zweiten sind da die syntaktischen Eigenschaften, zusammen als **Lemma** bezeichnet: Wortklasse (hier: Nomen, Kopula, Adjektiv), Genus (hier: feminin), Anforderungen an die syntaktische Umgebung, *klar sein*: Subjekt notwendig) etc. Zum dritten zeigt die Äußerung Kenntnis flexionsmorphologischer Kategorien, hier Person, Kasus, Numerus, Tempus, Modus, Determiniertheit, Komparation. Schließlich belegt das Beispiel die Kenntnis der lautlichen und die Kenntnis der schriftlichen Ausdrucksseite der Lautsegmente, ihrer Gliederung zu Silben und – im Textbeispiel nicht ausgedrückt – der Platzierung des Akzents im Wort. Sie werden zusammengenommen als **Lexem** bezeichnet.

Zur mentalen Grammatik im weiteren Sinne zählen alle **universalen** und einzelsprachlichen **Prinzipien**, die festlegen, wie aus elementaren Einheiten komplexere zusammengesetzt sind, aus diesen wieder komplexere, aus diesen die Äußerung und aus Äu-

ßerungen letztlich die Rede, der Text, ein Gesprächsbeitrag. Die
mentale Grammatik umfasst nach allgemeiner Annahme Prinzipien für (a) die Kombination von Konzepten zu komplexeren
semantischen Gebilden, Bedeutungsstrukturen genannt, (b) von
syntaktischen Einheiten zu komplexen syntaktischen Gebilden wie
Phrasen und Sätzen, (c) von einfachen lexikalischen Einheiten zu
komplexeren, also Wortformen und neuen Wörtern, und (d) von
lautlichen Einheiten zu komplexeren wie phonologischen Phrasen
und der intonatorischen Einheit der Äußerung.

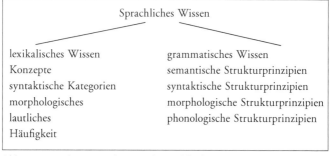

Abb. 2.1: Aus linguistischen Analysen ableitbare Bestandteile des sprachlichen Wissens.

Natürlich lassen sich anhand linguistischer Kenntnisse über den
Aufbau der Sprache auch bezüglich des grammatischen Wissens
erheblich detailliertere Hypothesen aufstellen, zum Beispiel über
den Aufbau der Äußerung *Kabine ist klar!*: *Kabine* und *ist klar*
können zu einem Satz nur verbunden werden, wenn
- *Kabine* ein Nomen ist, das zugleich eine Nominalphrase bildet,
- eine Determinatorposition besetzt ist, die mit der NP eine DP
  bildet,
- zugleich spezifische Bedingungen der Artikeltilgung erfüllt
  sind,
- die DP die Eigenschaften 3. Person, Singular, Nominativ hat,
- *ist* und *klar* eine Verbalphrase bilden.
- die Verbalphrase die Eigenschaften 3. Person, Singular hat und
  nur eine DP im Nominativ verlangt,
  etc.

Alle diese Restriktionen bestehen natürlich; wäre eine verletzt,
würde die resultierende Äußerung nicht **wohlgeformt** sein, z.B.

Kabine sind klar, Kabine bist klar, Kabine will klar. Daraus folgt
zwangsläufig, dass sie auch im sprachlichen Wissen enthalten sein
müssen; es würden sonst eben abweichende Sätze produziert bzw.
Abweichungen nicht erkannt werden. Der entscheidende Punkt ist
aber, dass aus der linguistischen Erkenntnis der strukturellen Beziehungen im Satz nicht eindeutig hervorgeht, **wie** das sprachliche
Wissen aufgebaut ist und wie mit ihm diese Beziehungen erzeugt
bzw. verstanden werden. Kurz gesagt, aus Strukturerkenntnissen
kann nicht die mentale Grammatik des Menschen abgeleitet werden, ebenso wenig aus den linguistischen Beschreibungen der Lexik einer Sprache der Aufbau des mentalen Lexikons. Das Spe-
zifikum der psycholinguistischen Fragestellung lässt sich um so
gründlicher verstehen, je eindringlicher man sich die Verschiedenheit und die Nachbarschaftsbeziehung der linguistischen und der
psychologischen Perspektive bewusst macht.

Der linguistische Zugang erfolgt über die Analyse der Struktur
sprachlicher Äußerungen. Der psychologische Zugang geht über
die Analyse von Verarbeitungsvorgängen, den Zusammenhang
zwischen sprachlicher Aufgabe und dem beobachteten Ergebnis,
der Zeit, die dafür gebraucht wird, der Störbarkeit der Verarbeitung und der Logik der Fehlproduktionen. Rasch zunehmend werden in den letzten Jahren auch Ergebnisse von Messungen neurophysiologischer Vorgänge ausgenutzt. Da aus beiden Perspektiven
dieselbe Sache gesucht wird, sollten die jeweiligen Behauptungen
nicht zu entgegengesetzten Schlussfolgerungen führen.

2.2   Das mentale Lexikon

Unter einem Lexikon versteht man spontan ein gedrucktes Ver-
zeichnis von Wörtern, in der Linguistik auch ein Modell des Wortschatzes einer Sprache, in der Psycholinguistik einen sprachlichen
Wissensbestand im Langzeitgedächtnis. Gemeinsam sind allen
Versuchen, den Wortbestand zu beschreiben, einige elementare
Fragen. Die generellste ist wohl die, was eine lexikalische Einheit,
was ein Wort sei. Psycholinguistisch gedacht, stellt sich die Frage
etwa so: Gibt es Verhaltensevidenz für die Annahme, dass eine
wortartige sprachliche Einheit eine kognitiv relevante Einheit des
sprachlichen Wissens bildet? Im positiven Fall schließt sich natürlich die Frage nach dem Inhalt einer solchen Wissenseinheit an
und an diese die Frage, wie die im Wortwissen enthaltenen Informationen gegliedert sind. Sofern sich das Lexikon als komplexer

Informationsspeicher erweisen sollte, folgt natürlich die Frage, wie
die einzelnen Informationen (lautliche, syntaktische etc.) ihrerseits
beschaffen sind. Nun kennt, wer die Wörter einer Sprache kennt,
aber nicht nur die Informationen, die in den Einheiten stecken,
sondern auch Relationen der Wörter untereinander, z.b. solche
zwischen *Blatt* und *Blätter*, *Blatt* und *blättern*, *sein* und *ist*, *oben*
und *unten*, *weinst* und *weintest*.

Die Bemühungen, Antworten auf diese Fragen zu finden, bilden einen deutlichen Arbeitsschwerpunkt in der Psycholinguistik.
Sowohl die Beobachtungen als auch die Methoden, mit denen sie
gewonnen worden sind, und die Zusammenhänge, die bis heute
aufgedeckt werden konnten, üben eine starke Faszination aus und
bestätigen die Eigenheit der psycholinguistischen Perspektive gegenüber der linguistischen. Eine spannende und durch die Reichhaltigkeit und Breite des zusammengetragenen Wissens immer
noch fesselnde Zusammensicht der Haupterkenntnisse beider Wissenschaften gibt George Miller in *The Science of Words* (1991).

2.2.1 Die lexikalische Einheit

Den Untersuchungen, ob das Wort eine eigene sprachliche Einheit sei, liegt bei allen methodischen Unterschieden der einfache
Gedanke zu Grunde, dass ein Informationsbündel, sofern es im
geistigen Bestand eine Einheit bildet, auch als Einheit verarbeitet
werden sollte, also anders als die darin enthaltenen Komponenten
einzeln. Ein Prozess, der eine gute Kontrolle der zu verarbeitenden
Einheit erlaubt, ist die Sprachrezeption; besonders das Lesen ist
mit einfachen Mitteln leicht zu kontrollieren und zu beobachten.
So kann man beispielsweise einem Menschen für eine kurze Zeit
eine Folge von Buchstaben zu lesen geben und ihm dann eine Entscheidungsaufgabe dazu stellen. Man kann ihn entscheiden lassen,
ob der letzte Buchstabe ein *D* oder ein *K* ist. Wird diese Aufgabe
bei Präsentation eines Wortes anders gelöst als bei einem **Non-
Wort**, kann man daraus etwas über die kognitive Eigenschaft einer
Buchstabenfolge schlussfolgern, ein Wort zu sein. Diese Beobachtungen, an deren Ende die Entdeckung des sog. **Wortüberlegenheitseffekts** durch Reicher (1969) steht, verdient eine besondere
Aufmerksamkeit; sie machen die eingangs erwähnten zwei Seiten
der Methodenreflexion besonders anschaulich.

Der erste Schritt des Lesens ist natürlich die visuelle Wahrnehmung der Buchstaben, das heißt die kurzfristige Aufnahme
ihrer visuellen Bilder in einen begrenzten Wahrnehmungsspeicher.

Dieser Vorgang braucht Zeit und daraus folgt, dass die Aufnahme von einem einzelnen Buchstaben schneller abgeschlossen sein sollte als die Aufnahme von einer Folge von Buchstaben. Nun wurde aber beobachtet – übrigens schon im 19. Jahrhundert durch Cattell (1885) – dass unter Umständen die Verarbeitung eines einzelnen Buchstabens scheinbar länger dauern kann, als die Verarbeitung von mehreren, nämlich dann, wenn letztere zusammen ein Wort ausdrücken. Allerdings zeigt sich dieser Effekt nur bei einigen Wörtern, eher kürzeren, und nicht bei beliebigen, was den Einwand nahe legt, es handele sich gar nicht um einen allgemeinen Wortüberlegenheitseffekt, sondern nur um eine Eigenschaft spezieller Wörter. Der Verdacht, dass die Beobachtung doch etwas mit der Worthaftigkeit zu tun hat, bedarf also der Überprüfung. Dazu kann man zunächst einmal die Lesegeschwindigkeit für Buchstabenfolgen, die Wörter bilden, mit der von Nichtwörtern vergleichen. Wieder zeigt sich, dass Ketten aus Wörtern schneller verarbeitet werden als gleich lange Nichtwortketten. Nun kann diese Wirkung natürlich auch anders als unter Bezug auf die Worthaftigkeit erklärt werden, z.B. mit der sprachspezifischen Wahrscheinlichkeit mit der Buchstaben aufeinanderfolgen. Sie könnte in wortbildenden Buchstabenketten höher sein, was beim Lesen den Übergang von einem Buchstaben zum nächsten beschleunigt. Der zu Grunde liegende Effekt wäre dann wieder ein Häufigkeitseffekt auf Buchstabenebene und nicht eine Wirkung der Worthaftigkeit. Zu einer vorläufigen Entscheidung dieser Alternativen führte das erwähnte Experiment von Reicher (1969). Es macht sich eine Besonderheit der Arbeitsweise im Wahrnehmungsspeicher zu Eigen, die rund zehn Jahre zuvor entdeckt worden ist, die der rückwirkenden Maskierung.

Der erste Schritt des Lesens ist, wie gesagt, die visuelle Wahrnehmung der Buchstaben; dabei wird ein Außenreiz für sehr kurze Zeit in einen Wahrnehmungsspeicher aufgenommen und unter Umständen weitergeleitet oder – unter anderen Umständen – einfach gelöscht, jedenfalls aber durch den folgenden Wahrnehmungsinhalt überschrieben. Der Effekt der **rückwirkenden Maskierung** tritt u.a. ein, wenn kurz hintereinander eine Buchstabenfolge, dann dieselbe Buchstabenfolge aber mit einem buchstabengroßen Quadrat an einer Position gesehen werden. Ist dann die Entscheidung zu treffen, welcher Buchstabe an der maskierten Position der erstgesehenen Kette stand, kann diese Entscheidung aus der Erinnerung nicht mehr getroffen werden, wenn die Lesezeit entsprechend kurz war (100 ms (= Millisekunden)) oder weniger, wie man heute weiß; sie kann aber noch getroffen werden, wenn die Löschung durch rückwirkende Maskierung erst **nach** der Weiterleitung zur lexikalischen Erkennung stattfindet. Um zu zeigen, dass die bessere Verarbeitung einer worthaften gegenüber einer nicht-worthaften Buchstabenfolge nicht auf einen reinen Häufigkeitseffekt sondern eben auf einen Wortüberlegenheitseffekt zurückgeht, eignet sich demnach folgende Beobachtung. In schneller Folge und sehr kurz werden eine Buchstabenfolge, MAUS (= Wortbedingung) oder AMUS (Non-Wort-Bedingung) und sodann eine entsprechende maskierte Buchstabenfolge, z.B. MAU☐ oder AMU☐ gezeigt. Dann folgt die Aufgabe: Es wird der Buchstabe *s* oder *l* gezeigt und die Entscheidung verlangt, ob es der letzte Buchstabe der zuerst gesehenen Folge, also MAUS bzw. AMUS war. Das Ergebnis ist, dass die Entscheidung unter der Wort-Bedingung signifikant häufiger korrekt ist, als unter der Non-Wort-Bedingung, obwohl beide Buchstaben die MAU☐-Maske zu einem Wort ergänzen (*Maus, Maul*) und auf *u* im Deutschen gleich häufig folgen.

Dieses Ergebnis ist also nicht mit Übergangshäufigkeiten von Buchstaben zu erklären, sondern dadurch, dass ein Wort als Buchstabenfolge entschieden schneller vom Wahrnehmungsspeicher verarbeitet wird, als eine nicht-worthafte Kette. Zwar sind in beiden Fällen die rechten Buchstaben durch die Maske im Wahrnehmungsspeicher gelöscht worden; das Wissen über den rechten Rand des Wortes ist aber korrekter als das über den rechten Rand des Nichtwortes, weil ersteres schneller verarbeitet worden ist. Die Erklärung des Wortüberlegenheitseffekts wird darin gesehen, dass bei Wahrnehmung eines Wortes zwangsläufig und äußerst schnell weitere Verarbeitung unter Einbezug des lexikalischen Wissens, z.B. der Bedeutungsvorstellung stattfindet, wie gesagt, zwangsläufig. An der Aufklärung dieses Effekts wird weiter gearbeitet, u.a. an seiner Präsenz bei lautlicher Wahrnehmung (vgl. Krueger 1992; allgemein Hildebrandt et al. 1995; zu Einschränkungen vgl. Balota 1994: 310).

Für die Annahme, dass die Informationen, die das lexikalische Wissen ausmachen, im mentalen Lexikon zu einer Einheit integriert sind, wird auch eine andere Beobachtung angeführt. Sie heißt nach ihrem Entdecker J. Ridley Stroop (1935) der **Stroop-Effekt**. Sieht man ein Farbwort, z.B. *blau*, in einer Farbe geschrieben, die von der bezeichneten Farbe abweicht, fällt es schwerer, die Farbe zu benennen, als wenn das Wort die Farbe bezeichnet, in der es geschrieben ist; Materialbeispiele und Angaben zur Experimentdurchführung enthält Abb. 2.2; sie ist dem Buch als loses Blatt gesondert beigelegt. Ausführlichere Angaben enthält Miller (1991/1993: 148). Die Erklärung für den Stroop-Effekt wird in einer Interferenz zwischen Wortbedeutung und Farbvorstellung gesehen. Die sprachliche Einheit des Wortes zwingt das Denken, sich mit seiner Verarbeitung zu beschäftigen und beeinträchtigt die Verarbeitung der Farbwahrnehmung.

Auch die Verarbeitung von Lauten wird davon beeinflusst, ob der Laut als Bestandteil eines Wortes gehört wird oder nicht. Unter anderem wird die Fähigkeit davon beeinflusst, Urteile über auditiv Wahrgenommenes zu fällen. Wird in einem gehörten Wort ein Laut einmal mit Geräusch überlagert, ein andermal durch Geräusch vollständig ersetzt, so wird letzteres schlechter erkannt. Dieser Effekt tritt nicht auf beim Hören gleichartig unterschiedener Nicht-Wort-Paare (vgl. Samuel 1986). Schließlich stützt auch der Frequenzeffekt die Annahme von der kognitiven Realität des Wortes. Ein Wort, das in der täglichen Kommunikation zwischen Mitgliedern der Sprachgemeinschaft häufig verwendet wird, wird vom Einzelnen schneller verarbeitet. Die Frequenz ist also eine Eigenschaft des Wortes und sie lässt sich nicht aus der Frequenz seiner Laute ableiten. Der Frequenzeffekt zählt mit zu den stabilsten Phänomenen lexikalischer Verarbeitung; vgl. Jescheniak & Levelt (1994); Jescheniak (2002) und Graf, Nagler & Jacobs (2005).

Als Fazit ist festzuhalten, dass die Verarbeitung von Laut- und Buchstabenketten unter durchaus verschiedenen Aufgabenstellungen von Information beeinflusst wird, die aus den Lauten selbst nicht abgeleitet werden kann; dabei handelt es sich in erster Linie um Bedeutungsinformation und Frequenzinformation. Dass die lexikalische Einheit »Wort« allem Anschein nach ein Ensemble von Informationen ist, die untereinander enger verbunden sind als sie es zu den entsprechenden Informationen benachbarter Worteinheiten sind, führt zu der eingangs erwähnten Frage, wie diese Information gegliedert ist.

2.2.2 Die Struktur der lexikalischen Einheit

Was soll es heißen zu fragen, wie die Information innerhalb der lexikalischen Einheit gegliedert ist? Der Ausdruck »gegliedert« ist hier umgangssprachlich verwendet und bezeichnet die unterschiedliche Enge von Beziehungen zwischen – in diesem Fall – verschiedenen Gruppen von Informationen. Der Grenzfall an Gliederung wäre demnach, dass alle Informationen eines gegebenen Wortes gleich eng oder lose verbunden sind; es gäbe dann nur eine Unterscheidung nach qualitativ verschiedenen Informationen, eben lautlichen, syntaktischen und konzeptuellen, aber keine Struktur. Die

Elemente einer lexikalischen Einheit, eines Wortes also, würden dann im mentalen Lexikon eine Art ungeordnete Menge bilden. Mit dem Moment der Gliederung tritt jedoch, soweit sie in allen lexikalischen Einheiten die gleiche ist, nicht nur in das Wort für sich genommen eine Struktur ein, sondern, wie sich zeigen wird, eine, die sich auf das mentale Lexikon insgesamt auswirken kann. Man spricht bildlich allgemein von einer **horizontalen Gliederung des Lexikons** in Informationsebenen, darf sich diese aber keinesfalls als Aussage über die räumlichen Verhältnisse im Gehirn vorstellen.

Die sprachwissenschaftliche Analyse des Wortes lässt in erster Näherung eine Unterscheidung in zwei Bereiche von lexikalischem Wissen erwarten: den Bereich der linear organisierten Ausdrucksform (Lexem) und den der grammatischen (Lemma) und semantischen Informationen (Konzept). Die Ausdrucksform enthält lautliches und graphematisches Wissen, die grammatisch-semantische Seite umfasst syntaktische Informationen und Bedeutungsinformationen. Da kompetente Sprecher in der Lage sind, Wörter in Äußerungen in allen Hinsichten korrekt zu verwenden und Verletzungen aller Arten von lexikalischen Informationen zu bemerken, ist davon auszugehen, dass alle diese Informationen im lexikalischen Wissen enthalten sind; fragt sich nur in welcher Gliederung, wenn überhaupt.

Beobachtungen dazu sind in einem berühmt gewordenen Experiment von Brown & McNeill (1966) angestellt worden. Ihre Untersuchung war angeregt durch die Alltagserfahrung, dass jemandem ein Wort sozusagen auf der Zunge liegt, aber eben nicht einfällt, dass sich beim Suchen danach unzutreffende Kandidaten einstellen und schließlich dann doch das gesuchte Wort selbst. Wir verwenden die in der Literatur gebräuchliche Bezeichnung **TOT-Phänomen**, von englisch »Tip of the Tongue«. Brown und McNeill haben das Phänomen experimentell herbeigeführt, indem sie Studenten die Bedeutungsdefinition von selten verwendeten Wörtern nannten, z.B. *nepotism* und sie dann veranlassten, das Wort zu nennen. Einblick in die Struktur der lexikalischen Einheit liefert das TOT-Phänomen insofern, als aus dem Umstand, dass dabei offenbar auf Bedeutungs- und Syntaxinformationen zugegriffen werden kann, auf die lautliche hingegen nicht oder nur unvollständig, zu folgern ist, dass die Lexeminformationen einen separaten Teil im lexikalischen Speicher darstellt. Dazu passt die Beobachtung, dass die Frequenzinformation einer lexikalischen Einheit offenbar die Lautform (das Lexem) betrifft und nur diese, nicht aber die zugeordnete Lemma-Komponente (vgl. dazu Jescheniak & Levelt

1994). Die **Lemma-Lexem-Gliederung** der lexikalischen Einheit
ist durch viele weitere Beobachtungen bestätigt worden, so dass es
derzeit als unbezweifelt gilt, dass das gesamte mentale lexikalische
System sozusagen horizontal in einen lautlichen und einen nicht-
lautlichen Bereich gegliedert ist.

Mit dem Stichwort »lautlich« verbindet sich unmittelbar die
Frage nach dem Ort der graphematischen Information im mentalen Lexikon. Für die Tatsache, dass Wissen über lautliche und
graphematische Ausdrucksform prinzipiell voneinander getrennt
gespeichert sein können, spricht auf den ersten Blick die Beobachtung, dass Hören und Sprechen ohne Lese- und Schreibfähig-
keit uneingeschränkt möglich sind. Das besagt allerdings nicht
viel über den Aufbau des lexikalischen Wissens bei Menschen,
die sowohl die schriftliche als auch die mündliche Modalität beherrschen. Bezüglich der graphematischen Information lässt sich
generell dasselbe fragen, wie hinsichtlich der lautlichen, und darüber hinaus ist natürlich interessant, wie beide miteinander verknüpft sind.

Anknüpfend an die Lemma-Lexem-Gliederung sind grundsätzlich zwei Wege der Verknüpfung von Graphemebene und Lemma
denkbar, eine indirekte vermittelt durch die phonologische Form
des Lexems und eine direkte, zwischen Graphem- und Lemmaebene. Da jeder, der lesen kann, auch ein visuell gegebenes Non-Wort
aussprechen kann, muss es neben der direkten Beziehung auch die
indirekte geben, denn Non-Wörter sind ja nicht als Lemmata im
mentalen Lexikon vorhanden. Zusätzlich muss auch die Fähigkeit
vorhanden sein, die eine Repräsentation in die jeweils andere re-
gelgeleitet zu übertragen, ein Vorgang, der in der Leseforschung
Assembling heißt; mehr dazu in Kapitel 5.

Auf die Frage nach der Natur der Verknüpfungen gibt es keine
einfache Antwort und verschiedene Beobachtungen zur Klärung
der vermeintlich gleichen Frage deuten nicht alle in dieselbe Richtung. Ganz abgesehen davon, dass die Art der Schrift (Buchstaben,
Ideogramme, Silbenschrift) natürlich entscheidenden Einfluss hat;
vgl. allerdings Zhu et al. (1999), die eine Beteiligung der phonologischen Information beim Lesen und Worterkennen im Chinesischen nachweisen.

Dass es eine direkte Verknüpfung zwischen graphematischer
und Lemmainformation gibt, wird daraus geschlossen, dass semantisches **Priming** das Erkennen einer Buchstabenkette als Wort
beim Lesen beschleunigt. Bei semantischem Priming wird kurz
vor dem Erscheinen des Zielwortes ein bedeutungsähnliches Wort
gelesen (**unimodales Priming**). Diese Art von Aufgabe, geprimt

oder ungeprimt, heißt übrigens **lexikale Entscheidungsaufgabe (lexical decision task)**. Auch lautliches Priming mit einem
in diesem Fall gehörten Primewort, das dem zu verarbeitenden,
gelesenen Zielwort lautlich ähnlich ist (**cross-modales Priming**),
beschleunigt und verbessert die Worterkennung, was dafür spricht,
dass auch eine Verbindung zwischen lautlicher und graphematischer Information auf der Ausdrucksebene besteht. Diese Verbindung wird nach Befunden von Seidenberg und McClelland
beim Lesen generell aktiviert, was die Kernaussage ihrer »Parallel distributed processing-Theorie« (vgl. Seidenberg & McClelland
1989) darstellt, kritisch diskutiert von Besner (1990). Evidenz zugunsten dieses Modells liefern auch Beobachtungen des Verhaltens
von Menschen mit Sprachkrankheiten oder Sprachstörungen, hier
speziell mit verschiedenen Arten von Dyslexie (vgl. dazu Seidenberg 1995) und die ausführlichere Darstellung im Kapitel 6 über
Sprachstörungen.

Zusammen genommen bestätigen die Beobachtungen der
Sprachverarbeitung und des Verhaltens Sprachkranker das Bild
einer Verbindung von »vertikaler« Gliederung in lexikalische Einheiten und »horizontaler« in Ebenen des mentalen Lexikons insgesamt. Es sei noch einmal drauf hingewiesen, dass mit diesem
Bild keine Annahme über die Architektur des Informationsnetzes
im übrigen propagiert ist, noch sind Behauptungen über Eigenschaften der Verarbeitungsprozesse impliziert. Diese werden in den
Kapiteln über Sprechen bzw. Verstehen behandelt (Kap. 4 und
5). Hinsichtlich der Architektur ist soweit nur festzustellen, dass
das Bild eines mehrdimensionalen Netzes, mit Informationen als
Knoten und Verbindungswegen zwischen bestimmten Informationen, stärkeren zwischen denen, die zusammen eine lexikalische
Einheit bilden und stärkeren zwischen solchen gleicher Kategorie,
eine brauchbare Heuristik für Simulationen und für die weitere
Forschung darstellt.

Wie steht es nun mit der nicht-peripheren Information, also morphologischer, syntaktischer und semantischer Information? Die Repräsentation der morphologischen Information wird in
einem späteren Abschnitt bei der Betrachtung der Fähigkeit zur
Wortbildung und Flexion separat behandelt. Syntaktische Information ist solche über Eigenschaften der lexikalischen Einheit, die
deren Kombinierbarkeit mit anderen einschränken. Ein Blick in eine Schulgrammatik oder gar eine der umfassenderen wissenschaftlichen Beschreibungen der Satzstruktur einer Sprache belehrt uns,
dass für die Kombinatorik eine verblüffend große Zahl syntaktischer Eigenschaften relevant ist. Wer mit dieser bewusst vagen

Formulierung unzufrieden ist, möge einfach ein paar Stunden in den knapp tausend Seiten von Band IV der Deutschen Grammatik von Jacob Grimm (1837) blättern.

Die psycholinguistische Standardsicht ist, dass der Lemma-Knoten der lexikalischen Einheit die Ausdrucksseite, das Lexem, mit den syntaktischen Informationen des Wortes verbindet, also solchen über Wortklasse, Genus, syntaktische Ergänzungen und andere; nennen wir diese Verbindung unter Bezug auf das Bild von der horizontalen Gliederung die Verbindung nach unten. Eine weitere Verbindung geht vom Lemma nach oben zum Konzept, der semantischen Information, die je nach Theorie einen Bestandteil des Lemmas bildet oder eine außersprachliche Ebene von ihrerseits wieder horizontal verbundenen konzeptuellen Einheiten (vgl. auch Dell 1990). Alle Modelle, die diese Gliederung annehmen, nennt Caramazza (vgl. unten) **Syntactic Mediation-Modelle**, kurz SM-Modelle. Die Annahme eines eigenen Lemmaknotens ist aber keineswegs unbestritten. Was spricht für diese Annahme?

Beim genaueren Vergleich von Vertauschungen, einem Spezialfall von Versprechern, fällt auf, dass Lautvertauschungen wie in *Minderkund* statt beabsichtigtem *Kindermund* auffallend oft innerhalb des Wortes passieren oder innerhalb eng benachbarter Wörter, Wortvertauschungen hingegen eine deutlich größere Spanne der Äußerung betreffen können, wie z.B. in: *Liebling, ich gehe die Mülltüte holen und in einem die Post wegbringen.* Garretts (1980) Vermutung, dass dieser Unterschied eine Folge von Unterschieden in den Produktionsphasen ist, in denen die Vertauschungen geschehen, hat sich bei allen Differenzierungen, die später noch erkannt worden sind, bis heute bestätigt. Zu unterscheiden ist demnach eine Phase der syntaktischen Kodierung, in der eben die syntaktische Information des Wortwissens – und nur diese – verarbeitet wird, und eine separate lautliche Phase, in der eben die lautliche Verarbeitung stattfindet. Aus der Gliederung der Äußerungsproduktion in separate Schritte wird geschlossen, dass auch der automatische Zugriff auf genau die dafür jeweils erforderliche Information im Lexikon durch eine entsprechende Gliederung der lexikalischen Information veranlasst ist.

In einem aufwändigen Experiment haben Levelt et al. (1991) Beobachtungen angestellt, die die Annahme des zeitlichen Aufeinanderfolgens dieser beiden Schritte stark stützen. Der Versuchsperson wird ein Bild von einem Objekt gezeigt, das sie benennen soll. Während die Benennungsaufgabe kognitiv bearbeitet wird, vor Beginn der Artikulation also, wird manchmal ein sog. Probeitem gehört und die Versuchsperson soll entscheiden, ob es ein

Wort oder ein Non-Wort ist. Die Probewörter sind so gewählt, dass einige mit dem Zielwort semantisch ähnlich sind, andere nur lautlich, andere identisch, andere schließlich beziehungslos. Das entscheidende Ergebnis war, dass die Zeit für die korrekte Entscheidung der Wörter unter den Probes davon abhängt, in welchem zeitlichen Verhältnis zum gleichzeitig ablaufenden Zugriff auf das Zielwort das Probewort geboten wird. Deutlich einzugrenzen ist nämlich eine bestimmte Zeitversetzung zwischen Bild-Onset und Probe (**Stimulus-Onset-Asynchronie**, SOA) in der das semantisch ähnliche Probe-Wort die Entscheidungszeit beeinflusst und eine andere Zeitversetzung, in der das phonologisch ähnliche Probe-Wort die Entscheidungszeit beeinflusst. Das stützt die Annahme, dass die Entscheidungszeit im ersten Fall davon beeinflusst wird, dass das semantisch ähnliche Zielwort auf Lemmaebene mit dem Testwortlemma aktiviert und zu einem separaten, späteren Zeitpunkt die Entscheidungszeit nur noch durch das lautlich ähnliche Testwort beeinflusst werden kann, weil zu diesem Zeitpunkt eben gleichzeitig das Lexem des Zielwortes und das des Testwortes aktiv sind.

Zweifel an der Separatheit von Lemma und Lexem äußern Caramazza und Miozzo (1997) aufgrund einer anderen Beobachtung. Sie führen bei Versuchspersonen ähnlich wie Brown & McNeill (1966) einen TOT-Zustand her und veranlassen sie zu versuchen, Anfangs- oder Endlaut der Lautform des Wortes zu erinnern und das Genus anzugeben, also neben eindeutig phonologischen Informationen auch eine syntaktische. Diese ist nach der Standardsicht aber Lemmainformation und sollte von dem TOT-Zustand nicht affiziert sein. Die Ergebnisse bestätigen das auch, liefern jedoch nach Auffassung der Autoren keinen Anhaltspunkt dafür, dass zwischen Bedeutung und Lautform eine eigene Gliederungsebene für syntaktische Information anzunehmen sei. Die Beobachtung sei auch im Einklang mit einer Gliederung, in der die syntaktische Information direkt sozusagen horizontal mit dem Lexemknoten verknüpft sei. Und einen Lexemknoten muss man auf jeden Fall annehmen, allein schon infolge des Wortüberlegenheitseffekts. Caramazza & Miozzo führen außerdem an, dass bei anomischen Patienten beobachtet wurde, dass zwar das Genus eines Nomens, nicht aber die lautliche Form verfügbar sein kann. Das spräche für den syntaktischen Status der Genus-Information, aber gegen die SM-Konzeption. Dazu kann man natürlich feststellen, dass ja gerade darin ein Teil der Störung bestehen kann und dass damit zwar das von Caramazza & Miozzo (1997) postulierte **Independent Network-Modell** (IN-Modell) verträglich, das SM-Modell aber nicht widerlegt ist. Vor allem erklärt das IN-Modell nicht den von Levelt et al. (1991) beobachteten Zeitablauf beim lexikalen Zugriff. Neuere Ergebnisse von Priming-Experimenten im Niederländischen sprechen ebenfalls für die SM-Annahme; vgl. Spalek (2005).

Hinsichtlich der Frage, ob eine gesonderte, sprachspezifische Repräsentationsebene mit semantischer Information pro Wort im lexikalischen Wissen besteht, ist die Gesamtsituation derjenigen in der Syntaxdiskussion nicht unähnlich; allerdings liegt für keine der hierzu bestehenden alternativen Annahmen direkte empirische Evidenz vor. Generell ist klar, dass jedes Modell erklären muss, dass Objektbenennung möglich ist; es muss also eine semantische Information geben, die mit den syntaktischen und lautlichen Informationen in Verbindung steht. Die Herausforderung an eine Theorie der Bedeutungsrepräsentation im Lexikon besteht darin, zu erklären, wieso beim Selektieren eines Wortes in der Produktion genau das spezifische Wort gefunden wird, z.B. *Apfel*, wenn das Bild eines Apfels gezeigt, und nicht ein ebenso zutreffendes Hyperonym, z.B. *Obst*. Levelt (1989) bezeichnet dieses Problem als das **Hyperonym-Problem** des lexikalen Zugriffs in der Produktion. Um es zu lösen, wurde zunächst angenommen, die semantische Information sei Bestandteil des Lemmaknotens und es gebe ein eigenes Prinzip, das das lexikale Zugreifen einschränkt und zwingt, auf das jeweils spezifischste Lemma, eben z.B. *Apfel* zuzugreifen (vgl. Levelt 1993:6) Eine einfachere Alternative wird dann in Bock & Levelt (1994) und in Levelt, Roelofs & Meyer (1999) vorgeschlagen. Die Bedeutungsinformation wird als nicht im Lemma enthalten angenommen. Vielmehr wird lediglich pro Wort genau eine Bedeutung angenommen, repräsentiert durch genau einen sprachspezifischen Bedeutungsknoten, der mit genau einem Lemma und durch diesen mit dem Lexem verbunden ist (vgl. Abb. 2.3) Freilich gibt es alternative Modelle. Für dieses spricht seine Einfachheit.

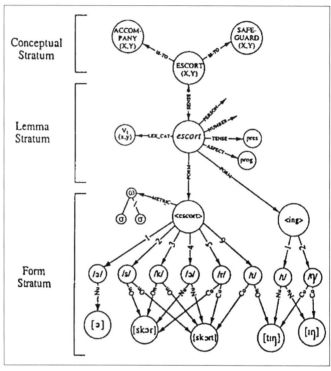

Abb. 2.3: Schematische Darstellung der Gliederung der lexikalischen Information des engl. Wortes »escort« im mentalen Lexikon.

2.2.3 Beschaffenheit der lexikalischen Information

Die Beschaffenheit der lautlichen Information

Die Antwort auf die Frage, wie das Wissen über die verschiedenen
Bestandteile der lexikalischen Einheit im Einzelnen beschaffen ist,
ist spannend, weil die Natur dieser Wissensinhalte mit den Annahmen über den Erwerb, die innere Verarbeitung und schließlich
auch über deren Störungen vereinbar sein müssen. Orientiert an
den Kernannahmen der linguistischen Analyse der Sprache postuliert Jackendoff (1999: 43 und 52) als Bestandteile der lautlichen
Information: eine Ebene von phonologischen Merkmalen, die jedes

lautliche Segment eines Lexems spezifizieren, eine Silbenstruktur
aus – je nach Sprache – Onset- und Reimkomponente – diese
ihrerseits mit Nukleus-, ggf. Glide- und Coda-Position. Mit diesen Kernannahmen verbinden sich weitere, eher in der Phonologie
selbst thematisierte Probleme. Wie viel von der vollständigen phonologischen Form eines Wortes kann regulär aus einer informati-
onsärmeren, sog. zu Grunde liegenden lexikalischen Form abgeleitet werden? Man denke z.b. an die Regel der Auslautverhärtung
im Deutschen: [hunt] (sg.) aber [hundə] (pl.). Weiter: Kann die
aktuell zu artikulierende phonetische Form regulär erzeugt werden? Beispiel [hu:tʰ] <Hut> aspiriertes »t«, nicht oder schwach aspiriertes in [trɛpə] <Treppe>. Dem psycholinguistischen Ziel, das
phonologische Wissen ausfindig zu machen, stellen sich in erster Linie Methodenprobleme entgegen. Evidenz aus Verhaltensbeobachtungen, seien es Versprecher, Verleser, Reaktionen von Gesunden oder von Sprachpatienten, sind das Endergebnis von einer
komplexen Folge von Verarbeitungsschritten. Jede Besonderheit
dieses Ergebnisses kann also ebenso gut durch den einen wie durch
einen anderen Verarbeitungsschritt entstanden sein oder auch eine
Folge der zu Grunde liegenden Information im Lexikon sein. Keiner der Vorgänge ist direkt zu beobachten.

Dass die Ebene der Silbenstruktur eine gewisse eigene Relevanz
für die phonologische Verarbeitung hat, ist aus Beobachtungen
von Nachsprechleistungen von Patienten einer bestimmten Gruppe von Sprachkrankheiten, den sog. Aphasien (vgl. Kap. 6) abzuleiten. Beim Nachsprechen von Wörtern durch Sprachpatienten
ist die Silbenstruktur des gehörten Zielwortes im Allgemeinen erhalten, auch wenn die segmentale Kette weitgehend entstellt ist:
Gehört wird z.B. »flaʃənœfna«, wiedergegeben wird »ʃnafənarbər«
(vgl. Stark & Stark 1990: 214). Dasselbe lässt sich für silbeninterne
Strukturen zeigen; die Struktur auf der Silbenebene ist erhalten,
die Zusammensetzung von Onset oder Coda kann zerstört sein.
Die Ersetzung von »l« in »flaʃən...« durch »n« in »ʃna:fən...« könnte
darauf schließen lassen, dass auch noch die Ebene der phonologischen Merkmale »gewusst« ist, denn beide Phoneme haben das
Merkmal -obstruent; der Patient kann nur nicht mehr zwischen
± liquid und ± nasal unterscheiden. Weitere Evidenz liefern Versprecher. So könnte die irrtümliche Produktion von *glear blue sky*
statt *clear blue sky*, wo ja lediglich das Merkmal ± gespannt betroffen ist, auf die Repräsentation von Merkmalwissen hindeuten. Da
es aber ein Versprecher ist, der also gerade nicht die lexikalische
Information widerspiegelt und andererseits Hinweise dafür vorliegen, dass selbst bei Auslassungen von Lauten in Zungenbrechern

Ansätze von motorischer Aktivation gerade des ausgelassenen Lautes vorliegen, ist die Aussagekraft solcher Beobachtungen über die
Differenziertheit der phonologischen Information im mentalen Lexikon empirisch eher gering (vgl. dazu Meyer 1992). Festzuhalten ist immerhin, dass damit zu rechnen ist, dass phonologisches
Wort-Wissen im Lexikon repräsentiert ist als eine je Wort spezifische Konfiguration aus phonologischen Merkmalen, verbunden
zu einem Segmentsymbol, aus Segmenten in linearer Ordnung,
ihrerseits gegliedert in Cluster, nämlich Onset-Cluster, Reim usw.,
welche zusammen zu genau einer Silbe gehören und schließlich
von Silben, die – wiederum in genau einer linearen Ordnung – die
Bestandteile dieses einen Wortes ausmachen.

Die Beschaffenheit der syntaktischen Information

Die syntaktische Information im mentalen Lexikon muss angesichts
der Fähigkeit zur Produktion syntaktisch wohlgeformter und zur
Erkennung syntaktisch abweichender Sätze sehr viel mehr Details
enthalten, als man in der psycholinguistischen Einführungslitera-
tur erwähnt findet. In erster Näherung dienen zur Klärung auch
dieser Frage Befunde der Syntaxforschung. Demnach ist im lexikalischen Wissen all die syntaktische Information anzunehmen,
die sich nicht regulär aus lautlicher Information ableiten lässt. Die
Frage, was nun genau zur lautlichen Information gehört, berührt
wiederum den Status der morphologischen Information. Wir stellen die Frage zurück und nehmen vorhand einfachheitshalber
an, alle lexikalischen Einheiten wären genau ein Morphem groß,
also wie *Haus, in, geh* oder *doch*. Nicht aus lautlicher Information
abzuleiten sind die Wortarteigenschaften des Wortes, ob es sich
also im Satz verhält wie ein Verb, ein Adjektiv, eine Modalparti-
kel, ein Adverb, eine Präposition, ein Nomen, ein Eigenname oder
gleich wie ein ganzer Satz, wie z.B. *ja* oder *ach*. Die nächst größere
syntaktische Einheit, die kleinste auf Satzebene, ist die lexikalische
Phrase; wie sich ein gegebenes Wort mit anderen zu einer Phrase
verbinden lässt, ist nicht für alle Wörter gleich, wenngleich strukturell recht einheitlich. Soweit sie sich nicht aus der Wortartanga-
be ableiten lassen, müssen auch diese Kombinationsrestriktionen
in dem Wortwissen im Lexikon enthalten sein, dass also z.B. das
Nomen *Weg* durch eine Phrase ergänzt werden kann mit der zusammen es eine komplexere Phrase bildet, die sich anders verhält
als *Weg* alleine, aber auch anders als *der kurze Weg ins Verderben*.
Solche direkten Ergänzungen zum lexikalischen Wort heißen Argumente und die in ihnen enthaltene syntaktische Information

Subkategorisierung; geläufig ist die Subkategorisierung in den Argumenten des Verbs; sie nehmen im Satz die syntaktischen Funktionen Subjekt, direktes oder indirektes Objekt ein.

Auch eine Präposition hat ein Argument und die entsprechende Subkategorisierung muss in ihrem Lemma gegeben sein. Wir schließen diese Aufzählung, ohne sie auch nur im entferntesten vollständig nennen zu können, mit dem Hinweis auf lexikalische Information über das Verhalten eines Wortes in komplexen Sätzen. Dass ein Sprecher des Deutschen die Strukturen der Sätze *Der Finanzminister verspricht den Wählern, die Ausgaben zu senken, ... scheint den Wählern die Ausgaben zu senken* und ... *befiehlt den Wählern, die Ausgaben zu senken* ganz verschieden versteht, liegt an syntaktischen Eigenschaften der Verben *versprechen*, *scheinen* und *befehlen*. Da alle Verben sind, die Information also nicht an der Wortart erkennbar ist, muss sie eigens als lexikalisches Wissen gespeichert sein.

Es war bisher nur von syntaktischem Strukturwissen die Rede. Zu dem Wissen über Argumente zählt man auch den Rahmen thematischer Rollen, die sich mit den Argumentpositionen eines Wortes verbinden. Dass es im Verstehen der Satzstruktur ausgewertet wird, ist ein zentrales Thema in Kapitel 5.

Spezifische Verhaltensevidenz für die Existenz syntaktischen Wissens im Lexikon liefern Versprecher, Reaktionszeiten und neurobiologische Phänomene beim Satzverstehen und – wiederum – Äußerungen von Patienten mit syntaktischen Sprachstörungen. Alle diese Beobachtungen erlauben nur indirekt per Schlussfolgerung Urteile über das lexikalische Wissen, aber die Schlussfolgerungen haben doch einige Überzeugungskraft.

Schon Garrett (1980) hat im Rahmen seiner Untersuchung der Äußerungsproduktion beobachtet, dass bestimmte Versprecher eigentümlichen Einschränkungen unterliegen, die Rückschlüsse auf syntaktische Information im Lexikon ermöglichen. Garretts Ziel war, durch die Analyse von Versprechern Einblick in den Aufbau des Sprachproduktionssystems zu erlangen (vgl. dazu Kap. 4). Die Daten liefern ferner, wie gesagt, auch Hinweise auf das zu Grunde liegende lexikalische Wissen. Ein Ausgangspunkt ist die Beobachtung, dass Elemente, die innerhalb eines Satzes von einem Versprecher betroffen sind, durchweg ein und derselben linguistischen Klasse von Einheiten angehören. Ist ein antizipiertes Element ein Laut, wie in *Mordmeldung* statt *Wortmeldung*, so ist auch die Einheit, die dafür weggelassen ist, ein Laut. Und dies ist auch bei Vertauschungen von ganzen Wörtern so, was auf die Existenz der Wortklasseninformation im Lexikon hindeutet.

Der zweite Punkt ist, dass Elemente, die innerhalb eines Satzes von einem Versprecher betroffen sind, hinsichtlich der für die jeweilige Verarbeitung relevanten Eigenschaften übereinstimmen. Werden z.B. zwei Phrasen im Satz in ihrer linearen Abfolge vertauscht, so weisen beide insoweit dieselben sprachlichen Eigenschaften auf, soweit diese in die Bedingungen für die Anwendung der Prozedur, die die lineare Anordnung herstellt, eingehen. Wenn also die Wortstellung durch eine Prozedur erzeugt wird, durch die fertige Phrasen an Strukturpositionen »eingefüllt« werden, dann wird jede Phrase daraufhin geprüft, ob sie die Eigenschaften hat, die für diese Position gefordert sind. Werden nun zwei Phrasen vertauscht, so nur dann, wenn sie in den relevanten Eigenschaften übereinstimmen. Wort-große Einheiten oder größere, deren Eigenschaften von syntaktischen Eigenschaften des Wortes bestimmt sind, werden also nur vertauscht, wenn sie syntaktisch vertauschbar sind. Dass diese Bedingung überhaupt geprüft werden kann, setzt eben voraus, dass entsprechende Informationen abgefragt werden können, und diese können schließlich nur vom Lexikon kommen. Stellt man nun all die Versprecher zusammen, die syntaktische Einheiten betreffen, also von einer postlexikalischen Prozedur verarbeitet worden sind, und klassifiziert sie nach den Prozeduren, so sollte die Definition der jeweiligen Teilmenge gerade ihre übereinstimmenden syntaktischen Einschränkungen ergeben und damit entsprechenden Aufschluss über das involvierte lexikalische Syntaxwissen. So weisen die Verben, die paarweise von Verbvertauschungen auf der Ebene der syntaktischen Funktionszuweisung betroffen sind, neben der Gemeinsamkeit der syntaktischen Kategorie »Verb« auch mehrheitlich die gleiche Argumentstruktur auf, was eben auf eine entsprechende lexikalische Verankerung hinweist. Auch Paare von Substantiven weisen diese aufschlussreiche Ähnlichkeit auf: Ein Substantiv wird mit einem Substantiv vertauscht, ein Name mit einem Namen, aber kein Substantiv mit einem Namen: *I better give you a calendar* statt *... map. I don't think he is that happy in Hawaii* statt *... in Illinois.* Der Unterschied der syntaktischen Kategorien »Substantiv« und »Eigenname« muss also lexikalisch gespeichert sein; die Beispiele sind aus Fromkin (1980: 5).

Beobachtungen von Versprechern im Deutschen bestätigen die Methode und die Ergebnisse: *Die Milo von Venus* statt *Die Venus von Milo* und *Wo ist die Welt, die eine Brust in sich erschuf* für *... Brust, die eine Welt ...* (aus Meringer & Mayer 1895: 14–15), der ältesten umfangreichen Sammlung von Versprechern. Ebenfalls schon früh haben Bradley, Garrett & Zurif (1980) anhand von Beobachtungen von Äußerungen von Broca-Aphasie-Kranken gezeigt, dass und welche syntaktische Information separat gestört sein kann. Aphasie vom Broca-Typ schließt als eine spezifische Störung Agrammatismus ein, was sich im Auslassen oder Fehlgebrauch von morphologischer Kennzeichnung und Lexik mit syntaktischem Hintergrund äußert; vgl. Kap. 6.

Da allerdings die Phänomene in der Sprache von Sprachpatienten generell alternativ auch durch Verarbeitungsstörungen zu erklären sind (vgl. Caramazza & Hillis 1991) ist ihre Aussagekraft für die Existenz syntaktischer Information im Lexikon generell gering. Zuverlässiger sind demgegenüber Beobachtungen vom Verhalten bei der Satzstrukturverarbeitung als Teilprozess des Sprachverstehens, dem mentalen Satzanalyse-Prozess, der in Kapitel 5 ausführlich behandelt wird. Eine seit langem bekannte und auf Frazier (1979) zurückgehende Beobachtung ist die vom sog. Sackgasseneffekt (**Garden-Path-Effekt**). Gibt man Versuchspersonen den Satz zu hören, *Otto versprach Maria im Urlaub keine Zigaretten mehr anzuvertrauen*, so beobachtet man häufig eine Störung im Verstehensvorgang am Ende des Satzes. Keine Störung tritt hingegen auf, wenn in dem Satz das letzte Verb durch *anzünden* ersetzt wird. Das häufig zitierte englische Testsatzpaar lautet *The horse raced past the barn fell* (Garden-Path-Effekt) und *The horse that raced past the barn fell* (kein Garden-Path-Effekt). Die Verzögerung beim Verstehen eines Sackgassensatzes wird auf eine Besonderheit im Ablauf des syntaktischen Verstehens zurückgeführt, einem Ablauf, der relativ zeitgleich mit dem Lesevorgang/ Hörvorgang einsetzt. Die Besonderheit liegt darin, dass das Verstehenssystem (im Deutschen) die zeitweise syntaktisch mehrdeutige Form *Maria* quasi automatisch als indirektes Objekt von *versprechen* analysiert, und diese Analyse erst spät als falsch erkannt und verworfen wird. Das Verstehensergebnis muss neu geordnet werden, was Zeit kostet. Auf die Existenz lexikalischer Information deuten diese und ähnliche Beobachtungen in sofern hin, als die anfänglich unzutreffende und die tatsächliche Satzanalyse sich im Zugriff auf genau eine lexikalische Information unterscheiden, nämlich auf die Argumentstrukturinformation beim Verb *versprechen*. Die anfänglich realisierte, letztlich unzutreffende Analyse sieht nämlich *Maria* mit der Information »*versprechen + indirektes Objekt*« als verträglich an, die aber im vorliegenden Satz irrelevant ist. Dieser Unterschied und die hemmende Wirkung auf die Arbeit des Satzanalysesystems sprechen für die Existenz dieser Information im mentalen Lexikon. Insgesamt kann festgestellt werden, dass bestimmte Klassen von Versprechern sowie Zeitabläufe beim

Satzverstehen die Annahme von kategorialer Information und von Information über Argumentstrukturen von Wörtern im mentalen Lexikon begründen. Diese Befunde sind durch Daten aus elektrophysiologischen Experimenten im Wesentlichen erhärtet worden; vgl. Kap. 5 und Rugg & Coles (1997: Chapt. 6).

Die Beschaffenheit der semantischen Information

Zu den Spielen der Kinderzeit gehört, Erwachsene nach der Definition des Wortes *Wendeltreppe* zu fragen. In der großen Mehrzahl der Fälle führt der Befragte dann mehr oder weniger hilflos eine vertikale, spiralförmige Bewegung mit Hand und Arm aus. Das zeigt, dass die visuell wahrnehmbare Form einer Wendeltreppe eng mit dem Inhalt des Wortes verbunden ist. Das hat schon Aristoteles in seiner Abhandlung über die Seele (De Anima, ca. 335 v. Chr./1983) ausgeführt: »Für die Denkseele (den Geist ›nous‹, R.D.) sind die Vorstellungsbilder« wie Wahrnehmungsbilder.« (S. 61). Die geistige Repräsentation dessen was mit einem Wort bezeichnet wird, ist die abstrakte Vorstellung seiner Form und Substanz. Barsalou, diese Annahme wieder aufgreifend, nennt die Vorstellung »perceptual symbols«, das Resultat von Verknüpfungen (associations) von abstrakten Sinneseindrücken. Ein solches wahrnehmungsbasiertes Modell der Konzepte ist einladend einfach. Die Bedeutung eines Wortes ist demnach das geistige Bild des bezeichneten Dinges in der Welt, bestehend aus einer Kombination sensomotorischer Symbole. Wir können dieses geistige Bild ausdrücken, indem wir es malen oder das zugehörige Wort aussprechen oder schreiben; vgl. u.a. Barsalou (1999). Bestätigung hat dieses Modell in einer Vielzahl von Sprachverarbeitungsexperimenten erfahren; in den meisten wurde mit räumlichen und zeitlichen Wahrnehmungssymbolen operiert.

Nuthmann & van der Meer (2005) haben z.B. in einem semantischen Beurteilungsexperiment gezeigt, dass ein Zielwort relativ zu einem Probe-Wort, dessen Bedeutung zu ihm in einer chronologischen Folgebeziehung stand, schneller verarbeitet worden ist, als bei einem mit einer semantischen Voran-Beziehung; also *einlaufen – klein* vs. *einlaufen – groß*. Die Zielwörter sind »klein« bzw. »groß«. Fehler- und pupillometrische Daten weisen in dieselbe Richtung. Bei aller Einfachheit sollte das Modell aber natürlich auch allgemein sein: Es gibt ja nicht nur Wörter für Gegenstände, sondern auch für nicht gegenständliche Konzepte wie *Trauer, Recht, Hass, Primzahl* und für Relationen wie *Wurzel aus* oder *nah* und *fern*. Deren Bedeutung und zugleich den Wörtern mit gegenständlichen Bedeutungen wird die Annahme gerecht, Wörter seien Zeichen und die Bedeutungen seien die bezeichneten »Begriffe«. Begriffe sind eine spezifische Art von Konzepten. Ein Begriff ist Bestandteil eines Begriffssystems und sein Inhalt ist das Netz seiner Beziehungen zu den anderen Knoten des Systems; vgl. die Konzeptebene in Abb. 2.3. Das Begriffssystem unterscheidet sich von dem System der Wahrnehmungssymbole grundlegend, besonders darin, dass die Begriffe eben amodal sind. Sie haben keinen Bezug zur sinnlichen Wahrnehmung; sie sind sinnesneutral. Begriffe stellt man sich als willkürliche Einheiten einer »Begriffssprache« vor; sie sind sozusagen digital; Wahrnehmungssymbole sind »analog« kodiert. Das Konzept eines Gesichts enthält – im räumlichen Sinn – eine Nase. In begrifflicher Kodierung wird dies Verhältnis dagegen als eine begriffliche Relation repräsentiert, z.B. als »x ist Teil von y«. Theoretisch ist nun ja nicht ausgeschlossen, dass der menschliche Geist beide Arten der Bedeutungsrepräsentation installiert hat und von beiden Gebrauch macht.

Dies ist die Grundkonzeption von Paivio (1986). Die sog. Dual Code-Annahme wurde z.B. in einem klassischen Experiment mit analogen und digitalen Uhrzeit-Bewertungen getestet (Paivio 1978). Versuchspersonen sehen Paare von digital repräsentierten Uhrzeitaufgaben und sollen angeben, bei welcher von beiden Minuten- und Sekundenzeiger den größeren Winkel bilden. Die Reaktionszeiten variierten mit der Größe der Winkel; bei kleinem Winkel waren sie länger als bei großem. In einem weiteren Experiment wurden analoge und digitale Paare von Uhrzeiten präsentiert und Versuchspersonen hatten die Aufgabe das Paar mit der größeren zeitlichen Distanz zu bestimmen. Die Aufgabe wurde bei den analogen Darstellungen besser gelöst als bei den digitalen. Die Beobachtungen sprechen für die Annahme von zwei verschiedenen mentalen Repräsentationen, einer »imagenen« und einer »logogenen« Codierung. Der mächtige Einfluss der zeichentheoretischen Bedeutungslehre und seit Frege der logischen Semantik hat es mit sich gebracht, dass das Gros der psycholinguistischen Modelle des lexikalischen Wissens Begriffsnetze als mentale Repräsentationsform angenommen hat.

Betrachten wir in diesem Zusammenhang noch einmal Abbildung 2.3 und darin besonders die Information zur Bedeutung eines Wortes im mentalen Lexikon und fragen, wie sie mental repräsentiert ist. Jüngere psycholinguistische Beobachtungen geben Anlass, hier zwei Fragen zu unterscheiden. Die eine richtet sich auf die Art und Weise, wie der Inhalt des einzelnen Wortes repräsentiert ist; die zweite richtet sich darauf, wie die Bedeutungen im Lexikon insgesamt angeordnet sind.

Für die Beantwortungen dieser Fragen finden sich sehr wenige direkte Verhaltensbeobachtungen. Entsprechend groß ist die Zahl an konkurrierenden Modellen. Der Inhalt eines Wortes könnte theoretisch mental als gegliedertes Ensemble von Bedeutungsmerkmalen repräsentiert sein. Die Bedeutung wäre demnach durch eine Art Definition in der Form einer hierarchischen Struktur aus semantischen Komponenten gespeichert. Diese Annahme heißt in der Psycholinguistik die **Dekompositionsannahme** und sie weist deutlichen Bezug zur Komponentensemantik auf. Der Inhalt von *sterben* wäre z.B. repräsentiert durch *Wechsel: Leben(x) – tot sein (x)*, der Inhalt von *töten* würde den Inhalt von *sterben* enthalten und zusätzlich etwa *MACHEN (y,p) und VERURSACHEN (p, sterben (x))*. Dieser Konzeption kritisch gegenüber steht die Annahme, dass der Wortinhalt nicht komponentiell repräsentiert ist und somit durch eine Definition nicht angemessen modelliert ist. Vielmehr sei der Wortinhalt eines jeden Wortes elementar und die Verschiedenheit des Inhalts eines Wortes von dem eines anderen sei lediglich ein Unterschied in dem Muster von Relationen des einen Wortes zu seinen Nachbarn gegenüber dem Verknüpfungsmuster des anderen Wortes. Auch diese Konzeption ist auf eine Semantiktheorie bezogen; sie weist Ähnlichkeit zu Grundannahmen der formalen Semantik auf, die letztlich auf Richard Montague zurückgeht (vgl. Montague 1970).

Beobachtungen zur Entscheidung zwischen den beiden Modellen liefert ein bis heute beachtetes Experiment von Fodor et al. (1980). Die Hypothese der Autoren war, dass gemäß der Definitionstheorie Sprecher des Englischen zwischen den Sätzen *John saw Mary* und *John killed Mary* einen ähnlichen Komplexitätsunterschied empfinden sollten wie zwischen den Sätzen *John expected Mary to leave* und *John persuaded Mary to leave*. Für letztere ist der sog. Shift-Effekt nachgewiesen worden. Versuchspersonen haben in Ratings über die Enge der Zusammengehörigkeit der Paare *John – Mary, John – expect, Mary – expect, John – leave, Mary – leave* einerseits und der Paare *John – persuade, Mary – persuade, John – leave> John – Mary* etc. jeweils systematisch verschiedene Urteile angestellt. Der gemäß der Definitionen-Theorie zu erwartende Shift-Effekt ist aber bei Sätzen mit *cause*-Verben, gegenüber *Nicht-cause*-Verben ausgeblieben. Mangels überzeugender Gegenevidenz ist die nicht-dekompositionelle Konzeption der Bedeutungsrepräsentation bislang die herrschende Vorstellung; sie wird allgemein die **Semantische-Netze-Theorie** genannt (vgl. Aitchison 1997: 93f.). In ihrer aktuellen Form findet sie sich z.B. in den Grundannahmen des Wortproduktionsmodells von Levelt et al. (1999).

Dieses Modell nimmt auch Stellung zu der Frage, welchen systematischen Platz die Konzepte, i.e. die Wortbedeutungen im mentalen Lexikon einnehmen. Gemäß dem dort postulierten Modell bilden die Konzepte eine eigene Ebene des lexikalischen Wissens, die konzeptuelle Ebene. Sie enthält einzelsprachliche begriffliche Einheiten, die mit dem Lemma des Wortes, also dem Punkt, in dem die syntaktischen Informationen des Wortes zusammen laufen, verbunden sind.

Alternative Modelle von der Einbettung der Bedeutung in die Gesamtstruktur des lexikalischen Wissens behaupten Bierwisch & Schreuder, das sog. **Zwei-Ebenen-Modell** des Bedeutungswissens und Caramazza & Miozzo (1997), die die empirische Evidenz für die Annahme einer eigenen Lemmaebene bestreiten; davon war oben schon die Rede. Im Zwei-Ebenen-Modell wird zwei Beobachtungen Rechnung getragen. Zum einen unterscheiden sich die Sprachen in der semantischen Gliederung der Welt im Lexikon. Bedeutungen, für die es in einer Sprache ein einfaches Wort gibt, werden in einer anderen Sprache durch einen zusammengesetzten Ausdruck wiedergegeben, z.B. *cotton – Baumwolle*. Mithin muss zwischen den universalen Konzepten und den sprachspezifischen Wortbedeutungen unterschieden werden. Zum zweiten erfährt ein Wort durch seine Einbettung in einen Satz eine spezifische Interpretation. So wird *verlassen* in den beiden Sätzen *Hans hat das Institut vor fünf Minuten verlassen* und *Hans hat das Institut vor drei Jahren verlassen* Verschiedenes verstanden. Und das geschieht nicht zufällig. Also muss noch eine Verarbeitung stattfinden, in die die lexikalische Bedeutung eines Wortes eingeht, ferner relevante Teile von Bedeutungseinheiten im aktuellen Kontext mit dem Ergebnis der aktuellen begrifflichen Interpretation, ausgedrückt in einer Konfiguration von Konzepten. Wir stellen auch diese Frage einstweilen zurück; sie lässt sich besser im Zusammenhang mit den Prozessen des Sprechens und Verstehens klären.

2.2.4 Beziehungen zu semantischen Nachbarn

Zum lexikalischen Wissen zählt das Wissen der lexikalischen Information, die zu einem Wort gehört und das ist in den letzten Abschnitten dargestellt worden. Wer eine Sprache beherrscht, verfügt aber zudem über Wissen darüber, dass ein Wort den anderen Wörtern seines mentalen Lexikons auf unterschiedliche Weise benachbart ist. Wer Deutsch kann, wird ohne langes Nachdenken der Behauptung zustimmen, dass das Wort *Bruder* mit dem

Wort *Schwester* inhaltlich enger verbunden ist, als mit *Stein* oder
Tinte und *grün* enger mit *blau* als mit *groß*. Die semantische Erklärung für diese Intuition ist, dass zwischen Wortbedeutungen
Sinnrelationen bestehen und dass es zwischen *Bruder* und *Schwester* mehr oder andere sind als zwischen *Bruder* und *Stein*. *Bruder* und *Schwester* stehen zueinander in der Sinnrelation der Ko-
Hyponomie. Sie sind beide Hyponyme zu *Kind* und sie sind im
Deutschen die beiden einzigen Verwandtheitsbezeichnungen, die
zu Kind hyponym sind. Spielen derartige semantische Relationen
auch einen Rolle in der Realität des mentalen Lexikons? Hinweise
darauf liefern zum einen wieder Versprecher, zum zweiten semantische Effekte beim Lexikonzugriff beim Sprechen und Sprachverstehen. Beim Versprechen kollidiert, wie oben gesagt, eine geplante
sprachliche Einheit mit einer anderen, die nicht oder jedenfalls
an der aktuellen Position nicht geplant ist: *C-Moss-Melle* statt *C-
Moll-Messe, zum Vorschwein kommen* statt *zum Vorschein kommen, Höchsttemperaturen morgen zwischen 16 und 22 Uhr* statt ...
Grad. Eine strukturelle Besonderheit der Versprecher ist, dass das
nicht geplante Element immer in einer sprachlichen Beziehung zu
dem beabsichtigten steht. Laute kollidieren mit Lauten, Silben mit
Silben und wenn ein Wort mit einem inhaltlich anderen Wort kollidiert, dann eher mit einem solchen, das per Sinnrelationen mit
ihm in Verbindung steht als mit einem solchen, das das nicht tut:
der SWF–3-Leser, ah –Hörer (vgl. Dell 1995: 193 ff. und zu den
Beispielen Leuninger 1993).

Dass es sinnrelationale Bedeutungsbeziehungen im mentalen
Lexikon gibt, wird auch durch Betrachtungen von nicht fehler-
haften Sprech- und Verstehensvorgängen bestätigt. Beim Verstehen einer sprachlichen Äußerung finden mehrere verschiedene kognitive Prozesse der Informationsverarbeitung statt. Einer davon
besteht darin, dass zu der lautlichen Form der gehörten Wörter
die syntaktischen und die semantischen Angaben abgerufen werden, die zu dem Wort gehören, fachsprachlich gesagt: Zu einem
identifizierten Lexem wird die Lemma– und Konzeptinformation
im Lexikon gesucht, die in die weiteren Verstehensvorgänge eingeht. Dieser Vorgang heißt **lexikale Erschließung** (lexical retrieval) und es ist bekannt, dass er nicht für jedes Wort und nicht
unter allen Umständen gleich schnell abläuft. Kurze Wörter werden schneller »gefunden« als lange, häufige schneller als seltene.
Zudem wird die Erschließung beschleunigt, wenn zu einem bestimmten Zeitpunkt ein Wort präsentiert wird, das dem zu su-
chenden inhaltlich benachbart ist. Diese Wirkung lässt sich in
einem lexikalischen Entscheidungsexperiment mit Einzelwörtern

bzw. Non-Wörtern zeigen, indem in visueller Präsentation dem Ziel-Item ein semantisch verwandtes Wort als Prime-Wort vorangestellt wird. Das Zielwort wird unter dieser Bedingung schneller als Wort erkannt als bei einem semantisch neutralen Vorgängerwort (vgl. Meyer & Schvanefeldt 1971). Mit dieser Annahme verbinden sich grundlegende Folgerungen über die Vorgänge des Sprachverstehens; vgl. Kap. 5.

Ein anderer Effekt, der ebenfalls auf die Existenz semantischer Relationen zwischen Wortinhalten hindeutet, tritt in der Produktion auf, der Effekt der **semantischen Hemmung**. Wie der Name erkennen lässt, wirkt er sich verzögernd auf die Geschwindigkeit des Zugriffs auf ein Wort im Lexikon aus. Auch er ist in dem oben erwähnten Wortentscheidungsexperiment mit eingebauter Objektbenennungsaufgabe von Levelt et al. (1991) nachgewiesen worden. Er wird damit erklärt, dass die Aktivierung eines lexikalischen Konzepts z.B. durch Zeigen eines Bildes des Objekts beim Benennen dieses Objekts den Zugriff auf ein gelesenes Wort mit semantisch benachbarter Bedeutung deaktiviert und damit die Entscheidung, ob dieses gelesene Item ein Wort ist oder nicht, verzögert; der Effekt tritt nicht auf, wenn vor dem zu entscheidenden Item ein semantisch neutrales Konzept aktiviert wird (auch hierzu mehr im entsprechenden Abschnitt von Kap. 4).

2.2.5 Komplexe Wörter

Zwar nicht sehr häufig, aber meistens erheiternd sind Versprecher wie *Stanislaw Lem verglühe ich ehrend* (Leuninger 1993: 69). Sie heißen auf Englisch **Strandings** und weil sich in der deutschsprachigen Literatur noch keine andere Bezeichnung eingebürgert hat, wird dieser Name auch hier verwendet. Strandings sind Morphemvertauschungen. Ihre Besonderheit besteht darin, dass die vertauschten Morpheme nicht zugleich Wörter sind wie in *...braune Augen und blaue Haare* (ebd., S. 27). Es sind vielmehr Bestandteile von komplexen Wörtern, sowohl Stämme von Flexionsformen wie in *... in fremden Fischen wässern* (ebd., S. 44) als auch in Komposita *... herrenlosen Ärmelpullover* (ebd., S. 26), in Ableitungen *... das gemeinste Kleinsame* (ebd., S. 70) und in Kombinationen *... die venige Lästensucherei*. Die Existenz solcher Versprecher lässt vermuten, dass die Einzelteile, aus denen die ursprünglich beabsichtigten Wörter also *ver-ehr-en*, *glüh-end*, *klein-st-e*, *ge-mein-sam* etc. im mentalen Lexikon je eine eigene Einheit bilden und dass sie bei Bedarf jedes Mal neu zusammengesetzt werden, wobei eben Ver-

tauschungen vorkommen. Entsprechend wird vermutet, dass im
Verstehen solcher komplexer Wörter eine Analysephase abläuft, deren Ergebnis dann mit den Einträgen im mentalen Lexikon verglichen wird. Diese Konzeption von der Speicherung komplexer
Wörter heißt **Full-Parsing-Hypothese**.

Nun schließt aber die Existenz von Strandings eine alternative
Hypothese nicht aus. Da die Produktion eines komplexen Wortes
mehrere Schritte umfasst, kann die Vertauschung auch in einem
späteren Schritt, z.b. der phonologischen Kodierung, geschehen
sein. Diese Erklärung wäre dann durchaus mit der Hypothese vereinbar, dass ein komplexes Wort als ganzes eine lexikalische Einheit bildet und mit seiner Strukturinformation im Lexikon gespeichert ist. Diese Konzeption heißt die **Full-Listing-Hypothese**.
Zwar finden sich Strandings, die die Full-Listing-Hypothese unwahrscheinlich machen: *...gemonatete Arbeiten*. Hier ist offenbar
nicht einfach *Monat* mit *Arbeit* vertauscht worden, sondern es ist
nach der Vertauschung genau die Pluralendung erzeugt worden,
die zu dem Vertauschungsergebnis, nämlich *Arbeit + Plural* à *Arbeiten*, passt, nicht aber zu *Monat*, denn *Monat + Plural* à *Monate*.
Solche Belege sind aber sehr selten.

Allein anhand von Versprechern ist die Entscheidung zwischen
den beiden Hypothesen nicht zu treffen und auch theoretische
Argumente lassen sich für bzw. gegen beide Hypothesen anfüh-
ren. Ein sehr generelles Argument, das in der Kognitionspsycho-
logie sehr gut bestätigt ist, ist das Ökonomieprinzip. Angesichts
von oberflächlich äquivalenten Organisations-alternativen bevorzugt der menschliche Geist die ökonomischere, im vorliegenden
Fall also die Full-Parsing-Strategie, die weniger von dem kostbaren
Speicherplatz im Gedächtnis verbraucht. Dagegen ist einzuwen-
den, dass diese Ökonomie mit einer unökonomischen Verschwen-
dung von »Rechenaufwand« und Speicherzugriffen erkauft ist, was
wiederum für die Full-Listing-Hypothese spricht. Zwingender und
tatsächlich auch unbestritten ist ein anderes theoretisches Argument. Komplexe Wörter, deren syntaktische und/oder semantische
Eigenschaften nicht regulär aus der Oberflächenform hervorgehen,
können nicht durch Analyse verstanden bzw. beim Sprechen nach
Wortbildungsregeln gebildet werden, weil sie eben unregelmäßig
oder, wie es heißt, nicht transparent sind. Umgekehrt gefolgert: als
Ganzes wird ein komplexes Wort im Lexikon gespeichert, wenn es
nicht transparent ist.

Ein weiteres theoretisches Argument wird aus dem schon mehrfach erwähnten Frequenzeffekt abgeleitet. Es gibt komplexe Wörter, die als ganze in der Sprache häufiger verwendet werden, als

die Bestandteile zusammengenommen. Ein Beispiel im Deutschen ist der Plural *Perlen* von *Perle*. Die Pluralform ist nach Ortmann (1978, IV: 141) 103 Mal in elf Millionen Wortformen laufenden Texts belegt, *Perle* gar nicht. Solche Wörter heißen **pluraldominant**, die mit umgekehrter Häufigkeitsverteilung **singulardominant**. Wenn der Frequenzeffekt allgemein gilt, würde man erwarten, dass *Perlen,* sofern es als Ganzes gespeichert ist, schneller verarbeit, z.B. als Wort des Deutschen erkannt wird, als *Perle*. Unter Annahme der Full-Parsing-Hypothese würde man die umgekehrte Beobachtung erwarten. Da nun aber, wie schon erwähnt, die Wörter in schriftlichen Texten nicht gleich häufig sind wie im Mündlichen, muss auch noch mit dem Faktor »Verarbeitungsmodalität« gerechnet werden. Zusammengenommen wirken sich also Transparenz, Frequenz, Modalität und schließlich doch auch das Ökonomieprinzip auf die Entscheidung aus, ob ein Sprecher ein komplexes Wort als Ganzes im Lexikon speichert oder nicht.

Wie die Anwendung des Ökonomieprinzips zwischen Frequenz und Transparenz entscheidet oder ob beide Faktoren berücksichtigt werden, ist eine empirische Frage und ihr ist in Experimenten mit Komposita, Derivationen und Flexionsformen nachgegangen worden. Einen informativen und verständlichen Überblick über die Gesamtproblematik bietet Schriefers (1999). Als experimentelle Aufgabe wurde in fast allen Untersuchungen die lexikalische Entscheidungsaufgabe angewendet; variiert wurden eben die Frequenz der beteiligten Form und die Modalität. Fast alle Theorien stimmen in der Annahme überein, dass zwischen zwei Arten von Repräsentationen von Wörtern unterschieden werden muss, der modalitätsspezifischen **Zugriffsrepräsentation**, also einer schriftlichen und einer lautlichen, und der Repräsentation im zentralen Lexikon. Auch die Prozeduren, die – bei der Worterkennung – die beiden Typen von Repräsentationen verarbeiten, werden unterschieden, nämlich in **prälexikalische** und lexikalische. Eine modalitätsspezifische Zugriffsrepräsentation ist natürlich nicht notwendigerweise komplex, sondern eben modalitätsspezifisch. Man kann theoretisch aber auch mit unterschiedlichen Strategien für beide Repräsentationen rechnen: Full-Listing in beiden Speichern, Morphemspeicherung in beiden und Full-Listing prälexikalisch neben Einzel-Morphemspeicherung im zentralen Lexikon. Da die weitaus meisten Untersuchungen zu dieser Frage in der schriftlichen Modalität durchgeführt worden sind, liegen hierzu die verlässlicheren Erkenntnisse vor.

Gegenstand experimenteller Untersuchungen waren hauptsächlich vier Modelle, die sich zwischen den beiden radikalen Hypo-

thesen anordnen lassen. Der Full-Listing-Hypothese am nächsten
steht das Modell von Butterworth (1983) und – auf Aphasiedaten
gestützt – das von Seidenberg und McClelland (1989). Der Full-
Parsing-Hypothese am nächsten stehen Pinker & Prince (1991). Ein
Zusammenspiel beider Organisationsprinzipien nehmen Caramazza, Laudanna, Romani und Chialant sowie Schreuder und Baayen
an. Erstere vertreten die Annahme, dass sowohl für Vollformen als
auch für Morpheme Zugriffsrepräsentationen gespeichert sind und
alle nichttransparenten nur als Vollformen. Auf welche Einheiten
prälexikalisch zuerst zugegriffen wird, hängt von der Häufigkeit
der Vollformen gegenüber der der Bestandteile ab. Generell, so die
zentrale Annahme dieses sog. **Augmented Adressed Morphology**-, kurz AAM-Modells gilt, dass auf Vollformen prälexikalisch
schneller zugegriffen wird als auf die entsprechenden Einzeleinträ-
ge (vgl. Caramazza, Laudanna & Romani 1988 sowie Chialant &
Caramazza 1995). Speicherungen auf drei Ebenen nehmen Schreuder & Baayen (1995) an, einen Speicher von Wortformen, einen
mit Zugriffsrepräsentationen und eine Ebene der Lemmata, über
die Einzel-Morphembedeutungen mit ihren syntaktischen Informationen verbunden sind.

In einer Serie von lexikalischen Entscheidungsexperimenten
zeigen Baayen und Schreuder, dass ihr sog. **Parallel Dual Route-
Modell** die Reaktionszeitbeobachtungen am besten erklärt. Demnach gibt es einen signifikanten Einfluss der Frequenz der Vollform
(pluraldominante werden schneller gefunden als singulardominan-
te Vollformen), der Frequenz des Numerus (Singular schneller als
Plural) und einen signifikanten Einfluss der Frequenz der Stamm-
elemente in komplexen Formen (hochfrequente schneller als niedrigfrequente – bei sonst gleichen Bedingungen). Die Faktoren interagieren miteinander, was hier nur so weit ausgeführt werden
kann, als die Tatsache, dass pluraldominante Vollformen trotz des
höheren Analyseaufwandes (Singular schneller als Plural) schneller
erkannt werden, damit erklärt wird, dass die höhere Frequenz im
Speicher der Oberflächenformen die Verarbeitung stark beschleunigt. Bemerkenswert ist an diesem Ergebnis u.a. die langsamere
Verarbeitung der Pluralformen. Sie könnte mit der Mehrdeutigkeit des Pluralsuffixes (-en) (im Holländischen) erklärt werden,
das alle Testwörter aufwiesen. Mit dieser Erklärung zusammen
passt das Ergebnis einer chinesischen Untersuchung zur Verarbeitung chinesischer Komposita. Sie ergibt, dass bei der Verarbeitung
von Komposita solche mit einfacher koordinativer Struktur (zwei
koordinierte Morphemzeichen) nach der Häufigkeit der Bestandteile erkannt werden, bei der Verarbeitung solcher mit einer kom-

plexeren inneren Struktur (Modifier plus Stamm) die Frequenz der
Vollform die Verarbeitungsdauer bestimmt.

Gemeinsam ist den Befunden der Flexionsformenstudie von
Schreuder und Baayen und der Komposita-Studie von Zhang &
Peng (1992), dass die Entscheidung zwischen Vollformen- und
Einzelmorphemspeicherung letztlich von Oberflächenfrequenz und
Analyseaufwand bestimmt wird. Leicht zu analysierende komplexe
Wörter werden weniger wahrscheinlich als Ganze gespeichert, sol-
che die wegen Mehrdeutigkeit oder komplexer Struktur mehr Ana-
lyseaufwand verursachen, werden eher als Ganze gespeichert.

2.3   Grammatisches Wissen

Sprachliche Verständigung findet statt, indem Gedanken sprachlich ausgedrückt, von einem Sprecher an einen Adressaten gerichtet, schriftlich, mündlich oder durch Gebärden geäußert und vom
Adressaten wahrgenommen und verstanden werden. Wie ein Satz
einer Äußerung aufgebaut ist, wie viele Sätze eine Rede, ein Text
umfassen, das alles ist bekanntlich vielfältig variabel. Aus der Tatsache, dass die Fähigkeit zur sprachlichen Verständigung in end-
licher Zeit gelernt wird, und dass mittels dieses erworbenen Wissens und unter Verwendung einer begrenzten Zahl von Wörtern
unbegrenzbar viele, immer wieder neue Äußerungen hergestellt
und verstanden werden können, folgen zweierlei Grundannahmen
über das grammatische Wissen; das ist zum Einen die Annahme,
dass es systemhaft ist, und zum Andern die Annahme, dass es
Rekursivität zulassen muss. Rekursivität ist eine in ihrer Auswir-
kung machtvolle Eigenschaft eines Zeichensystems. Sie ist dann
gegeben, wenn eine Struktur der Kategorie A ihrerseits eine Struktur derselben Kategorie als Bestandteil enthalten kann. Natürliche
Sprachen haben mehrere Quellen für Rekursivität; ein illustratives
Beispiel ist die Relativsatzrekursivität. Ein Relativsatz kann als Bestandteil wieder einen Relativsatz enthalten: *Passagiere, die sich auf
den Decks, die schon überflutet sind, aufhalten, müssen umgehend in
die Rettungsboote steigen.*

Zur Systemhaftigkeit der natürlichen Sprache gehört als
fundamentale Eigenschaft die **Kompositionalität**, auch **Fre-
ge-Prinzip** genannt. Sie findet sich auch in nicht-sprachlichen
kombinatorischen Systemen, z.B. im Zahlensystem. Für einen zusammengesetzten Ausdruck, der nach den Regeln eines komposi-
tionellen Systems gebaut ist, gilt, dass sich seine Bedeutung aus

der Bedeutung seiner Teile und der jeweiligen strukturellen Verbindung zwischen den Teilen ergibt. Da eine natürliche Sprache in
diesem Sinne systematisch und kompositionell ist, ist zu schlussfolgern, dass die mentale Grammatik diese beiden Eigenschaften
repräsentieren muss. Die psycholinguistische Untersuchung des
grammatischen Wissens hat zum Ziel herauszufinden, wie das
grammatische Wissen des Menschen beschaffen ist, der seine Sprache normal beherrscht. Die Forschung ist begreiflicherweise eng
auf die Ergebnisse linguistischer Analysen der Sprachstruktur bezogen, also auf grammatische Beschreibungen einzelner Sprachen
und auf Theorien über die Form möglicher Grammatiken generell,
also Behauptungen der Grammatiktheorie. Es könnte nun sinnvoll erscheinen, die hypothesenleitenden Inhalte der Grammatikforschung hier im Abriss zu referieren, wie es in anderen Einfüh-
rungen auch getan ist (vgl. Kess 1992; Garman 1990; Harley
2001) und ausführlich, Steinberg, Nagata & Aline (2001). Wir
stellen das zurück, und stellen hier zusammenfassend die Hauptergebnisse und die Beobachtungen dar, auf denen sie beruhen. Sie
gruppieren sich grob zu vier Untersuchungsfeldern, die sich mit
vier Teilfragen andeuten lassen.

Die erste ist die Frage, welcher Anteil dieses Wissens artspezifisch, also sprachlich universal ist und welcher erst mit dem Erwerb
einer bestimmten Einzelsprache erworben wird, die **Universalitätsfrage**. Das zweite Untersuchungsfeld bilden die Forschungen
zu der Frage, was der Inhalt des Wissens ist und wie es im Langzeitgedächtnis gegliedert ist; das ist die Frage nach Inhalt und
Aufbau der mentalen Grammatik im engeren Sinne; nennen wir
sie einfach die **Grammatikinhaltsfrage**. Im größeren Rahmen der
Kognitionsforschung treffen wir neben dem sprachlichen Wissen
bekanntlich auch andere Arten von Wissensbeständen an, motorisches Wissen, bildliches Wissen wie die Kenntnis von Gesichtern
oder von Wegen, und für alle stellt sich die Frage, wie das jeweilige
Wissen kognitiv repräsentiert ist. In der Psycholinguistik nimmt
die sog. **Repräsentationsfrage** in den letzten zwanzig Jahren einen
wichtigen Platz ein, wie wir sehen werden. Die vierte und zugleich
jüngste Arbeitsrichtung gilt der Frage nach der biologischen Seite der mentalen Grammatik, also der neuronalen Entsprechung
dieses Wissens, speziell seiner Lokalisation im Gehirn, kurz der
Lokalisationsfrage.

2.3.1 Die Universalitätsfrage

Antworten auf die Universalitätsfrage nehmen zu zwei Aspekten dieser Frage Stellung; zum einen wird untersucht, worin das universale Grammatikwissen besteht, zum zweiten, ob dieser Bestandteil des angeborenen Wissens des Menschen von anderen Systemen der genetisch verankerten geistigen Ausstattung des Menschen wesentlich verschieden ist. Zu beiden Aspekten hatten sich in der zweiten Hälfte des 20. Jahrhunderts zwei Positionen entwickelt und für beide wurden hauptsächlich Beobachtungen aus dem Spracherwerb des Kindes und dem Zweitspracherwerb des Erwachsenen angeführt. Die universalgrammatische Position über dieses Wissen besagt im Kern Folgendes:

1. Das **universale Wissen** umfasst angeborene Restriktionen über sprachliche Kategorien, universale Vorgaben bezüglich struktureller Eigenschaften von Sätzen, universale Prinzipien über den Zusammenhang zwischen hierarchischen Eigenschaften und linearer Abfolge (sog. Präzedenzprinzipien), ferner ein Verfahren zur Evaluation alternativer systematisch möglicher Strukturen (Optimalitätstheorie) und Prinzipien zur Minimalisierung der strukturellen Komplexität, die aus dem Zusammenspiel der Strukturierungsprinzipien zwangsläufig resultiert (Ökonomieprinzipien).

2. Das **universalgrammatische Wissen** ist eine sprachspezifische geistige Ausstattung des Menschen und verschieden von der ebenfalls angeborenen allgemeinen Problemlöseintelligenz des Menschen.

Bestätigungen für diese Behauptungen, deren geistiger Vater und bekanntester Vertreter Noam Chomsky ist (vgl. Chomsky 1993 und 1995), wurden in einer Reihe von sprachlichen und Spracherwerbstatsachen gesehen. Linguistische Evidenz wurde darin gesehen, dass die postulierten kategorialen Unterscheidungen und Struktur- sowie Präzedenz-, Optimalitäts- und Ökonomieprinzipien sich bei der Analyse von im Prinzip allen Sprachen erhärten. Inwieweit dieses Wissen artspezifisch ist, wurde in Kapitel 1.1 kurz angesprochen.

Die wesentlichen Argumente aus dem Spracherwerb sind das Argument von der **Unterspezifiziertheit** des einzelsprachlichen grammatischen Wissens durch die sprachlichen Erfahrungen (Inputdaten) des Kindes in der Sprachentwicklung, das Argument vom **defektiven Input** (Das Kind hört viele ungrammatische Sätze, entwickelt aber ein korrektes Grammatikwissen), das Argument von der **fehlenden negativen Evidenz** (Obwohl dem Kind nicht erkennbar gemacht wird, welche formal möglichen Strukturen in seiner Sprache nicht gegeben sind, werden sie im Aufbau seines grammatischen Wissens von ihm nicht in Betracht gezogen) und das Argument von der **Unverhältnismäßigkeit der kognitiven Leistungen** in anderen Feldern des Denken wie etwa Logik und räumliche Kognition.

Neben diesen generellen Befunden werden spezifische kontingente Sachverhalte der Strukturentfaltung der Sprache beim Kind in verschiedenen Sprachen angeführt, die ohne Annahme universaler Prinzipien nicht zu erklären wären. Ein Beispiel ist der Verlauf des Erwerbs der Pronomensyntax, dessen Besonderheiten ohne Annahme der Existenz von Bindungsprinzipien im unbewussten Kenntnissystem des Kindes nicht angemessen erklärt werden könne (vgl. Hyams 1986). Zahlreiche weitere Beobachtungen zugunsten beider Behauptungen der universalgrammatischen Position finden sich in Pinker (1994), Fodor (1983), in den Beiträgen und Diskussionen in Eubank (1991), insbesondere denen von Klein und Hyams, schließlich auch in experimentellen Überprüfungen des Zeitverlaufs in der Entwicklung sprachlicher und vergleichbarer nicht-sprachlicher kognitiver Fähigkeiten (vgl. etwa Haider & Schaner-Wolles 1987).

Die im Vergleich mit der universalgrammatischen Konzeption weit weniger kohärent ausgearbeitete **kognitivistische Position** besagt im Kern Folgendes:

1. Das universale sprachliche Wissen des Kindes besteht in einem kognitiven Automatismus, Wahrnehmungseindrücke zu kategorisieren, Muster in den sprachlichen Wahrnehmungsdaten zu erkennen und zwischen diesen und kommunikativen Intentionen einen systematischen Zusammenhang zu erkennen (**Operationsprinzipien**).

2. Die Fähigkeit des Kindes, eine beliebige natürliche Sprache zu erlernen, beruht auf einer allgemeinen kognitiven Befähigung, funktionale Zusammenhänge in den Vorgängen seiner Umwelt zu erkennen.

Für diese Position wird in erster Linie eine übergeordnete Maxime für die Theoriebildung in allen Wissenschaften geltend gemacht, die dazu anhält, nicht mehr apriorische Kategorien anzunehmen, als für die Erklärung von Zusammenhängen zwischen beobachteten Ereignissen erforderlich sind. Das Prinzip hat seinen Namen nach seinem ersten Verfechter und heißt in der Philosophie Ockham's Razor. Im Disput mit der universalistischen Konzeption der mentalen Grammatik vertreten die Kognitivisten den Standpunkt, dass zwar die Existenz eines sprachspezifischen angeborenen geistigen Moduls nicht ausgeschlossen sei, eine so weitgehende Annahme aber so lange fehl am Platze sei, wie die Fakten auch ohne sie angemessen erklärt werden könnten (vgl. Klein 1991). Als empirische Evidenz gelten wiederum Beobachtungen aus Spracherwerbsverläufen in verschiedenen Sprachen (vgl. Slobin 1985), sowie aus dem Zweitspracherwerb Erwachsener. Aus sprachvergleichenden Langzeit-Analysen hat sich ergeben, dass die Form sprachlicher Äußerungen in der Frühphase des ungesteuerten Zweitspracherwerbs in durchaus verschiedenen Zielsprachen-/Ausgangssprachenkonstellationen sehr einheitlich ist und mit einigen elementaren semantischen und pragmatischen Konstruktionsprinzipien erklärt werden kann (vgl. dazu Klein & Perdue 1997).

Unstrittig ist im Hinblick auf die Universalitätsfrage, dass die Funktion dieses übereinzelsprachlichen Wissens die ist, das Kind in der Analyse der sprachlichen Äußerungen beim Aufbau sprachspezifischen grammatischen Wissens durch Vorgaben zu lenken, die Vielfalt formal möglicher Strukturalternativen zu reduzieren. Bei normalem Verlauf des Spracherwerbs hat der Mensch bis zum Alter von vier bis sechs Jahren das Wissen über die Struktureigenschaften seiner Muttersprache unbewusst durchschaut und als Wissensbestand gespeichert.

2.3.2 Die Grammatikinhaltsfrage

Antworten auf die Grammatikinhaltsfrage, welches Wissen das einzelsprachliche Grammatikwissen im Einzelnen enthält, sind in der Psycholinguistik kaum gesucht worden. Die Forschungspraxis war und ist von der Annahme bestimmt, der Inhalt sei eben durch eine linguistische Grammatik erfasst bzw. zu erfassen, soweit noch nicht geleistet. Als grundsätzlich unstrittig gilt also, dass das Grammatikwissen die Kenntnis der phonologischen, syntaktischen und semantischen Kategorien und Zusammenhänge einer Sprache umfasst sowie die strukturellen Verbindungen zwischen ihnen an den Berührungsbereichen z.B. thematische Rollen und Argumentstruktur oder syntaktische Struktur und Intonationskontur. Der eigene psycholinguistische Beitrag zur Antwort auf die Grammatikinhaltsfrage besteht darin, generelle Annahmen über Inhalt und Gliederung des Grammatikwissens durch Verhaltensbeobachtungen zu überprüfen. Eine lange Tradition seit Mitte des 20. Jahrhunderts haben Untersuchungen zur Natur syntaktischen

Wissens. Die weitaus meisten Befunde dazu haben Beobachtungen des Sprachverstehens beigetragen, einige auch die Sprachproduktionsforschung, besonders anhand von Pausen-, Versprecher- und Selbstkorrekturdaten. Sie haben durchweg zu Bestätigungen der zentralen Aussagen der Phonologie und der generativen Syntax geführt, sei es, dass Verhaltensbeobachtungen linguistische Postulate bestätigt haben, sei es dass linguistische Modellierungen erst im Nachhinein mit den psycholinguistischen Befunden in Einklang gebracht worden sind.

Die Existenz von abstraktem, phonologischem Wissen über lautlich mögliche Ketten einer Sprache, was also kein lexikalisches Wissen darstellt, wird bestätigt durch die Ergebnisse lexikalischer Entscheidungsexperimente mit phonologisch zulässigen und unzulässigen Non-Wörtern. Dass das syntaktische Wissen im Kern Wissen über die hierarchische Gliederung von syntaktischen Phrasen, ihre Funktionen im Satz, ihre Beziehung zu thematischen Rollen und ihre Präzedenz im Zusammenspiel mit Kategorien von Kontextwissen darstellt, gilt als gut bestätigt durch Beobachtungen der Aufmerksamkeitsverteilung mittels Augenbewegungsmessungen beim Lesen von Sätzen, besonders bei der Verarbeitung temporär-syntaktisch mehrdeutiger Teile im Satz; einen Überblick geben Tanenhaus & Trueswell (1995), zur Existenz des Wissens über thematische Rollen in der mentalen Grammatik vgl. McRae, Spivey-Knowlton & Tanenhaus (1997); zu dem syntaktischen Unterschied zwischen Argument- und Adjazenzbeziehungen vgl. Frazier & Clifton (1996). Zusätzliche Evidenz liefern neurolinguistische Beobachtungen aus Hirnstromableitungen von ereignisrelatierten Hirnpotentialen (ERP) bei der Verarbeitung von Äußerungen mit syntaktisch »überraschenden« Fortsetzungen von Satzanfängen wie *Die Bahn wurde fahre;* einen Überblick gibt Hahne (1998: Kap. 5), exemplarische Experimente sind in Friederic et al. (2004) dargestellt. Auch Prinzipien bei der Gestaltung der sprachlichen Form von Selbstkorrekturen liefern Evidenz für die Hypothese. Levelt (1983) beobachtete, dass Selbstkorrekturausdrücke mehr Teile enthalten als lediglich die Korrektur des Fehlers, dass dabei vielmehr auch nicht korrekturbedürftige Bestandteile wieder aufgenommen und dabei syntaktische Phrasengrenzen berücksichtigt werden (vgl. das Prinzip der syntaktischen Wohlgeformtheit von Selbstkorrekturen in Levelt 1989).

Ein zweites reichhaltiges Untersuchungsfeld gilt der Frage nach der Gliederung der mentalen Grammatik. Auf die schon erwähnten Versprecheranalysen in Garrett (1980) geht die bis heute gut bestätigte Annahme zurück, dass das Syntaxwissen zwei Hauptbestandteile umfasst, einen mit Wissen über den Zusammenhang zwischen syntaktischen Phrasen und syntaktischen Funktionen (**function assignment**) und einen mit Wissen über die lineare Anordnung der Phrasen in der Äußerung. Garrett (1980) nahm ferner an, dass das Funktionszuweisungswissen seinerseits zwei Teilbestände enthält: Tiefenstruktur- und Transformationswissen. Diese Unterscheidung ist allerdings zweifelhaft geworden. Neuerdings ist in Satzerinnerungs- und in Szenenbeschreibungsexperimenten in Sprachen mit freierer Wortstellung als dem Englischen auch die Unterscheidung zwischen dem Funktionszuweisungs- und dem Präzedenzwissen fraglich (vgl. Branigan 2000 und die Ergebnisse von Augenbewegungsmessungen bei der Satzproduktion in Szenenbeschreibungen durch Griffin 1998 und Griffin & Bock 2000). Es ist demnach anzunehmen, dass das Wissen über Phrasenstruktur, Satzgliederung und Wortstellung ein integriertes, systematisches Syntaxwissen des Sprechers bildet. Wie gesagt ist diese Feststellung wenig bezweifelt, wenngleich sie durch nicht viel mehr als die alltägliche Beobachtung unserer Verwendung grammatisch wohlgeformter Sätze bestätigt ist und durch die Fähigkeit, nicht-wohlgeformte als solche identifizieren zu können.

2.3.3 Die Repräsentationsfrage

Der weitgehende Konsens hinsichtlich der Grammatikinhaltsfrage schließt einen Konsens hinsichtlich der Repräsentationsfrage keineswegs ein. Das macht deutlich, dass die beiden Fragen verschiedenen Phänomenen gelten. Die Frage nach der Repräsentation gilt dem formalen Apparat, durch den das mentale Grammatikwissen kognitiv kodiert ist und es konkurrieren hier hauptsächlich zwei Theorien. Die ältere beruht auf linguistischen Modellen, die eine Architektur aus symbolverarbeitenden Systemen annimmt, einem semantischen, einem syntaktischen und einem phonologischen. Jedes ist für sich genommen ein eigener Formalismus mit je spezifischen Einheiten und strukturellen Eigenschaften und der Zusammenhang des Ganzen wird im lexikalischen System sowie in gesonderten Verarbeitungsalgorithmen, einem Produktions- und einem Rezeptionssystem gesehen. Ein derartiges Modell wird als **Symbolverarbeitungsmodell** bezeichnet.

Als Symbolsprache der Bedeutungsstrukturen wird eine Logiksprache angenommen mit Konzeptkonstanten und Variablen verschiedener Typen, Quantoren, Konnektoren und Operatoren, sowie Regeln, nach denen einfache Ausdrücke zu zusammenge-

setzten verbunden werden können. Als Symbolsprache des Syn-
taxwissens und der Morphologie wird eine Variante einer Algebra
postuliert mit einem Vokabular von Kategoriensymbolen für lexikalische und phrasale Kategorien, definiert als Bündel syntaktischer Merkmale und eine Form von Unifikationsregularitäten
zur Repräsentation hierarchisch zusammengesetzter Strukturen.
Das phonologische Wissen ist im Symbolverarbeitungsmodell repräsentiert mittels eines hybriden Formalismus mit einer begrenzten Menge universaler phonologischer Merkmale, lexikalisch gegebener Phoneme als Merkmalkombinationen in Silbenstrukturen,
Regeln zur Manipulation von Phonemen und Silben in wechselnden Umgebungen, sowie Akzentkategorien und Wort-, Phrasen-
und Satzakzentberechnungsverfahren. Die Prozesse der Sprachverwendung sind kognitive Prozeduren der Informationsverarbeitung.
Die Sprachproduktion ist, grob gesprochen, eine Folge von Vorgängen zur Erzeugung von komplexen Ausdrücken innerhalb eines
Teilsystems und der Übertragung der resultierenden Strukturen in
Ausdrücke des nächst oberflächennäheren Moduls. Beim Sprachverstehen findet entsprechend eine Folge von Strukturanalyse-
schritten in Richtung von der lautlichen zur semantischen Repräsentation des gegebenen Ausdrucks statt. Für ein kleines Fragment
des Holländischen ausgearbeitet ist das Syntaxmodul eines Pro-
duktionsmodells der mentalen Grammatik in Kempen & Hoenkamp (1987) und für weitere Teile der Grammatik ausgebaut in
de Smedt (1990).

Von diesem Modell formal wesentlich verschieden sind Modelle vom Typ **konnektionistischer** Repräsentationen der mentalen Grammatik. Ein konnektionistisches Modell ist insgesamt ein
mehrdimensionales Netz aus Knoten und Verbindungen zwischen
ihnen. Ursprünglich in der Physik für die Modellierung von magnetischen Zuständen und Vorgängen in Festkörpern entwickelt,
sind damit dann auch Eigenschaften des Zentralnervensystems
beschrieben worden und – daran mehr oder weniger direkt orientiert – das völlig immaterielle grammatische Wissen. Ein konnektionistisches Modell der mentalen Grammatik ist durch drei
Gruppen von Eigenschaften charakterisiert: die Knoten, die es
umfasst, die Verbindungen zwischen ihnen und die Aktivations-
werte dieser Knoten und Verbindungen. Diese muss man sich als
abstrakte Eigenschaften vorstellen, die das ganze System sozusagen
vital machen. Sie kodieren die frequenzbedingten Unterschiede
in der Zugreifbarkeit auf Knoten und die Stärke und damit Geschwindigkeit des Informationsflusses durch die Verbindungen.
Kategoriales Wissen ist einheitenweise durch die Knoten reprä-

sentiert und Strukturwissen durch die Art ihrer Vernetzung im Modell.

Was im Symbolverarbeitungsmodell durch die verschiedenen Symbolsprachen von Semantik, Syntax und Phonologie beschrieben ist, ist im konnektionistischen Modell durch unterschiedliche Inhalte der Knoten erfasst und durch eine Verbindungsstruktur, die gleichartige Knoten wie etwa alle Konzeptknoten, alle Knoten syntaktischer Phrasen etc. zu je einer Ebene oder Schicht (engl. **layer**) des Netzes strukturiert.

Netzmodelle sind bewusst als Alternativen zu Symbolverarbeitungsmodellen der Äußerungsproduktion entwickelt worden und lassen besonders die Vorgänge beim Entstehen von Versprechern gut rekonstruieren; vgl. Stemberger 1982 in Auseinandersetzung mit Garretts (1980) Modell und für das Deutsche das Modell von Schade in Schade 1992 und (1999); über konnektionistische Modellierungen verschiedener Prozesssysteme informiert der Sammelband von Christiansen & Chater (2001). Die Sprachverarbeitung wird im konnektionistischen Modell als Kette von Aktivationen und Inhibitionen im Netz repräsentiert. Die wesentlichen Unterschiede zwischen den beiden Modellklassen liegen also in ihrer Architektur und der Rolle der Probabilistik in den Systemen. Symbolverarbeitungsmodelle sind modular, hybrid, indem sie verschiedene formale Teilsysteme enthalten, und deterministisch. Konnektionistische Modelle sind weniger hybrid und typischerweise probabilistisch. Sie lassen sich relativ gut mit Computerprogrammen simulieren, was die Möglichkeit bietet, ihr Produktionsverhalten anhand ihres Zeitbedarfs, der qualitativen Ergebnisse und ihrer Häufigkeiten mit dem menschlichen Verhalten anhand von Experimentdaten zu vergleichen. Konkurrenz besteht zwischen beiden Theorien hinsichtlich der Erklärungsstärke. Fodor & Pylyshin (1988) argumentieren, dass mit einem Netzwerk-Modell grundsätzlich ein wesentlicher Teil des sprachlichen Wissens nicht beschrieben werden kann, nämlich das (unbewusste) Wissen grammatischer Prinzipien und generell aller strukturbezogenen Einschränkungen. Tatsächlich ist nicht zu sehen, wie z.B. so ein Wissen wie das Kasusfilter-Prinzip (jede overte NP muss Kasus haben) mit konnektionistischen Mitteln explizit dargestellt werden kann. Es ist allerdings einzuräumen, dass in den vorliegenden Symbolverarbeitungsmodellen in der Psycholinguistik ebenfalls noch nicht gezeigt ist, wie solches Prinzipien-Wissen darzustellen ist. Immerhin aber erfüllt ein Symbolverarbeitungsmodell die Voraussetzung dafür, indem Prinzipien über Symbolkonstellationen formuliert sind, ein konnektionistisches Modell aber kategoriales

Wissen eben nicht durch Symbolkategorien repräsentiert, sondern durch die Konfiguration eines Knotens im Netz (lokale Netze) bzw. durch die Konfiguration von Teilnetzen im Netz (distribuierte, subsymbolische Netze).

2.3.4 Die Lokalisationsfrage

Ziel psycholinguistischer Arbeit ist, wie eingangs ausgeführt, die kognitiven Zustände und Vorgänge aufzudecken, die die menschliche Sprachfähigkeit ausmachen. Kognitive Zustände und Vorgänge sind geistiger Natur, und das wirft die Frage auf, wie ihre Untersuchung von Einsichten in Aufbau und Funktionsweise des Gehirns gefördert wird. Denkbar sind zwei Wege, und sie werden auch in der Forschung gegangen. Es kann ein Ziel sein, die Denkvorgänge insgesamt zu beschreiben, indem die zugehörigen physiologischen Zustände und Vorgänge im Gehirn angegeben werden. Das Denken an ein Wort wird also z.B. beschrieben als genau die Aktivität in der Hirnrinde (Kortex), die diesen kognitiven Vorgang ausmacht. Die Sprachfähigkeit des Menschen wird unter diesem Ziel also letztlich neurologisch und nicht mehr kognitionswissenschaftlich beschrieben. Wie immer man den Erkenntniswert dieses reduktionistischen Ansatzes beurteilt, das Ziel liegt in weiter Ferne. Näher liegt ein anderes, nämlich das Ziel, Zeit und Ort neuronaler Aktivitäten mit zeitlichen und inhaltlichen Eigenschaften sprachlicher Kognitionen in Verbindung zu bringen, um Annahmen über deren Gliederung und Abläufe zu überprüfen.

Beiden Bemühungen liegt die Annahme zu Grunde, dass es einen unmittelbaren Zusammenhang zwischen kognitivem und neuronalem System gibt und diese Annahme ist schwerlich zu bestreiten. Somit ist der Versuch, sie zu untersuchen, grundsätzlich begründet. Die Erfolgsaussichten werden natürlich wesentlich von den Beobachtungsmöglichkeiten bestimmt, unter denen die klinisch-chirurgische die älteste und direkteste ist, das Abbilden von Hirnaktivitäten mittels magnetischer Messung von lokalen Veränderungen im Blutsauerstoff ein indirektes und relativ langsames Verfahren (zwischen 1 u. 5 sek.), und das Messen von elektrischen bzw. magnetischen Spannungs- bzw. Zustandsveränderungen (Elektroenzephalogramm, Magnetenzephalogramm), ein direktes und schnelles Verfahren (1 ms). Informativ und knapp informieren über den hirnchirurgischen Zugang Dronkers & Ludy (1998), über MEG und EEG Whitaker (1998) und über bildgebende Verfahren die Artikel in den einschlägigen Handbüchern,

Stemmer & Whitaker (1998) und Gazzaniga (2000), speziell über EEG-Methoden Rugg & Coles (1997) und Luck (2005). Infolge rascher technischer und methodischer Verbesserungen ändern sich die Beobachtungsmöglichkeiten derzeit schnell. In einem Einführungstext wie diesem kann nur dargestellt werden, was mehrere Jahre Bestand hat. Das sind hirnphysiologische Grundlagen, die leitenden Ziele der Neuropsycholinguistik und die wichtigsten bisher gut bestätigten Befunde.

Neurophysiologische Grundlagen

Das Gehirn, so weiß jeder, befindet sich im Kopf, unter den Knochen der Schädeldecke, fünf gewölbten Knochenplatten, dem Stirnbein, dem Scheitelbein, den beiden seitlichen Schläfenbeinen und dem Hinterhauptbein. Es nimmt etwa das Volumen im Kopf ein, das durch eine eng sitzende Wollmütze angezeigt wird, die man sich vorne bis auf die Augenbrauen und hinten in den Nacken zieht. Mit dem übrigen Skelett ist es nach unten hin durch den Hirnstamm verbunden. Anatomisch ist das Gehirn ein Komplex aus vier miteinander verbundenen Hauptgruppen, Stammhirn, Kleinhirn, Zwischenhirn und Großhirn. Letzteres umwölbt wie eine Kappe die ersten drei Gruppen, was ihm die Bezeichnung Hirnrinde eingetragen hat. Infolge seiner Funktion gilt das Gehirn als das Zentralorgan, sozusagen die **Schaltzentrale des menschlichen Körpers**.

Entwicklungsgeschichtlich ist es das Ergebnis eines vieltausendjährigen Prozesses, kurz und einfach beschrieben in Kapitel 3, »Biologische Grundlagen« von Zimbardo (1995). Morphologisch implementiert ist diese Funktion in einem in Material und Gliederung diversifizierten, ca. 1,5 kg schweren System von vernetzten Nervenzellen, versorgt mit Glukose und Sauerstoff über ein verästeltes Blutsystem und nicht erregbare sog. Ghiazellen und durchzogen von größeren und kleineren Hirnkammern (Ventrikeln). Allein das Großhirn umfasst bei der Geburt ca. 20 Milliarden Nervenzellen (Neuronen), deren jede über Zuleitungen (Dentriten) und Ableitungen (Axone) direkt oder indirekt mit allen anderen verbunden ist.

In dieser Gesamtarchitektur nehmen kognitive **Funktionen der Sprache** nach heutiger Kenntnis bestimmte Areale der Großhirnrinde und subkortikalen Knoten ein, letztere jedoch ausschließlich automatisierte Routinen (mehr dazu im nächsten Abschnitt). Die Großhirnrinde ist, wie gesagt, ein kappenförmiges, stark gefaltetes Gewebe aus Nervenzellen, zwischen 4 mm (frontal) und 1,5 mm (okzipital) dick, im Äußeren walnussähnlich. Sie ist in Längsrichtung in zwei Hälften (Hemisphären) geteilt, die durch einen dichten Strang von Nervenfasern, den Corpus callosum im Inneren des frontalen Bereichs verbunden sind. Längs- und Querfurchen in den Faltungen geben jeder Hemisphäre eine zusätzliche Gliederung im sog. Hirnlappen, die im Deutschen in Analogie zu den Schädelknochen nach ihrer Lage bezeichnet sind (vgl. Abb. 2.4).

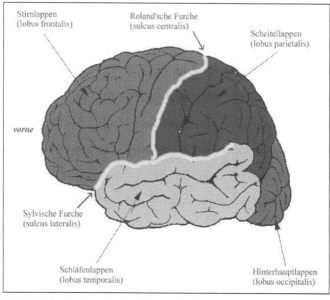

Abb. 2.4: Architektur der Großhirnrinde (linke Hemisphäre).

Eine anschauliche und für psycholinguistische Belange gut geeignete Einführung in die Neurophysiologie des Gehirns und seine Funktionen ist das im positiven Sinne populärwissenschaftliche Werk von Greenfield (1996). Eine hervorragende Internetpräsentation bietet das Stuttgarter Tutorial »Sprache und Gehirn« von Dogil & Mayer (1992), der Abbildung 2.5 entnommen ist.

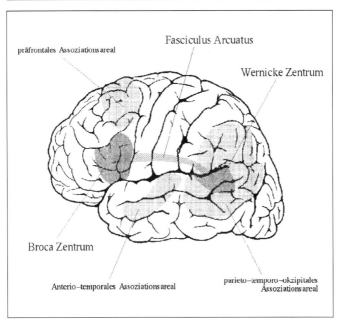

Abb. 2.5: Schema der kognitiven Funktionen in der linken Hemisphäre des menschlichen Kortex. Quelle: Internet-Tutorial »Sprache und Gehirn« (Dogil & Mayer 1992) mit freundlicher Genehmigung der Autoren.

Die funktionale Anatomie der Sprache

Seit Mitte des 19. Jahrhunderts wird mit hirnchirurgischen Methoden der Frage nachgegangen, ob es eine Topologie der Hirnfunktionen im Kortex gibt. Für eine große Zahl motorischer Funktionen (wie die Steuerung von Muskelgruppen in den Gliedmaßen und für die neuronalen Seiten visueller und auditiver Wahrnehmung) ist diese sog. Lokalisationstheorie gut bestätigt, in neuerer Zeit auch durch Untersuchungen mit bildgebenden Verfahren (vgl. Crystal 1997: Kap. 45). Auch für sprachliche Wissenssysteme sind spezifische Hirnregionen in besonderer Weise für relevant gehalten worden. Bis in die heutige Forschung maßgebend sind zwei Grundannahmen aus der Neurologie des 19. Jahrhunderts. Von den drei »Baugruppen« des Gehirns (Stammhirn, Kleinhirn, Großhirn) ist das **Großhirn der Sitz sprachlicher Funktionen**. Es ist lateral durch die Längsspalte (fissura longitudinalis) in zwei Hemisphären und – in den Rindenfeldern der Kappe – ventral/dorsal durch die quer laufende zentrale Roland'sche Furche (sulcus centralis) in einen vorderen und hinteren Teil gegliedert. Neurologische Befunde sprachen dafür, dem vorderen Teil motorische, dem hinteren sensorische Funktionen zuzuschreiben und die sprachlichen Funktionen der linken Hemisphäre, wobei diese jeweils sowohl das deklarative sprachliche Langzeitwissen als auch das prozedurale Wissen, die Programme, umfasste. Forschungsleitend ist das Modell noch heute insofern, als es weiterhin den Bezug für die Erklärungen und Revisionen infolge neuer Beobachtungen unter Einbeziehung grammatischer Funktions- und Strukturbeschreibungen darstellt, wie exemplarisch in Poeppel & Hickock (2004). Damit erweist es sich allerdings auch zunehmend als zu grob und unzutreffend. Nach heutigem Kenntnisstand kann als sicher gelten, dass a) motorisches und sensorisches Speicher- und Prozedurwissen in vorderen und hinteren Rindenfeldern verteilt lokalisiert ist, dass b) auch andere Teile des Gehirns als nur das Großhirn bei der Sprachverarbeitung aktiviert sind, und c) dass schließlich die rechte Hemisphäre des Kortex nicht unbeteiligt ist.

Befunde aus Untersuchungen mit bildgebenden Verfahren, durchgeführt von Arbeitsgruppen um Gregory Hickock und David Poeppel (Hickock & Poeppel 2000; Poeppel & Hickock 2004; Okada & Hickock 2006), lassen keinen Zweifel daran, dass bei der Produktion von Sprache auch Areale im superioren posterioren Temporallappen aktiv sind und dass umgekehrt bei Perzeptionsprozessen frontale Areale der linken und der rechten Großhirnrinde Aktivität zeigen.

In Okada & Hickock (2006) z.B. wurden Experimentteilnehmern Zeichnungen von Objekten gezeigt und gleichzeitig der Objektnamen lautlich präsentiert. Die Aufgabe war einmal lediglich, aufmerksam auf den Namen zu achten. In einer zweiten Phase wurden dieselben Objekte mit der Aufgabe präsentiert, sie lautlos zu benennen. Beobachtet wurde die kortikale Aktivationsverteilung mit funktionaler Magnetresonanzthomographie (FMRT). Die Ergebnisse belegen weitgehende und signifikante Überlappungen von Aktivationen sowohl im Wernickeschen als auch im Broca-Zentrum und links- wie rechtshemisphärisch bei Rezeptions- und Produktionsprozessen. So ein Befund wirft natürlich die einfache Frage auf, wie sich dann wohl Produktion und Rezeption neurophysiologisch unterscheiden. Naheliegend wäre die Annahme, dass sie sich, wenn schon nicht räumlich, so eben im

Zeitablauf unterscheiden. Das ist der Kern des Modells von Hickock & Poeppel (2004). Ihnen zufolge fließen die Informationen zwischen den beteiligten neuronalen »Arbeitsplätzen« in verschiedenen »Strömen«, einem ventralen, also vorderen, bei Produktionsprozessen und einem dorsalen Strom bei Rezeptionsprozessen (vgl. Abb. 2.6).

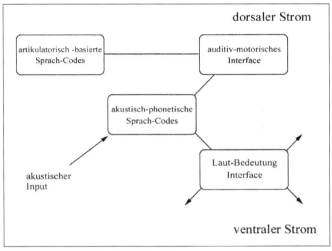

Abb. 2.6: Schema des neuroanatomischen Systems der phonologischen Verarbeitung nach Poeppel & Hickock (2004).

Dass neben der Großhirnrinde (Kortex) weitere Module des Zentralnervensystems in die Sprachverarbeitung involviert sind, haben Untersuchungen der Mehrsprachigkeit erkennbar gemacht. Werden mehrsprachigen Personen paarweise Folgen von Substantiven aus beiden Sprachen präsentiert, deren jeweils zweites mit dem ersten entweder bedeutungsverwandt ist oder nicht, und wird dazu die Aufgabe gestellt, Eigenschaften (Größe, Farbe, etc.) des jeweiligen Zielwortes (2. Wort) anzugeben, so wird die Bearbeitung der Aufgabe bei bedeutungsverwandten Wörtern beschleunigt. In einem solchen Experiment haben Crinion et al. (2006) zusätzliche Bedingungen eingebaut, indem die Sprache der Wortpaare variiert wurde: (a) beide Wörter in der Muttersprache oder (b) Fremdsprache, oder (c) nur das zweite Wort in einer anderen Sprache. Gemessen wurden mittels Positronenemissionstomographie (PET)

Aktivationen in subkortikalen Knoten. Es zeigte sich ein Priming-effekt (schwächere Aktivität bei bedeutungsverwandtem Zielwort); im linken nucleus caudatus; der trat allerdings nur unter den Bedingung auf (a) und (b) auf, wenn also beide Stimuli der selben Sprache angehörten. Sprachverschiedenheit, Bedingung (c), führte zu keiner Aktivation. Die Autoren interpretieren diese Ergebnisse dahingehend, dass der nucleus caudatus Sprachwechsel bzw. Beibehalten signalisiert. Friederici (2006) erklärt den Befund aufgrund von weiteren experimentellen Daten damit, dass der Sprachensensitivität des nucleus caudatus der Mechanismus zugrunde liegt, dass dieses automatisch und nicht bewusst operierende Modul durch seine Aktivität höhere kognitive Funktionen aktiviert, die den Sprachenwechsel vorbereiten.

Ein methodisches Hauptproblem beim Experimentieren mit Sprachverarbeitungsaufgaben besteht darin, dass bei der Bearbeitung der Aufgabe durch die Versuchspersonen eben eine Äußerung gesprochen bzw. verstanden werden muss und das ist ein komplexer kognitiver Vorgang, der lexikalische, syntaktische und lautliche Aktivitäten umfasst. Bei der geringen zeitlichen Auflösung der bildgebenden Verfahren ist es somit nicht möglich, die Aktivationsverteilung den verschiedenen, in Millisekunden aufeinander folgenden bzw. sogar parallel stattfindenden Vorgängen zuzuordnen. Einen Ausweg aus diesem Problem bildet die sog. **Subtraktionsmethode**. Es wird dabei mit verschiedenen sprachlichen Aufgaben experimentiert. Die Aufgaben werden so gewählt, dass sie übereinstimmende aber zusätzlich je verschiedene sprachliche Teilsysteme aktivieren. Z.B. sind im lauten und leisen Wortlesen das Buchstabenerkennen und der Zugriff auf das Lemma enthalten, im lauten aber zusätzlich die phonologische Kodierung. Legt man nun die Aktivationsverteilungsabbildungen beider Experimente übereinander, so sollte im Idealfall das Laute-Lesen-Tomogramm ein Aktivationsareal zeigen, das im Leise-Lesen-Tomogramm nicht enthalten ist. Im großen Maßstab ist dieses Verfahren von Peter Indefrey und Willem J.M. Levelt angewendet worden, um die Lokalisation der am Wortproduktionsvorgang beteiligten sprachlichen Teilsysteme zu bestimmen (vgl. Indefrey & Levelt 2000 und 2004); dazu mehr in Kap. 4.3.5; Beobachtungen, die die Lokalisationsannahme grundsätzlich in Zweifel ziehen, diskutiert Bates (2000).

3. Spracherwerb

3.1   Einleitung

Dass ein Kind sprechen lernt und wie es das bewerkstelligt, löst bei Erwachsenen in seiner Umgebung vielerlei Empfindungen aus. Der Vorgang wird als Faszinosum empfunden, als Selbstverständlichkeit, als Naturphänomen, als ein eigenwilliger Kampf mit dem Ziel der Angleichung an die erwachsenen Mitmenschen, als Spiel und Lust und Triebbefriedigung, kurzum als all das, was man als Erwachsener angesichts der menschlichen Sprachfähigkeit eben auch empfindet. Zusätzlich gewinnt die Bemühung des Kindes um die Sprache etwas Rührendes und Rätselhaftes eben dadurch, dass sie von einem Kleinkind unternommen wird, einem Lebewesen mit dem der Erwachsene in erster Linie energische, zielstrebige Tollpatschigkeit assoziiert, kaum aber die kognitive Bewältigung eines anspruchsvollen Informationsverarbeitungsproblems. Für alle Sichten auf den Spracherwerbsvorgang liefert der kindliche Umgang mit der Sprache Anhaltspunkte und Material und die folgende knappe Einführung in die Welt der Kindersprachentwicklung hätte ihr Ziel nicht erreicht, wenn die Erklärung dieser Phänomene das nicht erkennen ließe.

Die **wissenschaftliche Untersuchung des Spracherwerbs** hat die längste Geschichte unter den psycholinguistischen Arbeitsfeldern und trotzdem sind die wesentlichen Befunde aus der Frühzeit der Kindersprachforschung, die in den vierzig Jahren um die Wende vom 19. zum 20. Jahrhundert gewonnen worden sind, bis heute nicht ungültig. Ertragreich war die Arbeit von rund 150 Jahren auch insofern, als immer differenziertere Befunde herausgearbeitet wurden und als durch Entwicklungen neuer Methoden und der erforderlichen Geräte immer mehr Fakten erkannt worden sind. Auch insofern, als wissenschaftliche Arbeit letztlich danach strebt, Befunde zusammenhängend zu erklären, ist die Kindersprachforschung ertragreich gewesen, da sie im Laufe der Zeit eine gute Handvoll an Erklärungsansätzen erarbeitet hat, die die Fakten und Befunde in ein Bild bringen und auf zu Grunde liegende Prinzipien beziehen, die ihrerseits jeweils eine zusammenhängendes Ensemble darstellen. Wer sich ein differenzierteres und umfassendes Wissen über die Sache verschaffen will, als es dieses

Einführungskapitel vermittelt, hat dazu reichlich Möglichkeit, es sind nämlich über die Zeit hinweg immer wieder Überblicksdarstellungen aus unterschiedlichen Perspektiven und unterschiedlichen Umfangs geschrieben worden. Die jüngste deutschsprachige ist Klann-Delius (1999), informative Handbücher sind Fletcher & MacWhinney (1995) und Grimm (2000). Die umfassendste Sammlung von Befunden aus verschiedenen Sprachen sowie von theoretischen Erörterungen darüber ist Slobin (1985). Mehrere wissenschaftliche Zeitschriften veröffentlichen aktuelle Ergebnisse. Weit verbreitet sind *Language Acquisition, Journal of Child Language, Child Development*. Für Zwecke einer Zusammenfassung lässt sich der Gesamtkenntnisstand nach einigen Merkpunkten ordnen, die sich in die Form von Fragen kleiden lassen.

1. Die ›Aufgabe‹ des Kindes beim Spracherwerb: Eine generelle Orientierung für den Weg durch die Welt des Spracherwerbs gewinnt man, indem man sich das Problem, vor dem der Säugling angesichts der sprechenden Erwachsenen um ihn herum steht, aus seiner Perspektive bewusst macht.

2. Methoden: Welche Vorstellungen auch immer man sich von der Herausforderung des Säuglings durch die Sprache im Einzelnen macht, klar ist, dass die Lösung darin besteht, das (unbewusste) sprachliche Wissen installiert und die psychischen und motorischen Routinen zu seiner Verwendung beim Sprechen und Verstehen verfügbar gemacht zu haben. Der Problemlösevorgang ist also ein Lernvorgang und der lässt sich nicht unmittelbar anschauen oder messen. Aussagen darüber können letztlich nur aus Verhaltens-, neuerdings rudimentär auch anhand von Messwerten neurophysiologischer Vorgänge abgeleitet werden. Um die Aussagen gut zu verstehen und beurteilen zu können, ist es unabdingbar, dass man die Verfahren kennt, mit denen man die zu Grunde liegenden Beobachtungen gewonnen hat, auf denen sie beruhen.

3. Erwerbsvoraussetzungen: Die knappen verhaltensbiologischen Betrachtungen über die Verständigungsarten bei Enten und Gänsen am Anfang des Buches haben es schon deutlich gemacht: Nicht jedes Lebewesen kann jedes Verständigungssystem lernen. Die jeweilige biologische, geistige und soziale Ausstattung bzw. Umgebung der Lebewesen prägt und limitiert den Erwerbsvorgang selbst und auch Art und Umfang des Erwerbsergebnisses.

4. Fakten: Die Frage, wie das Kind die Sprache lernt, veranlasst einen naiverweise zu dem Gedanken, dass man, um sie zu beantworten, doch einfach hinreichend vielen Kindern einmal dabei zuschauen und Sprechen und Verstehen des Kindes über die Zeit hin festhalten und die Entwicklungsmuster in linguistischen Kategorien beschreiben sollte. Das Ergebnis eines solchen systematischen Hinschauens müsste eine Art chronologische Dokumentation der zeitlichen Reihenfolge von Einheiten und Strukturen im sprachlichen Verhalten sein. Und genau das ist der wesentliche Schritt. Soweit an dem Vorschlag überhaupt etwas naiv ist, ist es vielleicht die Annahme, er sei einfach zu realisieren.

5. Erklärungsansätze: Die Erwerbsvoraussetzungen, besonders die einschlägigen Anteile der geistigen und biologischen Ausstattung des Säuglings und Umstände der Auseinadersetzung mit den Menschen um es herum, liefern die Ansatzpunkte für die Erklärungen des Spracherwerbs. Diese sind nämlich Behauptungen über Beziehungen zwischen, sagen wir, spezifischen oder artspezifischen Reaktionsweisen des Kindes auf sprachlichen Input und eben dem Gang und den Ergebnissen des Spracherwerbs.

6. Bilingualismus: Von den Voraussetzungen des Spracherwerbs haben einige mehr, andere weniger spektakuläre Auswirkungen; denken wir an den sprachlichen Input. Eine verbreitete Vorstellung ist, dass das Kind die Sprache seiner Eltern hört und die von gelegentlichen Besuchern – sonst keine, und dass die Eltern diese Sprache auch miteinander sprechen. So verbreitet diese Vorstellung ist, so wenig zutreffend ist sie. Das ergibt sich alleine aus der Verteilung der Sprachen über die Länder der Erde; Crystal (1997: 362) gibt dazu an, dass sich die rund 5000 Sprachen auf ungefähr 200 Länder verteilen und dass schon daraus folge, dass für eine Gesellschaft nicht Einsprachigkeit sondern Mehrsprachigkeit das Normale sei. Wie geht ein Kind mit der Erfahrung um, dass von Anfang an Sätze aus zwei verschiedenen Sprachen auf sein Ohr treffen?

7. Gebärdenspracherwerb: Ein anderer, gleichermaßen für die Betroffenen lebenswichtiger wie für die Wissenschaft herausfordernder Fall unter den Erwerbsvoraussetzungen ist gegeben, wenn ein Kind gehörlos geboren wird. Der akustische Kanal ist für die Aufnahme sprachlicher Ausdrucksmittel nicht zu nutzen. Die sprachliche Verständigung muss also auf den visuellen Kanal verlagert werden und sich eines dafür geeigneten Ausdruckssystems bedienen, der Gebärdensprache.

3.2 Die Aufgabe des Spracherwerbs

Die Dramatik der Herausforderung, der das Kind beim Erwerb
der Sprache begegnet, lässt sich sehr unterschiedlich beurteilen, je
nachdem, aus welcher Perspektive man es betrachtet. Lapidar: Das
Kind steht vor der Aufgabe, den systematischen Zusammenhang
zwischen den Lautformen der Sprache und ihren Bedeutungen zu
erkennen. Pompös: Das Kind steht vor der lebensentscheidenden
Herausforderung aus mehr oder weniger kryptischen Schallgebilden und sonstigen Sinneseindrücken die Bestandteile und die
Kombinatorik eines abstrakten und hoch komplizierten Zeichensystems zu dechiffrieren, und das ohne nennenswerte Hilfe.

Natürlich kann man sich auch fragen, ob die Vorstellung überhaupt zutrifft, dass der Spracherwerb für das Kind eine Herausforderung darstellt. Die Aufgabe, zu lernen, wie der geeignete Platz
und die beste materielle Umgebung zu bestimmen sind, ein tel-
lergroßes Spinnennetz zu weben, die hauchdünnen Fäden zu produzieren und in wachsenden, aber regelmäßig gleichen Abständen
zu verknüpfen, eine Aufgabe, vor die jede Spinne in ihrem Leben
gestellt ist, würden wir vielleicht nicht als Herausforderung be-
greifen, weil das Tier diese Fähigkeit instinktiv entfaltet. So sieht
Pinker (1994) den Spracherwerb. Und mindestens eine Erfahrung
spricht stark für diese Sicht. Würde es sich um eine Herausforderung handeln, würden wir doch in einer nennenswerten Zahl von
Fällen ein Scheitern erwarten. Kinder scheitern aber nicht, jedenfalls nicht wenn sie gesund sind und unter normalen Bedingungen
aufwachsen. Andererseits ist aber Scheitern auch nicht ausgeschlossen. Wird die Spracherwerbsaufgabe nämlich von einem Erwachsenen angegangen, der eine zweite Sprache lernt, ist Scheitern das
Normale und wer es einmal versucht hat, wird die Herausforderung dieser Situation lebhaft nachvollziehen können. Bewältigung
einer Herausforderung oder instinktive Reaktion, soviel steht fest:
Im Ergebnis verfügt der Mensch über die Kenntnis der komplexen Struktureigenschaften seiner Sprache und einen Wortschatz
zwischen 15 000 und 100 000 Wörtern. Um dahin zu kommen,
muss das Kind den akustischen Reizen, die auf sein Ohr treffen,
entnehmen,

- welche endlich vielen Lauteinheiten sich in ihnen finden,
- welche phonetischen Realisierungen zu einer funktionalen lautlichen Einheit gehören,
- zu welchen komplexen Mustern wie Silbe oder artikulatorische
  Geste sich die lautlichen Funktionseinheiten komprimieren lassen und zu welchen nicht,

- welche Lautform sich mit welchem Begriff verbindet,
- welche formalen kombinatorischen Eigenschaften ein Wort hat,
- welche endlich vielen Konstruktionsmuster den theoretisch beliebig vielen Sätzen zu Grunde liegen,
- wie sich einer komplexen syntaktischen Konstruktion aus Wörtern systematisch die entsprechende Gesamtbedeutung entnehmen lässt,
- wie die Mittel zum Bezeichnen von Sachen und Sachverhalten je Sprachsituation verwendet werden
- und wie sprachliche Muster sozial und nach anderen Größen variieren können.

Mit erfolgreichem Abschluss dieser analytischen Arbeit ist die Erwerbsaufgabe aber nicht erledigt. Zusätzlich und zwar Hand in Hand mit dem Wissensaufbau erwirbt das Kind die motorischen und kognitiven Prozeduren zur reibungslosen Aktivierung jeweils gerade derjenigen Kenntnisse, die für das Verstehen oder Produzieren einer Äußerung in einer Rede erforderlich sind. Es sind die schon einleitend ausgesprochenen Routinen,

- Schallsignale fast zeitgleich mit ihrem Auftreffen im Gehör zu segmentieren und zu klassifizieren,
- Schritt haltend mit dem raschen Redestrom, die Wörter im mentalen Lexikon zu identifizieren,
- die syntaktische Gliederung der Äußerung zu erkennen, um
- die Bedeutung zu »errechnen« und
- auf das Weltwissen zu beziehen und den bezeichneten Sachverhalt mental zu repräsentieren und schließlich
- mit dem Wissen, das sonst noch vorhanden ist, zu verknüpfen, sowie
- ein entsprechendes Repertoire an Produktionsprozeduren.

Bewältigung einer Herausforderung oder instinktive Reaktion, das Kind vollzieht eine gewaltige Lernleistung, wie es sie in seinem Leben so nie wieder zu erbringen hat, und die Herausforderung an die Psycholinguistik ist, herauszufinden, welche kognitiven Zustände und Vorgänge den kindlichen Spracherwerb ausmachen und welche Muster den Störungen zu Grunde liegen.

3.3 Methoden – historisch

Von der Antike bis heute sind Beobachtungen zur sprachlichen Entwicklung des Kindes aus unterschiedlichen Beweggründen angestellt worden. Sie sollten Aufschluss geben über die Entwicklung der Sprachen, über die Entwicklung des Menschen im Vergleich zum Tier, über Unterschiede zwischen der geistigen Verfassung des Kindes gegenüber der des Erwachsenen, über linguistische Annahmen über den Bau der Sprache und – seit Mitte des 20. Jahrhunderts – über die Vorgänge beim Spracherwerb und bei seinen Störungen.

Diese Aufzählung spiegelt zugleich grob eine Chronologie. Die Geschichtsschreibung enthält Berichte über Projekte von Herrschern, die mittels heute grausam und unmenschlich erscheinenden Methoden herauszufinden versuchten, welche die zeitlich erste unter den Sprachen der Erde war. Der nicht unplausiblen Annahme folgend, die Entwicklung der Sprache beim Kinde spiegele die Entwicklung der Sprachen in der Menschheit, wurden Kinder dabei beobachtet, welche Sprache sie als erste verwenden, wenn Sie ohne Einfluss durch sprachlichen Input der Umgebung zu sprechen beginnen. Natürlich waren für solche Isolationsexperimente mindestens zwei Kinder erforderlich, weil anzunehmen war, dass ein einzelnes Kind in Isolation mangels Veranlassung gar keine Sprache entwickeln würde. Über ein positives Ergebnis berichtet lediglich Herodot; er erwähnt Erzählungen von Priestern in Memphis, die ihrerseits über ein etwa zweihundert Jahre zurückliegendes Experiment des ägyptischen Königs Psammetit I berichten. Dieser soll im 7. Jahrhundert v. Chr. einen Hirten damit beauftragt haben, zu beobachten, welche Wörter zwei ihm zur Aufzucht anvertraute Kinder, mit denen er nicht sprechen durfte, zuerst verwendeten. Dem Bericht zufolge war es das Wort *becos*, das auf phrygisch soviel wie *Brot* bedeutete. Spätere Versuche sind ergebnislos geblieben; die Kinder haben den Berichten nach gar keine Sprache entwickelt (vgl. dazu die kurzen Ausführungen bei Crystal 1997: 230).

Den Charakter von Fallstudien haben die meisten Spracherwerbsuntersuchungen; entweder sind die beobachteten Kinder die eigenen Kinder der Wissenschaftler und Wissenschaftlerinnen (Preyer, Stern, Bloom), die von Bekannten (Kaltenbacher), die eigenen und die von Bekannten (Max Miller), oder fremde, die über institutionelle Kontexte (Kinderkrippe) vermittelt sind wie die Harward-Kinder (vgl. Brown. 1973). Größere Gruppen wie in Piaget (1923), Bloom (1993) werden zumeist nicht **longitudinal**

(Langzeit-Design) sondern **cross-sectional** (Querschnitt-Design) untersucht; Weissenborn (2003) bildet hier eine Ausnahme.

Die Methoden der Longitudinalstudien unterscheiden sich über die Zeit hin in den Medien, die für die Datenaufnahme eingesetzt werden konnten. Solange dafür keine Apparate zur Verfügung standen, war das einzige und übliche Medium das Tagebuch und das Verfahren das der teilnehmenden Beobachtung. Der oder die Beobachter nehmen hierbei eine Rolle in der Beobachtungssituation ein und dokumentieren in festgelegten Abständen das sprachliche Verhalten der beobachteten Kinder für festgelegte Zeiten in vorher bestimmten Tätigkeitsbereichen. Einen Überblick über solche Tagebuchstudien des 19. und frühen 20. Jahrhunderts gibt Richter (1927). Die bis heute umfassendsten **Tagebuchdokumentationen**, deren Ergebnisse auch noch auf die heutige Forschung wirken, sind die von Preyer (1882), dem eine Pionier-Rolle in dieser Methode zukommt, und die des Ehepaars Stern (1920), sowie für die Bilingualismusforschung die von Ronjat (1913) und Leopold (1939ff.). Diese und exemplarische Studien mit anderen Methoden werden im Folgenden zur Illustration ihrer Stärken und Schwächen kurz vorgestellt.

William Preyer hat, wie erwähnt, sein eigenes Kind, Axel, während der ersten drei Lebensjahre systematisch beobachtet und sein Verhalten in einem Tagebuch dokumentiert. Um zu prüfen, wie typisch Axels Verhalten für das von Kindern generell war, hat er seine Beobachtungen mit denen aus anderen Tagebuchstudien verglichen. Zusätzliche Vergleiche mit dem Verhalten von Jungtieren sollten Aufschluss darüber geben, wie artspezifisch die beobachteten Verhaltensweisen sind (vgl. zu den Vergleichen im einzelnen die ausführlichen Kommentare von Eckhardt in Preyer 1989). Zur Beobachtungsdichte schreibt Preyer selbst: »Gerade die chronologische Untersuchung der geistigen Fortschritte im ersten und zweiten Lebensjahr bietet große Schwierigkeiten dar wegen der täglichen Registrierung von Erfahrungen, welche nur in der Kinderstube gewonnen werden können. Ich habe jedoch ein Tagebuch durchgeführt von der Geburt meines Sohnes an bis zum Ende seines dritten Lebensjahres. Da ich mit zwei unerheblichen Unterbrechungen fast täglich mindestens dreimal, Morgens, Mittags und Abends mich mit dem Kinde beschäftigte [...]« (Preyer 1882: V-VI). Die Untersuchung galt nicht ausschließlich dem Spracherwerb, nicht einmal in erster Linie, sondern, wie der Titel *Die Seele des Kindes* andeutet, der Entwicklung von Wahrnehmung, Wollen und Verstand; den Spracherwerb zählt Preyer zur Verstandesentwicklung. Ihm sind nur die zwei Kapitel 17 und 18 gewidmet und die Hälfte des ersten Kapitels, einer Typologie der Sprachstörungen.

Unter den Spracherwerbsergebnissen Preyers erregt hauptsächlich die theoretische Behauptung Aufsehen, dass die Sprachfähigkeit vom Kind nicht durch Imitation erworben, sondern im wesentlichen Erbgut sei: »[...] erblich ist auch das Artikulieren beim Menschen und angeboren die Anlage irgendeine artikulierte Sprache zu erwerben« (Preyer 1882: 280). Zum zweiten äußert sich Preyer dezidiert zu der Frage über den Bedeutungszusammenhang zwischen der Fähigkeit begrifflichen Denkens und dem Erwerb der Sprache: »Wer die geistige Entwicklung des Säuglings gewissenhaft beobachtet hat, muss zu der Überzeugung kommen, dass die Bildung von Vorstellungen nicht an die Erlernung von Wörtern gebunden, sondern notwendige Vorbedingung für das Verstehen der ersten zu erlernenden Wörter, also für das Sprechenlernen ist.« (Preyer 1882: 268). Zum dritten schließlich ist Preyer der erste, der auf die wesentliche Bedeutung des Gedächtnisses des Menschen für die Entwicklung des Verstandes hingewiesen hat (vgl. Preyer 1882: 225).

Mehr als über Preyers Tagebücher wissen wir über diejenigen des Ehepaares Clara und William Stern. Zum Einen haben sie selbst ihre Methode im Vergleich zu dem Vorgehen von Preyer und anderen Tagebuchprojekten vor ihnen kommentiert (vgl. Stern & Stern 1909), zum Zweiten sind die Stern-Tagebücher, nachdem sie als Teil des von den Kindern Günther und Eva verwalteten Nachlasses an der Hebrew-University in Jerusalem auf Initiative der Psychologen Behrens und Deutsch wieder zugänglich gemacht worden waren, in den 1980er Jahren vollständig auf Datenträger übertragen und für psycholinguistische Auswertungen nutzbar gemacht worden (vgl. Behrens & Deutsch 1991). Motiviert waren die Aufzeichnungen durch die Absicht, Beobachtungen für kinderpsychologische Untersuchungen zu sammeln. Wie bei Preyer, richtete sich das Interesse von C. und W. Stern nicht nur auf die Sprachentwicklung. Geplant waren Studien über das Spielen des Kindes, Denken und Weltanschauung, Willens- und Gemütsleben u.a.

Das Vorgehen der Sterns unterschied sich aber in einigen Punkten von dem ihrer Vorgänger. Das Projekt war erheblich größer. Es wurde die Entwicklung von drei Kindern beobachtet, über lange Zeiträume hin parallel und in individuellen Tagbüchern mit insgesamt 5000 Seiten festgehalten: Hilde von 1900 bis 1913 (2474 S.), Günther von 1902 bis 1918 (1605 S.) und Eva von 1905 bis 1915 (755 S.). Die Beobachtung hat sich im Prinzip über den ganzen

Tag erstreckt und nicht auf vorher festgelegte, immer gleiche Ausschnitte. Den Sterns war es wesentlich, dass Beobachten und Deuten von den Eltern durchgeführt wurde, nicht von Außenstehenden; nur die Eltern, besonders die Mutter, sind so kontinuierlich mit den Kindern zusammen, dass Wiederholungen von Verhalten und Zusammenhänge zwischen Episoden erkannt werden können. Clara und William Stern arbeiteten zusammen, sowohl bei den Beobachtungen selbst, wobei die Protokolle fast vollständig von Clara Stern angefertigt wurden, die wörtlichen Mitschriften der Äußerungen der Kinder von William Stern, als auch bei der Interpretation und Auswertung. Zur Illustration des Protokollstils und der Themenvielfalt hier ein paar Eintragungen in Hildes Tagebuch Band II vom 3. Nov. 1901; Hilde war damals 1; 6, 26 (1 Jahr; 6 Monate; 26 Tage):

3.11. – Heute Nachm. sah sich H. ein Catalogbüchlein an und ich beobachtete, wie sie plötzlich, gleichsam versuchend den rechten Arm in die Höhe streckte und ihn dann aufmerksam beobachtete, mit der linken Hand das aufgeschlagene Buch haltend. Sie nahm den Arm wieder herunter, guckte wieder ins Buch und streckte ihn dann wieder in die Höhe. Ich schlich mich an und sah zu meiner Überraschung, dass H. ein Bild nachzuahmen suchte. (. ...) Wirkliche Bewegungen ahmt das Kind ja schon seit langem nach; dies ist aber das erste Mal, dass eine bildliche Situation reproduziert wurde. ...

4.11. – Gestern, als H. die Flasche getrunken hatte, sagte sie: alle, alle Milch. Wortverbindungen werden jetzt häufiger. ...

7.11. – Gestern als H. Kuchen aß, nahm sie ihren Holzmann und hielt ihm ein paar Sekunden lang den Kuchen an den Mund. (...) Der dem Kind bisher fremde Löscher von Vater's Schreibtisch wurde gestern »Lampe« genannt; gleich darauf aber zur Gaskrone hinaufgeguckt und »Lampe« gesagt.

9.11. – Wenn die Kaffeemaschine auf dem Tisch in Thätigkeit ist, fragt H. stets: isn das? Wir antworten: Kaffee; H. spricht nach: Backe, gestern erst Backe, dann Batze. [...] Alle Flaschen heißen Mils; die Arzneiflaschen (leere) auf dem Paneel, abgebildete Liqueurflaschen in der Zeitung etc.

Stärken und Schwächen der Tagebuchdaten liegen auf der Hand. Tagebuchdaten sind Longitudinal-Daten; sie spiegeln das Verhalten desselben Kindes über die Zeit hin. Eltern sind mit ihren Kindern vertraut und ihre Beobachtungen sind entsprechend verständnisvoll und zuverlässig. Eltern sind mit den Kindern dauernd zusammen und nehmen Veränderungen im Verhalten sicher

wahr. Andererseits sind Eltern, auch wenn sie wissenschaftlich arbeiten, nicht in allen Lebensbereichen des Kindes Fachleute. Entsprechend lückenhaft oder undifferenziert sind Daten aus solchen
Verhaltensbereichen. Weder Clara noch William Stern waren Lin-
guisten und sie weisen am Anfang ihres Buches über die Kindersprache darauf hin, dass sie über wenig phonetisches Fachwissen
verfügen. Schließlich haben alle Autoren erkannt, dass anhand
von Tagebuchdaten, die ja immer nur Einzelfälle dokumentieren,
nicht zwischen individuellem und allgemeinem Verhalten zu unterscheiden ist. Dem lässt sich durch Vergleiche mit anderen Beobachtungen entgegenwirken, freilich nur, soweit über die Ver-
gleichsfälle geeignete Beobachtungen berichtet sind. In jedem Fall:
Tagebuchdaten sind keine experimentellen Daten; sie eignen sich
nicht für quantitative Analysen sondern eben für die qualitative
Datenexploration.

Die Beschränkung der Tagebuchmethode auf das Medium
schriftlicher Protokolle konnte überwunden werden, sobald hand-
liche Geräte für Ton- und später Bild- und Filmaufnahme und
Wiedergabe verfügbar waren. Eine Kombination aus Tonaufzeichnung und schriftlichen Notizen – auch wörtlicher Mitschnitte
von Äußerungen von Kindern und Gesprächsteilnehmern – ist
das Verfahren in dem Projekt von Roger Brown, Ursula Bellugi,
Colin Fraser und Mitarbeitern (vgl. Brown 1973). Drei Kinder,
Adam, Eve und Sarah genannt und zusammen später unter Bezug
auf den Projektort als die Harvard-Kinder bezeichnet, wurden aus
über dreißig Vorschulkindern ausgesucht, wobei der Sprachstand,
die Reichhaltigkeit ihres Sprechens und die Schichtzugehörigkeit
maßgebend waren. Sie waren zu Beginn der Aufnahmen 1 Jahr
und 6 Monate (notiert als 1;6) (Eve) bzw. 2;3 (Adam und Sarah)
Jahre alt. Wie auch Tagebuchdaten, werden Sprachaufnahmen in
vertrauter Umgebung der Kinder aufgenommen, die sich übrigens
bis zum Alter von 5 bis 6 Jahren durch die technischen Geräte
nicht gestört fühlen. Im Vergleich zu teilnehmender Beobachtung
durch die Eltern, sind Tonaufzeichnungen zeitlich natürlich viel
seltener, in der Harvardstudie alle zwei Wochen.

Im Verfahren ähnlich aber in der Zeiteinteilung variabler hat
Miller (1976) gearbeitet. Die Beobachtungsfrequenz ist an den
Gang der Sprachentwicklung angepasst – in Zeiten rascher Ent-
wicklung wurde häufiger aufgezeichnet. Ferner wurden alle sechs
Wochen regelmäßig ausgedehnte Aufnahmen von rund sechs Kin-
dern durchgeführt; so sollte gesichert werden, dass in regelmäßigen
Intervallen der Sprachstand der Kinder umfassend dokumentiert
ist. Miller hat auch außerhalb der Wohnung aufgenommen und

Kommentare und Feldnotizen mündlich auf Tonband aufgenommen.

Die **Tonaufnahme** macht einen zusätzlichen Arbeitsschritt in der Datendokumentation erforderlich, mitunter auch zwei. Für die Analyse müssen die sprachlichen Äußerungen schriftlich wiedergegeben werden. Diese sog. **Transkription** muss für alle Datenteile einheitlich sein. Es muss also festgelegt sein, was in der Transkription festzuhalten ist (sprachliche Äußerung, vollständig oder ohne Versprecher und Selbstkorrekturen, nicht-sprachliche Anteile wie Pausen, Lachen, Klatschen etc.). Je nach Analyseinteresse muss die Transkription nur die verwendeten Wörter und Sätze oder aber auch die lautlichen Merkmale der Äußerungen wiedergeben, was eine geeignete Lautschrift erfordert, einschließlich Richtlinien zur Wiedergabe der Prosodie. In der Harvardstudie wurde ein gemischtes Verfahren verwendet. Die Daten eines der Kinder wurden phonetisch transkribiert, die der anderen lediglich in literarisierter, orthographischer Transkription. Nach der Transkription, für die man einen Zeitaufwand von mindestens 10:1 ansetzt, ist eine Kontrolle der Transkripte durch eine weitere Person üblich. So soll gewährleistet werden, dass die Transkription nicht durch individuelle Hörgewohnheiten verzerrt ist.

Eignungen und Nicht-Eignungen von Tonbanddaten sind wiederum leicht zu erschließen. Der Fokus der Beobachtung liegt hier auf dem sprachlichen Verhalten des Kindes; Gesichtsausdruck, Muskelaktivitäten, Bewegungen werden nicht oder nur kursorisch erfasst. Die Transkription und ihre Kontrolle sind zusätzliche, äußerst zeitintensive Arbeitsvorgänge, besonders die lautliche Transkription. Dafür liefert das Verfahren detailliertere Daten-Eigenschaften wie Satzaufbau, Morphemstruktur der Wörter, lautliche Eigenschaften, aber auch das Gesprächverhalten (langsam, rasch, interaktiv oder eher monologisierend) ist dokumentiert.

Videoaufzeichnung ist in longitudinalen Datenerhebungen der Sprachentwicklungsforschung selten. Die Gründe dafür liegen zweifelsohne auch in dem großen Arbeitsaufwand, der für die Transkription der visuellen Information geleistet werden muss, und zum zweiten in der Unklarheit, welche Ausschnitte des nicht-sprachlichen Verhaltens mit welchen Aspekten des Sprachverhaltens und besonders des Erwerbs systematisch zusammenhängen. Longitudinale Projekte mit Video- und Tonaufzeichnungen sind Kaltenbacher (1990) im Bereich des Erstspracherwerbs und das longitudinale und vergleichende Zweitspracherwerbsprojekt der Europäischen Forschungsgemeinschaft (ESF) (vgl. Perdue 1993).

Kaltenbacher wertet von den visuellen Daten hauptsächlich die
Beobachtungen über Zeigegesten des Kindes aus sowie – kursorisch – Informationen über die Situation des Kindes, seine aktuelle
Beschäftigung und mitunter Informationen über das Verhalten von
anderen Personen »auf der Bühne«. In Kaltenbacher ist übrigens
auch ein typisches Beispiel für Transkriptionsrichtlinien enthalten
(vgl. Kaltenbacher 1990: 53–60). In dem ESF-Projekt dienten die
Videodaten dazu, sprachliche Äußerungen mit Raumreferenzen
für die Auswertung besser verständlich zu machen. Hierbei handelt es sich im Wesentlichen um stärker formalisierte Aufgaben
wie etwa Regieanweisungen der Lerner an Dritte zum Nachspielen
eines zuvor beobachteten kleinen stummen Bühnensketchs. In der-
artigen Datensätzen liefert die Videoaufzeichnung Informationen
über sprachbegleitende Umstände und Aktionen.

Einen ganz anderen Stellenwert hat die Videoaufzeichnung in
Untersuchungen zum Gebärdenspracherwerb. Das Lernen und
Verwenden von Gebärdensprache geschieht im visuellen Feld und
um diese Vorgänge zu dokumentieren sind Videoaufzeichnungen
von Nöten. In vollständiger Analogie zur Tonaufzeichnung werden
auch Videodaten für die Analyse transkribiert. Das kann mit den
visuell dargestellten Zeichen der Gebärdensprache geschehen. Für
die Transkription deutscher gebärdensprachlicher Daten liegt eine
computerbearbeitbare Umschrift vor (vgl. Prillwitz et al. 1989).
Für spezifische Analysezwecke werden auch spezifische Transkrip-
tionsverfahren entwickelt, die lediglich die Verteilung spezifischer
Merkmale der Daten erfassen, z.B. die Gestalt der Hand bzw.
der Hände, Richtung oder Ort einer Gebärde oder andere. Typische Beispiele von vollständig bildlich dargestellten Transkripti-
onen von gebärdensprachlichen Zeichen enthält Leuninger (2000),
eine Sammlung verschiedener Einzelstudien Volterra & Erting
(1994).

Longitudinal angelegte Studien sind, wie gesagt, wegen des
hohen Beobachtungsaufwandes und angesichts begrenzter Kapa-
zitäten durchweg Fallstudien. Allerdings soll man diese Feststellung nicht so verstehen, dass das Augenmerk der Beobachtung auf
den Besonderheiten des individuellen Falles liegt. Auch das Ana-
lyseziel ist nicht auf die Rekonstruktion des Individuellen, Un-
verwechselbaren des Falles gerichtet. Ganz im Gegenteil sind die
Untersuchungen der Entwicklung einzelner Säuglinge und Kinder
deshalb sinnvoll, weil das Augenmerk auf das Typische an dieser
Entwicklung, nicht auf das Untypische gerichtet ist. Zutreffender
als der Ausdruck »Fallstudie« ist hier also der Ausdruck »Exemplarische Studie«.

Ein Weg, im gegebenen Fall zwischen den typischen und den individuellen Verhaltensweisen zu unterscheiden, ist der Vergleich mit den Daten benachbarter Untersuchungen. Neuerdings ist ein Instrument aufgebaut worden, das diesen Vergleich sehr erleichtert. In einer international zugänglichen Datenbank sind Daten vieler Spracherwerbsprojekte unter einem einheitlichen Transkribierformat, CHAT, zusammengestellt. Die Datenbank heißt **CHILDES** (Child Language Data Exchange System). Sie geht zurück auf eine Initiative von Brian MacWhinney; eine Beschreibung findet sich in MacWhinney (1995).

Ein alternativer Weg, die Allgemeinheit der beobachteten Phänomene und damit die Reichweite der Ergebnisse zu sichern, ist natürlich, das Sample zu vergrößern und zudem, um auch den zeitlichen Aufwand zu minimieren, die Beobachtung der longitudinalen Entwicklung durch eine Querschnittsanordnung zu simulieren d.h. vergleichbare Versuchspersonen aus unterschiedlichen Entwicklungsstufen zusammenzustellen. Mit wachsender Zahl der Fälle wird dabei im Allgemeinen die Breite der Beobachtungen eingeschränkt, jedenfalls, wenn die Detailliertheit der Beobachtungen nicht aufgegeben werden soll. Testungen bestimmter Ausschnitte des Sprachverhaltens werden typischerweise zur Früherkennung von Sprachstörungen durchgeführt. Ein Beispiel ist Templin (1973). Mit dem Ziel, Ausspracheabweichungen, die im Alter von 6 bis 7 Jahren therapiebedürftig sein würden, schon im Vorschulalter zu diagnostizieren, führte Mildred Templin Tests mit mehreren tausend Kindern verschiedener Altersstufen durch. Zudem geben die Daten aus solchen Beobachtungen Aufschluss über die nicht-pathologische, normale Entwicklung z.B. des Lispelns im Zuge des Spracherwerbs.

Testen heißt aber nicht **Experimentieren**. Die experimentelle Beobachtung setzt generell eine begründete Annahme über das zu beobachtende Verhalten voraus. Es muss also eine Theorie vorliegen, aus der sich eine solche Annahme ableiten lässt und die auch Anhaltspunkte dafür liefert, mit welcher sprachlichen Aufgabe unter welchen Verarbeitungsbedingungen herbeigeführt und damit das Zutreffen der Hypothese statistisch beurteilt werden kann. Untersuchungen mit experimenteller Datengewinnung gelten bisher hauptsächlich der sprachlichen Wahrnehmung des Kindes. Die generelle Überlegung, die dahingehenden Hypothesen zu Grunde liegt, geht von der gesicherten Beobachtung aus, dass die passive Sprachbeherrschung des Kindes früher entwickelt ist als die aktive. Evidenz dafür liefert die Entwicklung des lexikalischen Wissens. Wie im nächsten Abschnitt ausführlich dargelegt, kennen Kinder mehr Wörter als sie in eigenen Äußerungen verwenden. Das legt rein theoretisch die Frage nahe, ob es sich nicht in anderen Bereichen der Sprache genauso verhält, z.B. in der Beherrschung der Lautstruktur oder der grammatischen Struktur des Satzes. Da man nun einen Säugling nicht nach seiner passiven Sprachbeherrschung fragen kann, muss man andere Wege finden, Aufschluss über das unbewusste Wissen des Kindes zu erlangen.

Von entwicklungspsychologischen und klinischen Befunden ist bekannt, dass beim Menschen schon bald nach der Geburt Verhaltensvariation zu beobachten ist, die auf ein Zusammenspiel zwischen Vertrautheit und Aufmerksamkeit zurückgeht. Ein mittlerweile klassisches Beispiel ist das Nuckelverhalten des Säuglings. Ein frühes motorisches Verhalten ist Nuckeln ohne Nahrungsaufnahme. Die Intensität dieses Saugvorgangs hängt u.a. offenbar damit zusammen, ob die Aufmerksamkeit des Säuglings durch Wahrnehmungen angeregt ist oder nicht. Diesen Zusammenhang haben Eimas et al. (1971) ausgenutzt, um die linguistisch basierte Annahme zu prüfen, dass Kinder genetisch die Fähigkeit besitzen, kontinuierlich variierende Lauteindrücke zu Kategorien zusammenzufassen, eine Fähigkeit die für die Erklärung des Phonemerwerbs bedeutsam ist. Wie das Nuckeln, lässt sich auch die Kopfbewegungen des Kindes, die Veränderung seines Gesichtsausdrucks, Stirnrunzeln, Augenbewegung u.a. für den Zugang zu seiner sprachlichen Wahrnehmungsfähigkeit ausnutzen. Nicht nur das Ein- bzw. Aussetzen von Aufmerksamkeit lässt sich erfassen, sondern auch die Aufmerksamkeitsdauer. Dazu wird anstelle der Nuckelreaktion eine andere automatische Reaktion des Kindes ausgenutzt, nämlich die, den Blick und ggf. den Kopf dorthin zu wenden, wo es Interessantes wahrzunehmen gibt. Interesse weckt u.a. sprachliches Material, das dem Kind bekannt ist und das ihm in neuem Kontext wieder begegnet. Diesem wendet es dann auch länger seine Aufmerksamkeit zu, als Material, das es zuvor nicht aufgenommen hatte. So kann man anhand der Verteilung seiner Blickrichtung ermitteln, ob es den Unterschied zwischen ausgewählten sprachlichen Proben erkennt oder nicht. Das Paradigma heißt **Headturn Preference Procedure** (HPP) (vgl. Fodor, Garrett & Britt 1975; Kanler Nebon et al. 1995). Ausführlicher und mit zahlreichen Literaturhinweisen schreiben über solche Reaktionszeitverfahren Hennon, Hirsh-Pasek, Michnick Golinkoff (2000: 48 ff.) und – mit Bildmaterial aus dem Labor – Kuhl (2004).

Mit der Entwicklung schneller Messverfahren von elektrophysiologischen Zuständen und Veränderungen ist seit den 1980er Jahren auch der experimentellen Kindersprachforschung ein zusätzlicher, unmittelbarer Zugang zu Reaktionen des Kindes auf sprachlichen Input eröffnet worden. EEG-Messwerte zeigen bei geeigneter zeitlicher Kopplung mit sprachlichem Inputmaterial spezifische Muster (Ereignisrelatierte Potenziale, ERP) von positiven bzw. negativen Spannungsveränderungen. Evozierte Potenziale als Daten ergänzen die Beobachtungsmöglichkeiten der Kindersprachforschung, indem sie zum Einen unter Umständen gewonnen werden können, unter denen Kinder z.B. aus Altersgründen noch kein Kopfwende-Verhalten erkennen lassen (vgl. Molfese & Molfese 1979), zum Zweiten, indem sie neurokognitive Erklärungen zum Modell des sprachlichen Wissens beitragen und zum Dritten, indem sie gleichermaßen mit Tieren und Menschen durchgeführt und so zu Erkenntnissen über die Artspezifität von »Wissen« führen können. Einen Überblick über frühe EEG-Experimente zur kategorialen Wahrnehmung bei Erwachsenden, Säuglingen und Tieren gibt Molfese (1987); ein Überblick über jüngere Arbeiten zur Sprachbeherrschung von Säuglingen und Kleinkindern im Allgemeinen findet sich in Molfese et al. (2001) und Jusczyk, Pisoni & Mullenix (1992).

Die elektrischen Potenziale des Hirns, wie sie mit EEG-Methoden aufgezeichnet werden, haben, wie alle Methoden, ihre spezifischen Anwendungsgebiete. Infolge des engen zeitlichen Zusammenhangs der kognitiven Aktivität und der Veränderung der elektrischen Spannungsverhältnisse ermöglichen sie eine zeitliche Auflösung des beobachteten Geschehens im Millisekundenbereich. Die räumliche Auflösung ist hingegen geringer. Sie erlaubt zwar Unterscheidungen hinsichtlich größerer Areale der Hirnrinde, lässt aber keine Schlüsse auf die genaue Lokalisation der elektrophysiologischen Aktivität innerhalb der Komponenten des Gehirns zu. Soweit aber Erkenntnisse über die funktionale Anatomie der Sprache bei Erwachsenen als gesichert gelten, wird auch die Frage spannend, wie sich diese entwickelt hat. Arbeitet- das Gehirn des Säuglings und Kleinkindes ebenso oder durchläuft die Entwicklung der Sprache im Gehirn eine lange Entwicklung bis zur Lokalisation im erwachsenen Kortex?

Eine darauf gerichtete Untersuchung müsste also ein elektrophysiologisches Modell sprachlicher Aktivitäten des Erwachsenen zugrunde legen, dann vergleichbare Beobachtungen zum Spracherwerb des Kindes anstellen und sichern, dass auch das Kind dabei zwischen sprachlichem und nicht-sprachlichem Material unterscheidet. Eben solche Befunde sind in ERP-Experimenten mit Kindern im Alter von zwei Monaten bis 2 Jahren durchgeführt worden.

Getestet wurden phonetische, lexikalische und syntaktische Entwicklungen mit dem Gesamtbefund, dass der Erwerb von einem
im Prinzip Erwachsenen ähnlichen Initialzustand ausgeht und anscheinend kontinuierlich verläuft; vgl. Friederici (2005). Eine genaue räumliche Auflösung lässt sich mit Messverfahren erreichen,
die gewissermaßen in das Innere des Gehirns schauen können.
Ein solches ist die funktionale Magnetresonanztomographie; siehe
oben »FMRT«, Kap. 2.3.4. FMRT-Befunde aus entsprechenden
Untersuchungen bestätigen die ERP-Ergebnisse von Friederici; vgl.
Dehaene-Lamperts (2004).

Schon dieser knappe Überblick lässt die Fortschritte erkennen,
die in den letzten fünf Jahren errungen worden sind. Sie berei-
chern die Möglichkeiten des experimentellen Forschens beträchtlich. Gerade deshalb sollte nicht aus dem Blick geraten, dass das
Experiment ein Verfahren ist, Hypothesen und ggf. Modelle und
Theorien zu überprüfen. Aufgestellt werden müssen Theorien, soweit noch keine vorliegen, nach wie vor durch kreatives Durchden-
ken von vielen, vielen Einzeldaten.

Zusammenfassend ist festzustellen, dass ein reiches Repertoire an
Beobachtungsinstrumenten und -verfahren entwickelt worden ist.
Keine der erwähnten Methoden ist bis heute obsolet. Jede bietet
Zugang zu Erkenntnissen über die Sprachentwicklung und ihre
Erklärungsgründe und die Entscheidung für die eine oder die an-
dere Vorgehensweise bestimmt sich nach der Frage, die beantwor-
tet werden soll.

3.4   Voraussetzungen des Spracherwerbs

In Kapitel 1 ist auf biogenetische Erkenntnisse über den Zusammenhang zwischen biologischer Ausstattung einer Art und den
Besonderheiten des Verhaltens der ihr angehörenden Exemplare
hingewiesen worden. Immer wieder ist von Vergleichen zwischen
Mensch und Tier die Rede gewesen und so stellen wir der Beschreibung der Spracherwerbsfakten und ihren Erklärungen in den
folgenden Abschnitten eine kurze Zusammensicht der Ausstat-
tungsmerkmale des Menschen voran, die mit seiner Fähigkeit, eine natürliche Sprache zu lernen, nach heutiger Kenntnis in einem
Voraussetzungszusammenhang stehen.

Da sind zunächst einmal die **biologischen Voraussetzungen**.
Mit der Spracherwerbsfähigkeit direkt verbunden ist der Sprachap-

parat; das sind die Atemorgane (Lunge, Zwerchfell und Luftweg),
der Artikulationstrakt mit Kehlkopf, Rachen, Mund- und Nasen-
raum und das Hörorgan mit seinen mechanischen Feinstbestand-
teilen im Innenohr und seinen Anschlussstellen zur neuronalen
Weiterverarbeitung durch das Gehirn. Kein anderer Organismus
als der Mensch verfügt artspezifisch über diese biologische Ausstattung und der Mensch verfügt darüber auch nicht vom ersten Le-
benstag an, sondern lediglich über die Erbanlage, die z.B. Ansatzrohr und Gehirn sich so entwickeln lassen, wie sie es nach Abschluss
des Wachstums sind. Ebenfalls zur biologischen Ausstattung zählt
das Gehirn, wobei anzumerken ist, dass nicht die Masse weder des
Bindegewebes noch der eigentlichen Nervenzellen sondern die außerordentlich hohe Dichte an Vernetzung für die Bewältigung des
Spracherwerbs und für das Sprechen und Verstehen wesentlich sind.

Die Tatsache, dass alle diese Bestandteile der biologischen
Ausstattung nicht allein für Erwerb und Gebrauch der Sprache
eingesetzt werden, sondern auch für die Sauerstoffversorgung des
Blutes, die Nahrungsaufnahme und die Aufnahme und Produktion sonstiger Geräusche, hat Anlass gegeben, zwischen Primär- und
Sekundärfunktion der Ausstattung zu unterscheiden, eine Unterscheidung, die hier nicht weiter erörtert wird (klug und unterhalt-
sam handelt darüber Jean Aitchison (1998), besonders in Kap. 3.
»Grandmama's teeth«).

Eine zweite Gruppe von artspezifischen Voraussetzungen für
Erwerb und Gebrauch der Sprache könnte man die **kognitiven
Voraussetzungen** nennen, die wiederum nicht alleine für die
Sprachfähigkeit zuständig sind. Dazu zählt zunächst die besondere
Wahrnehmungsfähigkeit, hauptsächlich die schon von Preyer beobachtete Fähigkeit des Kleinstkindes, zwischen sprachlichen und
nicht-sprachlichen Geräuschen zu unterscheiden. Zum Zweiten –
in der Reihenfolge des Erwerbs – die Denkfähigkeit, die die Fähigkeit umfasst, Begriffe zu entwickeln und Begriffe zu verarbeiten.
Ebenfalls zur kognitiven Kapazität im weiteren Sinne zählt die
genetisch verankerte kognitive Disposition, sprachliche Wahrnehmungen gerade so zu verarbeiten, wie es durch das Kleinkind eben
geschieht; Beispiele für diese Anlage sind vermutlich angeborene
Mechanismen der Segmentierung des sprachlichen Schallstroms
anhand bestimmter akustischer Eigenschaften, die Fähigkeit zur
Kategorisierung sprachlicher, etwa formal und oder funktional
identischer Eigenschaften wahrscheinlich unter Anwendung dis-
tributioneller Analyseverfahren, die Voraussetzung für die Entwicklung von Strategien zur Analyse struktureller Eigenschaften
von Äußerungen aus den Morphemen und ihrer linearen Anord-

nung etc. Man wird diesen Teil der kognitiven Ausstattung an späteren Stellen unter den Bezeichnungen **operating principles** und »Funktionswissen« wieder antreffen. Weniger direkt als alle bisher erwähnten kognitiven Voraussetzungen, aber vielleicht für die Sprachfähigkeit am ehesten eine Schlüsselfähigkeit stellt das leistungsfähige Gedächtnis des Menschen dar. Eine Schlüsselrolle kommt ihm insofern zu, als es die Begriffsbildung und die komplizierten Analysevorgänge überhaupt erst möglich macht.

Die dritte Gruppe sind die **sozialen Voraussetzungen**. Dazu gehören ein stabiler Bezug zu und die Interaktion mit einer »Brutpflege-Person«, im Normalfall den Eltern. Nicht so sehr ob, sondern wie sich die Sprache eines Kindes entwickelt, hängt mit dem Gang der Sozialisation im Allgemeinen zusammen. Zwar ist der Zusammenhang zwischen Sprachverhalten und Sozialverhalten des Kindes kein direkter; vom Gang der Sozialisation aber bestimmt sich vieles an Inhalt und Komplexität der Interaktionen mit den Mitmenschen und beides bestimmt Inhalt und Komplexität des sprachlichen Wissens (vgl. Bernstein 1962). Implizit schon angesprochen, aber doch unbedingt ausdrücklich zu erwähnen ist die Voraussetzung sprachlichen Inputs in Verwendungssituation und zwar von Geburt an. Ohne sprachlicher Kommunikation ausgesetzt zu sein, entwickelt das Kind keine Sprache. Drastische Evidenz für diese Feststellung liefern die Schicksale der sog. **Wilden Kinder** (vgl. Curtiss 1977).

3.5   Die Sprachentwicklung

Es ist in den bisherigen Ausführungen öfter von dem Reichtum und der Komplexität der natürlichen Sprache die Rede gewesen. In diesem Abschnitt wird beschrieben, welchen Weg das Kind geht, um vom ersten Schrei zur Beherrschung der Sprache im Alter von ca. 3 Jahren und zum fließenden Verstehen und Produzieren von längeren Gesprächsbeiträgen im Alter zwischen 10 und 12 Jahren zu gelangen. Es ist an dieser Stelle sicher nützlich, sich noch einmal diesen oder jenen Ausschnitt aus den Gesprächen im Flugzeug zu vergegenwärtigen oder aus irgendeinem anderen authentischen Gesprächsbeispiel, sich all dessen noch einmal bewusst zu werden, was für das Produzieren und Verstehen von Äußerungen im Kontext im Einzelnen beherrscht werden muss. Vielleicht ist dazu auch noch einmal ein Blick in die, wenn auch knappe und unvollständige Auflistung im vorletzten Abschnitt hilfreich.

Mit diesem differenzierten Bild von möglichst vielem, was beim Sprechen und Verstehen einer normal schnellen sprachlichen Äußerung geschieht, bringe man nun die Vorstellung eines drei bis vier Kilo schweren und 50 cm großen Säuglings in Verbindung. Als spontane Reaktion auf den Kontrast zwischen diesen beiden Bildern wäre der Gedanke nicht unplausibel, dass den Säugling eigentlich das Geschäft des Spracherwerbs nicht interessiert, vielleicht sogar überhaupt nichts anderes als Nahrungsaufnahme, Stoffwechsel und Schlafen. Kaum eine Annahme könnte von der Realität weiter entfernt sein als diese. Von Geburt an ist der gesamte Organismus des Menschen darauf ausgerichtet, sich seiner Umwelt anzupassen, sich motorisch, kognitiv und emotional zu entwickeln und die oben beschriebenen Voraussetzungen zum Erwerb der Sprachbeherrschung nach dem Vorbild der Erwachsenen in seiner Umgebung einzusetzen. Dieser Eindruck ist weniger darauf gestützt, was das Kleinkind zu welchem Zeitpunkt an Sprache produziert, als darauf, zu welchen Wahrnehmungen es ab der Stunde der Geburt, in Bezug auf akustische Reize sogar schon vorgeburtlich in der Lage ist. Diese Einsicht ist noch nicht sehr alt. Für lange Zeit, etwa die ersten hundert Jahre der Kindersprachforschung, galten als maßgebend für die Einschätzung seiner Sprachkenntnis die Äußerungen des Kindes, nicht seine Verstehensfähigkeit. So schreibt Jusczyk (1997: 265) »when Eimas, Siqueland, Jusczyk, and Vigorito (1971) undertook their study, there was some doubt as to whether infants could perceive contrasts before they began producing them in their own babbling«.

Heute ist zweifelsfrei, dass das Kleinkind schon in der sog. vorsprachlichen Zeit, also im ersten Lebensjahr zum einen sehr viel »weiß« und zum zweiten, mit seinem Ausgangswissen dem Input viel weiteres Wissen über die Sprache entnimmt. Ein Bild des Spracherwerbs ist nur vollständig, wenn es mindestens dreierlei enthält: die kategorialen Unterscheidungen, mit denen das Kind die Wahrnehmung von sprachlichem Input organisiert und verarbeitet, die Analysemechanismen, die es auf die gewonnenen Inputdaten anwendet, um zu sprachlichen Regularitäten zu kommen, und die sprachlichen Kenntnisse, die es in der Perzeption und in seinen Äußerungen zu erkennen gibt.

Da die Analysemechanismen nicht direkt beobachtet werden können, und auch experimentell nur punktuell, kommt den Äußerungsdaten methodisch zum Einen der Stellenwert zu, zu den zu Grunde liegenden Sprachkenntnissen zu führen und zum Zweiten durch deren longitudinalen Vergleich zu den systembildenden Mechanismen, in der Literatur häufig »boot strapping«-Vorgänge

genannt. Die Metapher soll zu verstehen geben, dass das Kind Inputdaten, die es schon verarbeiten kann, z.b. prosodische Information, als Ansatzpunkte für Mechanismen ausnutzt, etwa dem, die
ersten Wörter im Schallstrom zu erkennen, und sich so den Stiefel
der Sprache anzieht. Bei diesem kognitiven Vorgang werden lautliche, positionale und schließlich lexikalische Informationen integriert. Ein Beispiel: Kindern werden lautliche Konturen einer
Wortfolge innerhalb eines Satzes durch mehrmaliges Präsentieren
vertraut gemacht, etwa: *Kaninchen fressen Blattgemüse.* In der späteren Testphase werden ihnen dieselben Wortfolgen einmal mit der
zuvor familiarisierten Satzkontur und – zur Kontrolle – in anderer
Struktur und Kontur präsentiert, z.B. *Die Kinder sehen, wie <u>Kanin-
chen essen. Blattgemüse</u> mögen sie besonders.* Die Aufmerksamkeits-
zeiten zeigen, dass Säuglinge im Alter von sechs Monaten diesen
Unterschied schon verarbeiten; vgl. Soderstrom, Nelson-Kemler &
Jusczyk (2005). Es ist wichtig, sich dieses integrative Vorgehen der
Analysemechanismen immer im Bewusstsein zu halten, gerade an-
gesichts der Gliederung der folgenden Ausführungen, in denen die
Entwicklung nach den sprachlichen Strukturbereichen Phonolo-
gie, Lexik, Morphologie, Syntax und Kommunikationsaufbau der
Übersichtlichkeit wegen getrennt präsentiert werden.

3.5.1 Die lautliche Entwicklung

In der ersten, der sog. vorsprachlichen Phase der Verarbeitung
von Schallereignissen in seiner Umwelt, liegt die Aufmerksamkeit
des Säuglings auf einer Reihe von akustischen und phonetischen
Eigenschaften der Geräusche, die auf sein Ohr treffen (Fifer &
Moon 1989). Durch Unterscheidungen, zu denen das Kind in den
ersten Monaten nach der Geburt fähig ist, und möglicherweise bestimmte angeborene oder frühzeitig erworbene Präferenzen für bestimmte Eigenschaften des sprachlichen Signals, etwa seine rhyth-
mische Struktur, wird seine Aufmerksamkeit auf die menschliche
Stimme, auf bestimmte Sprechweisen, sprachliche Gliederungen
und schließlich auf die sprachlichen Besonderheiten seiner Umgebungssprache gelenkt. Die Ergebnisse dieser Unterscheidungen
und darauf beruhender Lernprozesse spiegeln sich schon in der
vorsprachlichen und dann natürlich in der sprachlichen Produktion des Kleinkindes wieder.

   Rezeptiv unterscheidet das Kind Stunden nach der Geburt, zu
einer Zeit, in der es visuell kaum mehr als hell und dunkel wahrnimmt, zwischen sprachlichen und nicht-sprachlichen Schallereig-

nissen; es wendet Kopf und Gesicht in Richtung der Schallquelle, aus der das interessierende Geräusch kommt. Ebenfalls gleich nach der Geburt kann es zwischen der Stimme der Mutter und der anderer Menschen unterscheiden; beides geht wohl auf eine Vertrautheit mit Eindrücken aus der pränatalen Phase zurück (Brazelton & Cramer 1991). Ebenfalls innerhalb der ersten vier Wochen lässt das Kind Vorlieben für bestimmte Lautstärken und Tonhöhen erkennen, etwa die einer Frauenstimme in normaler Lautstärke. Auch in der ersten Woche ist eine Präferenz für eine spezifische Sprechhaltung entwickelt, die in der englischsprachigen Fachliteratur **infant directed speech** heißt. Cooper und Aslin (1990) haben in einem Aufmerksamkeitsverteilungsexperiment (Dauer von Blickfixierung in einem Präferenzparadigma) 2 Tage alte und einen Monat alte Babys mit zwei Arten von sprachlichen Registern konfrontiert: Das ID-Register (Infant directed) enthält kürzere Sätze, deutliche intonatorische Konturen, deutliche Markierungen der Akzente und der Pausierung. Es wird von Erwachsenen auch als an ein Kleinkind gerichtet empfunden. Es ist nicht mit Baby-Talk zu verwechseln, verstümmelten Äußerungen und Nonsense-Wörtern wie *eideidei*. Eine von beiden Gruppen von Babys nicht präferierte Redeweise heißt **adult directed speech** (AD) und weist eben alle Merkmale des Registers zwischen Erwachsenen auf.

Alle diese Präferenzen gelten ersichtlich nur den Modalitäten der Redeverwendung, nicht aber sprachlich relevanten Strukturphänomenen. Aber auch hier ist das Kleinkind schon sehr früh zu Unterscheidungen in der Lage. So akzeptiert es u.a. ab der zweiten Woche phonetisch ähnliche aber doch auch geringfügig verschiedene konsonantische Varianten als äquivalent, wenn sie sich innerhalb eines zeitlichen Limits des Stimmeinsatzes nach Beginn der Artikulation (Voice Onset Time, VOT) unterscheiden, wie mit dem schon erwähnten Nuckelexperiment, technisch als **High Amplitude Sucking** (HAS) bezeichnet, nachgewiesen worden ist. Ebenfalls ab Geburt reagieren Kinder auf Unterschiede zwischen trochäischem und jambischem Silbenpaar, also betont-unbetont (*Vater*) vs. unbetont-betont (*Gehalt*) (Höhle & Weissenborn 1999).

Ab dem sechsten Monat erkennt das Kind Kontraste zwischen vokalischen Stimuli. Hierzu muss man wissen, dass – anders als konsonantische Kontinua – vokalische nicht in kategoriale Äquivalenzklassen zerlegt werden, weder vom Kind noch vom Erwachsenen. Zu den früh wahrgenommenen Kontrasten zählen [a] vs. [i] und – etwas später [a] vs. [ɔ] (vgl. Kuhl 1979 und 1983). Die Kontraste werden unabhängig von der Stimme wahrgenommen (vgl. Jusczyk, Pisoni, Mullinix 1992). Das wurde in HAS-Experimenten beobachtet. Die Entdeckungen von Kuhl sind in einem Reaktionszeitexperiment im Headturn Preference-Paradigma bestätigt worden (Kuhl 2004).

Wie schon erwähnt, sind seit den 1980er Jahren auch EEG-basierte Untersuchungsmethoden entwickelt worden, um die rezeptiven sprachlichen Fähigkeiten von Kleinkindern zu prüfen. Eine auf Lautverschiedenheit reagierende elektrophysiologische Aktivität ist die sog. **Mismatch-Negativity** (MMN). Es handelt sich dabei um eine signifikante Negativveränderung der Spannungslage im Gehirn in einer Distanz von ca. 200 ms nach dem Reiz. Die MMN reagiert auf die Wahrnehmung von unerwarteten Lautveränderungen nach einer Folge als gleichartig empfundener Schallsignale. Sie ist zunächst bei Erwachsenen beobachtet worden, dann – unter Ausnutzung dieser Befunde – bei Kleinkindern. Beobachtungen mit dem MMN-Paradigma bestätigen die Fähigkeit zur kategorialen Lautwahrnehmung schon bei frühgeborenen Kindern gleich nach der Geburt (Cheour et al. 1998). Mit dem selben Verfahren wurde der Befund von Werker & Lalonde (1988) bestätigt, dass die Fähigkeit zur phonematischen Diskriminierung ab dem 6. Lebensmonat zunehmend auf die Merkmale reduziert ist, die für die Phonemunterscheidung der Muttersprache des Kindes funktional sind; kategoriale Kontraste aus anderen als aus der Muttersprache werden im Schnitt ab dem 12. Lebensmonat nicht mehr wahrgenommen (wiederum Cheour et al. 1998). Die durchaus nicht einheitliche Forschungslage zu diesem Schritt in der Entwicklung referiert Werker (1994). Sie weist nach, dass die Einschränkungen nicht auf reduzierte Wahrnehmungsfähigkeit zurückgehen. Erklärungen für die Lautdiskriminierungsfähigkeit des Kindes diskutiert Best (1994).

Um das Alter von 6 Monaten herum sind auch Anfänge von sprachlichem Verstehen beobachtet worden; das heißt, dass das Kind Lautfolgen im Gedächtnis mit Inhalten verbindet. Auch diese Entwicklung umfasst mehrere Schritte, die in einem späteren Abschnitt über Theorien des Spracherwerbs dargestellt werden. Deshalb hier nur kurz soviel: In der zweiten Hälfte des ersten Jahres stellt sich das Kind von der Wahrnehmung universal vieler Lautunterschiede nach und nach auf die Wahrnehmung derjenigen seiner Umgebungssprache um. Um die möglichen Ursachen dafür zu verstehen, muss man drei Phasen des komplexen Wahrnehmungsvorganges unterscheiden. Die erste ist die der (sensorischen) Empfindung, die zweite die der perzeptuellen Organisation der empfundenen Reize zu einer Wahrnehmungseinheit; dieser Prozess wird als Wahrnehmung im engeren Sinne bezeichnet. Der dritte Einzelvorgang ist der der Klassifikation. Eine Wahrnehmungseinheit wird als Element einer Klasse erkannt. Die Anpassung des Kindes an die Lautmuster seiner Umgebungssprache kann nun entweder in einer Einschränkung seiner Empfindungsmöglichkeiten bestehen oder in dem Aufbau von gerade den Wahrnehmungseinheiten seiner Umgebungssprache in seinem »Wissen«. Aus der Beobachtung des Zweitspracherwerbs bei Erwachsenen ist Letzteres bekannt (vgl. Flege 1991). Auch ist gezeigt worden, dass Erwachsene neue Lautsysteme lernen können, was die Annnahme verlorengegangener Empfindungsmöglichkeiten als Ursache schwächt.

Wie auch immer die Anpassung an die lautlichen Muster einer Sprache sich erklären, ein wesentlicher weiterer Schritt in der Entwicklung des phonologischen Wissens ist die Entdeckung der Laut-Bedeutungs-Relation, d.h. der Erwerb von lexikalischem Wissen, dem Gegenstand des nächsten Abschnitts. Die Kenntnis der phonologischen Gliederung seiner Sprache entsteht im Wissen des Kindes nicht schlagartig von einem Moment zum nächsten und auch nicht Phonem für Phonem. Entwickelt werden sukzessiv Kenntnisse von zielsprachlich relevanten phonologischen Kontrasten und zwar in bestimmten Positionen von Silben. Am Anfang der phonologischen Entwicklung steht also die Silbe. In welcher Reihenfolge welche Kontraste vom Kind erworben werden, wird aus den frühen Äußerungen des Kindes abgeleitet und wir stellen diesen Teil der Sprachentwicklung deshalb anschließend im Rahmen der Produktionsentwicklung dar. Dass Kinder aber schon davor über Kenntnisse der Silbeneinheit und auch der in ihrer Umgebungssprache dominanten Verteilung der Akzente in Zweisilblern verfügen, zeigen wiederum Rezeptionsuntersuchungen mit der Head-Turn-Preference-Methode (vgl. Mattys et al. 1999).

Die lautliche **Produktion** des Kindes, soweit sie zur Entwicklung der Sprache zählt, folgt der Entwicklung der rezeptiven Fähigkeit – notwendigerweise. Diese hat ja auch eine pränatale Periode, jene nicht. Die Entwicklung der Lautproduktion ist Bestandteil der Gesamtentwicklung des Kindes, seines körperlichen Wachstums, der Ausdifferenzierung der Psychomotorik der kognitiven Fähigkeiten und schließlich seiner sozialen Anpassung an die Umwelt. Der Gang der Entwicklung ist ein Zusammenspiel mehrerer parallel stattfindender Entwicklungsstränge, deren Zustände immer ineinander greifen. Die Hauptstränge sind das Wachstum des Körpers und die damit einhergehenden Veränderungen der Artikulationsorgane, das Wachstum des Gehirns und

die Ausdifferenzierung des vegetativen und des Zentralnervensystems, das Wachstum des sprachlichen Wissens und die Ausdifferenzierung in der sozialen Interaktion, die Entwicklung der sozialen Interaktion und der Emotionen. Die in zeitlicher Reihenfolge
von Geburt bis etwa zum 6. Lebensjahr beobachtbaren Schritte des
Äußerungsverhaltens des Kindes lassen eine Abfolge von Ausdifferenzierungen erkennen. Mit dem nun schon mehrfach verwendeten
Ausdruck »Ausdifferenzierung« soll zu verstehen gegeben werden,
dass nichts verloren geht, sondern im Wesentlichen neues Wissen,
neue Fertigkeiten hinzukommen, die vorhandenen Möglichkeiten
aber nicht entfallen. Auch Erwachsene könne noch schreien, gurren, lallen, aber eben auch artikuliert sprechen. Nebenbei sei daran
erinnert, dass Fertigkeiten mangels Training natürlich »einrosten«
können.

Am Anfang der Ausdifferenzierung steht das **Schreien.** Schrei-
en ist ein neuronal gesteuerter Vorgang, der das motorische Zusammenspiel von Atmung, Kehlkopfaktivitäten und Ansatzrohr
(die Atemwege oberhalb der Stimmlippen) erfordert. Auf die wesentliche Beteiligung der neuronalen Aktivitäten weist hin, dass zerebrale Störungen sich im Schreien zeigen und entsprechend auch
das Schreien ein Indikator für Unauffälligkeit der Hirnentwick-
lung des Säuglings und damit der neuronalen Voraussetzung für
den gesunden Spracherwerb ist (vgl. Wermke & Mende 1992).

Die lautliche Ausdifferenzierung in den ersten drei Monaten
ist von der physiologischen Entwicklung bestimmt; hierzu und zur
Lautentwicklung im Deutschen vgl. Elsen 1991, zum Erwerb des
phonologischen Wissens Penner (2000). Der Zustand des Brust-
korbs und das flache Ansatzrohr mit hohem Kehlkopf schränken
die Artikulationsmöglichkeiten auf Schreien, **Gurren** und **Babbeln** ein. Im dritten Monat ist melodische Differenzierung der
Stimmgebung zu beobachten, auch Modulation der Stimmstärke,
erste Versuche von Lautnachahmungen; am häufigsten sind Konsonanten, besonders [h, r, k] im vierten Monat zunehmend Vokale,
eher die mittleren. Im vierten bis sechsten Monat, der auch **vo-
cal play-Phase** genannten Zeit, versucht das Kind eben die Unterscheidungen zu realisieren, die ihm sein Artikulationsorgan erlaubt, besonders vordere Konsonanten. Im Zuge der Absenkung
des Kehlkopfes vergrößert sich die Mundhöhle, eine Voraussetzung für die Differenzierung des Vokalismus. Die Laute zeigen erste Annäherung an die Umgebungssprache, Laute werden zu Silben
zusammengefügt, die CV-Struktur (Consonant-Vocal) aufweisen.
Es beginnt die Phase des **Lallens**, in der englischen Literatur **re-
duplicated babbling** genannt, dtsch. auch Plappern.

Im Deutschen zeigen sich Kombinationen von zwei gleichen Silben und sehr bald das trochäische Akzentmuster mit Akzent auf der ersten Silbe, das die meisten Wörter der Erwachsenensprache aufweisen. Ab dem zehnten Monat werden verschiedene Silben kombiniert, auch zu längeren Ketten. Das Repertoire der Laute differenziert sich, es treten Liquide auf, untere Konsonanten, Reibelaute und gerundete Vokale.

Gegen Ende des ersten Jahres weisen die geplapperten Silbenketten zielsprachennahe Intonationskonturen auf. Gurren, Babbeln und Plappern sind begleitet von Entwicklungen des Gesichtsausdrucks (Lächeln!) und der Motorik der Gliedmaßen. Gegen Ende des ersten Jahres erscheint das **erste Wort**. Eine Lautform wird mit einer kommunikativen Funktion verbunden; meist der Kundgabe von Affekten. Die Verbindung ist nicht immer klar und nicht konstant und Babbeln und Plappern vorsprachlicher Lautketten dauern weiter an. Die ersten Wörter haben die Form der späten Plapperausdrücke, also CV-Silbe und Kombinationen davon, untere, mittlere Vokale, eben die ersehnten [mama], [papa]. Informative tabellarische Übersichten über die Lautentwicklung ihrer Tochter Annalena gibt Elsen (1999: 50–53). In der Ausdifferenzierung der Sprechphase, vom neunten Monat bis etwa zum Ende des dritten Jahres beobachtet sie zehn Entwicklungsstufen.

In dieser Entwicklung zeigen sich mehrere parallel laufende Stränge von Ausdifferenzierungen. Die markantesten sind die folgenden: der **konsonantische Strang** von den vorderen zu den hinteren Konsonanten, von den Sonoranten über Liquide zu den Obstruenten, von den Plosiven zu den Frikativen. Der **vokalische Strang** von den mittleren und unteren zu oberen, vorderen und hinteren, von ungerundeten zu gerundeten und von einfachen Vokalen zu Diphtongen. Der auffälligste Strang ist der der **Silbenstrukturentwicklung**. Er weist, grob gesprochen, einen Verlauf von der offenen Silbe zur geschlossenen auf, diese anfangs in Zweisilblern mit Gelenk-Konsonant wie *nan*, <Banane>. Die Komplexität der Silbenränder nimmt zu mit initialen, später dann finalen Konsonantenclustern. Die Silbenstruktur des Wortes schließlich wächst vom Einsilber bzw. Zweisilber mit Anfangsakzent, das minimale Wort im Deutschen, das einen Fuß umfasst, zum Jambus und zum Mehrsilber mit Penultimaakzent (vorletzte Silbe).

Bei der Deutung dieser Daten muss man stets berücksichtigen, dass die Entwicklung der Perzeption und der Lautungsmöglichkeiten nicht synchron verlaufen (Ende des ersten, Anfang des zweiten Jahres):

[nab, naɪb] für <nein>
[al] für <Öl>
[aɪl] für <Eule>
[bu] für <Buch>
etc. (im Einzelnen vgl. wiederum Elsen 1991: 58–63, die für das
Deutsche vollständigste Langzeitstudie in diesem Feld).

Dass und wieweit die von Elsen gefundenen Phasenmuster ver-
allgemeinerbar sind, zeigt der Vergleich mit der Beschreibung der
Entwicklungen in anderen Sprachen (vgl. dazu Locke 1994 sowie Penner 2000). Wie gesagt, ist nicht auszuschließen, dass die
produzierten Formen gar nicht die lexikalische Repräsentation der
Wortformen wiedergeben, dass vielmehr die Reduktionen nicht
ein Ergebnis der Perzeption sondern der Produktion sind.

3.5.2 Erwerb des Wortschatzes

Die Aufgabe, vor die das Kind beim Aufbau lexikalischen Wissens gestellt ist, veranschaulicht man sich am besten, wenn man
das Kapitel 2.2 über das mentale Lexikon noch einmal durch-
denkt. Der Wortschatzerwerb ist nämlich gerade in dem Maße
erfolgreich, wie sein Ergebnis ein solches mentales Lexikon mit
50.000 oder mehr lexikalischen Einheiten ist, einem ausgetüf-
telten Netzwerk zu seiner Repräsentation und mit Millisekunden
schnellen Zugriffszeiten auf im Prinzip jede Einzelinformation. An
dieser Aufgabe arbeitet der Mensch letzten Endes lebenslang. Ein
kommunikationstüchtiges lexikalisches Wissen ist aber schon im
Vorschulalter ausgebildet. Es weist alle strukturellen und prozeduralen Eigenschaften auf, Gliederung in Einheiten, lexikalische
Ebenen, generative Systeme und Abrufprozeduren für Produktion
und Rezeption in der erforderlichen Geschwindigkeit. Die Voraussetzungen für den Wortschatzerwerb durch das Kind sind im
Wesentlichen dieselben wie die für den Spracherwerb generell (vgl.
die in Kap. 3.4 genannten biologischen, kognitiven und sozialen
Umstände). Unter deren Einfluss und im Zusammenspiel mit deren Entwicklung verläuft der Wortschatzerwerb in zwei Haupt-
phasen. Da der Übergang von der frühen zur darauf folgenden
zeitlich mit der Entwicklung syntaktischen Wissens einher geht,
kann man die beiden Phasen als **vorsyntaktische** und **syntaktische** Phase des Wortschatzerwerbs bezeichnen. Erstere liegt ungefähr in der ersten Hälfte des zweiten Lebensjahres. Angesichts
der erheblichen Variation im zeitlichen Ablauf des Spracherwerbs
von Kind zu Kind erfasst man sie besser anhand der spezifischen

kognitiven Voraussetzungen für ihren Beginn, ihre Verlaufsmerkmale und ihr Ergebnis.

Um mit dem **Aufbau lexikalischen Wissens** beginnen zu können, muss das Kind im Wesentlichen bestimmte Wahrnehmungs-, Gedächtnis- und Wiedergabeprozesse entwickelt haben. Entscheidend sind die Gedächtnisfunktionen. Das Kind muss ein in seiner Umgebung wiederkehrendes lautliches Gebilde so gespeichert haben, dass es dieses in wechselnden Ausprägungen erkennt, mit einer konstanten nichtlautlichen Vorstellung von seiner Verwendungsbedingung (Situation, Ereignistyp, Sache, Situationsmerkmalen) assoziiert und schließlich auch artikulieren kann. Soweit es Letzteres nicht kann, ist die lexikalische Einheit eben noch nicht aktiv, sondern nur passiv beherrscht. Alle Beobachtungen sprechen dafür, dass die passive Beherrschung der aktiven zeitlich deutlich vorausgeht.

Der vorsyntaktische Wortschatzerwerb verläuft langsam, jedenfalls verglichen mit dem der folgenden Periode. In dem halben Jahr seiner Dauer werden zwischen 30 und 50 Wörter erworben, im Wesentlichen etwa gleichmäßig zwei bis drei pro Woche. Zum Inhalt dessen, was vom Kind eigentlich als lexikalische Einheit anfangs gespeichert wird, ist zur Zeit wenig bekannt. Folgt man den Produktionsdaten, dann stimmt die gespeicherte Lautform eines Wortes nicht von Anfang an mit der Zielform überein. Sie ist infolge der begrenzten Arbeitsweise des Lauterwerbs gewissermaßen reduziert. Unbetonte Silben sind nicht gespeichert, Konsonanten sind nach Zahl, Art und Ort abgewandelt und Vokale geöffnet, entrundet oder ersetzt: [ɔva] <Eule>, [bɛlə] <Brille>, [aɪz] <eins>, [brau = nicht hoher, runder Hinterzungenvokal)] <Frau>. Die Beispiele sind bei Elsen (1991: 58–59) entnommen. Die mit dem Lautgebilde assoziierte Vorstellung ist mit der Zielbedeutung nicht gleichzusetzen. Mit einem Namen kann sich mehr als die Vorstellung der Person verbinden, die ihn trägt, z.B. eine typische Handlung, eine typische Situation; mit einem Wort wie *heiß* kann sich die Erfahrung des Wehtuns verbinden, das Verbot, heiße Ding zu berühren oder der Anblick einer offenen Feuerstelle. Man spricht hier allgemein von **Überdehnung**, einem Spezialfall von **Übergeneralisierung**; das Umgekehrte ist häufiger: die **Unterdehnung**; sie ist allerdings auch schwerer nachzuweisen. Die Beobachtungen sind mit mindestens zwei Annahmen über die Struktur der frühen Wortbedeutung, die ja in der **Einwortphase** gleich der Satzbedeutung ist, verträglich. Es gibt Hinweise darauf, dass die Bedeutung eine noch eng an den Verwendungskontext gebundene Vorstellung ist (vgl. Barrett 1995), ebenso aber auch Evidenz dafür,

dass dem Lautgebilde die Vorstellung eines nicht an einen individuellen Kontext gebundenen, komplexen Ereignisses oder einer
Ereignisstruktur zugeordnet ist (vgl. Nelson 1985). Ob diese beiden Annahmen aber tatsächlich Alternativen sind, ist angesichts
der erwähnten erheblichen Variation in den Entwicklungsverläu-
fen nicht sicher (vgl. dazu Meibauer & Rothweiler 1999: 14 und
zu einer vermittelnden Position Clark 1993). Alle diese Annahmen stützen sich, wie gesagt, auf Produktionsdaten; sind allerdings
die Phänomene gar nicht auf das zu Grunde liegende Wissen zurückzuführen, sondern eben auf Produktionsvorgänge, dann wäre nicht auszuschließen, dass die lexikalische Information schon
deutlich früher zielsprachlich ist (vgl. Höhle & Weissenborn 1999
und Weissenborn 2000).

Inwieweit die frühen Lexikoneinheiten des Kindes neben der
lautlichen und der semantischen auch mit syntaktischer Information verknüpft sind, ist fraglich. Formale Hinweise wie flexionsmorphologische Markierungen gibt es in einigen Sprachen,
in anderen nicht, ebenso wenig Kongruenzphänomene, die es in
Einwortsätzen eben nicht geben kann. Das Fehlen äußerer Anzeichen schließt allerdings die Existenz syntaktischer Informationen
im frühen Lexikon nicht aus. Wie oben erwähnt, gibt es für die
Annahme des passiven lexikalischen Wissens auch keine sprachliche Evidenz, die Verstehensreaktionen des Kindes ausgenommen.
Aber gerade diese Reaktionen, experimentell überprüft, weisen auf
die Kenntnis syntaktischer Phänomene im frühen Lexikon hin. So
haben Weissenborn und Mitarbeiter in Headturn Preference-Ex-
perimenten gezeigt, dass Kinder gegen Ende der ersten Hälfte des
zweiten Jahres syntaktische Unterschiede in Sätzen erkennen, die
durch Funktionswörter angezeigt sind, z.B. den Unterschied zwischen Haupt- und Nebensatz und den Zusammenhang mit dem
Vorhandensein bzw. Fehlen von *dass* (vgl. Weissenborn et al. 1998
und allgemein Höhle & Weissenborn 1999: 54 ff.). Man mag auf
Grund von Produktionsdaten die Existenz von Wortartinformati-
onen im lexikalischen Wissen des noch nicht zweijährigen Kindes bezweifeln. Man kann aber andererseits nicht bestreiten, dass
eine Sensitivität für *dass* und seine Strukturbedingungen im Satz
vorhanden ist. Eine Annahme, die beiden Position gerecht wird,
geht davon aus, dass syntaktische Informationen letztlich Bündel
von einzelnen syntaktischen Merkmalen sind und dass es wahrscheinlich ist, dass diese Merkmale vom Kind nicht bündelwei-
se, sondern, wie lautliche und semantische auch, isoliert erkannt
und gespeichert werden können. Ob man nun, wenn das Kind offenbar auf Distributionseigenschaften von *dass* reagiert, schon die

Existenz einer Wortartinformation, z.B. »Complementizer«, postulieren kann oder nicht, ist eine andere Frage als die nach syntaktischer Information im frühen Lexikon. Dazu muss man wissen, dass *dass* vom Kind erst relativ spät (ab etwa dem dritten bis vierten Lebensjahr) aktiv verwendet wird. Produktionsdaten aus der frühen Lexikonphase liefern, wie gesagt, keine direkten Hinweise auf die Existenz dieses syntaktischen Wissens. Bloom (1993) zeigt allerdings, dass Einwortäußerungen des Kindes in Antworten auf Fragen der Eltern syntaktisch fast immer dem Fragekontext entsprechen, was jedoch auch durch die Annahme semantischer Typen anstelle von syntaktischen Wortklassen zu erklären ist. Nomenähnliche Wörter werden hauptsächlich mit Bezug auf Objekte und Lebewesen im aktuellen Aufmerksamkeitsbereich verwendet, verbähnliche unter Bezug auf Umstände, in die die Objekte/Lebewesen verwickelt sind.

Die Unterscheidung zwischen Nomen und Verben wird u.a. daran deutlich, dass sich in der **syntaktischen Phase** des Wortschatzerwerbs, also mit Beginn der zweiten Hälfte des zweiten Jahres, eine frühere Tendenz stark fortsetzt, die Überrepräsentation nominaler gegenüber verbalen Einheiten im semantischen Sinn, schon früh von Gentner (1982) beobachtet. Bei näherer Betrachtung wird zwar eine deutlich differenziertere, im Prinzip aber nicht andere Faktenlage sichtbar. In Kauschke (2007) finden sich z.B. folgende Feststellungen:

- In der Rede von Erwachsenen zu Kindern überwiegen in vielen Sprachen die Verbtypes. Das beantwortet eine Spekulation, die Dedre Gentner offen gelassen hat.
- Unter den gleichen Bedingungen überwiegen innerhalb der Verbtypes die transitiven gegenüber den intransitiven; vgl. auch Childers & Tomasello (2006), die spezifisch die Rolle der Argumentstruktur untersuchen.
- In der Rede von Erwachsenen untereinander halten sich die Verben und Nomina (Types) die Waage.
- Beim Benennen von Objekten bzw. Ereignissen überwiegen beim Erwachsenen die Nomina, ebenso beim Erkennen (lexical decision).
- Es gibt eine Interaktion zwischen Wortklasse und Aufgabe; die Verb/Nomen-Differenz ist beim Benennen stärker ausgeprägt als beim Erkennen.
- Bei Kindern gibt es einen Erwerbsfortschritt; die Benenngenauigkeit nimmt von 2;6 bis 8 zunächst zu, flacht dann aber ab. Die Nomen werden besser verarbeitet als die Verben.
- Genauigkeit und Geschwindigkeit sind beim Benennen mit Nomina besser als beim Benennen mit Verben, bei Kindern wie bei Erwachsenen.

- Auch beim Verstehen gibt es eine Interaktion zwischen Aufgabe und Wortart. Die Differenz zwischen Verstehen/Produzieren ist für Verben größer als für Nomina bei durchgehender Nomenüberlegenheit.
- Es gibt vielerlei typologische Effekte; beim Benennen durch Erwachsene gibt es im Deutschen wie im Koreanischen eine Nomenüberlegenheit.
- Es gibt eine Interaktion zwischen Sprache und Aufgabe; die Nomenüberlegenheit ist beim Benennen im Türkischen schwächer als im Deutschen und etwa gleich dem Koreanischen, beim Verstehen aber etwa so groß wie im Deutschen und größer als im Koreanischen.
- Im typologischen Vergleich bestätigt sich die Annahme einer universalen Nomenüberlegenheit mit einer Reihung von Deutsch (am stärksten nominal) über Englisch, Koreanisch, Türkisch.
- Globale, Wernicke- und Broca-Aphasiker bewahren die Nomenüberlegenheit im Deutschen.
- Es gibt einen Krankeitstyp-Effekt; bei Agrammatikern ist der Rückgang des Verbanteils größer als der Rückgang des Nomenanteils; bei anomischen Aphasikern ist es umgekehrt.

Wie gesagt, fällt der Beginn der zweiten Phase des Wortschatzerwerbs zeitlich etwa mit dem 18. Monat zusammen, mit dem Auftreten der ersten **Zweiwortsätze**. Unter Zweiwortsatz soll man sich nicht einen syntaktisch und morphologisch wohlgeformten Satz wie *Blumen erblühten* vorstellen, sondern die – allerdings systematische – Zusammenfügung von zwei lexikalischen Einheiten zu einer intonatorischen Gruppe und Bedeutungseinheit wie *Jan Bett*.

In der zweiten Phase beschleunigt sich der Erwerb des Wortschatzes so beträchtlich, dass sich dafür die Bezeichnung **Wortschatzspurt** (von engl. vocabulary spurt) eingebürgert hat (vgl. Rothweiler 1999: 16). Die Erwerbsrate steigt auf mehrere Wörter pro Tag und am Ende dieses halben Jahres hat sich der Umfang des aktiven lexikalischen Wissens etwa vervierfacht, am Ende des folgenden Halbjahres versechsfacht (vgl. Barrett 1995). Die Entwicklung der Nomendominanz und der Anteile der übrigen Klassen von Wörtern zeigen für das Englische Bates et al. (1994). Das rasante Tempo des Wortschatzspurts ermöglicht sich das Kind offenbar durch Anwendung einer Aufnahmestrategie, die sich als »schnell aber unvollständig« etikettieren lässt – in der englischsprachigen Literatur als **fast mapping** bezeichnet. Sie wird bis zum Ende des Vorschulalters beibehalten und verkürzt den Aufnahmevorgang dadurch, dass eine (unvollständige) Lautinformation (z.B. eine bestimmte Lautform einer lexikalischen Einheit) mit einer ebenfalls unvollständigen Bedeutungsvorstellung assoziiert und gespeichert wird. Das geschieht im Wesentlichen aus Schlussfolgerungen aus Vergleichen und Kontrasten des neuen Wortes angesichts seiner Verwendung auf Dinge und Eigenschaften, die das Kind bis dahin mit einem semantisch weiteren Wort bezeichnet hat; Beispiel: *rot* (alt) *pink* (neu). Dass dieses Verfahren von Kindern nicht nur, nicht einmal bevorzugt beim Erwerb von Farbwörtern eingesetzt wird, zeigen u.a. Heibeck & Markman (1987).

Insgesamt ermöglicht das ›fast mapping‹ dem Kind, viele neue Wörter aufzunehmen, ohne auf erschöpfende Information zu ihren Bedeutungen zu warten. Auch dem in diesem Alter noch begrenzten Aufnahmevermögen des Gedächtnisses kommt das Vorgehen natürlich entgegen. Der Wortschatz des Kindes erweitert sich außer durch die Aufnahme neuer Simplizia auch dadurch, dass das Kind neue Wörter bildet. Dies geschieht schon ab dem dritten Jahr, zunächst bevorzugt durch Zusammensetzung später zusätzlich durch Derivation. Wie viele lexikalische Einheiten das Lexikon des Kindes am Ende der Vorschulzeit umfasst, ist verständlicherweise nur vage anzugeben. Aitchison (1997: 221) nennt bis zu 3000 Wörter als aktiven Bestand von Fünfjährigen und bis zu 14.000 als passiven von Sechsjährigen.

3.5.3 Der Erwerb von Morphologie und Syntax

Die Entwicklungen im Aufbau morphologischen und syntaktischen Wissens werden hier in einem Abschnitt zusammen dargestellt und zwar am Beispiel des Deutschen. Die Beobachtungen dazu sind hauptsächlich älteren Tagebuchstudien entnommen; in der Ordnung folgt die Darstellung der Präsentation von Mills (1985). Neuere Beispiele stammen auch aus der außerordentlich gründlichen Beschreibung von Elsen (1999); die Siglen zu den Quellenangaben bedeuten E: Elsen; (1999); Ka: Kaltenbacher (1990); Ms: Mills (1985); Ml: Miller (1976), St: Stern und Stern (1920), Sc: Scupin & Scupin (1907, 1910) und Tr: Tracy (1991). Auf sprachspezifische Entwicklungen wird hier nicht eingegangen. Natürlich ist der Erwerb von Flexion und Syntax immer der Erwerb von Ausdrucksmitteln in einer spezifischen Sprache, hier eben des Deutschen. Zur Information über Entwicklungen in anderen Sprachen konsultiere man daher unbedingt Slobin (1985: Vol. 1). Jenseits aller Einzelsprachlichkeit vermitteln die Daten aber auch eine Ahnung übereinzelsprachlicher Reihenfolgen, z.B. hinsichtlich der wachsenden Länge der Äußerungen, dem Auftreten von Wortarten und von elementaren syntaktischen Regularitäten wie Kongruenz und Wortstellung.

Das auffallendste äußerliche Merkmal der Entwicklung syntaktischen Wissens durch das Kind ist, dass seine Äußerungen im

Laufe der Zeit von einem Jahr bis 6 Jahre länger werden, indem sie zunehmend mehr Wörter enthalten. Die Länge der Äußerung wird durch Mittlung der Zahl der Wörter aus den Äußerungen des zu charakterisierenden Zeitintervalls bestimmt und als MLU (**mean length of utterance**) häufig zur Bezeichnung von Stadien des Spracherwerbs verwendet. MLU 2.5 bedeutet also, dass die Äußerungen in dem betrachteten Intervall durchschnittlich 2,5 Wörter lang sind. Wie fast alles im Spracherwerb entwickelt sich auch die Länge der Äußerungen relativ stetig in der Zeit. Mit der Zunahme in der Länge der Äußerung steht das Kind zugleich vor der Aufgabe, sprachlich zu erkennen zu geben, wie die Wörter strukturell miteinander zusammenhängen, und diese Aufgabe verlangt Kenntnisse unterschiedlicher syntaktischer Verknüpfungen. Ein weniger differenzierender, für die Phasenbestimmung aber nützlicherer Index, der PLU-Index (predominant length of utterance) von Legendre et al. (2002: 197 ff.) definieren:

Definitions of PLU-Stages

Stage 1: *Predominantly one-word stage*

- Almost all utterances (90%) are of the one-word sentence type

Stage 2: *Intermediate stage between one-word and two-word stages*

- The one-word sentence type is still very common (60%–89% of the utterances are of the one-word sentence type)

Stage 3: *»Two-word« stage*

- Over 40% of the utterances contain more than 1 word

- Yet utterances still tend to be very short, with 1-word and 2-word utterances predominating over multi-word utterances

Stage 4: *Predominantly multi-word stage*

- Of the three sentence types, the multi-word sentence type is the most common one

Definitions of secondary PLU stages:

Secondary stage a: at most 10% of all utterances contain a verb

Secondary stage b: 11%–60% of all utterances contain a verb

Secondary stage c: more than 60% of all utterances contain a verb

Wie schon im Abschnitt über den Wortschatzerwerb ausgeführt, sind gegen Ende des ersten Jahres und über die Zeit des vorsyntaktischen Wortschatzerwerbs Einwortäußerungen des Kindes zu beobachten. Hier noch mal einige Belege aus St und Ml:

wauwau, mama, papa, mieze, lampe, stiefel
ab, weg, auf, runter
mehr, noma, auch
da, hier
nein

Ausgedrückt werden mit diesen Äußerungen meist Wünsche und Feststellungen. Sprachlich ausgedrückt sind zumeist der Bezug auf Dinge oder Personen, Orte oder Zielorte, seltener Umstände von Aktionen und die Verneinung. Direkte Bezeichnungen von Vorgängen durch Verben sind selten. Sofern sie belegt sind, weist das Verb, soweit erkennbar, die Infinitivform auf, die Nomina ebenfalls eine nominativähnliche Singular-Grundform, Adjektive die prädikative, unflektierte Form, wie etwa *heiß*. Mehrwortäußerungen bilden in dieser Zeit die Ausnahme und scheinen vom Kind als feste zusammenhängende Formeln gespeichert und eingesetzt zu sein.

[dɪdɑs] <was ist das?> El: 1,5 (S. 82)

Syntaxwissen im engeren Sinne lässt sich diesen Äußerungen nicht entnehmen, weil eben keine Verknüpfungen stattfinden. Wie schon im Zusammenhang mit dem Lexikonerwerb ist auch hier ausdrücklich zu erwähnen, dass zwischen produziertem und vorhandenem Wissen unterschieden werden muss (vgl. Höhle & Weissenborn 1999).

Auf die Einwortphase des Syntaxerwerbs folgt die **Zweiwortphase**, die etwa die zweite Hälfte des zweiten Lebensjahres dauert (1;6 bis 2). Ausgedrückt werden weiterhin Feststellungen, dass etwas so oder so ist, zunehmend nun aber auch Hinweise und Kommentare, dass sich nun etwas geändert hat. Nomina sind zahlenmäßig immer noch dominant, es treten, wie vereinzelt schon in der Einwortphase, formelhafte Pluralformen auf:

schuhe putt. Ka: 1;10

Die nominale Gruppe weist nur selten Artikel auf, wenn, dann in einer unflektierten Grundform den definiten und zwar nur im Singular:

de uwe auch ...[... hat eine Brille]. Ka: 1;8

Ein scheinbar anderes Bild (früher indefiniter Artikel) vermitteln
die Daten von Annalena (Elsen 1999); sie gehört aber offenbar zu
den früh sprechenden Kindern, indem Drei- und Mehrwortsätze
von ihr schon in der zweiten Hälfte des zweiten Jahres gebildet
werden (vgl. Elsen 1999: 83). Mills (1985) berichtet über Adjek-
tivbelege in attributiver Position, *großes Loch*, die schon Ansätze
von Genusflexion aufweisen. Dergleichen ist nicht stark belegt,
allerdings:

ander Linda. [Linda zeigt auf ihr Bild im Monitor]. Kaltenbacher
(1990: 74).

Nomen-Verb-Äußerungen stehen – agentivisch wie patientivisch
– Nomen voran:

mama esse. [Aufforderung, Mama soll ...]. Ka: 1;7
schuhe auszieh. [Feststellung]. Kaltenbacher (1990: 80)

Ebenfalls in dieser Phase erscheinen Partizipialformen des Verbs,
allerdings ohne temporale Bedeutung. Fragen werden mit Frage-
wort, am häufigsten zunächst *was*, ausgedrückt, aber auch weiterhin intonatorisch, Verneinung mit dem holophrastischen *nein*:

nein Brille. [zu einem Mann, der keine Brille trägt]. El: 1;3

Die holophrastische Form wird noch in der Zweiwortphase durch
Auftauchen von *nicht* abgelöst:

nain bot niç. <nein. Brot nicht>. [Sie will das Brot nicht] El: 1;6;
Elsen (1999: 87)

Die syntaktischen Ausdrucksmittel des Kindes beschränken sich
in der Zweiwortphase auf die Wahl der Wortarten der beteiligten
Wörter und deren Stellung in der Äußerung. Eine rein auf Distri-
bution gerichtete Analyse englischer Daten hat Braine (1963) vorgenommen und aus ihr abgeleitet, das Kind verfüge in dieser Zeit
über zwei Hauptwortklassen (**open class words** und **pivot words**)
und die entsprechenden Kombinationsregeln. Mit zunehmender
Datendichte ist allerdings zweifelhaft geworden, ob die Pivotpha-
se einen eigenen abgrenzbaren Abschnitt in der Syntaxentwicklung
darstellt. Die mit den Mitteln von Zweiwortsätzen ausdrückbaren

Sprechhandlungen und Bedeutungsstrukturen sind sehr vielfältig (vgl. dazu Kaltenbacher 1990 und Elsen 1999).

Der Zweiwortphase folgt die **Drei- und Mehrwortphase**; sie dauert etwa von 2 bis 4 Jahre. Die Belege zeigen innerhalb der nominalen Gruppe häufiger Artikelformen (auch indefinite, nach Genus korrekt flektiert). In maskulinen NPs erscheint die Nominativ- und Akkusativmarkierung, Dativ ab dem dritten Jahr. Personalpronomen der ersten und zweiten Person Singular sind in der zweiten Hälfte des dritten Jahres belegt, darunter auch deklinierte. Subjekt-Verb-Kongruenz ist durch Person- und Numerusmarkierung am Verb ausgedrückt.

has du ein bonbon mit? Tr: 2;6
da falln jetzt i blätter runter. Tr: 2;2
das weint. Tr: 2;0

Daneben stehen auch noch unflektierte Sätze wie:

julia eis essen. Tr: 2;0

Die finite Verbform nimmt die Zweitposition im Satz ein, eine Entwicklung, die im Zusammenhang mit der Theoriediskussion viel Beachtung gefunden hat (vgl. Kap. 3.6).

Im dritten Jahr ist die Vergangenheitsflexion des Verbs zunehmend belegt, die Formen unregelmäßiger Verben werden allerdings vielfach in Übergeneralisierung der regelmäßigen Konjugation schwach gebildet, *gegeht, stehlten.* Belegt ist auch ein Präsens *lauft* als 3. Person Singular. Mit Auftreten des Frageworts in der Initialposition ist die Inversion belegt: Die Subjekts-NP steht hinter dem finiten Verbteil.

Was macht die Frau? El: 2;0

Neben Aktivsätzen treten gegen Ende dieser Phase Passivkonstruktionen auf; nach Mills (1985) fast durchweg ohne Nennung des Agens-Referenten. Es treten die ersten komplexen Sätze auf; nach Mills (1985) zunächst Relativsätze (vgl. allerdings das reichhaltige Repertoire von Konditionalsätzen in Elsen 1999: 145 ff.). In der Folgezeit stabilisieren sich die zuvor kritischen Formen, die unregelmäßigen Flexionsformen von Verben lösen die übergeneralisierten schwachen Formen ab, komplexe Verbformen mit Auxiliar – zunächst mehr *haben* als *sein* – und Modalverben treten auf. Der Formenreichtum der Artikelwörter nimmt zu (Possessiv-Ar-

tikel), ebenso das Repertoire anderer Funktionswörter, besonders
der Präpositionen und der subordinierenden Konjunktionen. Die
Wortstellung in komplexen Nebensätzen weist bis ins Alter von
fünf Jahren Abweichungen auf, ebenso vor- und nachzeitige Tem-
pusformen des Verbs. Bei der Beurteilung dieser Phänomene ist
allerdings zu berücksichtigen, dass sie auch in der Erwachsenensprache belegt sind.

3.6   Erwerbstheorien

Theoretische Aussagen über zusammenhängende Phänomene in
einem Teilbereich unserer Erfahrungswelt gehen über die bloße
Beschreibung der Phänomene hinaus. Sie machen Behauptungen
darüber, wie es sich erklärt, dass die Phänomene eben gerade so
sind, wie sie sind, und nicht auf eine andere denkbare Weise. Warum etwa finden sich im Lautbestand aller natürlichen Sprachen,
soweit sie bisher bekannt sind, vokalische und konsonantische Laute? Warum gibt es keine pur konsonantische oder pur vokalische
Sprache?
    In der Erforschung der Sprachfähigkeit des Menschen haben
zwei Fragen die Wissenschaft von Beginn an herausgefordert. Die
eine ist die Frage nach der Gattungsgebundenheit der Sprache.
Wie ist es zu erklären, dass die in Kapitel 2 beschriebene Sprachbeherrschung sich typischerweise beim Menschen ausprägt und nicht
bei Gänsen, Enten oder bei der Nachtigal, kurz, wie erklärt es sich,
dass die Sprache gattungsspezifisch ist? Die zweite Frage richtet
sich auf den beobachteten Erwerbsverlauf. Wie erklärt sich, dass
der Spracherwerb des Kindes gerade so verläuft, wie er verläuft?
    Bei der Suche nach Antworten auf diese Fragen wird plausibler-
weise an den spezifischen Bedingungen angesetzt, die die Entwicklung der Sprachbeherrschung des Menschen möglich machen, das
heißt an den in Kapitel 3.3 genannten Voraussetzungen. Das ist
insofern plausibel, als Erklärungen, die mit den biologischen, kognitiven und sozialen Erwerbsbedingungen nicht im Einklang stehen, eben im Widerspruch zu ihnen stehen und eine Theorie, die
Tatsachen widerspricht, hat einen problematischen Geburtsfehler.
    Was heißt es aber nun, mit der Suche nach Erklärungen an
den Voraussetzungen der zu erklärenden Phänomene anzusetzen?
Inwiefern lässt sich aus der Kenntnis der biologischen Ausstattung,
der kognitiven Kapazität oder der sozialen Interaktion des Kindes vorhersagen, dass nur der Mensch Sprachbeherrschung entwi-

ckelt und dass die Entwicklung auf dem beschriebenen Weg verläuft? Diese Frage mutet vielleicht sonderbar an. Zweifellos, wird
man einwenden, kann man aus der biologischen Voraussetzung
des Menschen vorhersagen, dass ein Neugeborenes sich sein Leben nicht unter Wasser einrichten wird, sondern auf dem Land,
weil es nicht die Organe entwickeln wird, die für eine maritime
Lebensweise erforderlich sind. Dem ist nicht zu widersprechen,
denn die Voraussetzung, aus der die Vorhersage abgeleitet ist, ist
im Einzelnen gut bekannt. Und das ist ein Umstand, der für die
Haltbarkeit der Vorhersage entscheidend ist. Die Frage ist also,
wie genau uns die Voraussetzungen für die Ableitung einer Sprach-
erwerbstheorie bekannt sind, die Voraussetzungen, die den Spracherwerb von Anbeginn ermöglichen und im weiteren Wachstum
des Kindes prägen.

Die Kenntnis der biologischen, kognitiven und sozialen Umstände des Spracherwerbs ist verschieden detailliert und verschieden gut auf unabhängige Weise zugänglich. Relativ genau bekannt
ist beispielsweise der biologische Bau des Artikulationsapparates
des Menschen und auch seine Veränderung von der Geburt bis
zum Kindesalter. So lässt sich dann auch aus der Tatsache, dass die
Mundhöhle des Säuglings zunächst eher flach ist und der Kehlkopf
zunächst relativ hoch positioniert ist, erstere sich mit dem Wachstum des Kindes in der Höhe ausprägt und letzterer im Laufe der
ersten 12 Monate absinkt, vorhersagen, dass hintere Vokale später
als vordere erworben werden und der vordere Konsonantismus früher als der pharyngale (vgl. Kap. 3.5.1).

Wie steht es mit der Möglichkeit, Vorhersagen über die Sprachentwicklung aus den sozialen Voraussetzungen abzuleiten? Zwar
kann es als gesichert gelten, dass soziale Interaktion zwischen Kind
und den erwachsenen Bezugspersonen wesentlicher Bestandteil der
Brutpflege ist, und es sind auch mancherlei Merkmale dieser Interaktion bekannt. So lässt sich vorhersagen, dass ein organisch
gesundes Kind keine Sprachbeherrschung entwickeln wird, wenn
es ohne sprachliche Interaktion, also z.B. mit taubstummen Eltern
und ohne Geschwister aufwächst. Ebenso lässt sich unter Rekurs
auf die sozialen Gegebenheiten vorhersagen, dass das Kind überhaupt Energie daran setzt, sprachliches Wissen zu erwerben, um
nämlich seinerseits zur sprachlichen Interaktion fähig zu werden.
Ob aber die Tatsache, dass das Verneinen sich in der Kindersprache früher entwickelt als das Bejahen, sich sozial erklären lässt, ist
schwierig zu beurteilen. Biologische Erklärungen sind jedenfalls
unplausibel und Veranlassung, an eine kognitive zu denken, ist
auch schwerlich gegeben. Unsere Kenntnis der sozialen Interakti-

on reicht nicht weit genug, was nicht besagt, dass die Suche nach
einer Erklärung dort nicht aussichtsreich ist.

Ähnlich oder nur geringfügig besser steht es mit der unabhängig zu gewinnenden Kenntnis der kognitiven Kapazität des Säuglings und Kleinkindes. Als sicher ist anzunehmen, dass die geistige Ausstattung des Menschen, das leistungsfähige Gedächtnis, die
damit operierende Fähigkeit der Begriffsbildung und Strukturer-
kennung für die Entwicklung des sprachlichen Wissens wesentlich
sind. Viele Einzelheiten, auch wesentliche, sind aber nur über die
Beobachtung der Ergebnisse der kognitiven Aktivität zugänglich,
das heißt durch Interpretation der Denk- und Sprachäußerungen
des Kindes im Laufe des Spracherwerbs. Es bildet also das sprachliche Verhalten des Kindes das Fenster, durch das wir einen Blick
auf Einzelheiten der kognitiven Ausstattung werfen, die das Kind
bei der Geburt eben für die Entwicklung desselben mitbringt.

So ist es durchweg. Viele Annahmen über die biologische, soziale und kognitive Verankerung der Sprachentwicklung stützen
sich auf Evidenz aus der Sprachentwicklung selbst und nicht auf
unabhängige Einblicke in den Organismus, das soziale Programm
oder die Denkfähigkeit des Säuglings und Kleinkindes. Angesichts
dieser Lage ist gut zu verstehen, dass in der Theoriebildung über
die Sprachfähigkeit des Menschen verschiedene Wege begangen
wurden und derzeit noch verfolgt werden. Je nach Wichtigkeit,
die den biologischen, kognitiven und sozialen Bedingungen zuge-
messen wird, werden die Sprachfähigkeit des Menschen, ihre Gattungsgebundenheit und ihr Verlauf, als eher biologisch, kognitiv
oder sozial verankert und erklärbar gesehen. Im Folgenden werden
zentrale Konzepte und Behauptungen der drei Ansätze, gegebenenfalls auch ihrer Hauptvarianten, dargestellt; das sind, wie gesagt, die biologisch orientierte sog. nativistische Spracherwerbsthe-
orie, die eher kognitiv orientierten, kognitivistischen Ansätze und
der stärker sozial orientierte interaktionistische Ansatz.

3.6.1 Der nativistische Ansatz

Die Grundannahme der nativistischen Sprachtheorie besagt: Der
Mensch ist genetisch mit einem Sprachorgan ausgestattet und darin unterscheidet er sich von allen anderen Lebewesen.

Eine solche Behauptung lässt natürlich sofort Fragen und Zweifel entstehen. Auf drei davon gehen wir hier ein, zunächst in erster
Näherung grob, in einem zweiten Durchgang etwas genauer. Weiteres ist der Spezialliteratur über den Spracherwerb zu entnehmen,

etwa dem *Handbook of Child Language* (Fletcher & MacWhinney 1995); eine kritische Darstellung des nativistischen Ansatzes enthält Klann-Delius (1999: Kap. 3).

Nahe liegen die Fragen nach der Natur des sog. Sprachorgans, nach der Evidenz, die für seine Existenz angeführt wird und danach, wie es die beschriebene, universal relativ einheitliche Entwicklung der Sprachbeherrschung erklärt. Was hat man unter dem postulierten Sprachorgan zu verstehen? Offensichtlich ist es kein chirurgisch identifizierbares, abgegrenztes Stück spezialisierten Gewebes mit einer einheitlichen, komplexen Funktion, eben der, die Sprachfähigkeit zu beherbergen. Man hat es sich vielmehr als ein genetisch verankertes und neurophysiologisch repräsentiertes Informationssystem vorzustellen, ein spezielles Wissenssystem. Es ist dem Bewusstsein nicht zugänglich, ebenso wenig wie die Fähigkeit, die dem Menschen das räumliche Sehen ermöglicht. Es ist universal in dem Sinne, dass es die Gliederungseigenschaften spezifiziert, die allen und genau den natürlichen Sprachen gemeinsam sind. Es ist modular; das heißt, dass es als Ganzes mit dem Denken oder dem Artikulieren interagiert. Es steht dem Kind von Anbeginn des Spracherwerbs an zur Verfügung, und es prägt im Zusammenspiel mit den sich entwickelnden Wahrnehmungs- und Denkfähigkeiten des Kindes den Verlauf des Spracherwerbs.

Betrachten wir die Behauptungen dieses Modells etwas genauer, zunächst die Argumentation dafür, dass ein solches Modul überhaupt existiert. Direkte Evidenz in dem Sinne, dass im Zentralnervensystem ein abgegrenztes Teilsystem von neuronalen Zellen, z.B. in der Großhirnrinde lokal mit klinischen Verfahren zu bestimmen ist, liegt nicht vor. Die Annahme der Existenz des universalen Sprachprogramms von Geburt an stützt sich auf Schlussfolgerungen aus verschiedenen Beobachtungen, die, so die Argumentation, nicht anders als durch die genannte Annahme zu erklären sind. Es sind im Wesentlichen Spracherwerbsbeobachtungen und neuerdings experimentelle Befunde aus Verhaltensexperimenten mit Kleinkindern. Dafür, dass der Spracherwerb von Anbeginn durch Strukturprinzipien geleitet ist, wird angeführt, dass in den Äußerungen des Kindes Formen nicht belegt sind, die aber auf Grund der Äußerungen, die das Kind hört, theoretisch erwartbar wären. Ein Beispiel stellt die Bildung von Verb-Erst-Fragen dar.

(1)　*Die Puppe ist im Wagen.*
(2)　*Ist die Puppe im Wagen?*
(3)　*Die Puppe, die kaputt ist, ist im Wagen.*
(4)　*Ist die Puppe, die kaputt ist, – im Wagen?*
(4')*　*Ist die Puppe, die kaputt __ , ist im Wagen?*

Würde die Regel für die Bildung der Verb-Erst-Frage nach dem einfachen, linearen Muster gebildet, so dass das erste Verb nach der Nominalphrase in der Frage dieser voranzustellen ist, wären Sätze wie (4') zu erwarten. Sie sind aber in der Kindersprache nicht belegt. Das wird als Evidenz dafür angeführt, dass solche Sätze durch Strukturkenntnis des Kindes ausgeschlossen werden, die ihrerseits schon vor der Entwicklung des spezifischen einzelsprachlichen grammatischen Wissens vorhanden ist, in diesem Fall Wissen über die hierarchische Struktur einer Phrase. Die Voranstellung des ersten finiten Verbs ist also strukturgeleitet und wird angewendet auf das erste passende Segment nach der Subjektphrase (Argument von der **Unterdeterminiertheit der Grammatik** durch den Input). Eine zweite Erwerbsbeobachtung ist, dass Kinder Sätze bilden können, die sie zuvor nicht gehört haben. Dieses Faktum, so die Argumentation, spricht für ein Strukturwissen, dass diese Kreativität ermöglicht (**Kreativitätsargument**). Ein weiteres Argument wird daraus abgeleitet, dass das Ergebnis des Spracherwerbs grammatisches, wiederum unbewusstes Sprachwissen ist, das den Menschen in die Lage versetzt, wohlgeformte Sätze von nicht wohlgeformten zu unterscheiden, z.B. (6) gegenüber (6').

(5)   *Wer kommt?*
(5')   *Wer, glaubt Hans, kommt?*
(6)   *Welcher Besuch kommt?*
(6')*   *Welcher, glaubt Hans, Besuch kommt?*

Das ist deshalb erklärungsbedürftig, weil das Kind im Laufe des Spracherwerbs durchaus auch viele nicht wohlgeformte Sätze und abgebrochene Äußerungen hört (Argument vom **defizienten Input**). Schließlich ein Argument ex negativo. Es wurde erwähnt, dass die pure lineare Form der Inputäußerungen erwarten ließe, dass das Kind daraus Muster von Äußerungen wie (4') ableiten würde. Sie sind aber in der Kindersprache nicht belegt. Nun könnte dieses Fehlen auch damit erklärt werden, dass dem Kind Hinweise auf abweichende Äußerungen gegeben werden, die den Erwerb dann in die Zielrichtung steuern. Nach dem Stand der Kenntnis ist dem aber nicht so. Und eben dieser Umstand des **Fehlens negativer Evidenz** aus der Sicht des Kindes stärkt die Annahme, dass es vor dem Erwerbsbeginn vorhandenes »Wissen« geben muss, dem das Kind bei der Verarbeitung des Inputs zu spezifischem sprachlichen Wissen folgt.

Für die Beurteilung der nativistischen Konzeption sind in den letzten zwanzig Jahren zunehmend Befunde aus experimentellen Untersuchungen und vom Sprachverhalten geistig kranker Kin-

der verfügbar geworden. Sie gelten hauptsächlich den Fragen nach
der Modularität des sprachlichen Systems, besonders in Abgren-
zung von bzw. Interaktion mit dem allgemeinen Denkvermögen
(vgl. Weinert 2000, bes. Abschn. 4) und der Existenz universalen
sprachspezifischen Wissens vor dem Erwerb (vgl. Höhle & Weissenborn 1999). Die die Modularität betreffenden Befunde stärken
weder noch widerlegen sie unbestreitbar die Grundannahmen der
nativistischen Konzeption; vgl. Weinert (2000, Kap. 5). Die psy-
chopathologischen Befunde sprechen eher für die Unabhängigkeit
der Sprachfähigkeit von der sonstigen Denkfähigkeit. Der Verlauf
von Wortschatzerwerb und der nicht-sprachlichen Kategorienbil-
dung beim Kleinkind legen die Annahme von Zusammenhängen
in beiden Richtungen nahe und Variation über die Entwicklungs-
phasen hin. Direkt auf spezifisches sprachliches Wissen gerichtete Experimente zur rezeptiven Sprachbeherrschung bestätigen allerdings wiederum, dass Kleinkinder sehr viel früher, als bisher
auf Grund von Produktionsdaten angenommen, für Strukturun-
terschiede in sprachlichem Material sensitiv sind (vgl. Höhle &
Weissenborn 1999, Kap. 2.3.4 und 2.3.5). Inwiefern das die nativistische Konzeption bestätigt, bleibt noch zu zeigen.

Was ist, nach Annahme der nativistischen Theorie, der Inhalt
des angeborenen sprachlichen Wissens? Wie jede Theorie ist auch
diese bei aller Kontinuität in den Grundannahmen Veränderungen
über die Zeit und Unterschieden infolge unterschiedlicher Sicht-
weisen einzelner Wissenschaftler ausgesetzt. Das liegt daran, dass
die Beobachtungsdaten aus dem Spracherwerb Deutungsspielräu-
me zulassen, und an dem Auftauchen neuer Beobachtungen. Von
Varianten abgesehen, ist das angeborene »Sprachorgan« grammatisches Wissen. Es enthält (unbewusste) Kenntnis über den Aufbau
sprachlicher Ausdrücke, sog. **grammatische Prinzipien**. Ein Beispiel: Jeder sprachliche Ausdruck ist hierarchisch gegliedert. Das
Grundschema der Gliederung ist die sog. X-Bar-Struktur, Abb. 3.1.

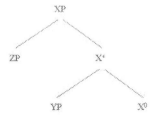

Abb. 3.1: X-Bar-Schema: Universale Gliederung der Phrasenstruktur
(vereinfacht auf drei Projektionsebenen).

X^0 bezeichnet die Position des lexikalischen Elements, durch das Einzelheiten der XP-internen Struktur, z.b. die Zahl der YP-Positionen, festgelegt sind, und das die syntaktischen Eigenschaften der gesamten Phrase nach außen hin durch Projektion von syntaktischen Merkmalen auf XP-Ebene prägt. Ist X^0 ein Verb, dann ist XP eine Verbphrase und YP ist eine Nominalphrase, die Objekts-NP. Ist X^0 ein Nomen, dann ist XP eine NP usw. Nun sind bekanntlich nicht alle Sprachen einheitlich gebaut; dem trägt die Theorie dadurch Rechnung, dass angenommen wird, einige der Prinzipien seien parametrisiert. So unterscheiden sich Sprachen z.b. in der Reihenfolge von X^0 und YP, was durch Annahme einer Hilfsgröße »Kopfposition« im Strukturwissen theoretisch erfasst wird. Ein Parameter hat endlich viele Werte, der Kopfparameter z.b. zwei »kopfinitial« und »kopffinal«. Eine detaillierte Darstellung der derzeit anzunehmenden Prinzipien und Parameter liefern Stechow & Sternefeld (1988) und Chomsky & Lasnick (1993: Kap. 1). Zusammenfassend: Das logische Problem des Kindes beim Spracherwerb besteht darin, die Parameterwerte ausfindig zu machen, die in seiner Umgebungssprache ausgeprägt sind. Erwerbslogisch stellt die **Parametrisierung** also so etwas dar, wie das strukturelle Bindeglied zwischen dem universalen sprachlichen Wissen und den spezifischen Strukturverhältnissen in der jeweiligen Umgebungssprache. Zu der Frage, wie das nativistische Modell den Gattungsbezug der Sprachfähigkeit erklärt, ist nicht mehr zu sagen, als dass es ja eben als Ganzes darauf die Antwort darstellt: Das »Sprachorgan« ist eben genetisch verankert und infolgedessen gattungsspezifisch.

Wie erklärt schließlich die nativistische Theorie den beobachteten Erwerbsverlauf? Hierzu ist vorab etwas Grundsätzliches zu berücksichtigen. Es wird streng unterschieden zwischen dem sprachlichen Wissen des Kindes und dem Vorgang, die Inputdaten mit dem UG-Wissen in Verbindung zu bringen, was eine Reihe von Problemlösungen prozeduraler Art impliziert, z.b. das Segmentieren des Schallstroms in Laute, Silben und Wörter, das Zuordnen von Wortformen zu Begriffen, das Klassifizieren von Wörtern etc. Vor diesem Hintergrund kann nun entweder angenommen werden, dass das genetisch verankerte Wissen von Anbeginn in Gänze vorhanden ist (zur **starken Kontinuitätsannahme** vgl. Pinker 1994) oder dass es – genetisch gesteuert – in den ersten Monaten und Jahren des Spracherwerbs wächst (zur **schwachen Kontinuitätsannahme** vgl. Borer & Wexler 1987). Auch neuere experimentelle Befunde stützen diese Annahme (vgl. Friederici 2005).

3.6.2 Der kognitivistische Ansatz

Wie die Bezeichnung dieses Erklärungsansatzes erkennen lässt, kommt in ihm der Denkfähigkeit des Menschen und seiner Entwicklung eine besondere Bedeutung für den Spracherwerb zu. Worin sie besteht, ist aber im Laufe der Ausarbeitung dieser Konzeption angesichts immer neuer Beobachtungen zunehmend differenziert und eingeschränkt worden. Um das Wesentliche des kognitivistischen Forschungsprogramms verständlich zu machen, ist es ratsam, zunächst die anfänglichen Grundannahmen vorzustellen. Es sind, wie in allen Spracherwerbstheorien, Annahmen über die spezifische Relevanz von Erwerbsvoraussetzungen.

Charakteristisch für die kognitivistische Konzeption ist die Annahme, dass die Sprachfähigkeit und ihre Entwicklung auf der Denkfähigkeit des Menschen und deren Entwicklung beruhen. »Beruhen« heißt, dass die Sprachentwicklung die Entwicklung der Intelligenz voraussetzt und zwar so, dass die Entwicklung von sprachlichen Teilfähigkeiten durch die Entwicklung entsprechender Intelligenzleistungen bedingt und determiniert ist. Der Spracherwerb stellt demnach eine spezifische Denkaktivität des Kindes dar, die auf jeweils vorangehenden nicht-sprachlichen Intelligenzleistungen aufbaut. Im Unterschied zur nativistischen Erklärung wird hier also nicht angenommen, dass universales sprachliches Wissen genetisch kodiert von Geburt an vorhanden ist und den Spracherwerb strukturell determiniert. Die kognitivistische Sicht ist vielmehr, dass der Mensch sich vom Tier in der Leistungsfähigkeit seiner Intelligenz unterscheidet, mit der er sich das Medium Sprache konstruiert hat – und in der Ontogenese immer wieder konstruiert.

Der besondere Nutzen der Sprache für die Kapazität der Denkleistung ergibt sich aus ihrer **Repräsentationsfunktion**. Das sprachliche Symbol liefert die Voraussetzung, Vorstellungen im Geist darzustellen, zu kombinieren und frei von der aktuellen Situation und Anschauung damit geistig zu handeln. Aus dieser Grundannahme leitet sich die Erwartung ab, dass die Entwicklung der Sprache beim Kind, die bekanntlich ja auch motorische, begriffliche und soziale Aspekte hat, der Entwicklung der motorischen, begrifflichen und sozialen Intelligenz ähnelt und diese Schritt für Schritt voraussetzt. Forschungslogisch muss also zunächst herausgefunden werden, wie sich die Intelligenz/das Denken des Kindes entwickelt, von der Sensomotorik über das mentale Repräsentieren von Anschauungen, das Operieren mit diesen Repräsentationen bis hin zum abstrakten und formalen Denken z.B. das Erkennen von

und Operieren mit logischen Relationen. Eben dieses Programm
bestimmte die Arbeit von Jean Piaget, wie er selbst in einer knappen Autobiographie mitteilt (vgl. Piaget 1973).

Die kognitivistische Konzeption der Sprachentwicklung des
Kindes ist demnach grundsätzlich als in die Entwicklung der Intelligenz des Kindes eingebettet zu sehen. Zwar hat im Werk von
Piaget die Beobachtung des Sprachverhaltens des Kindes am Anfang gestanden (Piaget 1923), war aber ebenso wie bei Preyer und
den Sterns mehr eine Methode, die Entwicklung der kindlichen
Psyche, genauer die Genese des Denkens beim Kind zu untersuchen. Diese weist nach Piaget vier sukzessive Hauptstufen auf: die
sensomotorische Stufe, die Stufe des anschaulichen Denkens, die
Stufe des konkret-operativen Denkens und – beim Erwachsenen
schließlich – die Stufe des formal-operativen Denkens.

Aus allen Beobachtungen zusammengenommen schließt Piaget
auf ein generelles Ablaufmuster in der Intelligenz – und also auch
in der Sprachentwicklung. Sie weise zuerst eine Stufe der Reflexe
auf, die durch Wiederholung und Einübung zu Gewohnheiten ausgebaut werden; dieser folge eine Stufe der Verinnerlichung, gefolgt von einer Phase der operativen Handhabung begleitet von
der Fähigkeit der Umkehrbarkeit des Mittel-Zweck-Zusammen-
hangs. Alles auf Intelligenz bezogene Verhalten ist nach Piaget
Handeln, also zielgerichtet – im Einzelnen, wie dem Einüben von
Greifbewegungen und dem Bewegen äußerer Objekte, wie im
Ganzen, von der Anpassung des Organismus an die Umwelt über
die Aneignung der Umwelt durch den Geist und die Angleichung
des lückenhaften und unangemessenen Wissens an neue Eindrü-
cke. Die Repräsentationsfunktion des sprachlichen Zeichens bietet beim Menschen das Instrumentarium, seine in Vorstellungen
angeeignete Umwelt durch Aktivieren der Bezeichnung, also in
Umkehrung des Aneignungsvorgangs, für Denkoperationen verfügbar zu machen. Dadurch dass das sprachliche System mit
den Mitgliedern der Sprachgemeinschaft geteilt wird, ist weitreichende Übereinstimmung in der Gliederung und Ordnung der
verinnerlichten Umwelt gegeben und Kommunikation gewährleistet.

Welche Beobachtungen würden diese Konzeption stützen?
Man würde z.B. erwarten, dass der Verwendung von Sprache in
der Interaktion ihre Verwendung in Vorgängen lauten Denkens in
der Entwicklung vorangeht und dass diese Funktion des Sprechens
auch prinzipiell erhalten bleibt. Man würde weiter erwarten, dass
eine sprachliche Ausdruckseinheit erst dann aus dem Input aufgenommen wird, wenn ihr ein Konzept entspricht; das muss na-

türlich nicht die Bedeutung in der Erwachsenensprache sein, aber
jedenfalls eine Vorstellungseinheit im Wissen des Kindes. Und so
müsste es für alle Bestandteile des Sprachsystems sein, die phonologischen, morphologischen und syntaktischen Mittel; kurz gesagt,
die kognitivistische Konzeption lässt einen sog. funktional gesteu-
erten Spracherwerb erwarten.

Die erstgenannte Erwartung sah Piaget in dem Phänomen
des sog. Monologisierens des vier- bis siebenjährigen Kindes bestätigt. Die beim selbstorganisierten Spielen beobachteten Kinder
einer Kindertagesstätte redeten vor sich hin, ihre Aktivitäten offenbar eher sprachlich begleitend als mitteilend, obwohl sich die
Äußerungen nach Form und situativen Gegebenheiten nicht von
kommunikativer Interaktion unterschieden (vgl. dazu Piaget 1972,
besonders Kap III). Für die Erwartung eines konzeptgesteuerten
Erwerbs sprachlicher Mittel sprechen Beobachtungen zur zeitlichen Reihenfolge von begrifflicher und sprachlicher Entwicklung. Von Geburt an bis etwa zum Ende des ersten Lebensjahres
ist dem kindlichen Denken ein Objekt nur so lange präsent, wie
es wahrgenommen wird. Erst zwischen 0;10 und 1;0 entwickelt
sich die kognitive Fähigkeit, eine geistige Vorstellung eines Objekts zu bewahren, die sog. **Objektpermanenz**. Zeitlich mit ihr
einher, genauer gesagt geringfügig nachzeitig, geht der Erwerb des
ersten bedeutungshaltigen Wortes vonstatten. Sprachliche Mittel
für Warum-Fragen sind zeitlich an die begriffliche Erkenntnis des
Kausalzusammenhangs gekoppelt und zahlreiche Beobachtungen
in Folgeuntersuchungen im Rahmen des kognitivistischen Paradigmas haben weitere Zusammenhänge zugunsten des funktiona-
listischen Modells erbracht (vgl. die ausführliche Darstellung in
Klann-Delius 1999, Kap. 4.1.2 und 4.2).

Aber nicht alle Ergebnisse späterer Untersuchungen haben die
ursprünglichen Annahmen bestätigt. Den generellen Zusammenhang zwischen kognitivem Niveau und sprachlicher Entwicklung
haben Schaner-Wolles & Haider (1987) überprüft. Von rund 60
Kindern zwischen 5 und 9 Jahren wurde mit einer standardisier-
ten Testbatterie die Entwicklung ihres operativen Denkens ermittelt. Parallel dazu wurde mit einer Satz-Bild-Matching-Aufgabe
ihr Verstehen von Sätzen mit unterschiedlich komplexen anapho-
rischen Relationen gemessen. Die Ergebnisse zeigten einen signifikanten Zusammenhang zwischen dem Alter und der kognitiven
Entwicklung, aber keinen durchgängigen Zusammenhang zwischen kognitiver und sprachlicher Entwicklung.

Damit bestätigen sich Befunde früherer Experimente, besonders
von Sinclair de Zwart (1971). Deutlicher positiv ist die Evidenz

über den Zusammenhang zwischen der Struktur der Entwicklung
der sensomotorischen Intelligenz und dem Erwerb semantischer
Sprachmittel. So stehen nach Bloom (1973) und Szagun (1991)
Stufen des Syntaxerwerb mit Stufen der sensomotorischen Entwicklung in den ersten zwei Lebensjahren insofern in Analogie,
als der syntaktischen Entwicklung die Entwicklung semantischer
Konzepte, nämlich der Kasusrollen im Sinne von Fillmore (1968)
zu Grunde liegen, welche ihrerseits analog zu den Stufen der Sen-
somotorikentwicklung abläuft (zu einschlägigen Untersuchungen
vgl. im Einzelnen Klann-Delius 1999, Kap. 4.2).

Die Frage, wie das Kind in der ja nicht vorsegmentierten Folge von Schall die formalen Einheiten erkennt, denen sensomotorischen Bedeutungen zuzuordnen sind, eine Frage übrigens, die
aus der Sicht jeder Theorie beantwortet werden muss, hat durch
die sprachvergleichenden Erwerbsuntersuchungen von Slobin
(1973) eine kognitivistisch basierte Antwort gefunden. Die vergleichende Analyse von Erwerbsdaten aus vierzig Sprachen sowie
die darauf bezogene Kategorisierung der Inputeigenschaften führte zur Annahme kognitiver Prinzipien, denen alle Kinder bei der
Segmentierung, Klassifikation und beim Erkennen grammatischer
Beziehungen wahrscheinlich gefolgt sind: sog. universale **Operationsprinzipien.**

Betrachten wir zur Illustration ein Beispiel: Die Spracherwerbs-
daten ungarisch-serbokroatisch bilingualer Kinder weisen auf,
dass die Ausdrücke für die Bezeichnung von Ortsrelationen im
Ungarischen früher gelernt werden als im Serbokroatischen. Zugleich ist aber klar, dass die Kinder die entsprechenden Konzepte
schon haben müssen, auch wenn sie die sprachlichen Ausdrücke
des Serbokroatischen nicht erworben haben. Sie kommunizieren
sie auf anderen, lernersprachlichen Wegen, durch Wahl geeigneter
Verben, durch Bezug auf kontextuelle Gegebenheiten o.ä. Die
Analyse der beteiligten Sprachen ergibt, dass die Ortsbeziehungen
im Ungarischen einheitlich durch monomorphematische Postposi-
tionen ausgedrückt werden, im Serbokroatischen durch Präpositionen, Nominalflexion oder beides in Kombination. Aus diesem
und den Befunden aller anderen Daten ergibt sich eine universale
Erwerbsbeobachtung: Postverbale und postnominale lokale Ausdrücke werden früher gelernt als präverbale und pränominale. Slobin (1973: 187 ff.) leitet daraus die Existenz des Operationsprin-
zips ab: Richte deine Aufmerksamkeit auf das Ende des Wortes.
Auf die gleiche Weise, abgeleitet aus universalen Erwerbsbeobach-
tungen, werden weitere Operationsprinzipien erschlossen (vgl. Slobin 1973: 205–206):

- Vermeide Ausnahmen.
- Der Gebrauch grammatischer Ausdrücke soll semantisch gerechtfertigt sein.

Der derzeitige Stand der kognitivistischen Spracherwerbsforschung weist eine große Zahl von Einzelergebnissen auf, die die semantische Basis des Formenerwerbs mehr oder weniger direkt belegen; Entwürfe eines kohärenten Modells des kindlichen Laut-, Wort- und Syntaxerwerbs wurden erst in jüngster Zeit durch Budwick (1995) vorgelegt. Als problemgeschichtliche Einführung in das Gebiet empfiehlt sich Weinert (2000).

3.6.3 Der interaktionistische Ansatz

Nach der interaktionistischen Konzeption erklären sich Spracherwerb, Verlauf und Ergebnisse daher, dass der Mensch bei der Geburt mit einem Bestreben nach Austausch ausgestattet ist, einem angeborenen Programm, mit der »belebten, personalen, sozialen Umwelt« zu interagieren (Klann-Delius 1999: 136) und dass die erwachsenen Bezugspersonen über eine unbewusste Kompetenz verfügen, diese Interaktion mit dem Kind zu gestalten, u.a. sprachlich. Motiv, Gelegenheit und Verfahren des kindlichen Spracherwerbs sind beim Säugling und in den Menschen seiner Umgebung installiert. Beide Seiten zusammen sind als ein System zu verstehen, dessen Teilsysteme kognitiv, affektiv und motorisch aufeinander eingestellt und eingespielt sind. Im Unterschied zu der biologischen und kognitivistischen Konzeption wird in diesem Ansatz eine Schlüsselrolle der sozialen Voraussetzungen angenommen. Der Nachweis dieser Voraussetzungen wird in einer Reihe von Fähigkeiten des Kindes bzw. der Eltern gesehen.
   Zum Beispiel wird die Wahrnehmung des Kindes anscheinend durch eine spezifische Aufmerksamkeit auf seine soziale Umwelt gelenkt, selektiv auf die Kontur des menschlichen Gesichts, die Augen und den Mund gesteuert. Auch weist die Verarbeitung der Sinneseindrücke durch das Kleinkind über die verschiedenen Wahrnehmungsorgane, Augen, Tastsinn und Gehör, die Besonderheit auf, dass gleichzeitige Wahrnehmungseindrücke eng miteinander verbunden sind; man spricht von **amodaler Wahrnehmung**, organisiert von einem Verarbeitungssystem, in das auch die Informationen der propriozeptiven Wahrnehmung, also der Wahrnehmung des eigenen Verhaltens eingebunden ist. So erklärt sich die Tatsache, dass das Kind schon früh nach der Geburt zu kom-

plexen Imitationsleistungen fähig ist. Seitens der Eltern ist eine
Voraussetzung die unbewusste Strategie, in der Interaktion immer
den Blickkontakt mit dem Kind zu halten (vgl. dazu die Beobachtung der unterschiedlichen Wirkung von dem Kind zugewandter
Sprechweise und nicht dem Kind zugewandter Sprechweise der
Erwachsenen, von der in Kapitel 3.4 die Rede war). Des Weiteren
gestaltet die Bezugsperson des Kindes das eigene Verhalten gegenüber dem Kind automatisch immer so, dass es in dem Grad seiner
Neuheit und Komplexität auf den Erwerbsstand des Kindes in der
Weise angepasst ist, dass es diesem sozusagen immer eine förder-
liche Stufe voraus ist. Weiter sei auch die Wahrnehmung der Eltern
in der Weise selektiv, dass auf den Geräuschen, die vom Baby ausgehen, automatisch eine besondere Aufmerksamkeit liege.

Das Kind wiederum sei von Anfang an mit einer Lernbereit-
schaft und Lernfähigkeit ausgestattet, die den Erwerb von sozi-
alem Verhalten in besonderer Weise ermöglicht. Natürlich genügt
die Aufzählung einer Reihe von Fähigkeiten zu interaktiver Informationsverarbeitung bei Kind und Eltern nicht als Evidenz für die
interaktionistische Erklärung des Spracherwerbs. Zusätzlich muss
nachgewiesen werden, dass der Erwerb von lautlichem, lexikalischem, morphologischem und syntaktischem Wissen und seiner
Verwendung in Sprechen und Sprachverstehen durch Einsatz dieser spezifischen Interaktionsfähigkeit geprägt ist. Dahin gehende
Untersuchungen sind in großer Zahl unternommen worden; einen
informativen Überblick liefert Klann-Delius (1999, Kap. 5.5), eine umfassende anthropologische Theorie Michael Tomasello und
Mitarbeiter; vgl. Tomasello et al. (2005). Schon Ende des ersten
Lebensjahres zeigen Kinder Verständnis für Gesten. Wird z.B. ein
Gegenstand versteckt und dies dem beobachtenden Kind durch
Zeigen oder intensives, gerichtetes Hinschauen von Erwachsenen
deutlich gemacht, erkennt es offenbar die Funktion dieses nonverbalen Verhaltens (vgl. Behne, Carpenter & Tomasello 2005).

3.7   Der bilinguale Erstspracherwerb

Die Sprache zu lernen, ist ein Vorgang, der die Aufmerksamkeit
von Kind und Umgebung jahrelang beschäftigt – den größten Teil
des Tages über. Was würde man also für den Fall erwarten, dass
ein Kind von Geburt an nicht nur mit Äußerungen in einer, sondern in zwei oder mehr Sprachen konfrontiert wäre? Eine nicht
unplausible Erwartung wäre, dass – gegeben dieselbe Menge an

Zeit – von jeder Sprache eben nur ein Teil erworben werden kann, dass der vollständige Erwerb zweier Sprachen also etwa doppelt so lange dauert wie der Erwerb einer Sprache oder dass die Kapazität für den bilingualen Erstspracherwerb einem anderen Bereich der kognitiven Entwicklung des Kindes abgezogen wird, z.B. der Entwicklung des räumlichen Sehens oder des formalen Denkens. Kurzum, die plausible Annahme wäre, dass bilingualer Erstspracherwerb das Kind etwas kostet, seien es Einbußen in der Vollständigkeit, sei es Zeit, seien es Einbußen in anderen Domänen der kognitiven Fähigkeiten.

Obwohl die meisten Menschen auf der Erde mehr als nur eine Sprache sprechen, sind die linguistische und die psychische Seite der individuellen Mehrsprachigkeit nicht so gut bekannt wie Verlauf und Ergebnis des monolingualen Erstspracherwerbs. So stehen bis heute weit auseinander liegende Behauptungen über Verlauf, Ergebnis und Kosten der Mehrsprachigkeit nebeneinander. Dass zugunsten aller, auch scheinbar einander widersprechender Behauptungen auf beobachtbare Fakten verwiesen werden kann, deutet darauf hin, dass das Ausmaß an Variation in der Entwicklung bilingualer Kompetenz groß und ihre Bedingungen eben noch wenig bekannt sind. Und so ist es auch. Anderseits hat die wissenschaftlich begründete Kenntnis in diesem Feld seit den Anfängen des 20. Jahrhunderts, wo auch etwa die Anfänge der Bilingualismusforschung liegen, deutlich zugenommen. So kann man z.B. heute sicher sagen, dass die Behauptung von Epstein (1915) über die Kosten des Bilingualismus für die Entwicklung der Intelligenz des Kindes so weder zutrifft, noch so begründet werden kann:

»Cependant, ceux mêmes, qui contestent à l'étude des langues sa valeur éducative ne soupçonnent pas que cet enseignement puisse porter directement préjudice à quelque faculté intellectuelle. Or, le fait nouveau que les langues tendent, chez un sujet, à s'inhiber mutuellement, conduit inévitablement à la conclusion que la polyglossie est un facteur de gène et d'entraves pour la pensée verbale; qu'apprendre une nouvelle langue, c'est amoindrir en clarté, en pureté et, dans le meilleur cas, en vitesse le pouvoir expressif dans les langues acquises précédemment.« (Indes ahnen selbst diejenigen, die den erzieherischen Wert des Sprachstudiums bestreiten, nicht, dass dieser Unterricht mit unmittelbaren Beeinträchtigungen geistiger Fähigkeiten einhergehen könnte. Nun führt aber die jüngst gewonnene Gewissheit, dass mehrere Sprachen sich beim Menschen gegenseitig behindern, unausweichlich zu dem Schluss, dass Mehrsprachigkeit ein Störfaktor für das sprachliche Denken darstellt, und damit zu der Konsequenz, dass durch den Erwerb einer weiteren Sprache die Klarheit und Reinheit, bestenfalls nur die Geschwindigkeit in der Ausdrucksfähigkeit in den zuvor erworbenen Sprachen vermindert wird.) (Epstein (1915:141).

Eher hat sich die noch früher entwickelte Theorie – mit Differenzierungen – bestätigt, dass das Kind zwei Sprachen ohne kognitive Einbuße parallel lernen kann, wenn das sog. **Partnerprinzip** (Ein und dieselbe Sprache gegenüber dem Kind konstant aus dem Munde derselben Person) eingehalten ist; so Ronjat (1913). Anschaulich und enzyklopädisch eingängig vorgestellt wird das Thema u.a. in Baker & Jones (1998: 62 ff.), in historischer Einordnung in Dietrich (2006). Im Rahmen dieses Einführungstextes werden wir uns auf Fragen und Antworten beschränken, die zu einem ersten zusammenhängenden Eindruck von den Phänomenen, Problemen und der derzeitigen Kenntnislage verhelfen.

Am Anfang stehen natürlich die Probleme, beginnend mit dem Abgrenzungsproblem. Was bezeichnet man als bilingualen Erstspracherwerb in Unterscheidung zu anderen Formen von Mehrsprachigkeit? Zu welcher Art von Wissen führt bilingualer Erstspracherwerb und schließlich, wie verläuft er unter welchen Unständen?

Vorab ein kurzer terminologischer Abriss. In der englischsprachigen Literatur wird der Ausdruck »bilingual« für die Existenz zweier Sprachen in einer Gesellschaft und für die Beherrschung zweier Sprachen durch eine Person verwendet. Ferner werden mit »bilingual« alle Formen individueller Mehrsprachigkeit bezeichnet, also das Ergebnis des bilingualen Erstspracherwerbs, des kindlichen, jugendlichen und erwachsenen Zweitspracherwerbs und des Fremdsprachenlernens. Im Deutschen wird »bilingual« enger, nur für die individuelle Mehrsprachigkeit verwendet und da auch bevorzugt für das Ergebnis des bilingualen Erstspracherwerbs. So halten wir es auch in diesem Text. Weiter ist wiederum die Bedeutung von »mehrsprachig« im Deutschen. Sie entspricht etwa der des englischen »bilingual«. Bilingualismus ist das Ergebnis des bilingualen Erstspracherwerbs, des gleichzeitigen Erwerbs zweier Sprachen von Geburt an.

Nun soll man sich eine bilinguale Person allerdings nicht als die mehr oder weniger gespaltene Koexistenz von zwei Einsprachigen vorstellen. So wie der gleichzeitige Erwerb von Mundart und Standardaussprache mal mehr zu einer Ausprägung der einen mal mehr zur Ausprägung und Differenzierung der anderen Varietät führt, so auch der Erwerb von zwei Sprachen. Vollständige doppelte Mehrsprachigkeit ist weder von den Erwerbsumständen her möglich noch, wie Romaine (1998: 63) anmerkt, gesellschaftlich überlebensfähig: »[...]no society needs two languages for the same set of functions.« Etwas differenzierter als oben und angemessener muss es also heißen: Bilingualer Erstspracherwerb ist der von den

Erwerbsumständen geprägte, gleichzeitige Erwerb von Wissen und Fertigkeiten in zwei Varietäten verschiedener Sprachen.

Über den **Verlauf des bilingualen Erstspracherwerbs** lässt sich durch Zusammensicht verschiedenster Fälle bei aller Variation doch ein Gesamteindruck gewinnen. Demnach verläuft der Bilingualismuserwerb rezeptiver und produktiver Fertigkeiten in der Reihenfolge ähnlich wie der jeweils vergleichbare monolinguale Spracherwerb. Unter der Bedingung etwa gleich umfangreichen Inputs beider Sprachen werden im Großen und Ganzen die selben Schritte der Laut-, Wortschatz- und Syntaxentwicklung berichtet, wie oben für den einsprachigen Erstspracherwerb dargestellt. Diese pointierte Charakterisierung legt die Frage nahe, ab welchem Zeitpunkt das Kind sein Wissen sprachenweise organisiert. Täte es das nicht, würde man ja Äußerungen erwarten, die aus einem Gemisch an lautlichen, lexikalischen und syntaktischen Mitteln beider Sprachen bestehen. Und solche Äußerungen sind auch belegt, z.B. in der materialreichen Studie von Deuchar & Quay (2000) über die englisch-spanisch bilinguale Tochter M. von Margaret Deuchar. In der Zweiwortphase produziert M. einerseits Äußerungen wie *more juice* [Wunsch: Mehr Saft!], *mas pasa* [mehr Trauben] und zur selben Zeit *more leche* [mehr (engl.) Milch (span.)] *more galleta* [mehr (engl.) Kuchen (span.)] und *cuchara floor* [Löffel (span.) Boden (engl.)] (vgl. Deuchar & Quay 2000: 80–81 sowie Anhang III). Das Nebeneinander von Ausdrücken in beiden Sprachen in Äußerungen gegenüber dem selben Adressaten und die zeitliche Verteilung solcher sogenannter gemischter Äußerung wurde als Evidenz für eine dreistufige Entwicklung gesehen, eine erste Stufe, in der das lexikalische und das grammatische Wissen des Kindes nicht separat organisiert sind, eine zweite, in der das lexikalische Wissen sprachenweise getrennt, das grammatische aber noch nicht separiert ist und eine dritte, in der sich auch das grammatische Wissen in zwei mentale Grammatiken separiert (vgl. Volterra & Taeschner 1978; Taeschner 1983).

Diese Ein-System-Hypothese ist allerdings mit der steigenden Zahl von Fallanalysen fraglich geworden. Zweifel erwecken u.a. die Beobachtungen zur rezeptiven Lautbeherrschung. Wie oben erwähnt, erkennt das Kind schon in den ersten Wochen den Unterschied zwischen der Sprache seiner Umgebung und anderen Sprachen, nicht aber spontan den zwischen zwei fremden Sprachen. Das ist bei Kindern, die in bilingualen Umgebungen aufwachsen, anders, selbst wenn sie selbst nicht bilingual sind. Eilers, Gavin & Oller (1982) untersuchten die passive Lautdiskriminierungsfähigkeit englischsprachiger und spanischsprachiger Kinder zwischen 6

und 8 Monaten mit der »Visually Reinforced Infant Speech Dis-
crimination«-Methode. Es zeigte sich, dass die spanischsprachigen,
die zwar nicht verschiedensprachige Eltern hatten, aber Englisch in
ihrer Familie hörten, die Unterschiede signifikant besser erkannten
als die monolingual englischsprachigen Kinder. Auch die Lautei-
genschaften einer ganz fremden Sprache (Tschechisch) wurden von
den mehrsprachigkeitserfahrenen Kleinkindern besser identifiziert.
Nach Hamers & Blanc (2000: 53) konnte von Goodz (1989) gezeigt werden, dass Kinder aus französisch-englisch bilingualen
Elternhäusern schon in vorsprachlichem Alter Intonationsmuster
beider Sprachen unterscheiden konnten. An lexikalischer Evidenz
sprachen für die »Ein-System-Hypothese« zunächst Wortlisten von
zwei deutsch-italienischen Kindern, die keine übersetzungsäquiva-
lenten Paare enthielten. Dieser Umstand galt als Nachweis dafür,
dass das Kind die beiden Sprachen im Input nicht als separate Systeme bearbeitet, sondern als eines und dem Prinzip folgt: ein Wort
– eine Bedeutung. In Reanalysen wurden allerdings dann doch
solche Paare ausfindig gemacht (vgl. de Houwer 1995: 231–232).
   Noch deutlichere Gegenevidenz präsentierte Quay (1993), die
das lexikalische Repertoire und dessen Entwicklung bei der schon
erwähnten Tochter von Deuchar analysierte. Die tabellarische
Übersicht in Deuchar & Quay (2000: Anhang II) weist Überset-
zungsäquivalente nach und zeigt, dass M. im zweiten Jahr (von
1;0 bis 1;10) mehr paarige als exklusiv einzelsprachliche Wörter
beherrschte. Auch Volterra & Taeschners Annahme fusionierter
grammatischer Strukturen beider Sprachen zu einer Grammatik
in der Stufe II der bilingualen Entwicklung ist als problematisch
nachgewiesen worden (vgl. de Houwer 1995: 233). Positive Evidenz
zugunsten einer frühen Trennung liefern Vergleiche der grammatischen Entwicklung bilingualer Kinder mit vergleichbaren monolingualen, wie sie Meisel (1989) unternimmt. Die Daten von zwei
deutsch-französisch bilingualen Kindern im Alter von 1;0 bis 4;0
werden hinsichtlich der Entwicklung der Wortstellung und der
Subjekt-Verb-Kongruenz mit solchen vergleichbarer monolingualer
Kinder verglichen.
   Alle Vergleiche sprechen für eine frühe Trennung der grammatischen Systeme bei den bilingualen Kindern. Der Wortstel-
lungsvergleich ergibt, dass die bilingualen Kinder bei der Annäherung an die Zielsprache gar weniger »Umwege« gehen und sich
mit geringerer lernersprachlicher Variation auf die Erwachsenensprache zu bewegen. Insgesamt ist also anzunehmen, dass der bilinguale Erstspracherwerb tatsächlich ein doppelter Erstspracherwerb ist und nicht ein Beginn mit einem fusionierten System und

der allmählichen Separation in zwei. Dagegen sprechen auch nicht Äußerungen mit Ausdrücken aus beiden Sprachen. Sie kommen auch bei erwachsenen Bilingualen vor und stellen sich – je nach Art und Verwendungssituation als Ergebnisse von Code-Wechsel (Code-Switching) oder Entlehnung heraus. Im Übrigen fallen sie mit einem Anteil von 2–4 % in den ersten vier Jahren nicht so sehr ins Gewicht, wie es in der Literatur den Eindruck machen mag; vgl. Tracy (2000).

Dennoch, die Frage ist nicht abschließend geklärt, selbst nicht hinsichtlich der phonologischen Entwicklung, die besser zu überschauen und daher genauer zu beobachten ist als die syntaktische (Tracy & Gawlitzek-Maiwald 2000) oder gar die lexikalische. Es ist bekannt, dass Kinder prosodische Eigenschaften der Umgebungssprache sehr früh aufnehmen, also z.B. das trochäische Betonungsmuster deutscher Wörter: Betont – Unbetont (**Ses**sel, **Lam**pe ...). Das Französische weist hingegen ein jambisches Muster auf »unbetont – betont« (mai**son**, so**leil**). Außerdem ist bekannt, dass Kinder in der Anfangsphase des Lexikerwerbs die lautliche Form der Wörter verkürzen, z.B. *Banane > nane.* Diese beiden Entwicklungsphänomene hat Paradis (2001) ausgenutzt, um die Separatheit der phonologischen Systeme von jeweils rund 20 knapp dreijährigen französisch-englisch Bilingualen und englisch-französisch Bilingualen zu ermitteln und mit Einsprachigen zu vergleichen. In einem spielerisch eingebetteten Nachsprechtext haben die Kinder mehrsilbige Non-Wörter mit englischem bzw. französischem Akzentmuster nachgesprochen und dabei erwartungsgemäß verkürzt. Die Ergebnisse der Bilingualen wurden zum einen, für sich ausgewertet und zum zweiten mit denjenigen der Einsprachigen verglichen. Die erste Auswertung zeigt, dass die Bilingualen in ihren beiden Sprachen tatsächlich dem Reduktionsmuster der jeweiligen Sprache folgen, also ein Beleg für die Separatheit der beiden beherrschten phonologischen Systeme. Der Vergleich mit den jeweils Einsprachigen zeigte aber doch Unterschiede. Die Daten der französischen Bilingualen unterschieden sich im englischen Bereich doch von denen der monolingual englischen und zeigten einen französischen Einfluss. Was heißt das? Manche sagen, die Frage nach Abhängigkeit oder Unabhängigkeit ist falsch gestellt. Vielmehr müsse man akzeptieren, dass es eben monolinguale Französischsprachige gibt und monolinguale Englischsprachige – und Bilinguale. Diese seien eben keine Kombination aus zwei Monolingualen sondern eine dritte Spezies.

Wie steht es nun mit den »Kosten«? Vergleiche lexikalischer Repertoires von bilingualen und monolingualen Kindern zeigen, dass der Umfang des Wortschatzes pro Sprache bei bilingualen Kindern geringer ist, selbst in der sog. dominanten Sprache. Pearson, Fernandez & Oller (1993) verglichen die Wortschatzentwicklung von 25 englisch-spanischen Bilingualen mit derjenigen von 35 Einsprachigen (32 engl.; 3 span.) über die Zeit von 0;8 bis 2;6. Insgesamt erwarben die bilingualen Kinder ungefähr halb so viele Wörter wie die Einsprachigen, ein Unterschied, der in der weiteren Entwicklung, besonders in der Schule verschwindet. Die Zahl der Konzepte, die die Monolingualen ausdrücken können, gleicht etwa der, die Bilinguale mit dem Wortschatz ihrer beiden Sprachen beherrschen. Im Übrigen zeigt sich, dass die Bilingualen durchaus dem Prinzip »ein Wort – eine Bedeutung« folgen, allerdings jeweils sprachenweise, wie eben das einsprachige Kind auch; die einschlägigen Beobachtungen stammen allerdings von Kindern im Vorschulalter (vgl. Hamer & Blanc 2000: 61).

3.8   Zweitspracherwerb

Als Zweitspracherwerb wird der Erwerb sprachlichen Wissens und sprachlicher Fertigkeiten in einer weiteren Sprache nach Abschluss des Erstspracherwerbs bezeichnet. Systematisch bearbeitet wurde dieser Phänomenbereich bisher fast ausschließlich unter didaktisch-methodischen Zielsetzungen, also aus der Sicht der Unterrichtenden, nicht der Lernenden. Eine lange Tradition und eine entsprechend große Wirkung auf die einschlägige Forschung hat die Annahme, Verlauf und Ergebnis des Zweitspracherwerbs würden hauptsächlich davon geprägt, in welchen Bereichen die neue Sprache der schon gelernten ähnlich ist oder unähnlich, die sog. **Kontrastivitätsannahme.**
      Neben methodisch-didaktischen Interessen galt Phänomenen des Zweitspracherwerbs auch die Aufmerksamkeit der Kultur- und Sprachkontaktforschung. Im Mittelpunkt stand hier die Entstehung von Zwischensprachen / Lernersprachen als Reaktion auf neu eingetretene Sprachkontaktsituationen durch Kolonialisierung und Migration. Die Arbeiten sind eher soziologisch, ethnologisch oder soziolinguistisch ausgerichtet. Gegenstand psycholinguistischer Forschung ist der L2-Erwerb merkwürdigerweise erst sehr spät geworden – auf dem amerikanischen Kontinent eher als auf dem europäischen. So nimmt das Thema in psycholinguistischen Ge-

samtdarstellungen keinen oder wenig Raum ein (vgl. Harley 2001: 135–138 und Dijkstra & Kempen 1993: 101).

Die Lage hat sich seit den 1980er Jahren allerdings deutlich verändert. Die psycholinguistische Untersuchung von Ausgangsbedingungen, Erwerbsvorgängen und Ergebnissen hat sich rasch entwickelt sowohl hinsichtlich der Breite der Themen als auch der Vielfalt der angewandten Methoden Die Entwicklung der Zweitspracherwerbsforschung im 20. Jahrhundert findet sich im Überblick dargestellt in Dietrich (2006), das einschlägige Handbuch ist Doughty & Long (2003) und den methodologischen Stand dokumentieren Doughty & Long (2000) und Gullberg & Indefrey (2006). Demnach ist die kognitionswissenschaftliche Betrachtung besonders des ungesteuerten, in der alltäglichen Kommunikation und durch sie stattfindenden L2-Ewerbs gerade auch zur Grundlegung didaktisch-methodischer Untersuchungen produktiv und integrativ. Im Folgenden werden aus dieser Sicht Voraussetzungen, heuristische Konzepte, Verlaufsmuster und Erklärungsansätze präsentiert.

In Klein (1986: 33), dem ersten Entwurf einer kohärenten psycholinguistischen Rekonstruktion des L2-Erwerbs, findet sich am Anfang von Kapitel 2, dem analytischen Aufriss der Phänomene, zur Veranschaulichung der prototypischen Erwerbssituation des L2-Lerners die Schilderung eines exotischen Szenarios. Der Leser möge sich vorstellen, er habe den Absturz seines Flugzeugs über Neu-Guinea überlebt, werde von den Einheimischen freundlich aufgenommen und müsse sich angesichts der völligen Abgeschiedenheit des Volkes auf unbestimmte Zeit auf ein Leben in ihrer Umgebung einstellen. Dieser Fiktion sehr ähnlich müssen die neun britischen Offiziere und Matrosen ihre Lage empfunden haben, als sie nach der Meuterei auf der Bounty 1789 auf der Insel Pitcairn im Südpazifik an Land gegangen und auf Mitglieder der einheimischen Tahitianer-Bevölkerung getroffen sind. Das sprachliche Ergebnis ist bekannt, das pazifische Englisch-Kreol Pitcairnesisch.

Fragen wir uns, wie auch bezüglich des L1-Erwerbs, was die Voraussetzungen des ungesteuerten L2-Erwerbs sind, welcher Art das erworbene sprachliche Wissen, welcher Art die spezifischen Probleme beim Aufbau der L2-Kompetenz, wie der Erwerb verläuft und wie variabel er ist. Möglichkeit, Verlauf und Ergebnis des L2-Erwerbs werden im Grunde von denselben Arten von Voraussetzungen bestimmt bzw. geprägt, wie es beim L1-Erwerb der Fall ist: von biologischen, kognitiven und sozialen. Denn der Zweitsprachenlerner soll, jedenfalls im Ergebnis, dasselbe leisten,

wie das Neugeborene, nämlich eine sprachliche Kompetenz aufbauen. Anders als das Neugeborene ist der L2-Lerner allerdings
mit einem entwickelten artikulatorischen Apparat und einem aus-
gereiften Zentralnervensystem ausgestattet. Damit entfallen Einschränkungen, die beim frühen L1-Erwerb wirken. Ebenfalls im
Unterschied zum Kind verfügt der Mensch zu Beginn des L2-Er-
werbs über lexikalisches und grammatisches Wissen sowie über
Kenntnisse und Routinen der sprachlichen Kommunikation im
Allgemeinen, also sprachliche Handlungskategorien wie Grüßen,
Anweisen, Fragen etc., das Verstehen und Verwenden von konver-
sationalen Implikaturen. Erwachsene verfügen des Weiteren über
außersprachliches Wissen von Begriffen und Fakten ihrer Lebenswelt. Ob und in welcher Differenziertheit beim L2-Erwerb angeborenes universales sprachliches Wissen wirksam ist, ist hier ebenso ungeklärt wie für den Fall des L1-Erwerbs. Dazu unten mehr.

Bei aller Verschiedenheit in den Lernvoraussetzungen hat die
Bezugnahme auf den Erstspracherwerb den Anstoß zu Arbeiten gegeben, durch die und in deren Tradition und aus deren Gegenpo-
sitionen wesentliche übereinstimmende Befunde hervorgegangen
sind, die unser Verständnis von der Natur des zweitsprachlichen
Wissens ausmachen. Am Anfang stand, wie gesagt, die lange Zeit
unbezweifelte Annahme, der Zweitspracherwerb sei im Wesentlichen der Erwerb eines neuen sprachlichen Codes und die Ein-
schleifung von Reiz-Reaktionsmustern, die den Ausdrucksmitteln
dieses Codes entsprechen. Wo es im Französischen *lune* heißt, ist
im Deutschen *Mond* zu verwenden und frz. *la* ist dtsch. *die*. Das
lässt erwarten, dass der französische Deutschlerner wahrscheinlich
zunächst *die Mond* statt *der Mond* sagen wird, ein Interferenz-
fehler, der durch gezieltes Training zu verhindern ist. Systematische Überprüfungen dieser Kontrastivitätshypothese sowie die
Erkenntnis der L1-Forschung in den späten 1960er Jahren, dass
auch der Erstspracherwerb kein Reiz-Reaktionslernen sondern der
kognitiv betriebene Aufbau sprachlichen Wissens ist, standen am
Anfang der heutigen Einblicke in das L2-Wissen (vgl. Dulay &
Burt 1974).

Das Ergebnis des L2-Erwerbs ist also eine unbewusste Kenntnis von lexikalischen Einheiten und Strukturregularitäten sowie
die – ebenfalls unbewusste – Fähigkeit, dieses Wissen in der
Kommunikation passiv und aktiv zu verwenden. Wie der Erstspracherwerb weist auch der Zweitspracherwerb Züge systematischer Entwicklung auf, mit dem bemerkenswerten Unterschied,
dass der L2-Erwerb sich im Allgemeinen vor Erreichen der vollständigen zielsprachlichen Beherrschung deutlich verlangsamt oder

endet. Man spricht von der **Fossilierung** des lernersprachlichen Systems auf einem mehr oder weniger zielsprachennahen Niveau. Der folgende Ausschnitt einer kurzen Erzählung über einen Arztbesuch eines italienischen Deutschlerners veranschaulicht typische Merkmale einer relativ früh fossilierten Lernervarietät (vgl. Dietrich 2003: 67).

(3–1) Der Arztbesuch

(a) Eine Woche krank
(b) Komme Doktor
(c) diese (zeigt auf sein Handgelenk) bissele kaputt
(d) dottore verstehn ander
(e) nix richtig
(f) mache Creme
(g) Creme viel kalde, viel kalde (d. i. caldo (ital.) = heiß)
(h) Alles rot
(i) fertig dies, müsse komme Doktor geh
(j) bissele kaputt
(k) besser Massage, nix Creme, Massage.

Die Beobachtung, an der die Zweitspracherwerbsforschung ansetzt, ist, dass ein deutscher Muttersprachensprecher den Text versteht, ja dass man sogar relativ rasch lernen kann, etwa so zu reden. Die Sätze sind also Sätze einer Sprache, sie enthalten lexikalisches Material dieser Sprache, nach grammatischen Regeln zu Äußerungen zusammengefügt. Ziel der L2-Forschung ist nun, den Erwerb dieses Wissens zu beschreiben, die Faktoren ausfindig zu machen, die Verlauf und Erfolg des Erwerbs bestimmen, und zu zeigen, wie lernersprachliches Wissen über die Entwicklungsstadien hinweg in der Kommunikation verwendet wird. Die kognitiven Probleme, vor die sich der L2-Lerner gestellt sieht, sind, was die sprachliche Seite angeht, denen des Kindes beim L1-Erwerb nicht unähnlich. In kommunikativen Interaktionen nimmt er Schallgebilde wahr, die auf nicht-sprachliche Gegebenheiten in der Situation und auf Vorstellungen von Sachverhalten bezogen sind. Die erste Aufgabe ist also, in den Schallgebilden Einheiten zu identifizieren und ihre Bedeutungen zu erkennen. Um sich selbst in der Zielsprache ausdrücken zu können, muss von diesen Einheiten dann produktiv Gebrauch gemacht werden. Sie müssen zu strukturierten und linearisierten Sätzen verbunden und auf die Gegebenheiten der Kommunikationssituation abgestimmt werden, also angepasst an das Zeitverhältnis zwischen Sprechzeit und der Zeit, über die gesprochen werden soll (Zeitreferenz), auf die Ortsverhältnisse (Raumreferenz) und auf die Personen und Dinge, über die gesprochen wird (Personen- und Objektreferenz). Schließlich muss, um das lernersprachliche Wissen in Richtung zielsprachliches System zu verändern, dieses immer wieder mit jenem verglichen werden. Eine detaillierte Rekonstruktion der hier nur aufgezählten Erwerbsaufgaben ist Klein (1986: Teil 2). Eine umfassende Gesamtdarstellung des Forschungsstandes ist Ellis (1994). Wie Lerner bei der (unbewussten) Bewältigung dieser Aufgaben vorgehen, ist fast ausschließlich durch linguistische Analysen natürlicher oder quasinatürlicher lernersprachlicher Daten aus verschiedenen Erwerbsabschnitten herausgefunden worden. Die umfassendste psycholinguistische Untersuchung stellt die longitudinale und sprachvergleichende Studie der European Science Foundation (E.S.F.) dar, die von einem Verbund von Projektgruppen in England, Frankreich, Holland, Schweden und Deutschland in den 1980er Jahren unternommen worden ist. Anlage und Hauptergebnisse der Untersuchung sind in Perdue (1984 und 1993) dargestellt. In der Zusammensicht lassen die großen Feldstudien einige allgemeine Reihenfolgen in der Entwicklung der Lernersprache erkennen und eine systematische Variation. Generell belegt sind:

- Beim **Lauterwerb** offene Vokale vor geschlossenen; im Konsonantismus anfänglich Entstimmung des linken Silbenrandes und Reduktion am rechten Rand (vgl. Tropf 1983).
- Im **Lexikerwerb** werden nominale Einheiten früher aufgenommen als verbale (vgl. Dietrich 1989 und Kauschke 2007). Einheiten mit lexikalischer Bedeutung werden deutlich früher erworben als Einheiten mit grammatikalischer Bedeutung. Generell werden lexikalische Einheiten früher erworben als grammatische Ausdrucksmittel; unflektierte Formen gehen flektierten im Erwerb voraus und der Erwerb kann auf einer Stufe von dem Auftreten flektierter Formen fossilieren, wie etwa im obigen Beispiel illustriert. Eine detaillierte Fallstudie ist die von Pascual A (SP–25) in Rieck (1987: 101–158).
- In der **Entwicklung von Regularitäten des Äußerungsaufbaus** gehen pragmatische und semantische Aufbauprinzipien dem Erwerb syntaktischer Einschränkungen voran (vgl. Klein & Perdue 1992).

Die Entwicklung insgesamt resultiert aus dem Zusammenspiel der Erwerbsschritte in allen sprachlichen Bereichen. So setzt z.B. der Erwerb der Endungsflexion im Deutschen voraus, dass das Wissen um die Struktur komplexer Konsonanten-Cluster am rechten Silben- und Wortrand vorhanden ist. Der Erwerb der Lexik und Syntax der Negation ist strukturell auf den Erwerb der Verbflexion bezogen (Dietrich & Grommes 1998) und Becker (2005). Der Erwerb der bestimmten und unbestimmten Artikel im Deutschen bildet die Voraussetzung für die Ausnutzung der freien Wortstellung im Deutschen und der Erwerb von Zeitadverben wie *zuvor, vorher, zugleich* ermöglicht mehr Unabhängigkeit von der zuvor stärker eingeschränkten Linearisierung der Äußerungen in narrativen Texten. Der Wissensaufbau verläuft akkumulativ. Vorhandenes zielsprachliches Wissen wird um neues ergänzt oder durch neues Wissen untergliedert. Der Zweitspracherwerb weist eine universale Stufung auf und innerhalb des Spielraums dieser Stufung eine ausgeprägte Variabilität. Die herauszuhebende Erwerbsstufe ist die der sog. **Basisvarietät**. Sie wird von fast allen Lernern erreicht, unter günstigen Erwerbsbedingungen nach drei Monaten, unter ungünstigen nach einem Dreivierteljahr. Das lexikalische Wissen umfasst produktiv 50 bis 200 Wörter, deutlich überhöhter Nominalanteil, Verben, Negation, wenige Adverben, Adjektive, Präpositionen. Die Wortformen sind nicht flektiert; sie werden im Satz in einer unflektierten einheitlichen Grundform verwendet. Bei den Verben im Deutschen ist das überwiegend die Form des Infinitivs ohne das finale »n«, bei den Nomina die Nominativ-Singular-Form. Die Sätze sind kurz. Nomen + Verb oder Nomen + Verb + Nomen oder Nomen + Kopula + Adjektiv oder Nomen. Das agentischere Nomen steht voran, Fokusinformation am Satzende. Die Erzählung vom Arztbesuch ist typisch für die Basisvarietät. Die Basisvarietät weist wenig Einfluss der Ausgangssprache auf. Die beschriebenen Merkmale sind für alle elf Ausgangs–/ Zielsprachenpaare belegt, die in dem erwähnten ESF-Projekt beobachtet worden sind. Der Basisvarietät voraus geht die Prä-Basis-Varietät, eine Sprache, die fast ausschließlich nominales Material umfasst. Ein typisches Beispiel ist die Beschreibung einer Szene aus Harold Lloyds »In the City« durch denselben Lerner wie im Arztbesuch-Beispiel oben, allerdings ein halbes Jahr früher.

(3–2) Abschied

(a)   Eine Mann. Harold Lloyd, Bahnhof.
(b)   Bahnhof Freundin de Mann.
(c)   Mutter Freundin, Vater Freundin.
(d)   Eine schwarze Frau Bahnhof.
etc.

Auf die Basisvarietät folgt die Stufe der Postbasisvarietät. Den Übergang markiert der Erwerb von grammatischen Ausdrucksmitteln für die Finitheit. Diese Erweiterung der Lernersprache hat eine Serie von Konsequenzen für die Organisation des Satzauf-

baus und löst entsprechend viele Erwerbsnotwendigkeiten aus. Im
Deutschen entsteht eine ganz neue syntaktische Landschaft, das
sog. Mittelfeld zwischen Finitum und Infinitum. Die Position der
Negation muss neu organisiert werden, infinite Sätze können von
finiten unterschieden werden, Tempus kann grammatisch ausgedrückt werden, was die Funktionalität der Zeitadverben, die zuvor zur Zeitreferenz verwendet worden sind, verändert. So ist die
Post-Basis-Stufe ihrerseits wiederum in mehrere strukturell unterscheidbare Schritte gegliedert. Im Bereich der Zeitreferenz z.B.
eine anfängliche Phase, in der Präsens, Perfekt und Präteritum
anaphorisch verwendet werden, gefolgt von der zielsprachlichen
deiktischen Tempusbedeutung, gefolgt von aspektueller Unterscheidung zwischen Perfekt und Präteritum sowie dem Ausbau
des Tempussystems im Futurbereich. Mit dem Übergang in die
Phase der Post-Basisvarietät wirken sich Faktoren, die Verlauf und
Tempo des Erwerbs beeinflussen, stärker aus und die Variabilität
der Entwicklung nach Lernergruppen wächst.

Der Einfluss der Ausgangssprache auf die Entwicklung des phonologischen Wissens wird mit dem Ausbau des Konsonantismus
und besonders der Silbenränder deutlicher. Unterschiede in der
lautlichen Differenziertheit flexionsmorphologischer Kategorien
in verschiedenen Zielsprachen wirken sich als inputbedingter Er-
werbsfaktor aus. So erwerben spanischsprachige Schwedischlerner
die Verbflexion früher als spanischsprachige Französischlerner bei
sonst gleichen Erwerbsbedingungen. Ursache ist die lautlich pro-
minentere und differenziertere Endungsflexion des Schwedischen
gegenüber den schwach differenzierten und insgesamt unauffäl-
ligen Verbflexionsmorphemen des gesprochenen Französisch (vgl.
dazu die entsprechenden Kapitel in Perdue 1993, Vol. 2).

Weitere entwicklungsbestimmende Faktoren, die sich allerdings auf Tempo und Erfolg des Erwerbs auswirken und nicht
auf Reihenfolge und Struktur der resultierenden Lernersprache,
sind die Sozialfaktoren: Alter bei Beginn des L2-Erwerbs, Art und
Häufigkeit des Kontakts mit der Zielsprache und – besonders im
unterrichtlichen Kontext – das Ausmaß der Beklommenheit in der
Klassenzimmersituation. Bemerkenswert ist, dass die Dauer des
Sprachkontakts sich als Faktor deutlich schwächer auswirkt als Art
und Frequenz. Starke Wirkung zeigen nach Befunden im Heidelberger Forschungsprojekt Pidgindeutsch (1977) die Häufigkeit des
Sprachkontakts am Arbeitsplatz und in der Freizeit. Besonders für
die Entwicklung der mündlichen, spontanen Sprachverwendungs-
fähigkeit wirkt sich der Faktor Sprachangst (**language anxiety**)
aus (vgl. Young 1991).

Psycholinguistische Theorien des Zweitspracherwerbs setzen an Beobachtungen der Frühphase (**initial state**, basic variety) an. Es werden hauptsächlich zwei Ansätze verfolgt. Sie unterscheiden sich in den Annahmen darüber, von welchem Wissen sich die Lernenden bei der Verarbeitung der Inputdaten und bei der Konstruktion von Hypothesen über Einheiten und Aufbau der Zielsprache leiten lassen. Nach der Grundannahme der **funktionalen** L2-Erwerbstheorie sucht der Lerner grundsätzlich Form-Funktionszusammenhänge in der Zielsprache zu erkennen und lässt sich dabei von seiner vom Erstspracherwerb her vorhandenen Kenntnis funktionaler Kategorien leiten. Typische funktionale Kategorien sind das Referieren auf Zeiten, auf Orte, auf Personen und Objekte, das Verneinen, das Unterscheiden von Topik- und Fokusinformation in der Äußerung. Anhand von Querschnittsdaten türkischer bzw. Longitudinaldaten italienischer und türkischer Deutschlerner zeigen Stutterheim (1986) und Dietrich, Klein & Noyau (1995), dass der Erwerb der Temporalitätsausdrücke eine Entwicklung zunehmender zunächst lexikalischer, dann grammatischer Differenzierung des zielsprachlichen Wissens von Form-Funktionszusammenhängen in der L2 ist; am Anfang stehen lexikalische Mittel zum Ausdruck einer zeitlichen Verankerung eines Ereignisses und lexikalische sowie diskursorganisatorische Ausdrucksformen für topologische Zeitrelationen und schließlich die elementare »und-dann«-Beziehung. Mittel zur Spezifikation von zeitlicher Distanz und anderer projektiver Zeitrelationen, u.a. Vorzeitigkeit, sowie zur aspektuellen Kennzeichnung folgen. Der Verlauf des Negationserwerbs italienischer Deutschlerner ist nach Becker (2005) wesentlich an der Differenzierung der Verneinensmöglichkeiten für unterschiedliche Fokus-Hintergrund-Konstellationen orientiert und die Struktur und Entwicklung ist eng mit dem Erwerb der Finitheitsausdrücke verbunden. Nennenswerte Einflüsse des erstsprachlichen Formenwissens sind anfangs nicht zu beobachten. Eine Gesamtdarstellung des funktionalen Ansatzes mit Diskussion ist Jordens (1997).

Zwar auch auf übereinzelsprachliches Wissen, aber auf angeborenes Wissen von strukturellen grammatischen Prinzipien in Verbindung mit grammatischem Wissen über die Erstsprache wird der L2-Erwerb im **UG-basierten** Erklärungsansatz zurückgeführt. Unter dieser Perspektive wird der L2-Erwerb angesehen als ein unbewusster kognitiver Prozess, die zielsprachliche Grammatik aufzubauen durch Ausnutzen von strukturellen Einschränkungen auf Strukturmerkmale, die an den zielsprachlichen lexikalischen Einheiten erkannt worden sind. In der Frage, wie stark das L1-

Grammatikwissen in den Prozess einwirkt, werden unterschiedlich weitgehende Behauptungen diskutiert; die konkurrierenden drei Varianten, die »Full-Access-and–Full Transfer-Hypothese«, die »Valueless-Features-Hypothese« und die »Lexical-Categories«-Hypothese sind unter Bezug aufeinander dargestellt in Schwartz & Eubank (1996). Nach der FA/FT-Hypothese zieht der Lerner (unbewusst) das gesamte universalgrammatische und das spezifische Wissen über die Festlegung parametrisierter Prinzipien in seiner L1 für seine Hypothesenbildung über die zielsprachliche Grammatik heran. Nach der »Valueless-Features Hypothese« wirkt dagegen nur das kategoriale Wissen, nicht hingegen die Merkmalsausprägung der grammatischen Kategorien in L1. Nach der »Lexical-Categories-Hypothese« schließlich wirkt lediglich die kategoriale Struktur der VP, keine funktionale Kategorie.

3.9   Gebärdenspracherwerb

Die Gebärdensprache ist die Sprache der Gehörlosen. Es ist eine natürliche Sprache wie die Lautsprache, und es gibt wie in dieser einzelsprachliche nationale Gebärdensprachen, z.b. die amerikanische Gebärdensprache, die chinesische, die spanische, die der Maya-Indianer, die deutsche usw. Ihre elementaren lexikalischen Ausdruckseinheiten sind Konstellationen und Bewegungen der Finger, der Hände, der Arme, des Gesichts, des Kopfes und des Torsos im Raum, die motorisch produziert und visuell wahrgenommen werden. Es gibt lexikalisch einfache und komplexe, abgeleitete und zusammengesetzte Gebärden, solche mit sog. lexikalischem Inhalt und grammatisch-funktionale. Ihrer Kombinierbarkeit liegt ein lexikalisch-morphologisches System zu Grunde und die Syntax der Gebärdensprache ist wie in jeder natürlichen Sprache ein System von hierarchisch und lokal bestimmten Relationen, ausgedrückt, wie gesagt, durch eine Folge inhaltlicher und grammatischer Gebärden; vgl. die umfassende und gut lesbare Sammlung grammatischer Skizzen der deutschen Gebärdensprache in Leuninger & Happ (2005). Neben dem lexikalischen Repertoire an Gebärden verfügt die Gebärdensprache über ein sog. **Finger-Alphabet** zum Ausdruck von Buchstaben und Buchstabenclustern, z.B. *sch*. Das ist ein Set von Zeichen, die mit den Fingern einer Hand gebildet werden. Das Ergebnis des Gebärdenspracherwerbs ist das mentale lexikalische Gebärdenwissen und die Gebärdensyntax verbunden mit dem prozeduralen Wissen und der Beherrschung ihrer aktiven motorischen und passiven visuellen Verwendungsmodalitäten.

Hinsichtlich der biologischen, kognitiven und sozialen Voraussetzungen für den Spracherwerb unterscheidet sich die Ausgangssituation des gehörlosen Kindes in allem, was durch seine Gehörlosigkeit bestimmt ist und darin, wie seine Umwelt auf die Gehörlosigkeit eingerichtet ist. Angesichts der motorischen Repräsentation und der Übermittlung über den visuellen Kanal kommt dem Vorhandensein normal entwickelter Gliedmaßen und Motorik sowie der Sehfähigkeit als biologischer Voraussetzung des Gebärdenspracherwerbs besondere Bedeutung zu. Auch ist natürlich die gebärdensprachliche Kommunikation darauf angewiesen, dass die Kommunikationspartner einander sehen, so wie die lautsprachliche Kommunikation auf den auditiven Kanal angewiesen ist.

Hinsichtlich der sonstigen biologischen und der kognitiven Voraussetzungen besteht zwischen dem Erwerb der Gebärdensprache und dem der Lautsprache kein Unterschied. Die biologischen und kognitiven Voraussetzungen der menschlichen Sprachfertigkeit schließen also nicht die Fähigkeit zur lautlichen Artikulation und zur auditiven Wahrnehmung ein; sie sind vielmehr modalitätenneutral. Eine knappe Beschreibung der Phonologie, Morphologie, Syntax und Lexik der Gebärdensprache sowie eine Zusammenfassung des Forschungsstandes mit Nachweisen der Natürlichsprachlichkeit der Gebärdensprache gibt Leuninger (2000).

Ebenfalls eine besondere Rolle unter den Voraussetzungen kommt bei Gebärdenspracherwerb den Umgebungsbedingungen zu, in erster Linie dem Ausmaß der Gebärdensprachbeherrschung seitens der Eltern. Der zeitliche Verlauf und der Erfolg des Gebärdenspracherwerbs durch das Kind werden natürlich entscheidend davon beeinflusst, ob und von welchem Alter des Kindes an die Eltern die Gebärdensprache beherrschen; vgl. dazu den auffälligen Befund einer entsprechenden Erhebung von Mayberry, Lock & Kazmi (2002). Der für das gehörlose Kind in dieser Hinsicht günstigste Umstand, dass nämlich die Eltern infolge eigener Gehörlosigkeit vollkommen kompetente Gebärdensprachler sind, ist nach vorliegenden Daten für weniger als 10 % gehörloser Kinder gegeben (vgl. Leuninger 2000: Kap. 2.2). Als weiterer wichtiger Umstand hat auf den Gebärdenspracherwerb Einfluss, wie Eltern, Erzieher und sonstige Bezugspersonen des Kindes zur Gebärdensprache als Kommunikationssystem eingestellt sind. Für den Erwerb förderlich ist die Einstellung, dass die Gebärdensprache ein eigenständiges sprachliches System ist, für den Gehörlosen so natürlich wie die Lautsprache für den Nicht-Gehörlosen. Hinderlich

für den eigenen Umgang der Erwachsenen und damit hinderlich
für die Natürlichkeit des gebärdensprachlichen Verhaltens und seiner Wirkung auf das Kind ist die Einstellung, die Gebärdensprache sei lediglich ein mehr oder weniger unzulängliches Repertoire
von Gesten zur Begleitung des (stummen) Artikulierens und zur
Unterstützung des Lippenlesens. Evidenz für die Vollwertigkeit der
Gebärdensprache als natürliche Sprache liefern nicht nur in zunehmender Zahl die linguistischen Analysen der Gebärdensprache,
sondern auch die Ergebnisse der Gebärdenspracherwerbsforschung.
Zwar sind die Forschungsmöglichkeiten infolge der vergleichsweise
kleinen Zahl möglicher Fallstudien stark eingeschränkt; die aus
solchen Studien vorgelegten, explorativ und experimentell gewonnenen Befunde deuten aber jetzt schon auf ein übereinstimmendes
Gesamtergebnis hin. Demnach stimmt der Gebärdenspracherwerb
mit dem Lautspracherwerb in allen phasentypischen Phänomenen,
in der Abfolge und in der Erklärbarkeit überein mit Ausnahme
der pränatalen Phase, in der das nicht-gehörlose Kind ab einer
bestimmten Zeit über den Körperkontakt mit der Phonation der
Mutter bekannt wird.

Gebärdensprachliche Belege für die Parallelität mit der laut-
sprachlichen Entwicklung treten beim sog. nativen gebärdensprach-
lernenden Kind um den sechsten Monat auf. Das Kind imitiert
Hand- und Fingerzeichen der Eltern. Diese Gesten weisen Form-
merkmale von Gebärden auf, stellen aber wie die Äußerungen beim
Plappern und Babbeln noch keine Gebärden des zielsprachlichen
lexikalischen Systems dar. Etwa am Ende des ersten Lebensjahres
tritt das erste gebärdensprachliche Wort auf. Wie der Erwerb des
Lautsystems weist auch der Gebärdenerwerb ein Nacheinander
von Ausdrucksmitteln auf. Hand- und Finger-Anteile der Gebärde werden früher erworben als die Differenzierung des Gebärden-
ortes. In der Frühphase präferiert das Kind die Höhe des Kopfes, die tiefer liegenden Areale des Gebärdenraumes werden später
ausgenutzt. Die mit dem Daumen zu artikulierenden Bestandteile
werden eher erworben als die mit Mittelfinger und kleinem Finger.

Wie im Lautspracherwerb treten im lexikalischen Repertoire
am Anfang komplexe Ausdrücke auf, die vom Kind als feste for-
mulaische Einheiten unanalysiert verwendet werden. Um das zweite Lebensjahr sind Kombinationen von zwei Gebärden zu beobachten und mit Beginn des Erwerbs grammatischer Elemente setzt wie
beim Lautspracherwerb ein rasches Wachstum des Wortschatzes
ein, der erwähnte Vokabelspurt.

Ein nach wie vor generelles Ziel der Gebärdensprachforschung
ist, die grundsätzliche Einsicht zu verbreiten, dass die Gebärden-

sprache eine natürliche Sprache ist und nicht doch im Wesentlichen ein ikonisches Repertoire an bildhaften Gesten und ihre
Verwendung eine differenzierte Pantomime. Der Erwerb funktionaler, grammatischer Ausdrücke lässt hierüber Rückschlüsse zu,
u.a. der Erwerb von pronominalen Ausdrücken und von Klassifikatoren. Zeitlich ist der Erwerb syntaktischer Mittel vom zweiten Jahr an belegt. Personenreferenzielle Pronomina werden in der
amerikanischen Gebärdensprache in Verbindung mit der Verbge-
bärde dadurch ausgedrückt, dass diese an dem Ort im Gebärden-
raum ausgeführt wird, an der der Antezedens eingeführt worden
ist. Unter der Annahme von Bildhaftigkeit der Gebärden würde
man erwarten, dass Pronomina in Kontexten mit bildhaften Gebärden wie der für die Bedeutung von *geben* leichter gelernt werden als in nicht bildhaften Kontexten, die in der Gebärdensprache
mehr als zwei Drittel ausmachen. Das ist nicht der Fall.

Auch die Reihenfolge beim Erwerb von Klassifikatoren stützt
die Annahme der Nicht-Bildhaftigkeit der Gebärden. Klassifikatoren, die Klassen von Objekten, also nach Gestalt und Ort eher
stabilen, anschaulichen Bedeutungen bezeichnen, wurden entgegen der Bildhaftigkeitserwartung später gelernt als die morphologisch einfacheren Klassifikatoren, die abstraktere Bedeutungen
haben wie Klassen von Objektmanipulationen oder Form- und
Größenmerkmale von Objekten (zu Einzelheiten der einschlägigen
Untersuchungen vgl. Leuninger 2000: Kap. 2.7 und den informa-
tionsreichen Überblick in Leuninger 2006).

Wie steht es schließlich mit der Einheitlichkeit des Gebärdenspracherwerbs? Vom bilingualen Spracherwerb wissen wir, dass
sein Ablauf und sein Ergebnis wesentlich von den Umgebungsbedingungen beeinflusst werden. So ist es auch mit dem Gebärdenspracherwerb, weil dort wie hier die Bedingungen stärker variabel
sind als beim Lautspracherwerb. Je nach dem Stand der Gebärdensprachbeherrschung durch die Eltern setzt der Erwerb durch das
Kind bei Geburt oder eben später ein. Der Zeitpunkt des Beginns
wirkt sich auf die Vollständigkeit der Beherrschung entscheidend
aus. Native Lerner haben größere Chancen, morphologische Ausdrucksmittel zu lernen als Kinder, deren Erwerb erst im Alter von
vier bis sechs Jahren oder später beginnt (vgl. Newport 1990). Auf
die Frage von Eltern und Erziehern, welches Kommunikationssystem einem gehörlosen Kind vermittelt werden soll, lässt sich
aus den heute vorliegenden Ergebnissen der Forschung antworten,
dass der Erwerb der Gebärdensprache zum frühest möglichen Zeitpunkt und durch möglichst kompetente »Sprecher« der Gebärdensprache unterstützt werden sollte.

4. Sprechen

Wenn der Spracherwerb normal vonstatten gegangen ist, so führt er am Ende zur Sprachbeherrschung, dem in Kapitel 2 beschriebenen sprachlichen Wissen sowie zu der Fähigkeit, es durch Sprechen und Hören, Schreiben und Lesen zur Kommunikation zu verwenden, die zusätzliche Ausbildung im schriftlichen Gebrauch vorausgesetzt. Weniger noch als beim Spracherwerb ist in den Momenten der Sprachverwendung die Aufmerksamkeit auf die kognitiven Vorgänge und die Mechanismen selbst gerichtet, die sich dabei ereignen. Ein Sprecher ist, wie Bierwisch (1966: 77) zutreffend bemerkt, wenn er Sprache verwendet, »immer schon über sie hinaus, bei den Objekten, über die er spricht, die er meint«. Das Sprechen selbst ist – wie auch das Verstehen von sprachlichen Äußerungen – ein Vorgang, dessen wir uns, während wir es tun, zum größten Teil nicht bewusst sind. Wir benutzen die Wörter, bilden Sätze und bewegen Zunge und Lippen unbewusst, automatisch, routiniert, so wie wir beim Aufrechtgehen oder Fahrradfahren die Balance halten. Wie vieles andere in der Natur ist aber auch der Vorgang der Sprachverwendung ein verblüffend kompliziertes Geschehen, bewerkstelligt von einem so raffiniert gebauten und perfekt funktionierenden kognitiven und motorischen System, dass es bis heute nicht annähernd gelungen ist, es durch einen Automaten zu simulieren. Man kann sich das näherungsweise vor Augen führen, wenn man ein beliebiges Stück aus der Cockpitkommunikation am Anfang von Kapitel 1 sozusagen durch die Brille des Psycholinguisten betrachtet und sich die immer gleiche psycholinguistische Frage stellt, welche kognitiven Zustände und Prozesse dabei in jeder Millisekunde in Funktion sind. Genau dies ist die Frage, die durch dieses Kapitel leitet, beschränkt auf den Vorgang des Sprechens, beginnend bei der Absicht, die einen zum Sprechen veranlasst bis hin zu den Schallwellen – oder Schriftzeichen – am Ende des jeweiligen Produktionsvorgangs.

Es stellen sich also die Fragen: Wie ist das Sprachproduktionssystem aufgebaut und wie laufen die Prozesse des Systems bei der Äußerungsproduktion ab?

4.1 Die Modularität der Sprachverarbeitung

Dass in diesen Fragen von einem Sprachproduktionssystem die Rede ist, unterstellt die Annahme, dass es so etwas überhaupt gibt. Wie plausibel diese Annahme ist, hängt davon ab, was man unter einem System versteht, im gegebenen Fall unter einem sprachspezifischen kognitiven System, das von anderen kognitiven Systemen verschieden ist. Anhaltspunkte für die Bestimmung eines Systems im Allgemeinen sind (a) die Elemente und Beziehungen, die es umfasst, kurz gesagt, der Inhalt des Systems, (b) die Leistung, allgemein gesagt die Funktion, die ein System im Unterschied zu benachbarten Systemen und als Teil einer umfassenderen Organisation erbringt bzw. erfüllt und (c) die Kohärenz und Stabilität seiner Physis, d.h. seiner materialen Eigenschaften. Man mag sich dies am Beispiel des Eisenbahnsystems eines Landes veranschaulichen. Seinen Inhalt bilden die Transportmittel und das Netz der Transportwege, die Zuordnung von Mitteln zu bestimmten Strecken. Die Funktion des Eisenbahnsystems lässt sich grob als Personen- und Gütertransport zu Lande angeben und die materiale Seite bilden die Geräte und das Schienennetz. Als die kognitiven Hauptsysteme des Menschen in diesem Sinne gelten das Wahrnehmungssystem, das Gedächtnis und der zentrale Arbeitsspeicher. Das Wahrnehmungssystem z.B. nimmt Reize (visuelle, akustische, taktile) aus seiner Umgebung auf und führt sie als Wahrnehmungseinheiten der Weiterverarbeitung zu und dies geschieht in den Wahrnehmungsorganen (Augen, Gehör, Geruchssinn, Haut und den zugeordneten Nervenbahnen). Auf die Sprache angewendet, lautet die Frage also, ob sich die Sprachfähigkeit des Menschen in diesem Sinne als System auffassen lässt. Außer Zweifel steht, dass es einen relativ klar umschreibbaren Inhalt gibt, eben das sprachliche Wissen von Lauten, Wörtern, Sätzen und ihren strukturellen Zusammenhängen. Weit weniger offensichtlich ist – um zum letzten Punkt vorab zu kommen, ob es eine abgrenzbare, stabile physische Realisierung der Sprachfähigkeit gibt. Viele chirurgische und neurophysiologische Beobachtungen deuten allerdings auf abgrenzbare Areale des Gehirns als Sitz der sprachlichen Fähigkeit hin. Die funktionale Abgeschlossenheit des Sprachsystems wird seit Fodor (1983) im Rahmen der **Modularitätshypothese** diskutiert. Sie besagt, dass die kognitiven Vorgänge zwischen den äußeren Wahrnehmungsprozessen und den bewussten Prozessen des zentralen Arbeitsspeichers modular funktionieren, also wie autonome Systeme, sog. Module arbeiten. Gestützt ist die Modularitätsbehauptung auf eine Reihe von Beobachtungen, die anders nicht so gut zu erklären wären. Fodors Beobachtungen betreffen Vorgänge des Sprachverstehens; sie treffen aber mutatis mutandis auch für die Sprachproduktion zu. Fodor fasst sie in seiner Argumentation zu neun Hauptpunkten zusammen:

1. Die Sprachverarbeitung ist – wie andere modularisierte Systeme – domänenspezifisch. Das heißt, die Prozesse der Sprachverarbeitung sind bestimmt von spezifischem sprachlichen Wissen, eben dem lexikalischen und dem grammatischen, nicht von allgemeinen Informationsverarbeitungsprozeduren.

2. Das Sprachverarbeitungssystem kommt, sobald es mit Input konfrontiert ist, zwangsläufig in Gang. Es lässt sich nicht willentlich ausschalten. Man kann also beispielsweise einen gesprochenen Satz nicht als pures Geräusch verarbeiten. Es finden zwangsläufig und automatisch Lauterkennung, Worterkennung etc. statt.

3. Das Sprachverarbeitungssystem ermöglicht nur begrenzt zentralen Zugriff auf interne Verarbeitungsebenen. Der Sprecher kann z.B. nach der Erzeugung einer Äußerung nicht mehr angeben, ob er einen Vokal in einem Wort eher etwas offener oder geschlossener artikuliert hat. Und doch muss natürlich das Artikulationsorgan einen entsprechenden Input für die Motoriksteuerung erhalten haben.

4. Das Sprachverarbeitungssystem arbeitet schnell, gemessen an der Vielzahl von Einzelprozeduren, die zwischen der begrifflichen Bedeutung einer Äußerung und der Artikulation aktiviert werden, wenn man jedenfalls der linguistischen Rekonstruktion der strukturellen Zusammenhänge auf allen Ebenen eines Satzes folgt.

5. Das Sprachmodul ist informationell verkapselt. Damit ist gemeint, dass die Verarbeitungsschritte innerhalb eines Moduls nur von den Informationen Gebrauch machen, die seinen spezifischen initialen Input bilden. Feedback von anderen Informationsquellen findet während der Verarbeitung nicht statt.

6. Kognitive Module, so auch die Sprachverarbeitung, liefern als Ergebnis »flachen« Output (shallow output). Gemeint ist damit, dass das Ergebnis eine Informationsstruktur auf einer und nur einer Repräsentationsebene darstellt. Der Output des Sprachverstehensmoduls ist z.B. eine syntaktische Struktur plus/minus die zugehörige logische Form. Nicht darin enthalten ist Information über die Stufen des Syntaxanalysegeschehens oder gar Ergebnisse der Phonemerkennung, ebenso wenig Informationen über Ergebnisse von Schlussfolgerungen aufgrund von Wissen im Langzeitgedächtnis.

7. Es gibt einen festen Zusammenhang zwischen dem kognitiven Modul und der neuronalen Architektur, heute würde man sagen, eine erkennbare abgegrenzte neuronale Lokalisation.

8. Ein modulares kognitives System weist bei Störung charakteristische Symptome auf (characteristic and spezific breakdown patterns). Klassische Evidenz aus diesem Bereich bilden die einigermaßen gleichartigen Symptome von Sprachkrankheiten, z.B. der motorischen Aphasie mit ihren syntaktischen und artikulatorischen Merkmalen (vgl. Kap. 6). Eine weitere Beobachtung in diesem Zusammenhang ist, dass ein funktionales System für sich alleine ausfallen kann während andere kognitive Systeme unbeschädigt bleiben.

9. Schließlich ist ein kognitives Modul auch durch den charakteristischen Verlauf seines Erwerbs gekennzeichnet. Die Ontogenese, die individuelle Entwicklung, weist feste Zeitabläufe und Reihenfolgen auf; Einzelbeobachtungen dazu sind, was das Sprachsystem angeht, in Kapitel 3 in großer Zahl ausgeführt.

Ob und in welchem Ausmaß diese Merkmale zusammen und auch jedes einzelne auf die Sprachverarbeitung insgesamt oder auf einzelne Komponenten zutreffen, ist offenbar eine empirische Frage. In der folgenden Darstellung wird eine Gliederung des Sprachverarbeitungssystems zu Grunde gelegt, die angesichts der genannten Merkmale pauschal plausibel ist. Die Komponenten werden im ersten Schritt im Wesentlichen inhaltlich bestimmt; in den folgenden Abschnitten wird dann ihre »Arbeitsweise« und zeitliche Koordination beim Prozess der Äußerungsproduktion behandelt. Der Schwerpunkt wird deutlich auf den Komponenten und Prozessen der spontanen mündlichen Produktion liegen; das ergibt sich aus der entsprechenden Schwerpunktsetzung in der Sprachproduktionsforschung.

4.2 Die Aktivitäten des Sprechens

Die Feststellung, Sprechen sei ein komplexer Vorgang ist leicht getan und doch auch durch Alltagsbeobachtungen leicht zu belegen. Am Sprechen kann zum Beispiel vielerlei Störendes auffallen. Es kann stören, dass jemand zu viel oder wenig spricht, Unsinn redet, gedrechselt spricht, zu laut oder leise, auffallend schnell oder langsam oder undeutlich spricht. Dass zu viel sprechen stören kann, setzt die Existenz von Standards innerhalb einer Kommunikationsgemeinschaft voraus, nach denen entschieden wird, ob man in einer gegebenen Situation überhaupt sprechen soll, also eine Art Sprech-/Schweig-Entscheidung. Störende unsinnige Rede weist auf misslungene gedankliche Planung hin, störende gedrechselte Formulierung auf Fehlgriffe in der aktuellen Wahl sprachlicher Mittel, störende Undeutlichkeit auf die Existenz von Maßstäben für die Artikulation beim Sprechen. Schon diese kursorische Betrachtung ergibt eine Trennung zwischen sprachfernen, sprachnahen und direkt sprachlichen Aktivitäten. Sie unterscheiden sich inhaltlich. Inhalt der sprachfernen Aktivitäten sind Bedingungen der Kommunikation. Soll ich unter den gegebenen Umständen überhaupt etwas sagen? In welche Richtung will ich durch mein Sprechen die Kommunikation lenken? An welchem Punkt der Kommunikation platziere ich einen Beitrag, an wen (im Fall mehrerer möglicher Adressaten) soll er gerichtet sein?

Das Ergebnis der kommunikationsstrukturierenden Aktivitäten ist – eine Entscheidung zum Sprechen vorausgesetzt – die gedankliche Skizze einer Kommunikationsabsicht. Sie umfasst zwei Komponenten. Zum einen ist in ihr im Großen und Ganzen die Sache festgelegt, über die der Sprecher sich äußern will, zum andern, ob diese Sache berichtet, erzählt, begründet oder zum Vollzug eines Ereignisses eine Instruktion gegeben werden soll. In einem psycholinguistischen Gesamtmodell der Textproduktion wird das Ergebnis der Kommunikationsplanung in Reminiszenz an die antike Rhetorik die **Quaestio** genannt (Stutterheim 1997, 1994; Stutterheim & Klein 1989; Wintermantel 2003).

Den Inhalt der sprachlichen Aktivitäten bilden die Gedächtnisinhalte, die zur Bewältigung der Quaestio aktiviert werden und Einzelheiten der Kommunikationssituation. Ein Redebeitrag enthält nicht alles, was einem Sprecher zu der thematisierten Sache im Gedächtnis ist; es muss also entschieden werden, welche Information für die Rede vorzusehen ist und welche nicht. Rede vollzieht sich in der Zeit, eine Äußerung erfolgt nach der anderen. Somit muss die Gesamtinformation in äußerungsgroße Einzelsachverhalte zerlegt (Segmentierung) und diese in eine Reihenfolge gebracht werden (Linearisierung). Diese, den Gesamtsachverhalt gliedernden und ordnenden kognitiven Aktivitäten werden als Prozesse der **Makroplanung** bezeichnet, ein Terminus, der auf Butterworth (1980: 159) zurückgeht und von Levelt in seinem Gesamtentwurf des Sprechvorgangs (Levelt 1989) übernommen und ausgearbeitet ist. Eine zweite Gruppe von sprachnahen Aktivitäten hat die Funktion, die mit einer einzelnen Äußerung verbundene Redeabsicht und den Äußerungsinhalt begrifflich zu strukturieren.

Als Inhalt gilt die Sachverhaltsvorstellung, also die Personen und Objekte des Sachverhalts, ihre Eigenschaften und die Beziehung zwischen ihnen (wer tut was mit wem), die zeitliche und räumliche Einordnung und die modale Beziehung des Sachverhalts zur Diskurswelt, also seine Faktizität, Möglichkeit oder Notwendigkeit. Die Selektion dieser Teilinhalte für die Bestandteile einer Bedeutungsstruktur sowie die Abbildung nicht-begrifflicher Sachverhaltskomponenten auf in der Sprache ausdrückbare Begriffe wird als **Mikroplanung** bezeichnet (Butterworth 1980: 176 und wiederum Levelt 1989).

Der Output der Makro- und Mikroplanung ist eine begriffliche Struktur, die sogenannte **Message**. Makro- und Mikroplanungsprozesse, zusammengenommen auch als **Konzeptualisierung** der Äußerung bezeichnet, gelten als sprachnahe Prozesse, weil grammatische und lexikalische Gegebenheiten der Sprache, in der die Äußerung schließlich **formuliert** wird, bei der Verarbeitung eine gewisse Rolle zu spielen scheinen. Als sicher anzunehmen ist das für die Mikroplanung. Die die Message bildenden Konzepte müssen sich nämlich auf Wortbedeutungen abbilden lassen und eine starke Annahme ist, dass sie mit diesen identisch sind.

Als Sprecher kann man sich selbst offenbar korrigieren, wenn man das, was man gerade sagt oder sagen will, nicht als passend oder als sprachlich inkorrekt beurteilt. Es muss also ein System geben, das das Ergebnis der Äußerungsproduktion mit dem vergleichen kann, was geäußert werden sollte. Die Funktion heißt Monitoring. Das Monitorsystem muss Zugang zu dem Geplanten haben und gleichzeitig zu der Bedeutungsstruktur, die tatsächlich produziert worden ist. Zugang zum Geplanten kann der Monitor nur haben, wenn er die ursprüngliche Message kennt; Zugang zu dem, was produziert worden ist, kann er nur haben, wenn ihm das Produkt des Sprechvorgangs, also die Äußerung, durch das eigene Verstehenssystem (d.i. das des Sprechers) über eine Verstehensschleife wieder zugänglich gemacht wird, so dass das Resultat der Äußerung mit der zu Grunde liegenden Message verglichen werden kann. Wir nehmen deshalb vorläufig an, dass das Monitoring eine Funktion ist, die auf der Ebene des Konzeptualisierens geschieht.

Die direkt sprachlichen Aktivitäten des Sprachproduktionssystems sind alle, die die Informationen der Message in **sprachliche Formen** überführen und diese abstrakten Informationen letzten Endes physikalisch wahrnehmbar machen, also das **Artikulieren** bzw. Schreiben. Um eine begriffliche Struktur durch sprachliche Formen auszudrücken, muss das Produktionssystem natürlich

Wissen über diese Formen heranziehen; es muss also Zugang zum oben beschriebenen lexikalischen und grammatischen Wissen haben.

Welcher Art sind nun die sprachlichen Formulierungsprozesse und in welchen Teilsystemen sind sie organisiert? Zunächst einmal ist klar, dass es Prozeduren geben muss, die für jeden begrifflichen Bestandteil der Message genau die lexikalische Einheit auffinden und verfügbar machen, die ihn ausdrückt. Da ein Satz aber auch mehr ist, als eine bloße Folge von ein paar Wörtern, muss es ferner Prozeduren geben, die seine syntaktische Form ausarbeiten und zwar so, dass diese der Gesamtbedeutung der Message entspricht. Das Ergebnis dieser syntaktischen Kodierung ist eine syntaktische Struktur, repräsentiert in der Form von Bündeln syntaktischer Merkmale und hierarchischer Beziehungen zwischen ihnen. Die syntaktische Struktur muss den grammatischen Regeln entsprechen, die Merkmalbündel basieren auf den lexikalischen Informationen und dem, was durch syntaktische Prozesse damit geschieht. Eine syntaktische Struktur kann natürlich nicht ausgesprochen werden. Es muss also zusätzlich ein Prozess stattfinden, der die phonologische Form und die daraus abzuleitende phonetische Kette erzeugt: das ist die Folge von zu artikulierenden Lauten und die Spezifikationen der Intonation. Die Angaben zur phonologischen Form eines Wortes müssen wiederum dem mentalen Lexikon entnommen werden, die Regularitäten der phonologischen Kodierung dem phonologischen Wissen. Die phonetische Kette ist immer noch kognitiv repräsentiert, kann also weder gehört noch gelesen werden. Um die Äußerung für den Adressaten wahrnehmbar zu machen, muss es noch eine Aktivität geben, durch die, ausgehend von der phonetischen bzw. graphischen Repräsentation, die Artikulation bzw. die Schriftzeichen initiiert und gesteuert werden. Inhaltlich ist dieses System offenbar wiederum von der syntaktischen und der phonologischen Kodierung verschieden und so nehmen wir einstweilen einmal je ein eigenes Teilsystem an, das Artikulationssystem und das Schreibsystem. Aus dieser rein inhaltlichen Betrachtung des Sprachproduktionssystems würde sich also die folgende Gliederung des Sprachproduktionssystems ergeben, wie es in Abb. 4.1 dargestellt ist.

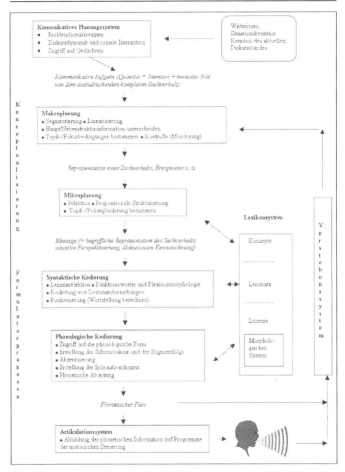

Abb. 4.1: Schema des Sprachproduktionssystems nach Verarbeitungsinhalten gegliedert.

4.3 Die Aktivitäten der Sprachproduktion im Einzelnen

In den folgenden Abschnitten werden die oben summarisch dargestellten Aktivitäten der Sprachproduktion und ihrer Vorbereitung
genauer dargestellt. Das Augenmerk wird darauf liegen, welche
Prozesse in dem jeweils betrachteten Verarbeitungssystem stattfinden und wie sie zeitlich mit den anderen Prozessen ablaufen. Unter einem Prozess wird dabei, wenn es nicht anders angemerkt ist,
ein **Informationsverarbeitungsprozess** verstanden. In allen Modellen der Sprachverarbeitung wird diese Fähigkeit des Menschen
als Informationsverarbeitungssystem aufgefasst (Carroll 1999:
47 ff.; Whitney 1998: 24, Kess 1992: 6 et passim, Garman 1990:
4 et passim). Ein Informationsverarbeitungssystem wird dadurch
charakterisiert, dass angegeben wird, welche Informationen (Inhalt
und Form) es als Input akzeptiert, wie sie verändert werden (Prozeduren) und welche Informationen den Output bilden. Der Begriff
»Information« wird hier zwar nicht durchweg in einem informa-
tikwissenschaftlichen Sinn verwendet, aber doch auch wieder nicht
so unspezifisch, dass man jedes menschliche Verhalten als Informationsverarbeitung modellieren würde. In der Psycholinguistik
haben sich – eher forschungspraktisch als wissenschaftstheoretisch
reflektiert – **drei Voraussetzungen** ergeben, die erfüllt sein sollten,
wenn man im Sinne der eingangs dargestellten Modularitätskon-
zeption Phänomene des sprachlichen Verhaltens als Informationsverarbeitung modellieren will.

1. Die erste ist eine rein äußerliche Bedingung; sie knüpft am
Postulat Nr. 7 von Fodor (1983) an; siehe vorigen Abschnitt.
Ein Informationsverarbeitungssystem soll zusammenhängend und
über die Zeit hin stabil physisch implementiert sein. Das ist z.B.
für eine Gesprächsgruppe weniger der Fall als für einen menschlichen Organismus alleine. Eine Gesprächsgruppe ist eine tempo-
räre Konstellation. Sie entsteht und löst sich wieder auf.

2. Die zweite Voraussetzung lässt sich weniger scharf bestimmen, ist aber nicht weniger ausschlaggebend. Sie besteht darin,
dass das fragliche Verhalten, soll sein Träger als informationsver-
arbeitendes System modelliert werden, in einem gewissen Maße
schon bekannt sein muss. Anders gesagt, über das fragliche Verhalten muss soviel bekannt sein, dass es auf das Vorliegen von
Moduleigenschaften hin überhaupt mit Aussicht auf brauchbare
Antworten geprüft werden kann. Zu diesen Eigenschaften gehört
die Domänenspezifizität. Man könnte auf die Idee kommen, die
Gesangstätigkeit des Menschen als Informationsverarbeitungsvor-

gang zu konzipieren. Das ist sicher nicht abwegig, setzt aber voraus, dass man Klarheit darüber herstellt, zu welcher Informationsdomäne sie zu rechnen wäre.

3. Die dritte Voraussetzung hängt mit der zweiten eng zusammen, so eng, dass sie lediglich als ein operationales Kriterium dafür anzusehen ist. Ein Verhalten kann um so eher als Informationsverarbeitung aufgefasst werden, je vollständiger die Formeigenschaften von Input und Output bekannt sind. Diese Voraussetzung ist beispielsweise für eine Rechenoperation besser erfüllt als für die kommunikative Interaktion.

Was folgt nun aus diesen Erkenntnissen? Es folgt, dass die verschiedenen Gruppen von Aktivitäten der Sprachproduktion unterschiedlich gut als Informationsverarbeitungsvorgänge konzipiert werden können; am wenigsten die sprachfernen Aktivitäten der kommunikativen Interaktion. Was dazu gefragt, untersucht und bekannt ist, wird ohne Bezug auf ein bestimmtes Modell im nächsten Abschnitt dargestellt. Als Informationsverarbeitungsvorgänge werden dann die Planungsaktivitäten, die Formulierungs- und die Artikulationsprozesse in je einem eigenen Abschnitt behandelt.

4.3.1 Die Kommunikationsplanung

Ein Bestandteil einiger utopischer Romane sind intelligente Apparate. In Stanley Kubricks Film »2001. Odyssee im Weltall« ist eine Hauptperson ein Computersystem namens HAL. Das gestalterische Mittel, durch das diese Konstruktion zum Utopischen beiträgt, besteht darin, dass HAL gerade keine Person ist, sondern ein Apparat, der eine Fähigkeit hat, über die nach dem Bild, das der Leser bzw. Zuschauer von der realen Welt hat, exklusiv der Mensch verfügt, nämlich die Fähigkeit zur Kommunikation. Die Erfahrung eines kommunikationsfähigen Apparates stellt insofern eine poetische Verfremdung dar, als durch sie die Aufmerksamkeit eben auf die Anteile dieser Fähigkeit gelenkt wird, die über die kognitiven Mechanismen der sprachlichen Informationsverarbeitung hinausgehen, und diese einem Apparat zugeschrieben werden. Die Frage ist also, worin dieses »Mehr« besteht, das man zusammenfassend als die Fähigkeit zur **sprachlichen Interaktion** bezeichnet. Nach Clark (1996) ist es die Fähigkeit, gemeinschaftlich mit einem Adressaten eine gemeinsame sprachliche Aktivität (joint activity) auszuüben und dies in dem reziproken Bewusstsein eben dieses koordinierten Handelns. Die wesentlichen Besonderheiten des Kommunizierens sind also die Gemeinschaftlichkeit und das Bewusstsein der Kommunikationsteilnehmer.

Das äußerlich beobachtbare Phänomen eines Diskurses, wie ein abgeschlossenes Exemplar, auch genannt wird, ist der Text des Diskurses. Er kann auf Tonträger, Videoband oder Papier aufgezeichnet und analysiert werden. Durch analytische Rekonstruktion, sog. Diskursanalyse (vgl. Gee 1999, Clark 1996 und Hünig 1998) lassen sich nun Annahmen darüber gewinnen, welche Umstände in die Produktion eines Diskursbeitrags, **Turn** genannt, eingegangen sind. Das ultimative Ziel der diskursanalytischen Forschung ist schließlich, regelhafte Zusammenhänge zwischen den Umständen kommunikativen Handelns und Formmerkmalen von Diskursen zu finden. Einer Reihe von Formmerkmalen lassen sich die damit einhergehenden Umstände ohne langwierige Analyse entnehmen. Ob mündlich oder schriftlich kommuniziert wird, hängt damit zusammen, ob die Kommunikationsteilnehmer in Hörweite und zwar gleichzeitig an einem Ort zugegen sind. Einen Sonderfall bildet die telefonische Kommunikation. Dabei finden die Aktivitäten von Sprecher und Hörer zwar jeweils gleichzeitig statt, aber beide sind typischerweise nicht an einem Ort in Hör- und Sichtverbindung. Die Form eines Diskurses kann durch Verfahrensregeln stark vorgegeben sein, wie bei der standesamtlichen Trauung, oder offen. Die Kommunikationsteilnehmer können für sich selbst agieren oder wie Schauspieler einer Theateraufführung oder die Nachrichtensprecher im Fernsehen als Vermittler tätig sein. Auch hier gibt es wieder die mündliche und die schriftliche Form. Die Gesamtheit der Umstände, die sich auf Diskursmerkmale auswirken, werden Diskursrahmen (discourse setting) genannt. Clark (1996: 8) unterscheidet hinsichtlich des Grades an Vorgeprägtheit des Kommunikationsgeschehens und der Rollen der Teilnehmer sieben Typen von Diskursrahmen und innerhalb von jedem wieder mündliche und schriftliche Formen. Die sieben Typen sind:

Typ	Beispiel mündlich	Beispiel schriftlich
Persönliche Kommunikation	A unterhält sich mit B.	A schreibt B einen Brief.
Nichtpersönliche Kommunikation	Dozent A hält eine Vorlesung vor dem Auditorium B.	Reporter A schreibt einen Artikel für die Lesergruppe B.

Typ	Beispiel mündlich	Beispiel schriftlich
Institutionelle Kommunikation	Verteidiger A verhört den Zeugen B vor Gericht.	Unternehmer A schreibt dem Kunden B einen Geschäftsbrief.
Präskriptive Kommunikation	Bräutigam A legt vor Zeugen ein ritualisiertes Versprechen gegenüber der Braut B ab.	A unterschreibt bei einem Notar ein offizielles Formular für B.
Fiktionale Kommunikation	A führt vor dem Publikum B ein Stück auf.	Autor A schreibt einen Roman für die Leserschaft B.
Mittelbare Kommunikation	C dolmetscht für B, was A zu B sagt.	Ghostwriter C schreibt für A ein Buch an die Leserschaft B.
Selbstgerichtete Kommunikation	A redet zu sich selbst über geplante Schritte.	A notiert für sich selbst geplante Schritte.

Tab. 4.1: Typen von Diskursrahmen je nach Institutionalisiertheit des Ablaufs und der Teilnehmerrollen (vgl. Clark 1996: 8).

Worin bestehen nun die relevanten Umstände der verschiedenen Typen von Diskursrahmen? Diese leitet Clark von dem prototypischen Kommunikationsgeschehen, dem persönlichen Gespräch ab. Der Diskursrahmen des persönlichen Gesprächs ist festgelegt durch (vgl. Clark 1996: 9):

1. Gleichzeitige räumliche Gegenwart der Teilnehmer (Ko-Präsenz)
2. Blickkontaktmöglichkeit
3. Hörkontaktmöglichkeit
4. Unverzüglichkeit; d.h. die Teilnehmer können ihre Aktivitäten ohne zeitliche Verzögerung wahrnehmen.
5. Flüchtigkeit; d.h. die akustische Seite des Diskurses ›verweht‹ rasch.
6. Spurlosigkeit; die Kommunikation hinterlässt keine Aufzeichnungen, kein Objekt.
7. Gleichzeitigkeit; die Teilnehmer können unverzüglich und gleichzeitig sprechen und hören.

Tab. 4.2: Rahmenbedingungen des persönlichen Gesprächs (vgl. Clark 1996: 9)

Diese Bedingungen sind insofern elementar, als sich die anderen
Settings ex negativo bestimmen, also durch das Fehlen einer oder
mehrerer davon. So ist dem Telefonanrufer, wie gesagt, bewusst,
dass das Setting der Telefonkommunikation sich in zwei wesentlichen Umständen von dem des persönlichen Gesprächs unterscheidet: Die Gesprächsteilnehmer haben keinen Blickkontakt und
sie befinden sich nicht am selben Ort. Der Sprecher hat also damit
zu rechnen, dass visuelle Ausdrucksmittel wie Gestik und Mimik
vom Adressaten nicht wahrgenommen werden und dass andere
Bedingungen der lokalen Deixis gegeben sind. Der Anrufer identifiziert sich explizit; durch eine längere Gesprächspause entsteht
Veranlassung zu prüfen, ob der Kontakt noch besteht (»Bist du
noch da?«) etc. (vgl. Hopper 1992 und Schegloff 1979).

Zusammenfassend: Der Sprecher muss die Besonderheiten des
jeweils gegebenen Diskursrahmens zur Kenntnis nehmen und die
Produktion seines Diskursbeitrags darauf abstimmen.

Die zweite wesentliche kommunikative Planungsarbeit ist, wie
schon erwähnt, die Bestimmung des aktuellen Kommunikations-
ziels. Ziele können mehr oder weniger abstrakt sein und entsprechend mehr oder weniger generelle Folgen für die Formulierung
des Diskurses haben. Das Ziel, einem Adressaten den Weg vom
Alexanderplatz zum Bahnhof Zoologischer Garten zu beschreiben,
wirkt sich auf den Aufbau des gesamten Diskurses aus. Um es zu
realisieren ist eine **Vorstellung** des gesamten Weges erforderlich
und eben die **globale Absicht**, dem Adressaten zu verstehen zu
geben, wie er sich bewegen muss, um vom Ausgangspunkt zum
Zielpunkt zu gelangen. Ersteres bildet den Inhalt des Diskursziels,
Letzteres die globale **Intention**. Je nach Umfang des Inhalts ist für
seine Vermittlung mehr als eine Äußerung erforderlich und da jede
Äußerung für sich genommen zum Erreichen des globalen Ziels
beiträgt, ist sie inhaltlich und intentional auf das globale Ziel in
einer für den Adressaten erkennbaren Weise bezogen. In einer Weganweisung wird es also eine Reihe von Anweisungen geben, von
da nach da (weiter-) zu gehen oder zu fahren, und Erläuterungen
zu markanten Wegmarken wie Kreuzungen, Gebäuden, Ampeln
etc. Die äußerungsspezifischen Intentionen heißen **Äußerungsabsicht**; die bekannteste Theorie darüber ist die Sprechakttheorie,
in der die intentionale Komponente der Äußerung illokutionärer
Akt, kurz auch Illokution heißt (vgl. Searle 1969). Die Umsetzung
des globalen Ziels in Illokutionen geschieht im Konzeptualisie-
rungsprozess.

Die dritte kommunikative Aktivität ist die laufende Koordination des Zusammenspiels zwischen Sprecher und Adressat. Zu

ihr gehören eine große Zahl von Kontroll- und Anpassungsmaß-
nahmen, die hier nur kursorisch behandelt werden können; zu
Einzelheiten vgl. wieder Clark (1996, bes. Kap. 2–4). Der Sprecher
muss die Informationen, die er auswählt für den Adressaten verständlich machen, was in erster Linie erfordert, dass sie von diesem
mit schon vorhandenen Informationen in dessen Wissen verknüpft
werden können. Um das zu gewährleisten, muss der Sprecher also Mutmaßungen über das von ihm und dem Adressaten geteilte
Wissen anstellen und berücksichtigen; Anhaltspunkte dafür liefern ihm ggf. Kenntnisse über die Person des Adressaten (Beruf,
Alter, Geschlecht, Wohnort etc.), Äußerungen des Adressaten und
natürlich gemeinsame Erlebnisse sowie der vorangegangene Teil
des aktuellen Diskurses. Ob die Kommunikation in diesem Sinne
Verständigung erzielt, wird vom Sprecher laufend kontrolliert und
der Adressat ist sich dieser Notwendigkeit auch bewusst und liefert dem Sprecher Rückmeldung dazu (Kopfnicken, bestätigende
verbale Reaktionen oder eben ein Stirnrunzeln), sogenannte **Feed-
backsignale**.

Charakteristisch für den prototypischen Fall von Kommunikation, das persönliche Gespräch, ist der **Wechsel von Sprecher-
und Adressatenrolle**. Durch ihn wird besonders augenfällig, dass
Kommunizieren ein gemeinschaftliches Handeln ist, denn beim
Wechsel der Rede von Teilnehmer A zu B wirken beide auf eine
subtile Weise zusammen. Zunächst einmal müssen alle Beteiligten erkennen, dass überhaupt ein Punkt im Diskurs gekommen
ist, an dem ein Wechsel geschehen kann. Ferner muss entschieden werden, ob ein Wechsel geschehen soll, und schließlich – bei
mehr als zwei Beteiligten – muss klar sein, wer die Sprecherrol-
le übernimmt. Der Sprecherwechsel ist ein Bestandteil der Kom-
munikationsdynamik, und er ist in eine ganze Reihe von dyna-
mischen Gliederungen eingebettet. Die wesentliche ist, dass der
Informationsfluss im Diskurs in zeitliche Abschnitte gegliedert ist,
die im Wesentlichen inhaltlichen Blöcken entsprechen. Ein **Turn**,
d.i. ein zusammenhängender Beitrag eines Sprechers, kann einen
oder mehrere dieser Abschnitte, Phasen genannt, umfassen. Turnwechsel findet nun eben dadurch statt, dass am Ende einer Phase
von den Beteiligten ein Turnübergabepunkt erkannt wird und ein
anderer als der Sprecher die Rede aufnimmt. Er kann dazu vom
Sprecher veranlasst sein oder es von sich aus tun. Natürlich kann
ein Gesprächsteilnehmer auch im laufenden Turn eines anderen
den Turn übernehmen wollen; dies erfordert dann den Einsatz
spezifischer sprachlicher und/oder gestischer Signale (vgl. dazu im
einzelnen Clark 1996: 320 ff. und die klassische Arbeit von Sachs,

Schegloff und Jefferson 1974). Für den, der nun das Wort hat, stellen sich damit drei Aufgaben. Er muss zu erkennen geben, dass er den Vorgängerbeitrag verstanden hat, an ihn anknüpfen und mit dem eigenen Beitrag den Gesprächsverlauf gestalten, u. U. ihn beenden. Wie in einem Text muss also auch im Gespräch Kohärenz hergestellt werden. Ein theoretischer Rahmen zur Analyse dieser Prozesse ist in Dietrich & Grommes (2003) vorgeschlagen.

4.3.2   Die Konzeptualisierung

Das Ergebnis der Kommunikationsplanung, die globale Absicht und die Vorstellung eines komplexen Sachverhalts, können offenbar nicht direkt in Schallwellen umgesetzt werden. Es gibt keine erkennbare einfache Beziehung zwischen einer räumlichen Vorstellung eines Weges und den Bewegungen von Kehlkopf, Zunge und Kiefer bei der Artikulation der zugehörigen Weganweisung. Wie in Abbildung 4.1 skizziert, müssen Prozesse angenommen werden, die das Ergebnis der kommunikativen Planung in Formate überführen, die durch die Versprachlichungsvorgänge bearbeitet werden können. Unser Modell des Konzeptualisierens gibt nur eine grobe Vorstellung von den Vorgängen selbst und sagt gar nichts über ihr Zusammenspiel in der Zeit. Die derzeitigen Kenntnisse darüber sind lückenhaft und die Hypothesen gehen beträchtlich auseinander. In Einzelheiten am weitesten ausgearbeitet und im Zusammenhang modelliert sind die Konzeptionen von Levelt (1989), Herrmann & Grabowski (1994) und Stutterheim (1997), ferner Teiltheorien einer umfassenderen Konzeption von den Denkvorgängen insgesamt, der sog. **Mental-Model-Theorie** von Johnson-Laird (1983); vgl. auch Garnham (2001). Da die Mental-Model-Konzeption vornehmlich das Sprachverstehen betrifft, wird sie im nächsten Kapitel behandelt.

Alle Theorien des Konzeptualisierens beruhen auf Beobachtungen darüber, wie die kommunikative Aufgabe mit Struktureigenschaften des produzierten Diskurses zusammenhängt. Natürlich kann dies genauer beobachtet werden, wenn die kommunikative Aufgabe unabhängig vom resultierenden Text bekannt ist oder sogar im Hinblick auf spezifische Analyseziele in der Datenerhebung kontrolliert und verändert werden kann. Diese Voraussetzung ist unter den Bedingungen eines persönlichen Gesprächs und generell unter normalen Kommunikationsumständen nicht gegeben. Daher werden, um trotzdem zu geeigneten Beobachtungen zu kommen, Sprecher in mehr oder weniger formalisierten Settings gezielt vor bestimmte Aufgaben gestellt und die resultierenden Texte systematisch auf aufgabenabhängige Variation in ihrem Aufbau hin analysiert. Das führt dazu, dass die Annahmen über Konzeptualisierungsvorgänge im Wesentlichen auf monologischen, mündlich produzierten Diskursen beruhen. Typische Aufgaben sind Erzählungen von eigenen Erlebnissen (Labov & Waletzky 1967), Nacherzählungen von Filminhalten (Chafe 1980; Herrmann & Grabowski 1994: 243 ff.), Beschreibungen von selbst beobachteten komplexen Ereignissen, Bastelanweisungen (Kohlmann 1996), Nacherzählen von Bildergeschichten (Stutterheim & Klein 1989). Die Auswertung der mannigfachen Beobachtungen aus solchen Untersuchungen hat zu einer Reihe von Befunden geführt. **Die wesentlichen, theorieprägenden Feststellungen sind:**

1. Welche Einzelheiten eines früher wahrgenommenen Geschehens ein Sprecher bei der Bearbeitung einer späteren kommunikativen Aufgabe wiedergibt und wie, wird schon durch die Einstellung der Aufmerksamkeit bei der Aufnahme des Geschehens in sein Wissen beeinflusst, bei der sog. **Kognizierung**; vgl. dazu Stutterheim (1997: 135 ff.) über Untersuchungen von Herrmann u.a. sowie in der Domäne räumlicher Kognition Herrmann & Schweizer (1998). Wir gehen auf diesen Befund, der ja zur Wissensaufnahme gehört und nicht zur Wissenswiedergabe, hier nicht weiter ein.

2. Nicht alles, was der Adressat verstehen soll, wird im Diskurs sprachlich ausgedrückt. In einer Bastelanweisung (Stutterheim 1997: 95) heißt es:

(4–1) »Man nimmt zuerst [...] einen grünen Bauklotz, tut die grüne Schraube durchn Loch [...]«

Verstanden wird hier üblicherweise, dass die grüne Schraube durch ein Loch im grünen Bauklotz gesteckt werden soll; das ist nicht gesagt, wird aber aufgrund einer Schlussfolgerung verstanden. Diese kontextbezogene Folgerung wird **Bridging** genannt (vgl. dazu Singer 1993: 486 ff.). Dass der Sprecher systematisch Information implizit lässt, lässt vermuten, dass er bei der Planung seines Diskurses auf Bridging-Prozesse des Adressaten baut. Das bedeutet, dass beim Selektionsvorgang als Teilprozess des Konzeptualisierens (a) über den Satz hinaus geschaut wird und (b) der jeweils aktuelle Diskursstand des Adressaten kalkuliert wird.

3. Ein Diskurs ist eine Folge von satzgroßen »Informationspaketen«; ihrer Reihenfolge (lineare Ordnung) liegt ein **Linearisierungskri-**

terium zu Grunde. Das kann in der Natur des konzeptualisierten
Ereignisses liegen oder eine Folge von Kapazitätsbeschränkungen
im Arbeitsspeicher sein. Ein typisches Beispiel für die erste Kategorie ist die Erzählung. Die Äußerungen folgen einander in der
chronologischen Reihenfolge der erzählten Ereignisse (**Prinzip
der natürlichen Ordnung**). Sachverhalte, deren natürliche Eigenschaften kein hinreichendes Linearisierungskriterium abgeben,
werden durch Projektion auf eine Zeitachse chronologisch gegliedert, beispielsweise Wegbeschreibungen durch eine vorgestellte
Wanderung den Weg entlang (Herrmann & Schweizer 1998) oder
durch prototypische Schemata, Körperschema für die Personenbe-
schreibung, Dorfschema u.a., für die eine Reihenfolge konventi-
onalisiert ist: Personen werden – nach knapper Aussage über die
Gesamtstatur – von oben nach unten beschrieben, Wohnungen
durch die Vorstellung eines imaginären Gangs durch die Räume,
Einzelräume mittels einer Blicktour durch den Raum linearisiert
(vgl. Linde & Labov 1975 und Ullmer-Ehrich 1982).

Ein Beispiel der zweiten Kategorie wäre eine Anleitung zu
mehrfach geschachtelten bedingten Handlungsalternativen, z.B.:

(4–2) »Hier schicke ich Dir eine CD mit den Fotos von Neujahr. Du
kannst sie entweder mit ›Windows‹ direkt oder mit dem Betrachterprogramm anschauen, das mit dabei ist. Wenn du es mit ›Windows‹ anschau-
en willst, brauchst du nur die einzelnen Fotodateien nacheinander doppelt
anzuklicken. Willst du es mit dem Betrachterprogramm, musst Du das
erst installieren; dazu klickst Du iview.com an. Dann musst du entscheiden, auf welche Platte das [...]«.

Levelt zeigt, dass Sprecher derartige Informationen nach einem
globalen prozeduralen Prinzip linearisieren, dem **Prinzip des geringsten Aufwandes** (Levelt 1982: 211). Die Linearisierung bearbeitet offenbar auch Informationen auf Diskurs- und nicht nur auf
Äußerungsebene, gehört also zur Makroplanung.

4. Die Gesamtinformation im Diskurs ist u.a. in zwei Ebenen
gegliedert je nach dem, ob sie direkt (Teil der) Response auf die
kommunikative Aufgabe ist (Vordergrund-, auch **Hauptstrukturinformation** genannt) oder nicht (Hintergrund-, **Nebenstrukturinformation**). Wie viel an Nebenstrukturinformation in einem
Diskurs üblich oder gar möglich ist, ist durch den Diskurstyp,
genauer, durch Einzelheiten des Diskursrahmens festgelegt. Der
Cockpitdiskurs am Anfang des Buches enthält keine Nebenstruk-
turen, eine Folge der z.T. wörtlich vorgegebenen Folge und Form
von Diskursbeiträgen. Anders beispielsweise in einer Wegauskunft:

(4–3) »Du gehst da zwischen den Hochhäusern durch bis zur Straße. Die heißt Leipziger Straße. Über die gehst du drüber. Es gibt auch eine Fußgängerunterführung ein bisschen links.«

Die kommunikative Aufgabe der Weganweisung ist eine Antwort auf eine Frage vom Typ: *Wie komme ich von Ort A zu Ort B?* Hauptstrukturinformation muss also eine Anweisung zu einer (Teil-)bewegung von einem Ort L_i zu einem Ort L_j (beide sind Orte auf dem Weg) durch die an der Wegauskunft interessierte Person sein. Die Information in der zweiten und vierten Äußerung von (4–3) ist also keine Hauptstrukturinformation, was nichts über ihre Relevanz besagt (mehr zum Konzept der Vordergrund-/Hintergrundgliederung und zu Hinweisen auf die Forschungsgeschichte vgl. Stutterheim 1997: 27 ff.).

5. Die Informationen in den erwähnten satzgroßen Inhaltspaketen sind referenzsemantisch gegliedert. Es gibt immer eine Komponente, die einen Zustand, eine Aktion bezeichnet (*Es regnet.*), meistens eine oder mehrere Objekte/Personen, die den Zustand/die Aktion realisieren (*Die See tobt.*), oft weitere Objekte/Personen, die in dem Zustand/der Aktion eine Rolle spielen (*Der Purser meldet dem Kapitän das O.K. für die Kabine.*). Diese Referenzen auf Personen/Objekte und Zustände/Aktionen (incl. evtl. weitere Beteiligte) bilden den sog. **propositionalen Kern**. Hinzu kommen Informationen zur zeitlichen Einordnung des Sachverhaltskerns. (*Dann haben die Piloten beide zu bremsen versucht.*) und zur räumlichen Einordnung des Sachverhalts (*Dann sind sie auf 3.800 Fuß gesunken.*). Am wenigsten bemerkt, weil am unauffälligsten sprachlich ausgedrückt, sind noch zwei Informationskomponenten, die Modalitätskennzeichnung (*Brems mal mit*; Modalinformation im Imperativ: Notwendigkeit) und die Sprachhandlungsinformation (*Was machen wir jetzt?* hier: Interrogation), auch Satzmodusinformation genannt. Zusammengenommen und zu einer Struktur zusammengesetzt, bilden diese Komponenten die begriffliche Repräsentation eines Sachverhalts, in Levelt (1989) die Message genannt. Folgt man dieser Sicht, dass eine Message ein gegliedertes Ensemble von inhaltlich verschiedenen Informationskomponenten darstellt, dann kann man die generelle Struktur einer Message als eine variabel zu besetzende Slotstruktur auffassen:

(4–4) SM[m[l, t [p/o_i [a/e[p/o_k]...]]]]

Die generelle Struktur einer Message: SM = Satzmodus, m = Modalitätsinformation, l = Ortsreferenz, t = Zeitreferenz, p/o = Referenz auf Personen/Objekte, a/e = Referenz auf Zustand/Ereignis/Aktion; wobei i mit k identisch sein kann (_Erna_ sieht _sich_ im _Spiegel_).

Aus diesem Befund kann man per Rückschluss die Annahme ableiten, dass beim Konzeptualisieren die für den Diskurs ausgewählte Information a) in sachverhaltsgroße Stücke zerlegt und jedes Stück, als eine Message repräsentiert wird, indem jede darin enthaltene Information je nach referenziellem Bereich, Modalität, Person/Objektbereich etc. in eine Messagekomponente umgeformt wird. Die Entscheidung, welche Information welche Komponente bildet und wie sie begrifflich ausbuchstabiert wird, wird von dem Diskursrahmen, dem aktuellen Diskursstand und von Bedingungen der Äußerungssituation beeinflusst. Die Entscheidungen über das Wie des Messageaufbaus heißen **Perspektivierung**, das Resultat, über das Was pro Komponente, die **referentielle Besetzung**.

Beispiele für unterschiedliche Perspektivierungen (und entsprechend unterschiedliche Besetzungen):

(4–5) (a) Das Flugzeug wurde vom Seitenwind gedreht.
        (b) Der Seitenwind hat das Flugzeug gedreht.
        (c) Der Seitenwind bewirkte eine Drehung des Flugzeugs.

Die Segmentierung ist offensichtlich ein Makroplanungsprozess. Sie erfordert Zugriff auf die Gesamtvorstellung des komplexen Sachverhalts. In die Perspektivierung geht der Inhalt einer Sachverhaltsvorstellung ein, ferner Gegebenheiten des aktuellen Diskursstandes (was ist schon gesagt worden, was noch nicht, was ist auch so bekannt?). Zählt man die Perspektivierung nicht zur Mikroplanung, muss diese Information im Input der Mikroplanungsprozesse enthalten sein, zählt man sie zur Mikroplanung, muss diese Verarbeitung Zugriff auf dieselben Informationen haben wie die Makroplanung.

6. Die Informationen in einem Diskurs sind »vernetzt«, und das macht den Diskurs kohärent. **Kohärenz** ist eine wesentliche Eigenschaft des Diskurses. Sie ist das Resultat eines Ensembles von Verknüpfungen von Informationen über die Äußerungsgrenzen hinweg. Die wesentlichen Verknüpfungsarten sind: Informationserhalt (_Hier schicke ich _Dir_ ...., _Du_ kannst ...), Neueinführung (_Als erstes haben wir _ein paar alte Titel von Clapton_ aufgelegt. Dann fing Walter _mit Elton John_ an._), Wiederaufnahme (... _Clapton ist mir irgendwie näher._), und schließlich eine Kombination von Erhalt- und

Neueinführungsbezeichnung, die Verschiebung (*Du gehst über die Leipziger Straße, dann rechts, dann 100 m geradeaus, dann an der Ampel links*.), hier eine Verschiebung von Intervall zu Intervall. Der eigentlich aufregende Befund besteht nun wiederum darin, dass die Art und Weise, wie Kohärenz im Diskurs jeweils zustande gebracht wird, durch den Inhalt der kommunikativen Aufgabe und durch die globale kommunikative Absicht beeinflusst ist. Die Erzählaufgabe legt durch die chronologiebasierte Linearisierung eine Verschiebung der Zeit von Hauptstruktur- zu Hauptstrukturäußerung nahe und einen durchgehenden Erhalt der Modalitätsinformation »faktisch«. Die Gesamtheit der Verknüpfungen vom Anfang des Diskurses bis zum Ende wird **referentielle Bewegung** genannt. Der Befund lässt sich also kurz formulieren: Die kommunikative Aufgabe beeinflusst die referentielle Bewegung und ist damit ein Regulativ der Kohärenzbildung. Die kohärenzstiftenden Planungsaktivitäten gehören also auch zur Makroplanung.

7. Zusätzlich zu ihrer Gliederung in referentielle Komponenten ist die Information einer Message hinsichtlich der **Topik/Fokus-Unterscheidung** gegliedert. Die Topik-Fokus-Gliederung der Diskursinformation wird von der kommunikativen Aufgabe beeinflusst. Information, die in der kommunikativen Aufgabe gegeben ist, gehört zur Topikinformation, solche, die im Diskurs zu spezifizieren ist, zur Fokusinformation. Da nun aber die Topik-Fokus-Gliederung eine Eigenschaft der Message ist, muss angenommen werden, dass im Zuge der Konzeptualisierung aus der kommunikativen Aufgabe systematisch eine, sagen wir, lokale, äußerungsspezifische Aufgabe abgeleitet wird, die die Informationsverteilungsvorgaben der globalen kommunikativen Aufgabe sowie die im Diskursstand eingeführten Informationen berücksichtigt.

(4–6) Kommunikative Aufgabe: Wie muss man das Orangenbäumchen behandeln?

> (a) Man stellt es an einen hellen, sonnigen Platz,
> (b) gibt ihm zweimal pro Woche etwas Wasser.
> (c) Das gießt man von oben auf die Erde.

Die kommunikative Aufgabe gibt vor: die Modalitätsinformation (Notwendigkeit), das Objekt (Orangenbäumchen), eine generische Person (man) und ein allgemeines Konzept *behandeln*. Fokussiert sind die einzelnen Behandlungsmodalitäten und Maßnahmen. Im Diskursstand am Ende von (b) ist das Gießen mit Wasser als Fokusinformation eingeführt, und die Information steht durch diesen Schritt für eine lokale Äußerungsaufgabe zur Verfügung: Wie wird das Wasser verabreicht? *Das* in (c) erfüllt damit die Bedingung, Topikinformation zu sein.

Soviel zu einzelnen Aktivitäten des Konzeptualisierens und der Unterscheidung zwischen Makro- und Mikroplanung. Alle diese Prozesse kann sich der Sprecher bewusst machen. Man kann explizit angeben, welche Kalkulationen zur Auswahl welcher Information geführt haben und inwiefern sie Topik- oder Fokusstatus hat. Die Prozesse der Planung sind also der zentralen Kontrolle zugänglich. Sie brauchen relativ viel Zeit, wie die oft langen Planungszeiten zeigen (vgl. Goldmann-Eisler 1968: 16 ff. et passim). Das führt zu der Frage, wie die Planungsaktivitäten in der Zeit ablaufen. Theoretisch sind mehrere Muster denkbar. Führen wir uns die einzelnen **Aktivitäten des Planungssystems** noch einmal vor Augen:

– Die aufgabenbezogene Information aus dem Langzeitgedächtnis oder aus der aktuellen Wahrnehmung bereitstellen (Informationserschließung),
– die unter den gegebenen Diskursbedingungen relevante Information bestimmen (Selektion; erfordert Zugang zur kommunikativen Aufgabe, zu Annahmen über das Hörerwissen und ggf. zu konventionellen Gliederungsschemata),
– die Gesamtinformation in Einzelsachverhalte einteilen und dabei die Reichhaltigkeit der Antwort, die Granularität, einstellen (Segmentierung; erfordert ebenfalls Zugang zur kommunikativen Aufgabe, zu Annahmen über Hörerwissen und den jeweils aktuellen Diskursstand),
– Die Reihenfolge der Einzelsachverhalte im Diskurs festlegen (Linearisierung; erfordert auf jeden Fall Zugang zum Inhalt des komplexen Gesamtsachverhalts, also zum Gedächtnis und zum Diskursstand),
– je Sachverhalt kalkulieren, ob er Haupt- oder Nebenstrukturinformation darstellt (Haupt-/Nebenstrukturkennzeichnung; erfordert Zugang zur kommunikativen Aufgabe),
– die Informationen je Sachverhalt als Topik- oder Fokusinformation markieren (Topik/Fokusgliederung; erfordert Zugang zur kommunikativen Aufgabe),
– die Message vorbereiten, also alle Informationen zu referentiellen Komponenten zusammenbauen und jede Komponente auf den Kontext und die Situation einrichten, also Vorerwähntheit, sonstige Kohärenzbedingungen, zeitliche räumliche Deixis etc. (Perspektivierung),

– Message aufbauen, also alle Informationen auf Konzepte abbilden und in der Messagestruktur, d.h. in Relation zu anderen
Komponenten (Propositionalisierung; erfordert Zugang zu der
perspektivierten, z.T. vorbegrifflichen Information und zum
begrifflichen Wissen des Sprechers).

Es ist schon bei der Betrachtung des Spracherwerbs angesprochen,
ob und wie die Sprache das Denken beeinflusst. Hier treffen wir
wieder auf einen Aspekt dieses großen Themas. Wirkt sich das
grammatische Repertoire einer Sprache auf die Konzeptualisierung
aus? Ist der Vorgang des Konzeptualisierens von grammatischen
Kategorien der jeweiligen Sprache geprägt? Für diese Annahme
einer sogenannten L-Perspektivierung sprechen gut dokumentierte
Beobachtungen von Textproduktionen durch Sprecher des Deutschen, Englischen, Französischen und anderer Sprachen. Sie zeigen, einen systematischen Zusammenhang zwischen der Planung
der zeitlichen und der räumlichen Konzeptualisierung einerseits
und grammatischen Unterschieden der jeweiligen Sprachen andererseits (zum Konzept der L-Perspektivierung allgemein vgl. Stutterheim et al. 2002 und zu exemplarischen Untersuchungen Stutterheim & Nüse 2003).

Die Kette der Messages bildet die **Diskursrepräsentation**. Nun
kann man sich theoretisch vorstellen, dass beim Planungsgesche-
hen immer Zugang zu allen Informationen besteht. Es ist nicht unplausibel, dass die Segmentierungsarbeit von Formateigenschaften
der Message beeinflusst wird. Dann würde an einem ausgewählten
Stück Information also gleichzeitig segmentiert und propositiona-
lisiert werden. Die Dynamik eines Systems, das konsequent nach
diesem Prinzip verfährt, heißt **parallelverarbeitend** und **interaktiv**. Es würde aber auch eine andere Arbeitsweise zu demselben
Ergebnis führen. Man kann sich vorstellen, jede der genannten
Einzelarbeiten wird in einem eigenen Arbeitsschritt durchgeführt.
Zuerst arbeitet das Planungssystem an der Aktivierung allen Wissens, das mit der thematisierten Aufgabe zu assoziieren ist, dann
wird die aktuell relevante Information bestimmt. Danach wird sie
unter Berücksichtigung inhaltlicher Merkmale in Segmente zerlegt, dann ein Segment zur Weiterbearbeitung festgelegt usw. bis
die Message gebildet ist. Dann oder sogar erst nach der Artikulation fängt die Arbeit von vorne an. Jeder Arbeitsschritt wird von
einem eigenen Teilsystem durchgeführt, sie arbeiten **seriell**. Wenn
das letzte seine Arbeit abgeschlossen hat, fängt das erste wieder an.
Jedes Teilsystem gibt an das nächste alle Informationen weiter, die

dies für seine Arbeit benötigt. Ein System mit einer solchen Dynamik heißt **strikt seriell**; in ihm fließt die Information **unidirektional**. Betrachten wir noch eine dritte Variante, die Merkmale der parallelen und der seriellen Dynamik verbindet. Wir gehen von einem seriellen Modell aus, nehmen aber an, die Teilsysteme arbeiten zeitlich wie Arbeitskräfte an einem Fließband. Wenn das erste Teilsystem seinen Arbeitsschritt abgeschlossen hat, ruht es nicht, bis das letzte ebenfalls fertig ist und startet erst dann wieder seinen nächsten Durchlauf; vielmehr startet es unmittelbar nach Ablieferung seines Ergebnisses an den nächsten Arbeitsplatz einen neuen Arbeitvorgang. Und so arbeitet jedes Teilsystem. Alle arbeiten also während der Diskursproduktion dauernd, jedes an seinem »Werkstück«. Das System arbeitet zwar seriell, alle Teilsysteme arbeiten aber gleichzeitig, das Ganze also fließbandparallel oder **seriell-parallel**.

Um nun die tatsächliche Dynamik des menschlichen Planungssystems herauszufinden, würde man es am liebsten direkt bei der Arbeit beobachten, was aber bisher nur äußerst eingeschränkt möglich ist. Es ist aber einige indirekte Evidenz zugänglich, die die Angemessenheit der Modelle grob bewerten lässt. Eine alltägliche Erfahrung machen wir als Zuhörer beim Verstehen. Nicht selten sehen wir uns in der Lage, eine Äußerung des Sprechers ab einer bestimmten Stelle so fortzuführen, wie es auch der Sprecher tut. Das zeigt, dass wir das Anfangsstück inhaltlich und hinsichtlich aller kommunikationsspezifischen Details verstanden haben, bevor wir den Schluss gehört haben. Wir kommen im nächsten Kapitel noch darauf zurück. Da nicht anzunehmen ist, dass die Prozesse beim Sprechen eine andere Dynamik aufweisen als beim Verstehen, ist es unwahrscheinlich, dass die Teilsysteme strikt seriell arbeiten. Diese Annahme wird durch Beobachtungen der Augenbewegung beim Lesen gestützt; auch dazu später. Direkt auf die Dynamik der Produktion lassen Selbstkorrekturvorgänge schließen, die Verteilung von Pausen beim Sprechen und Beobachtungen von Augenbewegungen bei der Äußerungsproduktion.

Dass man die Produktion der eigenen Äußerung abbrechen und neu und anders beginnen kann, deutet auf die Existenz eines Kontrollprozesses (Monitoring) hin. Im hier gegebenen Zusammenhang interessant ist nun, aus welchen Gründen abgebrochen wird. Deren gibt es viele, wie Levelt (1983) beobachtet hat. Einer ist, dass der Sprecher während der lautlichen Äußerung erkennt, dass die Planung nicht geglückt ist und entscheidet, sie zu ändern. Dass das möglich ist, deutet darauf hin, dass während der Äußerungsproduktion weiter Planung stattfindet, ein Hinweis auf seriell-parallele Arbeitsweise. Die Verteilung von Pausen und langsamer Sprechweise im Vergleich zu rascher ist periodisch und die Länge der Periode sowie der Inhalt der Diskursstücke innerhalb der Perioden deuten auf einen Zyklus von der Größe etwa einer kommunikativen Aufgabe hin (vgl. Butterworth 1980; Levelt 1989: 127 ff.).

Experimentell stärker kontrollierte Evidenz liefert eine Untersuchung von Timmermanns et al. (1999), in der das zeitliche Zusammenspiel von Wahrnehmung, Konzeptualisierung und sprachlicher Kodierung gemessen worden ist.

Versuchspersonen sehen auf einem Bildschirm Bewegungen von zwei geometrischen Figuren, eine links im Bild und die andere rechts und sollen das Geschehen beschreiben. Variiert werden a) die Dauer für die verfügbare Zeit für diese Beschreibung (lang, kurz) und die zeitliche Reihenfolge der Bewegungen (gleichzeitig, versetzt (300 ms), stark versetzt (500 ms) und sehr stark versetzt (700 ms)). Die abhängige Variable ist die syntaktische Form der Äußerung (Sätze mit koordinierter Nominalphrase als Subjekt (»Das Dreieck und der Kreis bewegen sich aufwärts.«) und koordinierte Sätze (»Das Dreieck bewegt sich aufwärts, und der Kreis bewegt sich aufwärts.«)). Die Daten zeigen, dass die Wahrscheinlichkeit für Satzkoordinationen mit der zeitlichen Versetzung und mit kurzer Verbalisierungsdauer zunimmt. Das deutet darauf hin, dass die Verbalisierung beginnt, wenn ein verbalisierbares Segment konzeptualisiert ist und dass parallel dazu weiter konzeptualisiert wird, denn die sprachliche Äußerung wird ohne Unterbrechung auch bei der Produktion von koordinierten Sätzen fortgesetzt.

Neuerdings wird versucht, den Planungsvorgang unmittelbar und getrennt von den direkt sprachlichen Prozessen durch die Beobachtung der Augenbewegung beim Vorbereiten des Sprechens zu erfassen. Der Methode liegt eine Annahme über das zeitliche Zusammenspiel von visueller Wahrnehmung, Steuerung von Aufmerksamkeit und sprachlicher Kodierung zu Grunde. Die kommunikative Aufgabe, ein bildlich dargestelltes Ereignis zu beschreiben, sagen wir, eines, in dem ein Hund einem Menschen hinterher läuft, erfordert zunächst die visuelle Aufnahme des Dargestellten, und zwar aller Einzelheiten, die konzeptuelle Verarbeitung und schließlich die sprachliche Kodierung. Augenbewegungsbeobachtungen zeigen nun, dass die visuelle Fixierung von Ausschnitten des Ereignisses der Äußerung des zugehörigen sprachlichen Ausdrucks in regelmäßigem zeitlichem Abstand vorausgeht. Da angenommen werden kann, dass die Stelle, auf die der Blick gerichtet ist, auch die ist, auf die die Aufmerksamkeit, das heißt der

Planungsvorgang gerichtet ist, stärkt diese Beobachtung dieselbe Annahme, dass die Planung parallel zur sprachlichen Kodierung abläuft, das gesamte System also seriell-parallel arbeitet. Die Augenbewegungsmessung ist in den letzten Jahren enorm entwickelt worden; vgl. Henderson & Ferreira (2004) und Hyönä, Radach & Deubel (2003). Eine neue Erklärung über den Zusammenhang zwischen Augenbewegung und Aufmerksamkeit präsentieren Findley & Gilchrist (2004).

Zu den genannten Befunden über die Dynamik ist einschränkend zu sagen, dass alle aus Beobachtungen monologischer spontaner mündlicher Sprachproduktion stammen. Sie sagen uns also noch nichts über die Dynamik der kommunikativen Aktivitäten. Mit Ausnahme der erwähnten Schnell/Langsam-Zyklen (Butterworth 1980) liegen darüber auch keine Echtzeitbeobachtungen vor. Über die kommunikative Planung des Sprechers geben die berichteten Befunde auch schon deshalb wenig Auskunft, weil sie durchweg aus Beobachtungen von Sprachproduktionen stammen, für die die kommunikative Aufgabe (Beschreibung, Erzählung, Weganweisung) vorgegeben war, also nicht eigens vom Sprecher entwickelt werden musste. Anders ist es in Gesprächen, jedenfalls in solchen, deren Ablauf nicht durch ein Drehbuch vorgegeben ist. Die Entwicklung des Gesprächs wird gerade durch die Entwicklung laufend weiterer kommunikativer Aufgaben vorangebracht. Ohne neue kommunikative Aufgabe entsteht kein neuer Gesprächsbeitrag mehr und damit endet das Gespräch. Das wirft die Frage auf, ob es Kohärenz auch im Gespräch gibt und wie sie zustande kommt. Betrachten wir dazu wieder einen Ausschnitt aus der Cockpit-Kommunikation, die Passagen ab 15.29:38:

(4–7) A Noch hundert
          Bist leicht überm glideslope <eine Anzeige
          des Leitstrahls, auf dem das
          Flugzeug beim Anflug bleiben muss>.
       B Stimmt
       A Ungefähr eine Daumenbreite
       B Sonst schaffe ich das nicht.
       A Gute Idee.

As erster Beitrag zum Gespräch ist eine Antwort auf die selbstgestellte kommunikative Aufgabe (Quaestio; vgl. Kap. 4.2) *Informiere den Piloten, wie weit es noch bis zur Landung ist.* Da B den Turn nicht übernimmt, führt A das Gespräch durch eine neue kommunikative Aufgabe weiter *Informiere A, inwieweit der Landeanflug planmäßig verläuft.* B übernimmt den Turn und signalisiert, dass er verstanden hat und As Feststellung zustimmt (*Stimmt*). Eine neue kommunikative Aufgabe entwickelt er nicht und das Gespräch könnte hier enden. Da übernimmt A den Turn mit einem neuen Beitrag, der wieder auf eine neue Quaestio antwortet, etwa: *Wie groß ist die Abweichung vom Funkstrahl?* Auch hier könnte B Verstehen signalisieren und zustimmen, womit das Gespräch wieder enden könnte. Stattdessen entscheidet er sich nun aber seinerseits zu einer neuen Quaestio, etwa: *Wie kommt es zu der Abweichung?* Mit seinem darauf bezogenen Beitrag tut er also dreierlei: Er signalisiert A, dass er dessen Beitrag verstanden hat, plant (unhörbar) eine neue weiterführende Quaestio und beantwortet sie. Er gibt zu verstehen, dass die Abweichung beabsichtigt ist und der Grund darin liegt, dass andernfalls der Anflug nicht zu bewerkstelligen ist (*Sonst schaffe ich das nicht*). A seinerseits führt das Gespräch wiederum weiter durch Entwicklung der neuen Quaestio: *Was ist davon zu halten?* Mit seinem Beitrag signalisiert er wiederum, dass er As Beitrag verstanden und eine neue Quaestio entwickelt hat, die er mit seiner Äußerung *Gute Idee* beantwortet.

Fassen wir zusammen: Beim Turnwechsel hat der Sprecher, sofern ihm nicht eine Quaestio suggeriert ist, die Möglichkeit, das Verstehen des gehörten Beitrags zu bestätigen und damit das Gespräch seinerseits zu beenden oder eine Anschlussquaestio zu planen und den Turn dazu zu verwenden, A sein Verstehen des Vorgängerbeitrags zu verstehen zu geben (ausdrücklich oder implizit) und seine neue Quaestio gleich zu beantworten und zwar so, dass der Adressat dem Beitrag sowohl die vom Sprecher gar nicht geäußerte Quaestio wie auch die Antwort entnehmen kann. Eine Quaestio nennen wir eine **Anschlussquaestio**, wenn sie inhaltlich an Information im Diskursstand anknüpft und zu dieser eine neue Frage, sprich eine neue kommunikative Aufgabe einführt. Den Übergang zu einem neuen Gesprächsbeitrag durch Anschlussquaestio nennen wir **Quaestio-Shift**. Diese kleine Diskursanalyse zeigt nun zum einen, dass die Quaestio-Konzeption nicht nur ein Modell der Kohärenz im Monolog ist, sondern auch, erweitert um das Konstrukt des Quaestio-Shifts, zur Analyse der Gesprächsentwicklung taugt und dass das Gespräch von (gelungenen) Quaestio-Shifts lebt (weitere Beispiele aus Cockpit- und Operationssaal-Kommunikation enthält Grommes & Dietrich 2002).

4.3.3 Die direkt sprachlichen Aktivitäten:
Von der Message zur Äußerung

Mit der Frage, wie der Gedanke als sprachliche Äußerung hörbar
oder lesbar wird, kommen wir zu den Prozessen, die eine begriffliche Struktur in Schallwellen umformen. Unter »umformen« wird
man sich nun erst einmal nichts rechtes vorstellen können. Und
tatsächlich ist über die Natur der Prozesse, die die Message hör-
bar/lesbar machen, nicht viel bekannt.

Niemand hat sie gesehen oder gar bei der »Arbeit« beobachtet.
Sie werden als Denkvorgänge aufgefasst und die physiologische
Entsprechung der Denkprozesse ist wie in Kapitel 2.3.4 dargestellt
im Einzelnen noch nicht entziffert. Immerhin führen linguistische Erkenntnisse über den sprachlichen Aufbau der Äußerung in
Verbindung mit Verhaltensbeobachtungen, Erwerbsprozessen und
Störungsanalysen zu einem differenzierten Bild der Komponenten, die an der sprachlichen Kodierung beteiligt sein müssen; sie
sind in Kapitel 2 dargestellt. Demnach macht der Sprecher von
seinem lexikalischen und grammatischen Wissen Gebrauch. Das
lexikalische Wissen ermöglicht, zu einem Konzept der Message
das Wort zu identifizieren, das das Konzept ausdrückt; der Prozess heißt **lexikalischer Zugriff** (lexical access). Die Gliederung
der lexikalischen Informationen in Lemma und Lexem bringt es
mit sich, dass der lexikalische Zugriff zwei Prozesse umfasst, den
Lemmazugriff und den Lexemzugriff.

Das syntaktische Wissen ermöglicht es dem Sprecher, die Wörter und die grammatischen Bestandteile des Satzes (Tempus, Modus, Kasus, Numerus etc.) so miteinander zu verknüpfen und in
eine Reihenfolge zu bringen, dass das ausgedrückt wird, was verstanden werden soll. Der Prozess heißt **syntaktische Kodierung**.
Das phonologische Wissen über strukturell bedingte lautliche Eigenschaften phonologischer Merkmale (z.B. Auslautverhärtung
/hund/ → [hunt] aber [hundəs] im Genitiv) ermöglicht die Herstellung einer phonetischen Kette, die die Informationen für die
Motoriksteuerung enthält. Der Prozess heißt **phonologische Kodierung**, und er umfasst auch die suprasegmentale Formgebung
(Intonation). Einen schematischen Überblick über die Kodierungsprozesse vermittelt Abb. 4.1. Die Frage ist nun, wie die Prozeduren
des Lexikonzugriffs, der syntaktischen und phonologischen Kodierung ineinander greifen (Systematik) und wie groß das Stück
der Äußerung ist, das bei jeweils einem Prozessablauf bearbeitet
wird (**Inkrementalität**). Ein plausibler Weg, in die Vorgänge Einblick zu gewinnen, obwohl man sie nicht direkt beobachten kann,

ist der, im Output des gesamten Systems nach Phänomenen zu suchen, die auf den Produktionsprozess und seine Einzelschritte schließen lassen. Solche Phänomene sind, wie oben kurz erwähnt, Pausen im resultierenden Sprechvorgang, die Struktur von Produktionsfehlern, d.h. Versprechern, systematisch herbeigeführte Reaktionszeiten und neuerdings, die Zeiten für messbare elektrische Vorgänge im Gehirn, die sich bestimmten sprachlichen Aufgaben zuordnen lassen (EEG-Ableitungen). Hinzukommen, wie immer, Beobachtungen vom Verhalten von sprachkranken Patienten.

Dass die Verteilung von Pausen im Redefluss aufschlussreich ist, ist schon angesprochen worden. Goldmann-Eisler (1968) hat dazu die mittlere Pausenlänge pro Wort bei inhaltlich und syntaktisch variierenden Sprachproduktionen gemessen; sie hat gefunden, dass Unterschiede in den zu Grunde liegenden Planungsaktivitäten (Beschreibung, Interpretation, Interviewantworten) sich auf die Pausendauer auswirken, Unterschiede in der syntaktischen Komplexität der Äußerungen hingegen nicht. Unzweifelhaft allerdings besteht ein Zusammenhang zwischen Pausen und lexikalischem Zugriff. Daten aus vielen Experimenten belegen, dass Pausen vor unerwarteten Wörtern im Text länger sind als vor erwartbaren. Die Erwartbarkeit wurde dabei unabhängig gemessen, z.B. durch das Ausfüllen von Lücken mit eben diesen Wörtern und Messung der dafür benötigten Zeit (vgl. Butterworth 1980: 166 ff.). So zeigte sich z.B., dass Pausen vor grammatischen Wörtern wie Artikeln, Hilfsverben und Präpositionen, kürzer sind als Pausen vor Inhaltswörtern. Wenig Aufschluss wiederum liefert die Verteilung von Pausen zur Beantwortung der Inkrementalitätsfrage. Keine der Pausenverteilungen wurde nennenswert durch eine Unterscheidung zwischen Satz, Intonationsphrase, Teilsatz, Phrase oder anderen Segmentgrößen erklärt (vgl. Butterworth 1980: 168 f. und Levelt 1989: 23 f.). Die Tatsache, dass variierende syntaktische Strukturierung der Äußerung sich nicht in entsprechenden Verzögerungen im Redefluss zeigte, führte zu der Annahme, dass die syntaktische Kodierung ein hoch automatisierter Vorgang ist. Dies im Zusammenhang mit dem Pauseneffekt des Lexikonzugriffs führt Butterworth (1980) zu einer Hypothese über die Systematik der Produktion.

Das Produktionssystem gehe von der Message aus, erzeuge hoch routiniert und automatisiert eine syntaktische Struktur, gestützt auf kategoriale und strukturelle Eigenschaften der Bedeutungsstruktur, und in einem weiteren Schritt würden die die Konzepte ausdrückenden Wörter, sobald sie im mentalen Lexikon des Sprechers identifiziert sind, in die Slots (Lücken, offene Stellen) des syntaktischen Plans eingesetzt (vgl. Butterworth 1980: 173). Diese Vorstellung folgt einem Sprachproduktionsmodell, das an der Architektur der generativen Transformationsgrammatik orientiert ist (vgl. Fodor, Bever & Garrett 1974). **Die Grundannahmen der Konzeption waren die folgenden:**

1. Die Prozesse der Sprachverarbeitung sind Informationsverarbeitungsprozesse, genauer, Prozesse, die Repräsentationen in einer konzeptuellen Sprache (eine Art Prädikatenlogik) in solche einer syntaktischen Sprache (eine Art Algebra) übersetzen und diese in Repräsentationen einer phonologischen Sprache (Ketten von phonologischen Merkmalen).
2. Die sprachlichen Kodierungsaktivitäten bei der Sprachproduktion und dem Verstehen laufen im selben System ab.
3. Die Sprachverarbeitung ist als Analyse-durch-Synthese-System organisiert (analysis by synthesis, kurz ABS). Ein ankommendes Sprachsignal wird analysiert, in die nächst höhere Repräsentation überführt, diese Repräsentation wird produziert, d.h. in der darunter liegenden Repräsentation ausgedrückt, und das Ergebnis wird mit dem Inputsignal verglichen. Entsprechend arbeitet auch das Produktionssystem. Eine gegebene Message wird syntaktisch kodiert, die resultierende Struktur wird analysiert und die resultierende Message wird mit der Inputmessage verglichen. Bei Übereinstimmung erfolgt die weitere Verarbeitung.
4. Zwischen den Teilsystemen des gesamten Umwandlungssystems gibt es eine nicht genau bekannte Zahl von Repräsentationsebenen, die »oberste« ist die »mentale«; dort ist die Äußerung als Message repräsentiert. Die unterste ist die akustische; dort ist sie als Schallfolge repräsentiert.
5. Das Segment je eines Prozedurdurchlaufs hat die Größe einer Message und diese wird syntaktisch als ein Satz, ggf. als komplexer Satz kodiert.

Diese Konzeption ist, wie gesagt, von der damaligen Syntaxtheorie abgeleitet und eher theoretisch als experimentell plausibel gemacht. Sie hat aber die empirische Forschung nachhaltig beeinflusst und einige grundlegende Annahmen sind bis in die Gegenwart forschungsleitend, uneingeschränkt z.B. die erste und die vierte.

Versprecher als Evidenz für die Teilsysteme der Sprachproduktion

Einen Meilenstein auf dem Weg, die Systematik der Äußerungsproduktion aufzuklären, stellt Garretts (1980) materialreiche und mikroskopische Analyse von Versprechern dar. Seine empirischen Befunde lieferten Evidenz zu dem Modell von Fodor, Bever & Garrett (1974) und ihm ist es gelungen, ein überzeugendes Modell vom Aufbau des Produktionssystems und vom Ineinandergreifen der Prozesse vorzuschlagen. Daran knüpften bis heute die meisten Untersuchungen der Sprachproduktionsforschung an.

Versprecher passieren nicht sonderlich häufig. Da aber die Diskrepanz zwischen beabsichtigtem Ausdruck und dem – ungewollt – falsch produzierten Ausdruck eine einzelne Prozedur isoliert vorführt, eben die misslungene, sind sie sehr aufschlussreich und es sind umfangreiche Sammlungen von authentischen Versprechern angelegt worden. Die großen Sammlungen enthalten zwischen 4000 und 8000 Versprechern, die meisten mit Kontext plus/minus Erläuterungen. Das hört sich mächtig an, stellt aber, wie Berg (1988: 15) anmerkt, das Minimum dessen dar, was für eine systematische Untersuchung von Versprechern aller Typen erforderlich ist. Für das Deutsche am besten aufbereitet und zugänglich ist die Datenbank von Wiedenmann (1998). Da her stammen die im Folgenden verwendeten deutschen Beispiele. Die vollständigste Übersicht über Versprechersammlungen ist meines Wissens Wiedenmann 1992, die lustigste Sammlung die von Leuninger 1993 und 1998). Garrett verwendet das M.I.T.-Corpus mit damals ca. 5000 Versprechern und zur Kontrolle das UCLASEC (Univ. of California at Los Angeles Speech Error Corpus; vgl. Fromkin 1973) mit ca. 3500.

Um zu Schlussfolgerungen über die Produktionssystematik zu gelangen, hat er ermittelt, welche Typen von Versprechern überhaupt auftreten. Dazu hat er die Versprecher analysiert, ihre sprachlichen Merkmale beschrieben und sie danach zu Klassen zusammengefasst. Dabei zeigt sich u.a., dass es eine Klasse von Versprechern gibt, in denen ein Wort nicht da steht, wo es stehen sollte. Das sind Wortreihenfolgeversprecher kurz Wortshifts, wie *mich ekelt vor allem langen Wissen* (Ziel: *mich ekelt lange vor allem Wissen*) Mit der Verschiebung hat *lange* seine Form verändert und ist offenbar morphologisch an die neue, wenn auch falsche Position als Adjektivattribut angepasst oder, wie man sagt, akkomodiert worden. Die **Akkomodation** besteht in diesem Fall darin, dem Stamm des attributiven Adjektivs die Flexionselemente für Dativ, Singular, Neutrum der schwachen Deklination anzufügen. Im Falle von *lang* ist die entsprechende Form *-en*. Hätte der Sprecher statt *lange* das Adverb *dunkel* geshiftet, hätte die Akkomodation aber nicht *dunkel* sondern *dunkl* ergeben müssen, also: *mich ekelt vor allem dunklen Wissen*, nicht ... *dunkelen Wissen*. Aus der Tatsache, dass der Sprecher aber genau die richtige, zu *lang* passende Flexionsendung produziert, ist zu schließen, dass der Akkomodationsvorgang erst stattgefunden haben kann, nachdem die Flexionseigenschaften von *lang*, die ja im Lexikon genau mit diesem Eintrag verbunden sind, von dort ausgewählt worden waren. Daraus folgt, dass die lautliche »Ausbuchstabierung« von Flexionsendungen ein relativ später Vorgang ist. Ihr müssen der Wortshift, der Lexikonzugriff und natürlich die Bildung der syntaktischen Struktur der Versprecheräußerung vorangegangen sein. Garrett entdeckt in den Daten die folgenden Typen von Versprechern. (Beispiele zum besseren Verständnis aus Wiedenmann 1998 mit den dortigen Belegstellenangaben)

1. Wortvertauschung:
Beispiel: *Die haut jedem die Nase vor der Tür zu* (Ziel: ›... *die Tür vor der Nase* ...‹; mer (= Meringer) 017–1-Ri)
  Eigenschaften: Betroffen sind zwei ganze Wörter, fast ausschließlich Inhaltswörter. Zwischen den vertauschten Elementen stehen korrekt gereihte Wörter, hier *vor der*. Die Intonationsstruktur der Äußerung ist korrekt. Die vertauschten Wörter stimmen in der Wortart überein (hier zwei Nomina) und haben syntaktische Gemeinsamkeiten, hier Kopf einer NP in einer vom Verb abhängigen NP bzw. PP. Die Wörter gehören verschiedenen Phrasen an und können weit auseinander stehen, meist jedoch im selben Einfachsatz (clause-intern).
  Schlussfolgerung: Der Versprecher ist durch die Gemeinsamkeiten syntaktischer Merkmale (Kategorien und Struktur) begünstigt, passiert also beim Einsetzen von neuer Lemmainformation in eine vorhandene syntaktische Struktur. Die lineare Nachbarschaft spielt keine Rolle.

2. Wortkontamination (Malapropismus):
Die Bezeichnung für diese Versprecher geht auf Fay & Cutler (1977) zurück. Mrs. Malaprop ist eine Figur in Sheridans ›The Rivals‹ von 1775, deren Vorliebe für schwierige Fremdwörter, komische Folgen zeitigt, weil sie sie nicht beherrscht und in Folge dessen oft verballhornt.
  Beispiel: *Because I've got an apartment now.* (Ziel: ...*appointment*...; mangels deutschen Belegs aus Garrett 1980: 207).
  Eigenschaften: Betrifft Inhaltswörter. Der Versprecher ist ein Wort des Lexikons; drückt jedoch inhaltlich nicht die geplante Bedeutung aus. Versprecher und beabsichtigtes Wort sind bedeutungsfremd aber lautlich ähnlich und wortartgleich, wodurch der Versprecher begünstigt wird.

Schlussfolgerung: Da der Versprecher beim Zusammenbau der Lautform entsteht, kann er nur beim Lexikonzugriff passieren. Da es sich um einen Versprecher auf lautlicher Ebene handelt, kommt nur der Lexemzugriff in Betracht. Der Malapropismus lässt auf einen separaten Lexemzugriff ausgehend von einem gegebenen Lemma schließen. Die Lexeminformation wird dem Lexikon entnommen, um der Lemmainformation in der syntaktischen Struktur zugeordnet zu werden.

3. Morphemvertauschung (Stranding)

Beispiel: *Am Freiheitspark platzen* (Ziel: *...platz parken*; 325 Irene)

Eigenschaften: Betroffen sind zwei Morpheme, meist Stammorpheme von Inhaltswörtern. Die betroffenen Wörter können nah beieinander stehen oder auch nicht und können verschiedenen Wortklassen angehören; typischerweise sind sie satzgliedverschieden. Flexionsmorpheme werden zurückgelassen, meistens akkomodiert wie in *beziehen den Rang ihrer Gehaltsklasse* (statt: *das Gehalt ihrer Rangklasse* (ohne Fugen *–s*); mer 017–1-me).

Schlussfolgerung: Dass Strandingkomponenten weit auseinander stehen können, deutet darauf hin, dass direkte Nachbarschaft nicht erforderlich ist. Dass gleichzeitig die Flexionselemente ihre Position behalten, deutet darauf hin, dass doch für Teile der Kette die Reihenfolge schon fixiert war. Es muss also einen Vorgang geben, der zwischen dem Lemmazugriff und dem Aufbau der phonetischen Kette liegt. Garrett nennt diesen »construction of detailed phrasal enviroments« (S. 212) und nimmt an, dass diesem Prozess sog. »planning frames« zu Grunde liegen. Das sind syntaktisch gegliederte, phrasengroße Rahmen mit Flexionskategorien und -merkmalen, mit Lemmainformation und mit prosodischer Information aber ohne phonetische Formen in den lexikalischen Slots. Das Stranding passiert beim Einsetzen von Lexeminformation von Inhaltswörtern in den (falschen) phrasalen Planungsrahmen.

4. Phonemvertauschung (Spoonerismus)

Beispiel: *Eine Sorte von Tacher.* (Ziel: *... Torte von Sacher*; VuV020-1-We)

Eigenschaften: Betroffen sind zwei Phoneme. Die Intonationskontur ist korrekt, die beiden Phoneme haben gemeinsame Merkmale und Positionsmerkmale; hier konsonantisch, alveolar, gespannt (*Sacher* wird in der Mundart des Sprechers gespannt gesprochen); beide bilden den linken Silbenrand (Onset). Die vertauschten Elemente stehen meistens nah beieinander, die betroffenen Wörter sind syntaktisch meist unähnlich.

Schlussfolgerung: Der Versprecher ist durch Gemeinsamkeiten auf phonologischer Ebene (Merkmale und Silbenposition) begünstigt, passiert also auch beim (falschen) Einsetzen der Lexeminformation in den Planungsrahmen.

5. Lautreihenfolgeverspecher (Antizipation & Perseveration):

Meringer & Mayer (1895) nennen die beiden Versprechertypen Vorklang und Nachklang, was ihre Eigenschaften augenfälliger ausdrückt. Da Antizipationen die weitaus häufigeren sind, behandeln wir hier nur diese Klasse.

Beispiel: *Ich komme vorgen Vormittag* (Ziel: ... *morgen Vormittag* ...; mer 035-10-Me)

Eigenschaften: Betroffen ist ein Einzellaut. Er wird ersetzt durch einen Laut, der später in der Lautkette folgt. Versprecher und der antizipierte Laut nehmen dieselbe Silbenposition ein, meist den Silbenonset, bei Vokalen die Silbenkernposition. Sie können weit auseinander stehen oder nah beieinander. Die betroffenen Wörter können syntaktisch ähnlich sein oder auch nicht. Häufig sind Funktionswörter und Flexionspräfixe betroffen, in Garretts Daten mehr als 10 Prozent.

Schlussfolgerung: Die Prozesse betreffen die lautliche Form, müssen also am Aufbau von Ketten oder Teilketten beteiligt sein. Da die betroffenen Teile, anders als bei Phonemvertauschungen, weit auseinander liegen können und Flexionsmorpheme betroffen sind, kann es sich nur um den Vorgang handeln, bei dem der Inhalt des Planungsrahmen nach Auffüllung mit aller Lexeminformation in die phonetische Endkette überführt wird, auf die positionale Ebene, wie sie Garrett nennt.

6. Wortersetzung:

Wir erwähnen diesen Typ als letzten, wie ihn auch Garrett erst gegen Ende behandelt. Sein Grund ist, dass er ihn im Rahmen seines Modells nicht schlüssig einordnen kann; unser Grund ist, dass die tentative Einordnung durch Garrett die Brücke zu den Befunden bildet, die in den nächsten Abschnitten behandelt werden.

Beispiel: *Und die Alte ist die Tochter von der Jungen* (Ziel: ... *die Mutter von* ...; mer 053-2-Me)

Eigenschaften: Die Wortersetzung betrifft ein Wort (immer ein Inhaltswort). Anstelle des beabsichtigten Wortes wird ein anderes ausgewählt und schließlich auch ausgesprochen. Das Versprecherwort ist semantisch mit dem Zielwort verbunden und diese Verbindung scheint den Versprecher zu begünstigen.

Schlussfolgerung: Der Vorgang ist im Rahmen des Gesamtsystems rätselhaft. Zum einen stimmen Versprecherwort und

Zielwort syntaktisch überein; die Lemmaselektion hat also schon stattgefunden. Zum zweiten sind sie semantisch verbunden, was auf Einfluss der Konzepteigenschaften hindeutet, der aber auf der funktionalen Ebene – so nennt Garrett die Ebene auf der die syntaktische Struktur entsteht – nicht mehr wirken kann. Diese Feststellungen zwingen zu der Annahme, dass bei dem Prozess des syntaktischen Strukturaufbaus, der (nach damaliger Vorstellung) als Input Struktureigenschaften der Message verwertet, auch Konzeptinformation (sprich: Bedeutungsinformation) aktiv erhalten wird, die ihrerseits Bedeutungsinformation im Lemma (nach damaliger Vorstellung) aktiviert. Bei der Lemmaselektion wird dann sozusagen eines der aktivierten Lemmata ausgewählt, aber eben nicht das beabsichtigte, sondern ein semantisch verbundenes, ein ähnliches oder auch ein Antonym. Aus den einzelnen Schlussfolgerungen, setzt man sie zu einem Bild zusammen, ergibt sich die folgende Vorstellung von der Systematik der Äußerungsproduktion:

Input	Prozess	Versprecher, die den jeweiligen Prozess evident machen
Message	– Auswertung und Aufbau einer syntaktischen Struktur mit Phrasen- ggf. und Clause-Gliederung sowie Intonationsinformation	
	– Terminale Elemente sind lexikalische Kategorien	
	– Bewahrung von konzeptueller Information, die beim Lemmazugriff mitwirkt	Wortersetzung
Funktionale Repräsentation	– Einsetzung von Lemmainformation in synt. Struktur	Wortvertauschung
	– Einschalten von Planungsrahmen pro Phrase (planning frames)	
	– Zugriff und Selektion von Lexeminformation von Inhaltswörtern	Malapropismus
	– Einfüllen von Lexeminformation von Inhaltslexemen in den Planungsrahmen	Phonemvertauschung (Spoonerismus)
Positionale Repräsentation	– Überführung von (ausgefülltem) Planungsrahmen in die finale lautliche Kette und ›Ausbuchstabieren‹ der lautlichen Form, besonders der grammatischen Morpheme	Stranding und Lautshifts Akkomodation

Tab. 4.3: Konzeption von der Systematik der Vorgänge beim Äußerungsaufbau nach Garrett (1980)

Fassen wir die Kernbehauptungen von Garretts Modell zusammen:

- Sprachproduktion ist ein kognitiver Prozess der regelgeleiteten Symbolverarbeitung.
- Äußerungsinformation ist auf mehreren Ebenen in unterschiedlichen »Symbolsprachen« repräsentiert; auf der Message-Ebene als konzeptuelle Struktur in einer mentalen Symbolsprache, auf der funktionalen Ebene (= Ebene der zu Grunde liegenden syntaktischen Struktur in einer Variante einer formalen Algebra, auf der Ebene der Planungsrahmen in der Form von linearisierten und syntaktisch gegliederten Slot-Schemata (engl. templates), auf der Ebene der finalen lautlichen Kette als Folge von Bündeln phonetischer und suprasegmentaler Merkmale, Garretts positionale Ebene.
- Es gibt eine Folge von Umwandlungsschritten und lexikalischer Zugriffe. Zuerst die Lexikonzugriffsaktionen: Lexikalischer Zugriff geschieht zum ersten Mal wahrscheinlich gesteuert von konzeptuellen Merkmalen auf semantische Informationen im Lexikon und dabei erfolgt Lemmaaktivierung. Dieser Vorgang ist aus den Versprecherdaten nicht positiv zu erschließen, sondern nur ex negativo. Alle anderen Erklärungen für das Zustandekommen von bedeutungsverwandten Wortsubstitutionen scheiden nämlich aus. Der zweite, eigentlich erste sicher anzunehmende Lexikonzugriff ist die Selektion und Einsetzung der Lemmata der Inhaltswörter in die funktionale Repräsentation. Der zweite (sichere) Zugriff ist der auf die Lexeminformationen der Inhaltswörter zur detaillierten »Auffüllung« der phrasengroßen Planungsrahmen.
  Nun zu den Umwandlungsprozeduren: Dies sind die Erstellung und Bearbeitung der funktionalen Repräsentation, die Ableitung von Planungsrahmen und die Erzeugung der Lautkette der positionalen Repräsentation, also drei, von denen man die ersten beiden als syntaktische Kodierung, den letzten als phonologische Kodierung bezeichnen würde. Garrett rechnet allerdings auch die Erstellung der Planungsrahmen zur phonologischen Kodierung, weil eben phonologische Information verarbeitet wird und pro Rahmen in eine lineare Ordnung gebracht wird.
- Das System arbeitet seriell; zu Einzelheiten des Zeitablaufs lässt sich anhand der Versprecherdaten allerdings nichts sagen.

Garretts Arbeit ist natürlich nicht die einzige Versprecheranalyse, und Versprecheranalysen sind nicht der einzige Weg zur Aufklärung von Sprachproduktionsvorgängen. Tatsächlich hat die Zahl experimenteller Untersuchungen im letzten Vierteljahrhundert stark zugenommen, auch ihr Beitrag zum derzeitigen Kenntnisstand mit dem wir uns in den folgenden Abschnitten befassen.

4.3.4 Von der Message zur Satzstruktur. Die Syntaktische Kodierung und die Lexikonselektion

Garretts bahnbrechende Arbeit hat sich auf die Sprachproduktionsforschung äußerst anregend ausgewirkt. Seine Fragen haben direkt weitere Untersuchungen motiviert und seine Methode (die Versprecheranalyse) und Kommentare haben die experimentell arbeitende Psycholinguistik ebenso angespornt wie die Versuche, die Phänomene der Äußerungsproduktion mit Computermodellen gezielt zu simulieren und durch immer genauere und vollständigere Nachbildung zusammenhängend zu rekonstruieren.

Wenden wir uns zuerst dem Rätsel zu, das die **semantischen Wortersetzungen** aufwerfen. Sie deuten auf eine frühe Lexikalisierung hin; diese sollte aber nach dem angenommenen Modell erst auf die syntaktischen Kodierungsschritte folgen. Wie verhält es sich nun tatsächlich? Erst messagegeleiteter Strukturaufbau gefolgt von lexikalischer Einfügung oder erst messagegeleiteter Lexikonzugriff gefolgt von syntaktischem Strukturaufbau? Wie immer man an die Klärung herangeht, empirisch oder theoretisch, die Antwort muss der Tatsache Rechnung tragen, dass eine gelungene Äußerung drei Belangen genügt: Sie drückt den Inhalt aus, den sie ausdrücken soll, ist also semantisch treffend, ist in Wortstellung und Intonationskontur kontextuell angepasst, d.h. sie drückt – linguistisch gesprochen – die diskursbedingte Informationsverteilung aus (Topik- vor Fokusinformation, erhaltene vor neuer Information etc.) und sie ist syntaktisch wohlgeformt, wie es heißt, d.h. sie verletzt keine syntaktische Struktur- und Reihenfolgeeinschränkung. Für zwei von diesen drei Größen sind dem Formulator die Werte pro Äußerung durch die Message vorgegeben. Das sprachliche Kodierungssystem steht – so gesehen – vor der Aufgabe, die treffenden sprachlichen Mittel in der angemessenen Reihenfolge zusammenzustellen und für die Artikulation vorzubereiten. Das scheint in der spontanen Rede zügig vonstatten zu gehen, wenn man eine Outputrate von rund sechs Silben pro Sekunde als zügig einstuft. Das Urteil darüber wollen wir erst einmal zurückstellen, bis wir uns der Kniffligkeit der Aufgabe mehr bewusst sind. Garrett schlägt vor, dass der syntaktische Kodierer der Message

Information entnimmt, die zum Aufbau von syntaktischer Struktur gebraucht wird. Wenn die Message, wie man heute annimmt, ein Ausdruck in einer logischen Symbolsprache ist, dann ist das Information über

a) den **logischen Typ der Konzepte**, also ein-, zwei- oder drei-stelliges Prädikat, Anapher, Skopusoperator, Konnektor, Modal- und andere Operatoren u.a.

b) die **semantische Struktur**; sie kommt im Aufbau der Message zum Ausdruck und lässt erkennen, wie die Konzepte zueinander in Verbindung stehen. Nach Auffassung einiger Semantiker auch, welche Funktion gewisse Konzepte relativ zu andern erfüllen, also Aktor, Patiens oder Ort (Locative) eines Ereignisses zu sein.

c) **zeitliche Referenz und Aspekt**, also über welches Intervall der Diskurswelt geredet wird, wie es zeitlich zum Äußerungszeitpunkt liegt und wie das Intervall des Message-Ereignisses relativ zum topikalisierten Intervall der Rede liegt.

Ist aus dieser Information eine syntaktische Struktur abgeleitet, so sind darin, wie immer sie ausgedrückt ist, syntaktisch qualifizierte Positionen für lexikalische Einheiten und – je nach Sprache – diese oder jene grammatische Kategorie enthalten. Beispiele für erstere sind: a) Ist ein Nomen, b) Ist zählbar, c) Verlangt Ergänzung durch Präpositionalphrase u.a. Grammatische Kategorien sind: a) definit, b) kongruent mit Subjekt im Numerus, c) kongruent mit Nomen in Genus und Kasus, d) topikalisiertes Intervall zeitlich vor Äußerungszeitpunkt (Vergangenheit), e) Verb, verlangt Rezipient im Subjekt (wie das Verb *sehen*).

Ist dieser Strukturaufbau zu einem bestimmtem Punkt gelangt, wird im Lexikon nach der Einheit gesucht, die das jeweilige Konzept der lexikalischen Position ausdrückt und die geforderten syntaktischen Eigenschaften hat. Ist sie (und genau diese) gefunden, wird die syntaktische und morphosyntaktische Information, die bei der Einheit gespeichert ist, in die Strukturposition überführt (Genus, Deklinationstyp, spezifische Präposition incl. Kasus der geforderten Ergänzung usw.). Dann wird Teilstruktur für Teilstruktur separat weiterbearbeitet, wofür das System Planungsrahmen bereitstellt, in denen die zu bearbeitenden Slots im Detail gegeben und in ihrer Reihenfolge festgelegt sind. Die Lautinformation aus dem Lexikon (zweiter Lexikonzugriff) wird aktiviert, ausgewählt und in den Rahmen eingefüllt. Dann wird die Information aus den Planungsrahmen in die finale Lautkette überführt, gleichzeitig werden auch die Spezifikationen der grammatischen

Positionen der Struktur lautlich »ausbuchstabiert«. Bei der linearen Anordnung werden die Merkmale der Informationsstruktur (Topik, Fokus etc.) berücksichtigt, ebenso für die mit der lautlichen Kodierung stattfindende Herstellung der Satzmelodie (Intonationsstruktur).

So weit so gut. Nun weisen allerdings Kempen & Hoenkamp (1993) darauf hin, dass die syntaktische Struktur in wesentlichen Einzelheiten von lexikalischer Information abhängt. So hätten die Sätze *John wanted to hit Peter* und *John knew he hit Peter* dieselbe Messagestruktur. Aus der Message des ersten darf aber nicht die (falsche) syntaktische Struktur *John wanted he hit Peter* abgeleitet werden. Die Information, die dies verhindern könnte, steht im Lemma von *want*. Da solche falschen Sätze tatsächlich nicht produziert werden, müsse angenommen werden, dass die lexikalische Information vor dem Aufbau der Satzstruktur zur Verfügung steht. Levelt (1989: 162) folgt dieser Konzeption, allerdings ausdrücklich, ohne darin eine Beschreibung der syntaktischen Prozesse zu sehen. Vielmehr dient ihm die linguistische Syntaxtheorie mehr als ein plausibler Rahmen zur Aufbereitung von Hypothesen und Fragen. Unter den generativen Modellen seiner Zeit erschien ihm die von Bresnan und Kaplan propagierte Lexikalisch-Funktionale Grammatik (LFG vgl. Kaplan & Bresnan 1982; Rohrer & Schwarze 1988) am plausibelsten. Seither hat sich der linguistische Forschungsstand weiter entwickelt: Es wurden universale grammatische Strukturbeschränkungen im Satzaufbau entdeckt (Universalgrammatik) und auch die LFG ist in vielen Details verbessert worden. Wir gehen also auf die damaligen Überlegungen nicht ein, weil keine direkte empirische Evidenz vorliegt, die Frage einer Entscheidung näher zu bringen. An indirekter Evidenz lässt sich freilich einiges zusammentragen.

Kathryn Bock hat in einer Serie von Experimenten herausgefunden, dass Eigenschaften wie Belebtheit, Konkretheit vs. Abstraktheit u.a. sich auf die Position im produzierten Satz auswirken. Sie erklärt das mit Unterschieden in der **konzeptuellen Zugänglichkeit** (vgl. Bock & Warren 1985). Die sog. Voranwirkung der Belebtheit ist vielfach überprüft und bestätigt worden (einen Überblick über die wichtigsten Arbeiten enthält Van Nice & Dietrich 2003). Nun könnte die Voranstellung von Referenzen auf Belebtes auch damit erklärt werden, dass die Planungsrahmen mit den belebten Nominalphrasen in der positionalen Repräsentation eher vor diejenigen mit den nicht-belebten NPs platziert werden. Dazu müsste aber semantische Information noch auf einer Ebene zugänglich sein, die eigentlich nur syntaktische und phonologische enthält. Es kommt hinzu, dass Garretts Annahme, zwischen der funktionalen und der positionalen Repräsentation finde noch ein Phrasenausarbeitungsprozess statt, nicht mehr plausibel ist.

Wiederum Bock war es, die die Existenz eines solchen Zwischenschritts, einer Art transformationellen Prozedur experimentell in Zweifel gezogen hat (Bock, Loebell & Morey 1999). Allerdings hielten die Autoren daran fest, dass die Wortstellung syntaktisch determiniert sei (Subjekt voran) und nicht konzeptuell. Sie nahmen an, belebte Referenzen werden bevorzugt in Agensrollen konzeptualisiert und Agens werde syntaktisch als Subjekt kodiert, ein Satzglied, das im Englischen eine hohe Voranwahrscheinlichkeit hat. Jüngste Beobachtungen in Sprachen mit freierer Wortstellung ziehen allerdings auch diese **Zwei-Stufen-Theorie** (vom mentalen Modell zur thematischen Rolle zur syntaktischen Funktion) in Zweifel. Feleki & Branigan (1997), Prat-Sala (1997) und Prat-Sala & Branigan (2000) weisen in Experimenten mit einer mündlichen Bildbeschreibungsaufgabe nach, dass auch die Objektgruppe überzufällig voran steht, wenn sie einen belebten Referenten kodiert und/oder durch Vorerwähntheit kognitiv salient ist.

Wir können festhalten, dass ein direkter Einfluss konzeptueller Merkmale auf die positionale Anordnung von Phrasen in der sog. Oberflächenstruktur empirisch gut bestätigt ist. Wir haben also nicht mit eigenen Voranstellungsprozeduren zwischen der strukturellen und der linearen Kodierung zu rechnen. Denkt man diese **Single-stage**-Theorie der syntaktischen Kodierung konsequent zu Ende, dann entsteht zwangsläufig die Frage, warum nicht auch eine adverbiale Phrase am Satzanfang stehen kann, wenn sie konzeptuell und diskursbedingt die relativ besten Voraneigenschaften im Satz auf sich vereint. Die deutsche Wortstellung erlaubt ja durchaus die Nachstellung der Subjektgruppe hinter das finite Element im deklarativen Hauptsatz. Wie eine linguistische Theorie einer präzedenzbestimmten zeitlichen Reihenfolge syntaktischer Kodierung aussehen könnte, ist in Dietrich (1994) vorgeführt, ein Processingmodell der Sprachproduktion in Dietrich (1999).

Gerade das konsequente Zu-Ende-Denken der »Single-Stage«-Konzeption führt den Ansatz aber auch auf eine Merkwürdigkeit. Wenn alleine die Präzedenzeigenschaften eines Messagesegments seine relative Position in der linearen Kette bestimmen würden, sollte dann nicht auch hie und da ein finites Verb am Anfang des Satzes stehen? Das kann es aber (bis auf genau beschreibbare Ausnahmefälle) im Deutschen nicht. Stößt hier das Präzedenzprinzip an die Grenzen formalsyntaktischer Einschränkungen der Wortstellung? Wir wollen hier nicht allzu sehr herumspekulieren. Der einzige Ausweg zur (theoretischen) Rettung des Single-Stage-Systems würde jedenfalls wieder ein Stück weit zu Garretts Konzeption zurückführen. Vor der Lexikalisierung der Message müsste der syntaktische Kodierer »wissen«, mit welchen unverrückbaren syntaktischen Positionen auf dem Weg von links nach rechts durch den Satz er zu rechnen hat. Diese müssten dann beim Lexikalisieren berücksichtigt werden, derart, dass ein Konzept, das aus Präzedenzgründen in zweiter Stelle im Satz erscheint, dann eben entweder als Verb lexikalisiert wird und mit dem Finitum-Morphem fusioniert oder die zweite Position wird inhaltsfrei also pur grammatisch ausgefüllt z.B. mit einer Kopula oder einem inhaltsarmen sog. Funktionsverb. Dadurch würde die semantisch-pragmatisch »zweite« zwar syntaktisch die dritte Phrase im Satz, aber die Umsetzung des semantisch-pragmatischen Präzedenzverhältnisses auf die Reihenfolge der Inhaltswörter wäre gewährleistet.

Die Vorstellung mutet – zugegeben – abenteuerlich an: eine Message mit präzedenzbewerteten Komponenten und ein syntaktischer Kodierer mit First-in-first-out-Charakteristik. Evidenz dafür, dass eher die semantisch-pragmatische Präzedenz die Wortstellung an der Oberfläche determiniert als die syntaktischen Einschränkungen, liefern Übersetzungen: »Le secret principal d'une bonne traduction consiste à trouver les tournures qui permettent d'adopter dans un autre idiome la succession des mots qui se trouve dans l'orginal.« (Weil 1879: 18; dtsch: Das Grundgeheimnis guten Übersetzens besteht im Auffinden von Formulierungen, die möglichst getreu in der anderen Sprache die Wortfolge des Originals erhalten). Wir beenden hiermit das Spekulieren und halten fest, dass die Annahme lexikalisch initiierter syntaktischer Kodierung als Arbeitshypothese weithin geteilt wird.

Gehen wir noch ein paar Fragen nach, die im Rahmen dieser Konzeption gestellt und bearbeitet worden sind. Geradezu in den Vordergrund drängt sich die Frage, wie lexikalischer Zugriff und syntaktische Kodierung koordiniert sind. Da die Lexikalisierung Messagekonzepte voraussetzt, liegt es nahe, dass bei Vorliegen eines lexikalisierbaren Teilstücks der Message auf Lemmainformation im Lexikon zugegriffen wird und die in dem ausgewählten Lemma vorhandene syntaktische Information den Aufbau syntaktischer Struktur veranlasst. Als bewusste, zentral kontrollierte Aktivität hat sich der syntaktische Konstruktionsprozess nicht nachweisen lassen; daher auch die oft unbemerkten syntaktischen Versprecher. Es spricht vielmehr alle Evidenz für einen automatischen Ablauf ballistischer Art. Auf die Frage, wie groß wohl die sprachliche Einheit ist, die der syntaktische Kodierer in einem Pro-

zessdurchgang verarbeitet, ist eine befriedigende Antwort etwa so
einfach wie auf die Frage wie groß die Einheit ist, die der Blumen-
binder beim Binden eines Blumenkranzes in einem Arbeitsgang
verarbeitet. Eine Blume? Eine Blume zusammen mit den bisher
schon ausgewählten? Das Blatt, das von einer Blume entfernt wird?
Der ganze Strauß?

Eine zentrale Rolle spielt jedenfalls das Lemma und eine andere
das Satzglied, das damit gebildet wird, also die Phrase, deren Aufbau durch das Lemma veranlasst wird, im Bild des Blumenbinders
der fertige Strauß. Das Bild macht auch deutlich, dass die Bestimmung der Größe der Verarbeitungseinheit (**processing unit**) auf ein
Kriterium angewiesen ist. Einen guten Kandidaten für ein solches
Kriterium könnte ein Phänomen abgeben, das wir in der Spekulation über die Systematik im Zusammenspiel von Bedeutungswie-
dergabe, Strukturaufbau und Ausdruck der Informationsstruktur
gestreift haben. Erinnern wir uns: Die Leistung des syntaktischen
Kodierens besteht darin, die Bedeutung der Message und die Informationsstruktur so auf eine Wortfolge abzubilden, dass zugleich
den semantisch-pragmatischen Präzedenzeigenschaften jeder Komponente der Message und den syntaktischen Strukturbeschränkungen der Sprache Rechnung getragen ist. Das legt es nahe,
dass eine syntaktische Verarbeitungseinheit gerade eine solche
Teilstruktur ist, die intern nicht weiter nach semantisch-pragmatischen Präzedenzeigenschaften linearisiert ist sondern nach syntaktischen. Anders gesagt: Eine syntaktische Verarbeitungseinheit
ist das strukturelle Ensemble, das zwar als ganzes semantisch und
kontextuell in der Satzkette variabel positioniert wird, dessen Komponenten intern aber durch feste Verarbeitungsmuster positionsfest
sind. Damit ist die Verbindung zur Inkrementalität hergestellt.

Es war oben von der seriell-parallelen Arbeitsweise des syntaktischen Kodierers die Rede. Sie kommt dadurch zustande, dass auf
jeder Verarbeitungsebene die Verarbeitung stückweise geschieht
und ein Stück immer kleiner ist als die ganze Äußerung. Der
Konzeptualisierer erstellt die Message stückweise, der syntaktische
Kodierer die Satzstruktur stückweise, der phonologische Kodierer
die Lautkette stückweise. Sobald ein Stück fertig ist, das alle Informationen enthält, die der folgende Verarbeiter für seine Prozeduren benötigt, wird es in dessen »Zuständigkeit« übergeben und
der vorgeordnete Prozessor hat »die Hände frei« für die Erzeugung
des nächsten Stücks.

Ein einfaches graphisches Schema macht die inkrementelle Arbeitsweise des Sprachproduktionssystems als Ganzem recht augenfällig.

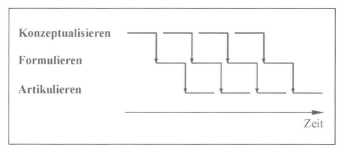

Abb. 4.2: Schematische Darstellung der seriell-parallelen Arbeitsweise der Teilsysteme bei der Äußerungsproduktion. Folge: Inkrementelle Erzeugung der Äußerung (hier ohne Permutation von Inkrementen). (Vgl. Kempen & Hoenkamp 1987: 203; Levelt 1989).

Zurück zur Suche nach der syntaktischen Verarbeitungseinheit. Sollte sich herausstellen, dass zwei konzeptuelle Komponenten in einer Phrase ohne Rücksicht auf ihre individuellen Präzedenzeigenschaften (strukturiert und) linearisiert werden, dann würde man das als Hinweis auf das Wirken von syntaktisch autonomer Verarbeitung halten müssen. Und genau diesem Phänomen gilt eine Serie von Experimenten von Pechmann (1994). Sie hat zum Gegenstand die Produktion von Nominalphrasen. Diese weisen (im Deutschen) nämlich eine solche Merkwürdigkeit auf. Bildet ein Sprecher zur Bezeichnung eines Buches, das rot und relativ klein ist, eine attributiv erweiterte Nominalphrase, so ergibt sich in aller Regel:

(4–8) ... *das kleine rote Buch* ...

Bemerkenswert daran ist, dass die kognitive Zugänglichkeit von *rot* höher ist als die von *klein* und die von *Buch* höher als die von *klein* aber geringer als die von *rot*. Ohne Einwirkung anderer als der rein semantischen Präzedenz sollte die Reihenfolge also sein:

(4–9) ... *das rote Buch kleine* ...

Die semantische Präzedenz lässt sich in separaten Reaktionszeitexperimenten (Farbe, Größe, Objekt) mit Bildbenennungsaufgaben ermitteln. Ebenso, und unabhängig davon, lässt sich in Ratingexperimenten und in Objektbezeichnungsexperimenten die kanonische Reihenfolge von Größen- und Farbattribut und Objektnamen ermitteln. Pechmanns Befunde besagen unzweideutig,

dass der syntaktische Kodierer etwas produziert, was mit der semantischen Präzedenz nicht übereinstimmt, nämlich Ausdrücke
der Form 4–8 bei Präzedenzverteilung wie in 4–9. Der Effekt der
syntaktisch abgekapselten Verarbeitung ist offenbar sehr stark; er
tritt auch bei der umgekehrten Prozedur auf, also beim syntaktischen Verstehen. Das erweist sich dadurch, dass Versuchspersonen für die Bewertung, ob eine Nominalphrase (*das gelbe kleine
Buch*) mit einer zuvor auf dem Bildschirm präsentierten (*das kleine
gelbe Buch* oder *das gelbe kleine Buch*) identisch ist oder nicht, immer gleich viel Zeit benötigen; die Beurteilungszeit wird von der
Reihenfolgevariation nicht beeinflusst. Aus diesem Befund lässt
sich schließen, dass die komplexe NP intern nicht inkrementell
kodiert wird, dass also die NP für die Wortstellungsprozeduren
eine geschlossene Verarbeitungseinheit des syntaktischen Kodierens ist. So erwies sich spät, dass einer syntaktischen Regularität,
die Greenberg (1966: 87) in allgemeinerem Format in Universal
Nr. 20 beschrieben hat, auch kognitive Realität zukommt. Für
diese Annahme spricht auch der Befund von Pickering & Branigan (1998), dass sich ganze NPs in ihrer Reihenfolge primen
lassen, das sog. Argument-Priming. Einschränkend ist angesichts
neuer Beobachtungen allerdings zu konstatieren, dass inkrementelle Produktion auch innerhalb der Phrase ablaufen kann, wenn die
zu kodierende Information dem Konzeptualisierer erst sukzessive zugeht, z.B. wegen zeitlicher Reihenfolgen im Wahrnehmungsprozess. Das ergibt sich aus Eye-Tracking-Experimenten mit einer
Objektsbezeichnungsaufgabe. In einem Experiment von Brown-
Schmidt & Tanenhaus (2006) sahen je zwei Versuchspersonen,
ein Sprecher und ein Adressat, Tafeln mit Abbildungen von Objekten und Figuren. Auf der Sprecherseite wurde ein Objekt durch
plötzliche Einfärbung gekennzeichnet und der Sprecher hatte die
Aufgabe, dem Adressaten dieses Objekts durch eine Nominalphrase zu bezeichnen, der es daraufhin auf seiner Tafel identifizieren
und mit dem Cursor anklicken sollte. Die Sprecheraufgabe wurde
nach zwei Bedingungen variiert; es gab einfache Objekte (Dreieck,
großer Kreis) und komplexe Objekte (Rechteck mit Kreisen, Kreis
mit kleinen Herzen) und es gab manchmal formgleiche aber in der
Größe kontrastierende Objekte in der selben Tafel und manchmal
nicht.

Die Bezeichnungsaufgabe war aber nach »Form (einfach/kom-
plex)« und »Kontrast vorhanden (ja/nein)« variiert. Sprecher- und
Adressatenrolle wurden während eines Versuchsdurchgangs ge-
tauscht. Gemessen wurden die Blicke auf die Kontrastobjekte (ja/
nein bzw. früh/spät), die Form der Nominalphrase und die Latenz

bis zum Artikulationsbeginn von Teilausdrücken der Bezeichnung. Untersucht werden sollte, ob der relative Zeitpunkt der Kontrastwahrnehmung durch den Sprecher sich auf die Form und auf die Konzeptualisierungsreihenfolge bei der Produktion der Bezeichnung auswirken. Die Daten zeigen u.a.:

a) bei Bezeichnungen einfacher Objekte, dass frühere Kontrastwahrnehmung zur Verwendung von pränominalen Attributen führt (*großes Dreieck*), späte zu postnominalen (*Dreieck, groß*); vgl. dort Abb. 2, S. 599;

b) bei einfachen Bezeichnungen mit pränominalen vs. postnominalen Attributen, dass der Artikulationsbeginn (VOT) bei ersteren signifikant später ist als bei letzteren; vgl. Abb. 4, S. 601;

c) dass bei komplexen Objekten mit pränominalen Attributen in der PP (*das Rechteck mit den großen Herzen, das Rechteck mit den Herzen, großen*) kein Unterschied zwischen den VOT-Zeiten bestand. Das zeigt, dass der Nachtrag der Kontrastinformation in der nachgestellten PP sich nicht auf den zeitlichen Ablauf bei Beginn der Produktion der (komplexen) NP auswirkt, also inkrementell innerhalb der Nominalphrase organisiert ist.

Für die Verbalphrase gilt das natürlich a fortiori, wie die Befunde zum Belebtheitseffekt auf die Position der Verbargumente im Satz gezeigt haben. Dass die Verbalphrase, die ja zusammen mit den grammatischen Kategorien der Konjugation (Finitheit, Tempus, Modus) den Kernsatz bildet, inkrementell kodiert wird, ist durch eine Reihe von Experimenten mit verschiedenen Methoden recht stabil untermauert. Am Anfang stand, wie gesagt, Bock & Warren (1985) mit einer Satzerinnerungsaufgabe. Versuchspersonen hören Sätze mit je einem belebten und einem unbelebten Referenten, abwechselnd in Subjekts- und Objektsposition (*Der Arzt behandelte den Schock. – Der Schock wurde vom Arzt behandelt.*). Nach einer Ablenkaufgabe hört die Versuchsperson ein Verb aus einem der gehörten Sätze und soll aus dem Gedächtnis den dazu gehörenden Satz aufschreiben. Die Ergebnisse zeigen einen überzufälligen Einfluss der semantischen Eigenschaften der Nomina. Konkrete Nomina, u.a. eben auch belebte, werden abweichend vom gehörten Satz bei der Wiedergabe in der Subjektposition genannt. Van Nice und Dietrich fanden in Szenenbeschreibungsexperimenten im Deutschen mit allen vier Belebtheitskomponenten (belebt-belebt, belebt-unbelebt, unbelebt-belebt, unbelebt-unbelebt) weiter heraus, dass der sog. Belebtheitseffekt auf die Wortstellung offenbar das Ergebnis des Zusammenwirkens von zwei separaten Effekten ist, einem Belebtheitseffekt (belebte Referenz voran) und einem Un-

belebtheitseffekt (unbelebte Referenz hintan), die unabhängig von
einander wirken. Konnte man die Befunde von Bock & Warren
(1985) ebenso wie die der Single-Stage-Protagonisten noch mit
einem Modell vereinbaren, in dem dem syntaktischen Kodierer
die gesamte VP mit den Argumentsphrasen gleichzeitig zugänglich
ist, so spricht die »Dual Animacy«-Theorie von Dietrich & Van
Nice (vgl. Van Nice & Dietrich 2003) deutlich für inkrementelle
Verarbeitung.

Diese Annahme bestätigt auch ein Befund aus einem Satzer-
gänzungsexperiment von Schriefers, Teruel & Meinshausen (1998).
Versuchspersonen hörten den Anfang eines Satzes (*Und auf dem
nächsten Bild* ... oder ... *Auf dem nächsten Bild sieht man, wie* ...).
Dann erscheint ein Bild von einem Ereignis mit einem oder zwei
Referenten. Es soll so beschrieben werden, dass die beschreibende
Äußerung syntaktisch zu dem Einleitungssatz passt, also einmal mit
einer Subj-(Obj)-Verb-Äußerung, einmal mit Inversion, Verb-Sub-
jekt-(Obj). In beiden Aufgaben wurde der lexikalische Zugriff auf
Komponenten der Äußerung durch ein Ablenkungswort (distrac-
tor item) gestört, das zu geeigneter Zeit links und rechts neben der
Ereignisdarstellung geschrieben erscheint. Es soll den Zugriff auf
das Verblemma verzögern. Das Verfahren heißt **Bild-Wort-Interfe-
renz-Verfahren**. Es dient dazu, den Zeitpunkt des Lexikonzugriffs
zu ermitteln. Das gelingt dadurch, dass das Ablenkungswort während des Produktionsvorgangs zu unterschiedlichen Zeiten nach
Auftauchen des Bildstimulus eingeblendet wird. Die Verschiebung
heißt **Stimulus-Onset-Asynchronie** (SOA). Hat das Ablenkwort
nur zu einem SOA-Wert einen deutlichen Einfluss, so kann man
daraus folgern, dass dieser in dem Intervall des Lexikonzugriffs
liegt, was man damit zeitlich eingegrenzt hat. Als Wörter mit ablenkendem Effekt haben sich in früheren Objektbenennungsexperimenten und Produktionsexperimenten bedeutungsähnliche Wörter erwiesen (vgl. Schriefers, Meyer & Levelt 1990; Meyer 1996).

Zurück zur inkrementellen syntaktischen Kodierung. Die Ergebnisse von Schriefers, Teruel & Meinshausen (1998; hier nur
Exp.2) zeigen nun, dass bei Produktion eines S-V-O Satzes auf das
Subjekts- und das Verblemma nicht gleichzeitig zugegriffen wird,
sondern zeitlich gestaffelt, zuerst auf das Lemma des Subjektsno-
mens dann auf das Verblemma. Hier kommt nun die Modulari-
tätsannahme zur Geltung. Ein Merkmal eines modularisierten kognitiven Teilsystems ist, wie in Kapitel 4.1 dargestellt, dass es bei
Vorliegen seines spezifischen Input zwangsläufig (engl. mandatory)
zu arbeiten beginnt. Aus der Tatsache des sukzessiven Lemmazu-
griffs lässt sich rückschließen, dass auch die Messagekomponenten,

die den Zugriff ausgelöst haben, sukzessiv syntaktisch kodiert werden. Dies wäre eine weitere starke Bestätigung für die inkrementelle syntaktische Kodierung.

Noch überzeugender sind Ergebnisse von Augenbewegungs-
experimenten mit einer Szenenbeschreibungsaufgabe (vgl. Griffin
1998 und Griffin & Bock 2000). Englischsprachigen Versuchspersonen wurde die bildliche Darstellung eines Ereignisses mit
zwei Beteiligten (beide belebt) am Bildschirm gezeigt, die sie mit
einem einfachen Aktiv- oder Passivsatz beschreiben sollten. Gemessen wurde, auf welche Bildregionen der Blick der Versuchspersonen bei der Produktion der Äußerung wie lange gerichtet
war. Die Ergebnisse zeigen, dass die Handlungsbeteiligten nacheinander mit den Augen fixiert werden und dass die Bezeichnung
des zuerst Fixierten sprachlich geäußert wird, bevor die Fixation
auf den zweiten abgeschlossen ist. Da die Augenbewegung als ein
direkter Indikator der Fokussierung der Aufmerksamkeit des kognitiven Systems angesehen wird, spricht dieses Ergebnis ebenfalls
für die sukzessive Verarbeitungsweise des Sprachproduktionssystems, kurz die Theorie von der inkrementellen Sprachproduktion.
Dieser Befund ist verschiedentlich bestätigt worden und der Effekt
entsprechend stabil; Abbildung 4.3 zeigt eine typische Verteilung
von Fixationsdauern bei der Äußerung eines aktivischen transitiven Satzes wie *Der Pudel rasiert die Ziege.*

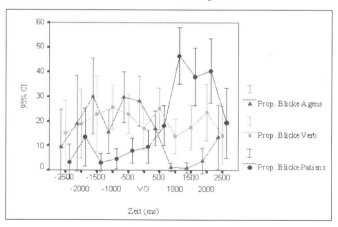

Abb. 4.3: Verteilung der Aufmerksamkeit (Ordinate) auf die Verbregion
und beide Referenten bei der Beschreibung eines ›transitiven‹ Ereignisses
mit einem Aktivsatz; VO (= Voice Onset) bezeichnet den Zeitpunkt des
Sprechbeginns.

4.3.5 Das Zusammenspiel von syntaktischer und phonologischer Kodierung und Lexikonzugriff

Die mentale Repräsentation einer syntaktischen (Teil-)Struktur kann man nicht hören oder sehen. Dass sie überhaupt erzeugt wird, hat Garrett aus der Existenz von Malopropismen (*Programm* statt *Pogrom*) geschlossen und angenommen, dass sie beim Zugreifen auf die lautliche Information zum schon syntaktisch kodierten Lemma in einer Phrase geschehen. Diese Annahme führte bekanntlich zu der allgemeinen Schlussfolgerung, dass im Zuge der Äußerungsproduktion nicht nur einmal sondern mindestens zweimal lexikalisches Wissen abgerufen wird; erst Lemmainformation, dann für die phonologische Kodierung Lexeminformation und zwar in einem strikt seriellen Vorwärtsverfahren (strict-serial feedforward model); vgl. Levelt et al. (1999).

Demgegenüber wird in Dell's Modell (1986) angenommen, dass sich Aktivationen bei Lexikonzugriff **kaskadierend** ausbreiten und dass es auch Bottom-up-Aktivationen gibt, also Aktivationen von der Lexemebene »hoch« auf die Lemmaebene. In einer dritten Modellarchitektur, dem »Independent Network«-Modell, kann Aktivation vom semantisch-konzeptuellen Netzwerk unabhängig auf syntaktische und phonologische Information fließen; vgl. Caramazza (1997). Doch zurück zum strikt seriellen Modell.

Um diese Hypothese auf mehr als nur Versprecherdaten zu stützen, wurde der zeitliche Ablauf des Lexikonzugriffs auch experimentell ausgiebig untersucht. Die Anstrengungen sind auch dadurch motiviert, dass mit der Aufklärung dieser Prozesse Aufschluss hinsichtlich der Systematik generell gewonnen werden sollte. Erhärtet sich nämlich, dass lexikalische Information in zwei Stufen aktiviert wird und zwar sukzessiv, so spricht das stark für eine generell serielle Arbeitsweise des Systems. Denn es kann ja nicht parallel zur syntaktischen Kodierung auch die Lautform erzeugt werden, wenn keine Lexeminformation verfügbar ist. Viel überzeugende Evidenz für einen doppelten und seriellen Lexikonzugriff haben experimentelle Untersuchungen im Rahmen des sog. Nimwegener Modells der Sprachproduktion (Levelt 1989) zu Tage gebracht; die Experimente sind zum größten Teil Reaktionszeitexperimente mit Objektbenennungsaufgaben. Sie ergänzen so die Versprecherdaten und Beobachtungen aus nicht misslungenen Produktionsvorgängen, und außerdem bilden RT-Daten (reaction time) ein Fenster, das den zeitlichen Eigenschaften des Produktionsvorgangs näher ist. Die reichhaltige und ungemein lebhafte und produktive Lexical-Access-Forschung kann hier nicht vorgeführt werden. Den Zwischenstand zum Anfang der 1990er Jahre dokumentiert Levelt (1993), die Gesamttheorie Levelt, Roelofs & Meyer (1999) und die Ergebnisse der einschlägigen neurolinguistischen Lokalisierungsuntersuchungen Indefrey & Levelt (2000).

Wir präsentieren hier lediglich eine Skizze der Theorie eines der auch methodisch spektakulärsten Experimente sowie das Gesamtergebnis der neurolinguistischen Befunde. Das Modell beschreibt drei Seiten des Lexikonzugriffs, die Struktur der lexikalischen Information, die Schritte des lexikalischen Zugriffs und die zeitliche Koordination der Schritte je nach sprachlicher Aufgabe (vgl. Roelofs 1992). Das mentale Lexikon ist eine Netz von Informationen, die inhaltlich in drei Bereiche (Ebenen, levels) gegliedert sind: eine konzeptuelle, eine syntaktisch-morphologische und eine phonologische. Es ist theoretisch konzipiert als ein Netzwerk-Modell (Knoten und Verbindungen) mit drei Lagen (layer, stratum), in dem Information aktiviert wird durch Aktivationsfluss von Knoten zu Knoten. Ob Aktivation sich von einem aktivierten Knoten zu verbundenen Knoten ausbreitet (activation spreading), hängt von der Stärke der Aktivation ab, die ihrerseits eine Funktion der an dem Knoten ankommenden Aktivation und seiner Grund-

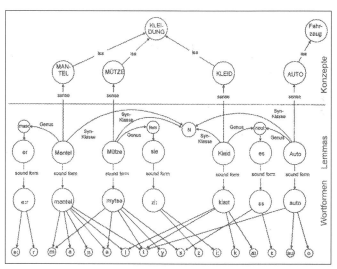

Abb. 4.4: Schema des lexikalischen Netzwerks (Ausschnitt) für nach dem Nimwegener Modell; vgl. Levelt, Roelofs & Meyer (1999: 4).

aktivation ist. Letztere bestimmt sich u.a. nach der mittleren Häufigkeit seiner Aktivation. Einen illustrativen Ausschnitt des mentalen Lexikons für einige Nomina des Deutschen, zeigt Abb. 4.4. Die konzeptuellen Einheiten sind Knoten, zwischen denen semantische Relationen bestehen. Jedes Konzept ist mit einem Lemma verbunden, das die Verbindung zu den syntaktischen Eigenschaften des Wortes herstellt (Wortart, Argumentstruktur des Wortes, morphologische Merkmale etc.). Außerdem hat jedes Lemma Verbindung zu genau einem Lexem, in dem die Informationen über die Lautform gebündelt sind, seine Silbenstruktur, die zu Grunde liegende phonologische Form und die abgeleitete phonetische Realisierung mit kontextbedingter Umordnung der Silbengliederung (Resilbifizierung).

Die Produktion eines Wortes beim Sprechen umfasst also die Aktivation des Konzepts (als Teil der Message), die Aktivation des Lemmas, die Aktivation des Lexems und schließlich die Innervation der artikulatorischen Bewegungen; vgl. Abb. 4.5.

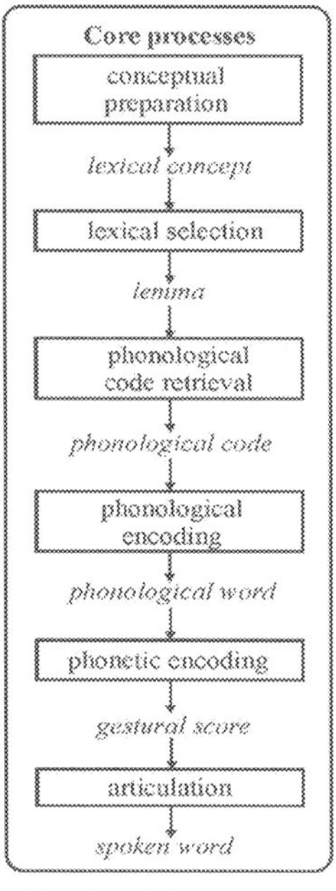

Die Zusammenhänge, die in einem Symbolverarbeitungsmodell durch regelhafte Überführung von Ausdrücken einer Symbolsprache in Ausdrücke einer anderen (z.B. morphologische Merkmale in phonologische Merkmale) beschrieben sind, sind in einem Netzwerk durch die Struktur des Netzes modelliert. Von einem morphologischen Knoten gehen Verbindungen eben nicht zu allen phonologischen Formen, sondern nur zu denen, die der morphophonologischen Struktur der jeweiligen Sprache entsprechen. Ein Netzwerk-Modell wirft nun theoretisch eine Reihe von Fragen auf. Ein Netz, in dem letztlich ja jeder Knoten mit allen verbunden ist, direkt oder indirekt, ist ein mächtiges Modell, zu mächtig angesichts der Realität der Sprachverarbeitung. Eine grundsätzliche Frage ist, ob die Sprachproduktion und das Sprachverstehen über ein und dasselbe lexikalische System laufen. Wenn das nicht so wäre, müsste man separate lexikalische Systeme annehmen. Wenn

Abb. 4.5: Schema der Schritte bei der Produktion eines Wortes beim Sprechen nach dem Nimwegener Modell

es aber so wäre, würde man erwarten, dass Information grundsätzlich in beiden Richtungen fließen kann und das auch tatsächlich geschieht. Man müsste also erwarten, dass ein Knoten, der einen anderen Knoten aktiviert, von diesem umgehend wieder aktiviert wird, dass der Mensch, der eine Äußerung versteht, sie auch automatisch (Modularität!) leicht zeitversetzt wie ein Echo reproduziert. Da das offenbar nicht der Fall ist, werden Einschränkungen im Informationsfluss des mentalen Lexikons angenommen. Eine Annahme ist, dass die Stärke der Aktivation bei ihrer Ausbreitung abnimmt. Ein Knoten, der einen anderen aktiviert, kann von diesem deshalb nicht in gleicher Stärke aktiviert werden, sofern er nicht anderweitig zusätzliche Aktivation erfährt. Eine andere Vorstellung ist, dass ein Knoten nach Weiterleitung seiner Aktivation für eine gewisse Zeit blockiert ist und gar nicht aktivierbar ist; auf **Aktivation** folgt automatisch **Inhibition**.

Wie der Informationsfluss im mentalen Lexikon tatsächlich eingeschränkt ist, ist eine empirische Frage. Da die Vorgänge nun aber mit den gegebenen Verfahren nicht zu beobachten sind, werden die Entscheidungen für diese oder jene Modellarchitektur theoretisch begründet und soweit möglich auf Verhaltensbeobachtungen gestützt. Die richten sich in diesem Fall auf das Zusammenspiel von Produktion und Rezeption. Die generelle Frage ist, ob die Produktion eines Wortes durch die Rezeption von ablenkendem Sprachmaterial beeinflusst wird. In Objektbenennungsexperimenten nach der Bild-Wort-Interferenz-Methode wurde geprüft, welche Distraktorelemente die Produktion der Objektbezeichnung relativ zu einer neutralen Verzögerung, die bei Distraktion immer eintritt, stärker oder geringer beeinträchtigen. **Die relevanten Befunde sind die folgenden:**

- Ein Distraktorwort beeinflusst den Morphemknoten des zu produzierenden Zielwortes.
- Ein phonologisches Distraktorelement beeinflusst den entsprechenden phonologischen Teil der Produktion.
- Ein Distraktorwort beeinflusst das entsprechende Lemma des Zielwortes.

Mitverstanden ist damit, dass lautliche Wahrnehmung nicht das Lemma des Zielwortes beeinflusst. Für den Informationsfluss bei der Produktion heißt das, dass bei der Aktivierung eines Lemmas durch Aktivation von Nachbarn des auslösenden Konzepts auch benachbarte Lemmata aktiviert werden, nicht aber Nachbarelemente des Ziellexems. Eine in diesem Rahmen nicht erklärbare Ausnahme wurde allerdings beobachtet, wenn das Distraktorwort dem Ziellemma semantisch sehr ähnlich ist, wie zum Beispiel die Paare *Beil-Axt, Mauer-Wand, Teufel-Satan* (vgl. Jescheniak 2002).

Schließlich lässt noch ein anderer Umstand auf das Bestehen von Kanalisierungen des Informationsflusses im Lexikon schließen. Selbst unter der Annahme von prinzipiell unidirektionaler Aktivationsausbreitung von oben nach unten (top down) käme es zu Komplikationen, wenn bei gleichzeitiger Aktivation von mehreren Knoten nicht sichergestellt würde, dass die von diesen Knoten wiederum aktivierte Information in der Verarbeitung so zusammen bleiben würde, wie sie vertikal geordnet ist. Wäre diese sog. **vertikale Bindung** nicht sichergestellt, würde man eine große Zahl von Vertauschungen im Output erwarten, also z.B. Verbendungen an Nomina, Silbenvertauschungen und Lautvertauschungen. Dass die Zahl aber sehr gering ist, lässt darauf schließen, dass ein Mechanismus die Zugehörigkeit des aktivierten Materials zum aktivierenden Element und die diesem Element entsprechende lineare Ordnung gewährleistet.

Man könnte sich vorstellen, dass der Fall, dass ein einfaches Element zur falschen Zeit im falschen Kontext auftaucht, durch eine entsprechende zeitliche Abstimmung der sequentiellen Elemente organisiert ist und dass eben Versprecher gerade dann entstehen, wenn diese zeitliche Organisation versagt. Eine alternative Vorstellung ist, dass es bei jeder Aktivation eines Knotens eine explizite Rückversicherung »nach oben« gibt, die die korrekte Bindung an den höheren Knoten prüft. Dies ist der Vorschlag im Nimwegener Modell (vgl. Levelt, Roelofs & Meyer 1999: 7).

Nun zur zeitlichen Abfolge von syntaktischer und phonologischer Kodierung. Sollte sich, wie gesagt, herausstellen, dass auf Lemma und zugehöriges Lexem im Produktionsvorgang zeitlich nacheinander zugegriffen wird und ein aktiviertes Lexem zwar Nachbarlexeme, diese aber nicht »ihre« Lemmata aufwärts (bottom up) aktivieren können, dann wäre das ein gewichtiges Argument für die strikt serielle Systematik innerhalb des Formulators. Genau dies besagen die Ergebnisse von u.a. zwei Experimenten, die wir abschließend kurz betrachten. Das eine, frühere ist ein RT-Experiment (rt = reaction time), das spätere eine Experiment mit EEG-Ableitungen während der Verarbeitung.

Die Frage ist, wie gesagt, ob Lemmazugriff und Lexemzugriff bei der Produktion zeitlich separate Vorgänge sind und der erste dem zweiten vorangeht oder ob die Zugriffsintervalle auf beide Informationen sich stark überlappen. Das erste Ablaufmuster nimmt also zwei diskrete Schritte an (**Diskrete Zwei-Phasen-Theorie**), das andere zwei weitgehend zeitgleiche Aktivationsvorgänge (**Ak-**

tivationsausbreitungstheorie). Da bekannt ist, dass ein Distraktorwort, das beim Produktionsprozess aufgenommen wird, den lexikalischen Zugriff für die Produktion beeinflusst, kann man versuchen, solche Distraktorwörter zu präsentieren, die den Lemmazugriff beeinflussen (semantische Distraktorwörter, kurz S-Wörter), solche, die den phonologischen Zugriff beeinflussen (phonologische Distraktorwörter, kurz P-Wörter), solche die mit dem Zielwort identisch sind (I-Wörter) und solche, die keine semantische und keine phonologische Ähnlichkeit mit dem Zielwort haben (neutrale oder unrelatierte Wörter U-Wörter). Hat man dieses Material, muss man zwei Aufgaben, eine Produktionsaufgabe und eine Rezeptionsaufgabe, finden, die man zeitlich kontrolliert kombinieren und gegeneinander versetzt auslösen kann. Gelingt es, z.B. eine Produktionsaufgabe zu konstruieren für die man – nach Vorexperimenten – die Bearbeitungszeit hinreichend genau vorhersagen kann, dann kennt man schon mal die Länge des Gesamtintervalls für den Produktionsvorgang. Findet man des Weiteren eine Rezeptionsaufgabe, die man zeitlich ebenso gut kontrollieren kann, dann kann man ermitteln, wann die Prozesse, die bei der Verarbeitung der beiden Aufgaben ablaufen, sich gegenseitig mehr oder weniger stören.

Levelt und Mitarbeiter haben dazu eine Objektbenennungsaufgabe und eine lexikale Entscheidungsaufgabe verwendet. Bei ersterer wird ein Bild mit einem gezeichneten Objekt gezeigt und die Versuchsperson soll das Objekt so schnell wie möglich benennen. Bei der lexikalen Entscheidungsaufgabe wird ein Wort oder ein Non-Wort auditiv oder visuell präsentiert (im gegebenen Fall auditiv) und die Versuchsperson soll so schnell wie möglich entscheiden, ob es sich um ein Wort handelt oder nicht, und die Entscheidung durch Knopfdruck anzeigen. Diese lexikale Entscheidung setzt voraus, dass im mentalen Lexikon nach dem Wort gesucht wird. Ist es darin enthalten, werden bei diesem Suchvorgang die entsprechende Lexem- und Lemmainformation aktiviert. Dieser Aktivationsvorgang nun läuft ungestört ab, wenn man nur die Entscheidungsaufgabe zu bearbeiten hat. Ist aber gleichzeitig noch eine Benennungsaufgabe zu bearbeiten, kommen sich die beiden Prozesse sozusagen entgegen. Wenn es nun gelingt, die beiden Prozesse zeitlich so auszulösen, dass sie sich mal auf Lexem-, mal auf Lemmaebene »begegnen«, sollte sich das auf die Wortentscheidungslatenz (i.e. die Zeit, die für die Bearbeitung gebraucht wird), auswirken.

Die Logik des Experiments ist die: Sofern sich herausstellt, dass sich Lexem- und Lemmazugriff nicht gleichzeitig sondern nur

nacheinander stören lassen, spricht dieses Ergebnis dafür, dass der
Produktionsvorgang nicht in stark überlappender Weise abgelau-
fen ist, sonst hätte er die lexikale Entscheidung nicht in zeitlich
separaten Phasen stören können. Das wäre also Evidenz zugunsten der diskreten Zweiphasen-Theorie und diesen Befund haben
die Ergebnisse der Untersuchung von Levelt et al. (1991) erbracht.
S-Wörter werden verzögert positiv entschieden, wenn sie in einem
Intervall bearbeitet werden, in dem der Benennungsvorgang gerade
das semantisch ähnliche Lemma aktiviert. Die Entscheidung von
P-Wörtern wird bei dieser zeitlichen Konstellation aber weniger
verzögert. Anzumerken ist aus heutiger Sicht dazu noch, dass nach
damaligem Stand der Erkenntnis die semantische Information als
Bestandteil der Lemmainformation angesehen wurde und nicht
als eine separate Information auf einer höheren Ebene. Es ist also
methodisch nicht gesichert, ob der Distraktoreffekt auf der Lemmaebene oder auch höher aufgetreten ist.

Dieser Unsicherheit ist nachgegangen worden und zwar mit
einer Methode, die die kognitiven Prozesse aus nächster Nähe
beobachten lässt. Kognitive Vorgänge äußern sich nicht nur darin, dass sie Zeit brauchen, sondern auch in Schwankungen elek-
trischer Energie im Gehirn. Diese Schwankungen können an der
Kopfhaut mit empfindlichen Elektroden gemessen und graphisch
dokumentiert werden; so entsteht das **Elektroenzephalogramm**.
Unterschiedliche kognitive Aktivitäten lösen unterschiedliche Ener-
gieschwankungsmuster, sog. **Potentiale** aus, die Bearbeitung lautlicher Phänomene andere als die Verarbeitung syntaktischer oder
(wieder andere) semantischer Probleme. Auch die Hirnaktivität bei
der Vorbereitung motorischer Reaktionen weist spezifische Muster
auf. Die Muster unterscheiden sich in der Polarität der Ströme und
in der Latenz, in der sie – nach Auftreten des Problems – ihre maximale Amplitude erreichen. Ferner sind unterschiedliche Aktivitäten an unterschiedlichen Stellen des Gehirns mehr oder weniger
stark zu messen. Aus Ergebnissen einer großen Zahl von EEG-
Untersuchungen sind einige spezifische Zusammenhänge zwischen
externen, vom Menschen wahrgenommenen Ereignissen und den
durch sie ausgelösten elektrophysiologischen cerebralen Vorgängen
bekannt: in der psycholinguistischen Verstehensforschung besonders ein negatives Potential, das über die gesamte Kopfhaut hin
zu messen ist, stärker im hinteren als im vorderen Feld; es erreicht seine maximale Ausprägung durchschnittlich 400 ms nach
Ereignisbeginn (daher **N 400**) und wird durch semantische Unge-
reimtheiten in einer Äußerung ausgelöst. In seiner Folge entdeckt
wurde ein positives Potential mit einer durchschnittlichen Latenz

von 600 ms (**P 600**). Es wird durch das Auftreten syntaktischer Abweichungen im Satz ausgelöst und geht oft mit der N 400 einher, was zu der Annahme geführt hat, dass es eigentlich einen kognitiven Reparaturmechanismus anzeigt (vgl. Kutas & van Petten 1994).

Nicht auf sprachliche cerebrale Aktivitäten bezogen, aber für deren Untersuchung ausnutzbar ist ein motorikbezogenes Potential. Es ist negativ, links- und rechtszentral messbar, tritt einige hundert Millisekunden (etwa 200) vor einer Muskelaktivität von Fingern der linken oder der rechten Hand auf und endet abrupt mit Einsetzen der overten Bewegung. Es fällt auf der kontralateralen Hirnseite etwas stärker aus als auf der ipsilateralen, also bei Bewegung rechts etwas stärker auf der linken Hirnseite und umgekehrt. Was macht es speziell für die Sprachproduktionsforschung so nützlich?

Overte Sprachproduktion geht mit artikulatorischer Aktivität einher und motorischer Aktivität geht immer cerebrale Aktivität voraus. Diese vermischt sich mit Potentialen von höheren kognitiven Prozessen so, dass letztere an der Kopfhaut nicht mehr separat zu messen sind. Infolge dessen sind EEG-Messungen für die Untersuchung von Sprachproduktionsprozessen nicht direkt zu verwenden. Wenn es aber gelingt, präartikulatorische Sprachproduktionsaktivitäten, also Konzeptualisierungs-, syntaktische und phonologische Kodierungsprozesse oder Zugriff auf das lexikalische Wissen mit Handbewegungen zu koppeln, dann lässt sich durch Messung der lateralen Potentiale die Abfolge der kognitiven Prozesse natürlich genauer erfassen als durch die overte Handbewegung selbst. Der Bewegung eines Fingers oder auch seiner Nicht-Bewegung ist nämlich nur spät oder auch gar nicht zu entnehmen, wann die overte Reaktion ausgelöst wurde; eine Nicht-Reaktion ist sogar unbrauchbar mehrdeutig. Das Nicht-Bewegen eines Fingers auf einer Push-Button-Box lässt nämlich nicht erkennen, ob gar keine Bewegung initiiert war oder ob eine initiierte Bewegung gestoppt worden ist, bevor die Muskeln tätig werden konnten. Dazwischen können nämlich bis zu 1500 ms verstreichen. Und über die cerebralen Vorgänge in genau dieser Zeit gibt die Messung der lateralen Potentiale Auskunft.

Dazu nutzt man eine besondere Eigenschaft des lateralen Potentials. Sofern der Mensch darauf vorbereitet ist, auf ein bestimmtes Ereignis hin den Finger zu bewegen, baut sich das Potential nach Eintreten des Ereignisses und vor der overten Reaktion eine Zeit lang auf und kann während dieser Zeit bis zu einem gewissen »Point of no return« noch abgebrochen werden. Der Organismus begibt sich quasi in Bewegungsbereitschaft, ein Vorgang, der sich in dem **lateralen Bereitschaftspotential** (LRP = lateralized readyness potential) äußert, auch wenn die Bewegung letztlich abgebrochen wird. Dieses Potential zu ermitteln, ist kompliziert, weil zum einen alle cerebralen Ereignisse ausgefiltert werden müssen, die gar nichts mit der Bewegungsvorbereitung zu tun haben; auch der ipsi- und kontralaterale Stärkeunterschied muss ausgeglichen werden und natürlich die Schwankungen von Einzelfall zu Einzelfall. Wir gehen auf die Details der Berechnung nicht ein. Sie sind gut verständlich dargestellt bei Coles (1989).

Damit zurück zur Frage des **Zeitablaufs beim Lexikonzugriff**. Um die Bezeichnung eines bildlich dargestellten Objekts (*Bär, Schaf, Buch, Schuh* etc.) zu produzieren, muss das entsprechende Nomen aktiviert werden. Soll die Bezeichnung die Form einer vollständigen Nominalphrase haben, gehört noch ein Artikel dazu und wenn das Objekt farbig dargestellt ist und die Farbe auch noch angegeben werden soll, dann hat die NP die Form Artikel + Farbadjektiv + Nomen – im Deutschen in dieser Reihenfolge. Damit der Ausdruck syntaktisch wohlgeformt ist, müssen die drei Wörter genuskongruent sein und zwar im Genus des Nomens, eine Information, die über das Lemma des Nomens zu finden ist; außerdem müssen natürlich die richtigen lautlichen Formen der drei Wörter produziert sein.

Ein solches Objektbenennungsexperiment hat Van Turennout (1997, Kap. 3) durchgeführt. Um nun Einblick in den Zeitablauf der Kodierung zu bekommen, hat sie die Benennungsaufgabe hin und wieder mit zwei weiteren Aufgaben verbunden, einer Klassifikationsaufgabe, die entweder eine grammatische oder eine phonologische Eigenschaft des Nomens betraf und mit einer **go/no-go-Entscheidung**, ebenfalls abhängig von einer lexikalischen Information des Zielnomens. Das Experiment wurde unter zwei Bedingungen durchgeführt. In der Bedingung 1 war die Aufgabe, die abgebildeten farbigen Objekte in einer Adj-N-Phrase in Niederländisch zu beschreiben. Manchmal erschien nach 150 ms ein quadratischer Rahmen um das Objekt, woraufhin vor der Bezeichnung eine Klassifikationsaufgabe zu lösen war. War das Zielwort ein Common-Gender-Wort (im Niederländischen der def. Artikel *de*), sollte mit der linken Hand ein Knopf gedrückt werden, war es ein Neuter-Gender-Wort (*het*), mit der rechten Hand ein anderer. Die Ausführung der Bewegung war an eine weitere Entscheidung gebunden, nämlich eine phonologische: War es ein Wort, dessen Schreibung mit *b* anfängt, sollte die Bewegung ausgeführt werden (go), bei *s*-Anfang nicht (no go). Dann verschwand das Bild und die Bezeichnung sollte – wie in allen diesen Trials (Durchläufen) ausgesprochen werden. Gemessen wurde u.a. das laterale Bereitschaftspotential, sofern eines auftrat.

In der zweiten Bedingung wurden die Reaktionen zwischen den beiden Entscheidungsaufgaben vertauscht. Die *b*-Wort/*s*-Wort-Entscheidung bestimmte die Hand (links, rechts) und die Genusentscheidung (*de* oder *het*) die go/no-go-Entscheidung. Wieder wurden LRPs gemessen.

In unserem Zusammenhang ist nun interessant, dass bei den Durchgängen unter der ersten Bedingung (Genus: Hand; Laut: go/no go) immer ein LRP auftrat, unter der zweiten Bedingung in den no-go-Trials aber keines. Wir illustrieren das Ergebnis durch ein kleines Ablaufschema; vgl. Abb. 4.6.

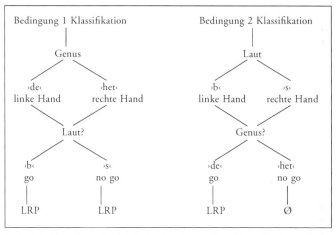

Abb. 4.6: Verteilung der LRPs in einer Genus/Lautklassifikationsaufgabe mit go/no-go-Entscheidung (vgl. Van Turennout 1997).

Was besagt die Verteilung der LRPs? Sie besagt, dass immer, wenn zuerst das Genus beurteilt wurde und dann die Lautung, sich ein LRP aufgebaut hat, auch wenn die Bewegung nicht ausgeführt werden sollte. Wurde aber zuerst die Lautung beurteilt, dann das Genus, blieb das LRP im no-go-Fall aus. Das deutet darauf hin, dass das Unterlassen der Handbewegung (also no go) schon entschieden war, bevor die Entscheidung für die linke oder rechte Hand überhaupt getroffen werden musste, und das setzte die Genusentscheidung voraus. Die Ergebnisse sprechen also für eine zeit-

liche Reihenfolge von Lemma- und Lexemzugriff. Sie bestätigen
die diskrete Zweistufen-Hypothese genauer als Levelt et al. (1991),
weil hier keine Konfundierung (unkontrollierte Vermischung) von
semantischer und syntaktischer Ebene vorliegen konnte.

Wir haben das Experiment so ausführlich vorgestellt, weil zu
erwarten ist, dass elektrophysiologische Methoden in der Sprach-
verarbeitungsforschung zukünftig an Bedeutung gewinnen werden. Wir haben nun zur Kenntnis genommen, dass kognitive Aktivitäten in der Zeit ablaufen, und dass dies in RT-Experimenten
ausgenutzt wird, dass sie auch elektrische Energie freisetzen, was
in ERP- und LRP-Experimenten ausgenutzt wird.

Kognitive Aktivitäten müssen schließlich auch an einer Stelle
im Gehirn stattfinden. So ist also anzunehmen, dass zur Untersuchung kognitiver Aktivitäten auch neurophysiologische Erkenntnisse über die lokale Zuordnung von Funktionen des menschlichen Organismus ausgenutzt werden. Davon war in Kapitel 2.4
schon die Rede und es wurde dort dargestellt, dass zur Bestimmung der zerebralen Lokalisation von kognitiven Funktionen Untersuchungen mit bildgebenden Verfahren durchgeführt werden.
Unter Anwendung der in Kapitel 2.3.4 erwähnten Subtraktionsmethode haben Indefrey & Levelt (2000) versucht, die in den Lexikonzugriff involvierten Funktionen im Kortex zu lokalisieren.

Hier noch einmal kurz die Logik des Verfahrens. Wenn die
verschiedenen Aktivitäten der Sprachverarbeitung in verschiedenen
zerebralen Arealen lokalisiert sind, dann sollte dies dazu führen,
dass sich das Bild, das entsteht, wenn zwei Aktivitäten durchgeführt werden, z.B. ein Wort lesen und laut aussprechen, sich von
dem Bild unterscheidet, das sich aus der Beobachtung von nur
einer Aktivität ergibt, z.B. beim stillen Lesen. Des weiteren sollten nach der Lokalisationstheorie die jeweils aktiven Areale sich
überlappen. Durch Subtraktion des zweiten, des Lesen-Bildes vom
Lesen-und-Sprechen-Bild sollte das Areal bestimmbar sein, an dem
die Aktivitäten des Aussprechens lokalisiert sind. Gelingt es nun,
sprachliche Aufgaben zu finden und experimentell zu operationa-
lisieren, deren Aktivitäten sich paarweise so überlappen, dass man
jede der interessierenden Aktivitäten durch irgendeine Subtraktion
isolieren kann, so sollte das jeweils resultierende Areal dasjenige
sein, das der isolierten Aktivität entspricht. Indefrey und Levelt
gehen von einem Sprachproduktionsmodell aus, in dem Konzeptualisierung und syntaktische (hier: grammatische) Kodierung eine
Komponente bilden, das rhetorisch/semantisch/syntaktische System, und alle lexembezogenen Prozesse zusammen das phonolo-
gisch/phonetische System. Die beiden Systeme haben Zugang zu

drei Wissenskomponenten, dem Weltwissen, dem mentalen Lexikon und einem Silbenstrukturwissen; vgl. dazu den nächsten Abschnitt. Die Architektur des Systems ist im Schema in Abb. 4.7 dargestellt.

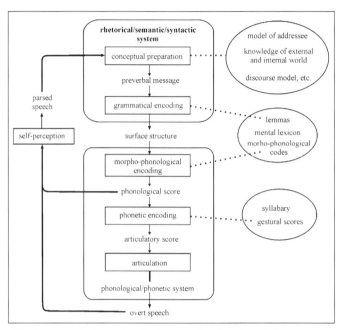

Abb. 4.7: Die funktionale Gliederung des Sprachproduktionssystems nach Indefrey & Levelt (2000).

Die Zusammenarbeit zwischen Sprachverarbeitung und Lexikonzugriff wird plausiblerweise in Experimenten mit Wortverarbeitungsaufgaben untersucht und gerade mit solchen ist in der neuropsychologischen Forschung viel gearbeitet worden. Führen wir uns die kognitiven Aktivitäten, die hier stattfinden, noch einmal vor Augen. Zu unterscheiden sind dabei die eigentlich interessierenden, sprachlichen Aktivitäten von vorbereitenden Aktivitäten (Lead-in processes). Welche Wortverarbeitungsaufgaben wie viele der Kernaktivitäten und welche Lead-in-Aktivitäten umfasst, ist in Abb. 4.8 dargestellt.

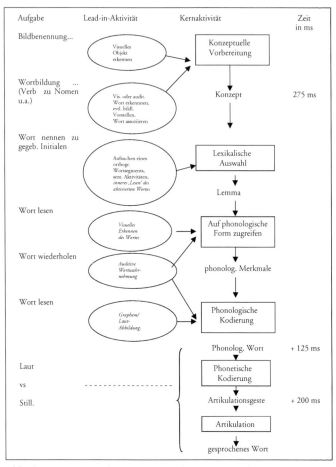

Abb. 4.8: Kognitve Aktivitäten, die bei Wortverarbeitung insgesamt involviert sind (Spalte 3), dazu die Aufgabe, durch die sie experimentell ausgelöst werden kann, und die zugehörige Vorbereitungsaktivät (vgl. Indefrey & Levelt 2000).

Wie Abbildung 4.8 veranschaulicht, sind in die verschiedenen Aufgaben nicht immer alle Aktivitäten von ganz »oben« bis zur Artikulation involviert. Da zudem zwischen ihnen von oben nach unten eine Voraussetzungsrelation besteht, lassen sich Substraktionspaare von Aufgaben finden, die es ermöglichen, die zerebralen Areale der einzelnen Aktivitäten isoliert darzustellen. Trägt man alle Vergleichsergebnisse zusammen in eine Darstellung der Oberfläche der linken Gehirnhemisphäre ein, ergibt sich die Topographie, die Abb. 4.9 zeigt.

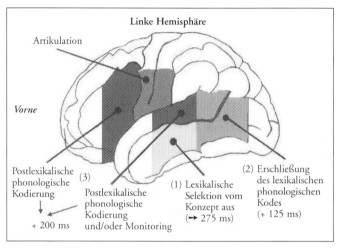

Abb. 4.9: Zusammenfassung mit einer ungefähren funktionalen Differenzierung der Gehirnareale, die an dem Informationsfluss beteiligt sind (nach Indefrey & Levelt 2000).

Führt man die Ergebnisse der Bildauswertung mit Ergebnissen von RT-Experimenten mit Bildbenennungsaufgabe zusammen, ergibt sich das Gesamtbild mit den ungefähren Ablaufzeiten wie in Abb. 4.9 (Zeiten von mir eingefügt; RD).

4.3.6 Die Erzeugung der Lautkette

Mit dem Blick auf die zerebrale Lokalisation von Wortproduktionsaktivitäten ist schon ein grober Überblick über die Schritte von der syntaktischen zur lautlichen, präartikulatorischen Repräsentation gegeben. Welche Prozesse umfasst die lautliche Kodierung im Einzelnen? Anhaltspunkte bieten hier wiederum in erster Linie die linguistische Beschreibung der phonologischen und phonetischen Eigenschaften und Regularitäten. Mit dem Endergebnis der laut-

lichen Kodierung muss demnach eine Repräsentation vorliegen,
die dem Artikulationssystem die folgenden Informationen liefert:
- die kontextuell angepasste lautliche Form der Wörter; das ist
  die Folge der Laute und die Wortbetonung
- die Satzintonation; das ist die Gesamtheit der lautlichen Phänomene, die die Informationsstruktur ausdrücken

Die Ausgangsinformation der lautlichen Kodierung bildet die linear geordnete syntaktische Struktur der Äußerung mit Lemmainformation zu jedem Wort, flexionsmorphologischer Spezifikation und intonationsrelevanter Information sowie die lexikalische
Information der phonologischen Form (Lexem) mit Angaben zu
Wortfrequenz und Betonung; alles natürlich per Pointer (gerichtete
Verbindungen) auf die entsprechenden Strukturen und Segmente.
Im Zuge der lautlichen Kodierung wird nun also die präartikulatorische Repräsentation aus der Ausgangsinformation abgeleitet;
es ist nämlich aus mehreren zwingenden Gründen unwahrscheinlich, dass alle kontextuellen lautlichen Varianten eines Lemmas
direkt im mentalen Lexikon gespeichert sind. Theoretisch nicht
ausgeschlossen werden kann allerdings, dass ein aktiviertes Lemma
nicht nur ›sein‹ Lexem aktiviert, sondern infolge der Aktivierung
von semantischen Nachbarn auch deren Lexeme. Ergebnisse von
Objektbenennungs-Experimenten schließen das nicht vollkom-
men aus. So haben Peterson & Savoy (1998) in einem RT-Experiment mit Bildbenennungsaufgabe nach dem Bild-Wort-Inter-
ferenz-Verfahren einen Einfluss von semantisch nah verwandten
Distraktorwörtern (*Couch-Sofa*) auf die Latenz des Zugriffs auf die
Lautinformation beobachtet und das lässt auf einen breiteren Aktivationsfluss von der Lemmaebene auf die Lexemebene schließen
als von Levelt et al. (1991) angenommen worden ist. Allerdings
ist dieser Effekt offenbar auf fast synonyme Distraktorwörter beschränkt, jedenfalls soweit er messbar ist.

Ist das Lexem eines Lemmas aktiviert, so muss es noch in die
kontextuell angepasste Lautform überführt werden und das ist mit
weitgehenden Umformungen und Ergänzungen verbunden: Die
Ergänzung, die in flektierenden Sprachen wie Deutsch, Polnisch,
Italienisch, Arabisch u.a. am deutlichsten zu erkennen ist, ist die
Ausbuchstabierung der flexionsmorphologischen Information in
phonologische Ausdrücke. Geleitet von der morphosyntaktischen
Information in der sog. Oberflächenstruktur (dem Ergebnis der
syntaktischen Kodierung) werden die grammatischen Morpheme
lautlich kodiert. Dies umfasst je nach Typ des grammatischen
Morphems und zugehörigem Wort die Aktivierung eines eigenen

(freien) Lexems wie im Deutschen die Artikel, und/oder die Aktivierung von Flexionsaffixen, die dem flektierten Wort an- oder eingefügt werden. Das Resultat der morphophonologischen Kodierung ist jedenfalls die Äußerung in der Form einer Folge von phonologisch repräsentierten Wortformen.

Die stärkste Veränderung besteht nun in der Auflösung der Einheit des morphologisch abgegrenzten Lexems. Das Lexem des Wortes *Land* ist die Phonemfolge /lant/. Die Genitiv-Singular-Endung ist /-əs/. Das ergibt die Folge /lant-əs/; ausgesprochen als /landəs/ und hier ist der letzte Konsonant des Stammlexems offenbar stimmhaft. Das ist eine Folge einer phonologischen Regel, in der die Silbenstruktur des Wortes eine entscheidende Größe ist. Die Lexemfolge wird offenbar in die Lautkette [landə̀s] überführt, die zwei Silben enthält mit dem Ton auf der ersten Silbe. Beide Silben kommen getrennt auch in anderen Kontexten vor [gɪr lan də], [vɪn dəs]. Auch die Betonung eines Wortes wird dem Kontext angepasst: *vergEblich* gegenüber *Angeblich*. Die Veränderungen können noch weiter gehen, z.B. beim schnellen Sprechen in spontaner Rede.

So ist es im Deutschen nicht unüblich, dass das Lexem /kipèn/ in der Äußerung »*Die Sonnenschirme kippen um* als [kipm] ausgesprochen wird, eine reguläre Folge von Tilgung des Schwa-Lauts der Endung in Verbindung mit Assimilation des [n] an das vorangehende bilaterale [p] (progressive Nasalassimilation). Generell wird also eine Folge von Lexemen in eine Folge von ›phonetischen Wörtern‹ übertragen.

Es mutet auf den ersten Blick bizarr an, dass zunächst fertige Lexeme hintereinander aufgereiht werden, dann ihre Struktur zerstört und das lautliche Material (verändert) in eine neue lautliche Form gegossen wird. Für diesen mehrphasigen Prozess, den Shattuck-Hufnagel in einer einflussreichen Arbeit (Schattuck-Hufnagel 1979) als einen **Slots-and Fillers**-Prozess modelliert hat, sprechen zahlreiche Beobachtungen. Für die eigenständige Rolle der Silbengliederung bei der phonologischen Kodierung spricht die Tatsache, dass Lautvertauschungen sozusagen silbentreu sind. Die vertauschten Einheiten nehmen systematisch die Silbenposition ihres Tauschpartners ein *Masenräher* statt *Rasenmäher*, *C-Moss-Melle* statt *C-Moll-Messe*; die **Silbentreue** bewährt sich auch bei Lautverschiebungen: *Fischfußball* statt *Tischfußball*, *bei der Schlange halten* statt *.. Stange*. Schattuck–Hufnagel nahm deshalb an, im mentalen Lexikon seien die Silbenstruktur jedes Lemmas und die segmentale Kette vorhanden und im Zuge der phonologischen Kodierung würden die beiden getrennt verarbeitet. Es würde eine

Folge von »leeren« Silbenstrukturen mit prosodischer Information erzeugt und in einem separaten Prozess Lautsegmente »eingefüllt«, wobei es zu Fehlbesetzungen der Slots kommen kann.

Nun reichen die erwähnten Assimilationsprozesse auch über Wortgrenzen hinweg wie in *Komm aber nicht zu spät*, was in fließender Rede als [kɔma:bʋ ...] gesprochen wird. Die beiden Wörter ›komm‹ und ›aber‹ sind lautlich durch [m] verbunden, das gleichzeitig den Auslaut von [kɔm] und den Anlaut von [ma: ...] bildet. Der Glottisverschlusslaut am Anfang von /ʔa:bər/ ist getilgt. Das geschieht aber nicht in allen Kontexten, z.b. nicht in der Verbindung *Komm bald*, was nicht zu [kɔmalt] wird. Diese Beobachtung zwingt zu der Annahme, dass zwar zuerst die Kette der morphemspezifischen Lexeme gebildet wird, die Silbengliederung aber erst stattfindet, nachdem Assimilationen stattgefunden haben. Entsprechende Beispiele sind: *Ich finde täglich neue Tippfehler* wird zu [... *fintɛ:gliç*...] mit [t] als bisillabischem Element gegenüber *Ich finde das nicht lustig*«, gesprochen als [...*findas*] mit bisillabischem [d].

Wir müssen also annehmen, dass nach der Selektion der Lexeme zuerst eine Kette von Lexemen entsteht, über diesen gegebenenfalls Assimilationsprozesse stattfinden und erst spät die Silbengliederung stattfindet. Geht man nun davon aus, dass die Silbenstruktur Bestandteil der Lexeminformation ist, an ihr orientiert eine Folge von lexikalischen Silben erstellt würde und dann Assimilationen stattfinden, so müsste man mit einem weiteren Prozess rechnen, in dem die lexikalisch basierte Silbengliederung an die veränderte Lautkette angepasst wird. Diese Annahme bildete auch lange Zeit die herrschende Lehre und der Vorgang wurde **Resilbifizierung** genannt. Das Ergebnis ist dann die phonetische Kette, die Ausgangsinformation für die Programmierung der Artikulationsbewegungen.

Zwischen der Ausgangsinformation, der Oberflächenstruktur mit Lemmas, syntaktischer Struktur und Merkmalen der Informationsstruktur, würden also zwei Folgen von Prozessen ablaufen. Den Anfang macht die phonologische Kodierung der flexionsmorphologischen Merkmale und die entsprechende Veränderung bzw. Ergänzung der lexikalischen Stammmorpheme zu Wortformen. Eine geläufige Annahme ist, dass die Wortform nicht jedes Mal neu erzeugt wird, sondern als ganzes Lexem gespeichert ist. Pro und Contra der beiden Alternativen sind im Abschnitt über das lexikalische Wissen in Kapitel 2 diskutiert. Es folgt die Erzeugung der phonologischen Kette der Wortform mit metrischer Gliederung. In das beim Lexem gespeicherte Silbenschema wird von links nach rechts segmentales Material »eingefüllt« und mit Wortakzenten verbunden. Die Silben einer Wortform werden – ebenfalls von links nach rechts – zusammengesetzt (vgl. Meyer 1990, 1991).

Im nächsten Schritt wird nach phonologischen und phonetischen Regeln die präartikulatorische Segmentkette abgeleitet. Da sich hierbei die phonologischen Formen verändern, ist eine Anpassung der Silbengliederung (Resilbifizierung; vgl. auch Levelt 1989, Kap. 8–10) erforderlich. Zudem wird die Intonationskontur der Äußerung berechnet und in die phonologische Kette eingebaut. Das ist ein komplizierter Gesamtvorgang.

Bedenkt man, wie schnell die gesamte phonologische Kodierung beim Sprechen offenbar abläuft, ist die Annahme, dass sie eigentlich erheblich einfacher sein müsste, nicht unplausibel. Auch, dass lautliche Versprecher sehr selten passieren – weniger als einer auf über tausend Wörter – spricht für ein weniger kompliziertes, weniger störanfälliges Kodierungsmodul.

Das Sprechsilbenlexikon

Theoretisch wäre tatsächlich auch ein einfacherer Ablauf denkbar. Man könnte sich vorstellen, dass eine Resilbifizierung gar nicht stattfindet. Das kann natürlich nicht bedeuten, dass die Äußerung ihre lexikonbasierte, letzten Endes falsche Silbengliederung behält. Die Lösung wäre vielmehr, dass die hörbare Silbenfolge erst spät entsteht. Nehmen wir an, die lexematische Information gibt für jedes Phonem einer Wortform nur an, an welcher Position es in der linearen Abfolge erscheinen muss. Die Informationen für *finde* und *täglich* wären dann die gemäß Abb. 4.10.

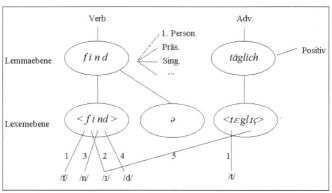

Abb. 4.10: Minimalisierte Lexeminformation (ohne Silbenstruktur) für *finde* und *täglich*.

Die Kette phonologischer Segmente dieser beiden Wörter in der Äußerung *Ich finde täglich neue Tippfehler* ist dann .../fɪndətɛːglɪç/.

Nun würde durch Anwendung von phonologischen Reduktionsregeln des Schnellsprechens (Eliminierung von Schwa zwischen gleichartigen Konsonanten und vor Vokal (*das lass' ich so*; *ich hätt' das wissen können*) und regressive Assimilation gefolgt von Eliminierung von konsonantischen Geminanten), die phonologische Kette /fɪntɛːglɪç/ entstehen. Nehmen wir nun noch die interessante Tatsache hinzu, dass jemand, der Deutsch beherrscht, jede beliebige phonotaktisch wohlgeformte Folge von Phonemen beim Lesen in Silben gliedern kann und dass zwei beliebige Deutschsprachige das im Allgemeinen auf die gleiche Weise tun, auch wenn es sich gar nicht um Wörter des Deutschen handelt.

Beispiel: /banolestəluːᴣa/ wird gegliedert in /ˈba-no-ˈles-tə-ˈluː-ᴣa/ wobei Bindestrich Silbengrenze und Apostroph Betonung markiert.

Zur Sprachkompetenz gehört also die Beherrschung von Silbifizierungsregeln. Von diesem automatisierten Regelwissen macht der Sprecher nun auch Gebrauch, wenn er eine phonologische Kette metrisch gliedert. Das Ergebnis nach Anwendung auf /fɪntɛːglɪç/ sind die drei Sprechsilben ˈfɪn-ˈtɛː-glɪç, also die metrisch gegliederte präartikulatorische Repräsentation. Das Silbifizierungswissen ist, wie gesagt, Bestandteil des phonologischen Wissens und umfasst eine Reihe von Silbifizierungsregeln, die ihrerseits auf generellen Gesetzen beruhen, die für den Aufbau der Silbe gelten, neben einzelsprachlichen, die das Kind beim Spracherwerb dem Input entnimmt, auch universale.

Ein Beispiel ist das Silbenkopfprinzip. Der Onset einer Silbe soll möglichst ein Konsonant sein und möglichst wenig sonorant (bezogen auf eine Sonoritätsskala mit stimmlosen Plosiven am einen Pol und Vollvokalen am anderen). Ein weiteres Beispiel ist das Silbenkernprinzip: Der Silbenkern soll aus einem möglichst konstanten Laut bestehen und dieser soll möglichst sonorant sein, also einfacher Vokal, lang oder kurz. Weitere Beispiele nennt und erläutert Pompino-Marschall (1995: 229 f.).

Es versteht sich, dass nicht jede Phonemkette nach den Silbifizierungsregeln aufgebaut ist, und mit den Regeln ist es auch noch nicht getan. Es muss noch mit einem komplizierten Zusammenspiel gerechnet werden sowie mit weiteren Regeln, besonders mit denen der Wortbetonung. Ebenso ergibt sich aus dem Gesagten, dass Silben- und Betonungsinformationen, die nicht den Regeln entsprechen, explizit in der Lexeminformation enthalten sein müssen. Sonst werden auch diese Einheiten eingedeutscht, wie der *Katarrh*, der zum *Kater* wurde.

Genau diesen Ablauf – natürlich um einiges differenzierter – haben Levelt et al. (1999) in ihrem Modell der phonologischen Kodierung vorgeschlagen. Es ist hier nicht der Raum, die empirische Evidenz dazu vorzutragen. Es sind zahlreiche Beobachtungen von Positionseigenschaften lautlicher Versprecher, Benennungsexperimente mit Laut- und Silben-Priming (d.i. die Platzierung von lautlich ähnlichem Material vor oder zusammen mit dem Reiz für das Zielwort) und a.m. (vgl. dazu Levelt et al. 1999: Abschn. 6.4 sowie Schiller 1997).

Wenn das Ergebnis der finalen phonetischen Kodierung, also die Kette der Sprechsilben, eine präartikulatorische Repräsentation der Äußerung sein soll, dann sollte sie noch zwei Eigenschaften haben, die bisher nicht erwähnt worden sind. Sie sollte auch die Intonationskontur der Äußerung enthalten und sie sollte der motorischen Steuerung nah sein. Die Prozesse der wiederum komplizierten intonatorischen Kodierung werden hier ausgelassen, ebenso die Vorgänge der motorischen Steuerung selbst; man studiere dazu die entsprechenden Kapitel in Herrmann & Grabowski (2003).

Zur **Natur der Sprechsilben** ist wenig bekannt. Wie schon gesagt, sollen sie möglichst artikulationsnah sein, gleichzeitig aber so abstrakt, dass sie der vielfach beobachteten Tatsache Rechnung tragen können, dass die artikulatorische Aktivität zum einen selbst sehr variabel ist (mal mit viel, mal mit wenig Bewegung des Unterkiefers, der Lippen oder der Zunge) und dass sie sich selbst drastischen Behinderungen, von denen der Kaugummi im Mund eine der geringsten und die Veränderung des Gebisses im Laufe des Lebens die zwangsläufigste ist, automatisch und mit erstaunlichem Erfolg anpasst. Das wäre nicht zu erklären, wenn die Sprechsilbe ihrer Natur nach ein weitgehend spezifiziertes Motorikprogramm oder eine spezifisch artikulatorische Geste wäre.

Fassen wir kurz zusammen, welche Schritte die lautliche Kodierung nach gegenwärtigem Stand umfasst. Input ist die sog. Oberflächenstruktur, das Ergebnis der syntaktischen Kodierung. Sie enthält die syntaktische Gliederung nebst Lemmata und Funktionsspezifikation und die Informationen zur Informationsstruktur. Output der phonologischen Kodierung (incl. flexionsmorphologische »Ausbuchstabierung«) ist die Folge von Sprechsilben mit intonatorischer Kontur. Dazwischen liegen (a) die morphologische Ausbuchstabierung, (b) die Produktion der Kette phonologischer Segmente, (c) die phonologische Ableitung, i.e. die (immer noch) abstrakte phonologische Kette, (d) die Silbifizierung, d.h. die Aktivierung des Sprechsilbenlexikons, (e) die motorische Kodierung und (f) die Programmierung der Artikulationsmotorik.

Bleiben, wie immer bei der Betrachtung von Informationsverarbeitungsvorgängen, zwei Fragen: Was sind die Einheiten der Kodierung und in welcher Reihenfolge werden sie bearbeitet? Die theoretische Antwort auf die erste Frage ist immer dieselbe. Die Einheit eines Informationsverarbeitungsprozesses ist gerade das »Stück« Information, das der Prozess als Input für seine Arbeit braucht und das seinen automatischen Start verursacht. Den Input der flexionsmorphologischen Ausbuchstabierung muss also das »Paket« an morphologischen Merkmalen bilden, das die Aktivierung der zugehörigen phonologischen Form ermöglicht und veranlasst. Das Steigerungsmorphem ›Komparativ‹ zum Adverb *schnell* alleine genügt für den Zugriff auf das Lexem <-ər> und seine Segmente. Anders verhält es sich mit der Kodierung der 2. Person, Singular, Präsens, Indikativ, Aktiv zum Verbstamm *geb*. Die resultierende Wortform [gipst] kann phonologisch nur eindeutig bestimmt werden, wenn alle fünf morphologischen Informationen vorliegen und zusätzlich die Information, dass *geb* unregelmäßig flektiert und zwar genau so, dass durch den sog. e-i-Wechsel der Stammvokal sich in der 2. und 3. Person Singular und im Imperativ Singular ändert. Diese Regel ist plausiblerweise nicht mental repräsentiert und die Annahme ist, dass das Lexem <gibst> als Ganzes gespeichert ist, ebenso andere unregelmäßige Wortformen.

Der **zeitliche Ablauf der phonologischen Kodierung** wird von drei Gegebenheiten bestimmt: a) vom generellen Prinzip der inkrementellen Produktion, b) von der Reihenfolge, in der Lemmata aktiviert sind und c) von der Zeit, in der das Lexem aktiviert wird. Häufige Wörter werden schneller ausgesprochen und die im Laufe des Spracherwerbs gelernte Häufigkeitsinformation ist auf der Lexemebene gespeichert, wie durch RT-Experimente (Jescheniak & Levelt 1994) gezeigt worden ist.

Die Idee, die diesem Experiment zu Grunde liegt, ist gleichermaßen pfiffig wie das Ergebnis überzeugend ist. Das Experiment war dazu angelegt, zwischen zwei Theorien zu entscheiden, derjenigen, die Frequenzinformation sei eine Eigenschaft des Lemmas und derjenigen, sie sei eine Lexemeigenschaft. Versuchspersonen sollten zu einem englischen Stimuluswort das niederländische Zielwort so schnell wie möglich nennen. Das Material war so ausgesucht, dass darunter Items waren, die im Niederländischen mit homophonen Wortformen zu übersetzen waren, übertragen ins

Deutsche also *goal* und *gate*, die beide als *Tor* zu übersetzen sind. Die Homophone wurden so ausgewählt, dass es welche gab, deren eines Lemma häufig und deren anderes selten ist. Als Kontrolle dienten häufige und seltene Nicht-Homophone. Wäre die Frequenz eine Lemmaeigenschaft, sollten die Reaktionszeiten für hochfrequente Homophone denen für hochfrequente Nicht-Homophone ähneln, und die für niedrigfrequente Homophone denen für niedrigfrequente Nicht-Homophone. Ist die Frequenzeigenschaft aber eine Lexemeigenschaft, so sollten die niedrigfrequenten Homophone deutlich schneller genannt werden als die niedrigfrequenten Nicht-Homophone. Das Ergebnis spricht für die **Lexem-Frequenz-Theorie**.

Wie kann sich die Frequenz nun auf den Zeitablauf der phonologischen Kodierung auswirken? Zunächst einmal einfach dadurch, dass hochfrequente Wörter phonologisch schneller kodiert werden als niedrigfrequente. Zusätzlich könnte man erwarten, dass die frequenzbedingten Unterschiede in der Aktivationszeit von nahe beieinander stehenden Wörtern lautliche Versprecher begünstigen, indem eine später auszusprechende häufige Form früher »fertig« ist als eine früher auszusprechende seltenere, was zu einer Antizipation oder Vertauschung von Segmenten oder Silbenteilen führt. Diese Annahme ist mit dem Nimwegener Modell nicht verträglich, weil darin, wie erwähnt, die vertikale Bindung eigens überprüft wird. Levelt et al. (1999: Abschn. 10) erklären Versprecher deshalb als eine Folge von Fehlern eben in diesem Überprüfungsmechanismus.

4.3.7 Ist alles gelungen?
Selbstkontrolle und Selbstkorrektur

Alle Produktionsschritte, die gelingen können, können auch misslingen und so finden sich in den Versprecherdaten entsprechend viele verschiedene Typen von »Fehlproduktionen«. Im Zuge einer Weganweisung kann der Sprecher feststellen, dass er einen wichtigen Hinweis auf den einzuschlagenden Weg nicht genannt hat (Makroplanung), von einer Kreuzung statt von einer Gabelung gesprochen hat, *links* gemeint, aber *rechts* gesagt hat usw. Wie viele dieser Fehler vom Sprecher selbst entdeckt werden, ist schwer festzustellen, sicher nicht alle. Aber die Tatsache, dass der Sprecher sich selbst unterbricht und korrigiert, zeigt, dass das Ergebnis der Produktion auf Korrektheit geprüft wird. Die englischen Termini für diese Aktivitäten sind **self-monitoring** und **self-repair**. Wie

bei allen kognitiven Aktivitäten interessieren auch bei diesen Phänomenen ihre Systematik, also welche Schritte involviert sind und
ihre Dynamik, also wie sie in der Zeit ablaufen. Selbstkontrolle
und –korrektur sind nicht so einfach zu beobachten, wie man sich
leicht vorstellen kann. Brauchbare Evidenz stellen letzten Endes
nur overte Sprecherreaktionen auf Versprecher dar (Korrektur oder
Übersehen), und Versprecher sind, wie wir wissen, recht selten.
Wird ein Versprecher nicht korrigiert, so ist das noch kein Hinweis darauf, dass er nicht bemerkt worden ist; somit bilden Selbstkorrekturen eigentlich die einzig verlässlichen Daten. Wir fassen
im Folgenden die wesentlichen Befunde zusammen und skizzieren
die beiden großen Erklärungsansätze, die Editor-Theorie und die
konnektionistische Theorie. Die Darstellung beruht hauptsächlich auf den Arbeiten von Motley (1980) und Mitarbeitern (Baars,
Motley & MacKay 1975; Motley 1980; Motley, Baars & Camden
1981; Motley, Camden & Baars 1982 und MacKay 1987), Levelt
(1983, 1989), Levelt & Wheeldon (1994), Sacks, Schegloff & Jefferson (1974) und Kohlmann (1996). Wenden wir uns zunächst der
Selbstkontrolle zu.

Was wird kontrolliert?

Die Selbstkorrekturen lassen erkennen, dass Sprecher alle Arten
von Fehlern, die im Output auftreten können, auch selbst entde-
cken können, das heißt ohne vom Gesprächspartner darauf aufmerksam gemacht zu werden. Unterschiede in der Verzögerung
der Selbstkorrektur (Korrekturlatenz) und natürlich in Inhalt und
Form lassen mehrere große Gruppen von Selbstkorrekturen und
entsprechend von Kontrollvorgängen erkennen.

1. Die inhaltliche Kontrolle: Der Sprecher kontrolliert, ob der
Sachverhalt, den er geäußert hat, tatsächlich am gegebenen Punkt
in der Rede ausgewählt werden sollte.
Beispiel (aus einer Bastelanweisung): ... *legt dazwischen die*/ (/ =
Selbstunterbrechung) *man nimmt den grünen und den gelben Wür-
fel, legt dazwischen...* (Kohlmann 1996: 183).

2. Die Kontrolle der Ausdrucksweise: Der Sprecher kontrolliert,
ob das Gesagte eindeutig, präzise genug und mit dem Vorherigen
in verstehbarer Weise kohärent war.
Beispiel: ... *dann nehm' ich den andern Baukl/grünen Bauklotz*
(Kohlmann 1996: 182).

3. Kontrolle der sprachlichen Korrektheit: Der Sprecher hat geplant, was gesagt werden soll, und die Message ist erstellt. Bei der Korrektheitskontrolle liegt das Augenmerk auf der Leistung des Formulators, also dem Lexikonzugriff, der syntaktischen und der phonologischen Kodierung.

4. Lexikalische Kontrolle: Beispiel (aus einer Anweisungsaufgabe): *...weiter nach Rot/Entschuldigung, weiter nach Schwarz* (Levelt 1983: 54, von mir aus dem Niederländischen übers., RD).

5. Syntaktische Kontrolle: Beispiel: *Ich find das nich sieht/das sieht nich so gut aus.* (Wiedenmann: 1998: 205; Nr. 89/01/08–20).

Wird alles gleichmäßig kontrolliert?

Wenn die Selbstkontrollaktivitäten mit gleicher Aufmerksamkeit auf alle Aspekte der Äußerungsproduktion gerichtet wären, würde man erwarten, dass alle Typen von Versprechern etwa gleich häufig entdeckt werden. Ob das so ist, ist allerdings wieder nicht sicher, da nicht bekannt ist, ob nicht-korrigierte Versprecher überhaupt entdeckt worden sind. Immerhin verteilen sich die Selbstkorrekturen tatsächlich nicht gleichmäßig. Die Verteilung der 309 Selbstkorrekturen in den Objektbeschreibungen und Bastelanweisungen von Kohlmann (1996) weisen z.B. einen Einfluss eines Faktors mit langer Wirkung und auf sehr hoher Ebene auf.

In einer komplexen Beschreibungs-/Anweisungsaufgabe sollten Versuchspersonen entweder a) einen Gegenüber anweisen, eine Konstruktion aus Holzbausteinen zusammenzubauen, in einer anderen Bedingung b) dem Gegenüber das fertige Produkt aus dem Gedächtnis beschreiben. Variiert wurde außerdem die Kognizierung, das heißt also der Prozess der Aufnahme der später wiederzugebenden Informationen. In einer Bedingung wurde der Versuchsperson vorab das fertige Produkt gezeigt, in einer anderen Bedingung der Aufbauvorgang. Es gab also vier Bedingungsgruppen, zwei homogene (Aufbau gesehen, Aufbau anweisen; Produkt gesehen, Produkt beschreiben) und zwei inhomogene (Aufbau gesehen, Produkt beschreiben; Produkt gesehen, Aufbau anweisen). Gezählt wurde u.a. die Zahl der Selbstkorrekturen in den Texten pro Gruppe.

Die meisten Selbstkorrekturen finden sich in den Texten der Produktkognizierungsgruppen und zwar unabhängig von der Art der sprachlichen Aufgabe: 179 Selbstkorrekturen insgesamt; das ist eine pro 3,5 Äußerungen; demgegenüber: 130 Selbstkorrekturen

(= eine pro 4,9 Äußerungen) in den Aufbau-Kognizierungstex-
ten. Die Kognizierung des Aufbaus führt also zu einem mentalen
Modell des Sachverhalts, bei dessen sprachlicher Wiedergabe in
Beschreibungen Anweisungen der Monitor weniger aktiv ist. Die
Darstellung sagt allerdings nichts über den Anteil nicht-korrigier-
ter Versprecher. So ist also nicht zu entscheiden, ob der Monitor
unterschiedlich genau kontrolliert hat oder immer gleich genau bei
variierender Leistung des Produktionssystems. Die Ergebnisse zeigen ferner mehr Selbstkorrekturen in den Fokus- als in Topikteilen
der Äußerung (Kohlmann 1996: 79ff.).

Alle diese Korrekturen betreffen die Arbeit hoher Planungs-
prozesse, also die inhaltliche Kontrolle und die Kontrolle der Ausdrucksweise, nicht Korrekturen von Versprechern. Sie machen in
Levelts Daten, die den Kohlmann-Daten von der Aufgabenstel-
lung her ähnlich sind, nur 1 % (D-repairs, ›D‹ für ›different plan‹)
bzw. 30 % (A-repairs, ›A‹ für ›appropriateness‹; vgl. Levelt 1983:51)
aus. Die übrigen 70 % sind Korrekturen von Versprechern, darunter die meisten lexikalische Versprecher (38 %), wenige syntaktische und lautliche (je 1 % bzw. 2 %). Einen großen Anteil bilden
die verdeckten Korrekturen, auf die wir noch zurückkommen.

Zunächst von Motley, Camden & Baars (1982) beobachtet und
in der Folge gut bestätigt, wurde ein sozialer Bias des Monitors.
Die Verfasser beobachteten anhand von experimentell induzierten
lautlichen Versprechern, dass die Wahrscheinlichkeit von Versprechern, die Peinlichkeit oder Gefahrenvorstellungen mit sich bringen, geringer ist als die für gesellschaftlich unauffällige.

Wie wird die Kontrolle bewerkstelligt?

Es gibt zwei Modelle für die Erklärung von Versprechern, auf
die wir hier nur kurz eingehen. Die **Editortheorie** (Levelt 1983,
1989) nimmt ein eigenes, vom Produktionssystem verschiedenes,
externes System an. Dieses nimmt laufend das Ergebnis der Produktionsprozesse auf, analysiert es, also die produzierte Äußerung,
Stück für Stück, und vergleicht das Analyseergebnis mit dem ursprünglichen Produktions-Input. Der Sprecher hört sich sozusagen
selbst zu. Bei Abweichungen zwischen dem Ergebnis der Analyse
(des Zuhörens also) und dem ursprünglichen Input, wird unter
Umständen die Produktion gestoppt und der Fehler korrigiert.

Levelt nimmt an, dass das Produktionsergebnis nur an zwei
Stellen im Produktionsablauf kontrolliert wird. Zum einen auf der
Ebene der präartikulatorischen lautlichen Repräsentation, genauer,
der silbengegliederten phonologischen Segmentkette (vgl. Levelt &

Wheeldon 1994 und Levelt et al. 1999). Die zweite Stelle ist die overte, hörbare Rede. Das System, das die Analyse des Gesprochenen durchführt, ist das Sprachverstehenssystem. Dasselbe System, das dem Menschen in der Hörerrolle ermöglicht, die Rede anderer zu verstehen, übernimmt beim Sprechen die Aufgabe des Sich-selbst-Zuhörens. Das Ergebnis wird mit dem Geplanten verglichen und bei Feststellung einer Abweichung wird alarmiert und ggf. unterbrochen und korrigiert.

In einem **konnektionistischen (Netzwerk-)Modell** der Sprachverarbeitung (Berg 1988) wird, wie oben gesagt, das Produktionssystem als ein nach Ebenen gegliedertes, mehrdimensionales Netz gesehen und der Produktionsvorgang als Aktivationsfluss, ausgelöst von Knoten auf den hohen Ebenen, zu Knoten der präartikulatorischen Ebene. Die Selbstkorrektur kommt dadurch zustande, dass Aktivation nicht nur top-down fließt, sondern indem nach minimaler Verzögerung von jedem nach unten feuernden Knoten auch wieder Aktivation zurück nach oben fließt. Es gibt also kein externes System. Die Kontrolle findet intern statt. Das hört sich radikaler an, als es gemeint ist. Das Gesamtnetz ist zwar sowohl zugleich der Speicher sprachlichen Wissens und – wenn partiell aktiviert – zugleich das Verstehenssystem und das Produktionssystem. Bei der Produktion fließt die Aktivation von oben nach unten beim Verstehen von unten nach oben (bottom-up). Da aber, wie oben schon dargelegt, beim Produzieren Aktivation bottom-up fließt, wird bei der Produktion eines Fehlers auf einer »höheren« Ebene eben die Diskrepanz zwischen dem beabsichtigten und dem produzierten Ausdruck erkannt, was die Unterbrechung auslöst und ggf. die Korrektur.

4.3.8 Zusammenfassung

Sprechen ist ein modular organisierter Informationsverarbeitungsprozess, eingebettet in und planerisch gesteuert durch Bedingungen kommunikativen Miteinander-Handelns. Er umfasst drei Hauptschritte, die Planung, die sprachliche Kodierung und die Artikulation. Die kognitiven Teilsysteme arbeiten immer gleichzeitig; »Informationspäckchen«, die bearbeitet sind, werden vom nächsten Teilsystem aufgenommen und weiter bearbeitet (Inkrementelle Produktion). Das System arbeitet im Wesentlichen seriell, insbesondere die beiden Zugriffe auf lexikalische Information. Die Funktionen des Produktionssystems sind in unterschiedlichen zerebralen Arealen der linken Hemisphäre des Gehirns lokalisiert.

Produktionsvorgänge können misslingen und bei Wahrnehmung durch den Selbstkontroll-Mechanismus korrigiert werden.

5. Sprachverstehen

Geistige Aktivitäten mit dem Ziel, sprachliche Äußerungen der Umgebung zu verstehen, finden beim Menschen von Beginn seines Lebens an statt. Das Ergebnis ist je nach Lebensalter verschieden. Wird zunächst lediglich der Unterschied zwischen sprachlichem und nicht-sprachlichem Geräusch erkannt, differenziert sich das Verstehen schon nach kurzer Zeit hinsichtlich spezifischer prosodischer Muster und einzelner Merkmale eines lautlichen Segmentes über weitere differenzierende Schritte bis zum inferentiellen Verstehen, dem sog. Interpretieren einer Äußerung beim kompetenten Sprecher/Hörer. Der herausragende Meilenstein auf dem Weg des Spracherwerbs ist offenbar der Übergang vom Umgang mit lautlichen Einheiten (Silbenmuster) zur Beherrschung der Bedeutungsbeziehung zwischen lautlichem Ausdruck und einer begrifflichen Bedeutung.

Zur Aufnahme von Lauten mit Signalfunktion sind auch Tiere ausgerüstet, zur Verbindung von lautlichen Ausdrücken mit lexikalischen Konzepten hingegen nur der Mensch. Diese Verbindung wird beim Sprachverstehen immer wieder neu aktiviert und die Prozesse, die zur Worterkennung führen, sind von den höheren Prozessen der Satzerkennung so verschieden, dass man in erster Näherung sagen kann, das Sprachverstehen umfasst zwei große Schritte: die lexikalische Erkennung und das Verstehen der Äußerung. Die beiden Schritte finden auch dann statt, wenn die Äußerung gerade nur ein Wort lang ist, wie *Danke!* und *Genau!* und andere, die sich beispielsweise in der Cockpit-Kommunikation am Anfang von Kapitel 1 finden.

Die lexikalische Erkennung ist ein Suchvorgang und das Ergebnis im Erfolgsfall die Aktivierung spezifischen lexikalischen Wissens aufgrund von Schalleindrücken. Äußerungsverstehen ist im Grunde ein Konstruktionsprozess: Es ist der Aufbau einer Sachverhaltsvorstellung auf dem Weg über das Erkennen von Wortbedeutungen, syntaktischen Strukturhinweisen und die Heranziehung von außersprachlichen, begleitenden Wahrnehmungen, von Kontextwissen und Weltwissen.

Was Sie in diesem Augenblick – dieses Buch vor Augen – erleben, ist natürlich auch eine Modalität des Sprachverstehens, das Lesen. Auf den ersten Blick erscheint es nur insofern als einer eigenen Untersuchung wert, als die Inputsignale des Verstehensvorgangs eben Buchstaben und nicht Lautketten sind. Lesen-Können wird gesellschaftlich zwar für bedeutsam, psycholinguistisch aber eher für punktuell und nicht für fundamental ergiebig erachtet. Phänomene des Lesens kommen im Nachdenken über die fundamentalen Fragen unserer Forschung nicht vor: Angeboren oder nicht? Beherrschen nur Menschen die Fähigkeit? Wie ist sie neuronal repräsentiert? Zugegeben, diese Fragen stehen nicht im Zentrum der Leseforschung, dafür aber andere: Ist das Lesen ein lautloses Hören? Die visuelle Wahrnehmung ist um ein Vielfaches schneller als die auditive. Warum ist das Lesen eines Textes nicht entsprechend schneller als das Hören einer Rede?

Könnten Kinder das Lesen auch vor dem Hören erwerben oder nicht? Ist das Hören auch gestört, wenn das Lesen und das Schreiben gestört sind? Wie lange erinnert man sich daran, ob man eine sprachliche Information gelesen oder gehört hat? Allein über das Lesen ließe sich ein Einführungsbuch schreiben; dieses hier ist kein solches und so wird das Lesen nur in einem Kapitel im Rahmen des Sprachverstehens behandelt, Kapitel 5.6, wo auch weitere Literatur genannt ist.

5.1 Die Schritte des Sprachverstehens im Überblick

Natürlich ist auch das lexikalische Verstehen nicht einfach eine Assoziation eines Schalleindrucks mit einem Stück begrifflichen Wissens. Das lässt schon ein Blick auf die Form der Inputinformation erkennen. Das **Oszillogramm** in Abbildung 5.1 stellt graphisch das akustische Ereignis dar, das der Hörer aufgenommen hat, als ein individueller Sprecher in eben dieser Tonlage und Lautstärke etc. eine bestimmte Äußerung getätigt hat; welche das ist, das werden wir im Weiteren erfahren.

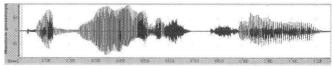

Abb. 5.1: Oszillogramm: graphische Darstellung des Schallereignisses einer Äußerung; gibt die Frequenz (Schwingung pro Sekunde = Hertz) und die Stärke des Schalldrucks wieder, wahrgenommen als Lautstärke, graphisch als Amplitude der Schwingung dargestellt, üblicherweise in Dezibel (RMS), abgekürzt als db_{RMS} (RMS = Roof Mean Square, die Kurzbezeichnung der Berechnungsformel) (vgl. Reetz 1999: 18–21).

Die akustische Form der Äußerung lässt nicht erkennen, wie viele Wörter sie enthält. Sie lässt auch nicht erkennen, wie viele Silben und Segmente sie enthält und sie lässt schon gar nicht erkennen, welche Laute, Silben und Wörter da im Einzelnen zu hören sind. Der Weg zur Worterkennung führt also über eine Reihe von Zwischenschritten.

Zunächst einmal muss in dem individuellen Schallereignis, produziert vor dem Hintergrund anderer Geräusche, von einer individuellen Person mit individuellem Stimmklang, in gerade dieser Lautstärke, Geschwindigkeit, Tonhöhe etc., die lexikalisch gespeicherte lautliche Form erkannt werden. Das setzt voraus, dass alles Individuelle, Einmalige aus dem Schallereignis herausgefiltert wird. Zum Zweiten, muss in dem scheinbar ununterbrochenen Signal Anfang und Ende von darin enthaltenen Wörtern entdeckt werden. Der Worterkennung geht also die Lauterkennung voraus.

Abb. 5.2: »Kabine ist klar«

Weniger offensichtlich ist auf den ersten Blick, dass mit dem Auffinden eines Wortes im mentalen Lexikon noch nicht die Äußerung verstanden ist. Den Unterschied zwischen dem Zugriff auf ein Wort und dem Verstehen einer Äußerung kann man sich begreiflich machen, wenn man ihn als Bestandteil zweier verschiedener Aufgaben betrachtet. Nehmen wir an, ein Hörer soll entscheiden, ob die Lautformen *klar, Kabine, ist, bebig, nurf* u.a. Wörter des Deutschen sind. Um die Aufgabe zu lösen, muss das mentale Lexikon konsultiert werden. Ist das gehörte Item darin enthalten, so ist das Ergebnis der Bearbeitung ein »Ja«, falls nicht‹ ein »Nein« und die Sache ist erledigt. Ist die Aufgabe hingegen, zu entscheiden, ob die Äußerung *Kabine ist klar* zu einer Abbildung passt, unter der sie steht (etwa Abb. 5.2), so muss nach dem Erkennen des Wortes noch seine Stellung im Satz, die Beziehung seiner Bedeutung zu den Bedeutungen der anderen Wörter hergestellt werden und ihr Bezug zu einem Sprecher, zu den Objekten, der Zeit, dem spezifischen Ort usw., die mit der Äußerung gemeint sind.

Und alle diese Analysevorgänge finden auch dann statt, wenn die Äußerung nur aus einem Wort besteht: z.B. *Aufwärts?*, wahrgenommen von einem Menschen in einem Aufzug und gesprochen von einem Sprecher, der vor der Aufzugtür steht, die sich gerade geöffnet hat.

Fassen wir zusammen: Sprachverstehen ist eine kognitive Informationsverarbeitung, an deren Anfang ein Schallereignis steht und am Ende eine Sachverhaltsvorstellung, und zwar im Erfolgsfall diejenige, die der Sprecher zu verstehen geben wollte. Die beiden großen Prozesskomponenten des Sprachverstehens sind die Worterkennung und das Äußerungsverstehen, die ihrerseits wieder mehrere Aktivitäten umfassen. Wie viele das sind, bestimmt sich danach, wie viele Zwischenstufen, das heißt Repräsentationsebenen in den Verstehensvorgang eingeschaltet sind. Vorderhand nehmen wir die folgenden an:

– Schallwahrnehmung
– Lauterkennung   }   Lexikalische Erkennung
– Worterkennung

– Satzerkennung
– Inhaltsverstehen
– Referentielles Verstehen   }   Äußerungsverstehen
– Interpretieren

5.2   Sprachverstehen – ein separates Teilsystem?

Vergleicht man die Komponenten des Sprachverstehens mit dem Prozess der Sprachproduktion, ergibt sich leicht die Frage, ob der Verstehensvorgang nicht von dem selben System bewerkstelligt wird wie die Sprachproduktion, indem einfach die Verarbeitungsrichtung umgekehrt wird, also bottom-up statt top-down. Die Frage ist im vorigen Kapitel schon angeklungen, und es ist klar geworden, dass die beiden Verarbeitungsrichtungen sich nicht vollständig überlappen können, sicherlich aber auch nicht vollständig separiert sind.

Funktionsspezifisch und demnach verschieden sind natürlich die peripheren Input- bzw. Outputorgane und mit ihnen die dort ablaufenden Prozesse. Gehör und Augen sind von Artikulations- und Schreiborgan getrennt, also finden beim Hören und Lesen zweifellos andere Prozesse statt als beim Sprechen und Schreiben,

wie auch zwischen mündlichen und schriftlichen Verarbeitungsprozessen ihrerseits. Weniger offensichtlich und im Detail letztlich
auch noch nicht aufgeklärt ist das Ausmaß an Überlappung der
beteiligten Wissensbestände, der Repräsentationsebenen und der
Aktivations- und Verarbeitungsvorgänge zwischen den Repräsentationsebenen.

Welche Beobachtungen könnten Aufschluss über den Anteil
der geteilten Ressourcen geben? Da ist zunächst einmal die Tatsache, dass Verstehen und Sprechen nicht gleichzeitig gelernt werden, sondern mit einer zeitlichen Versetzung. Das Kleinkind versteht früher als es sprechen kann. Das gilt für die Entwicklung der
Fertigkeit insgesamt wie auch für einzelne Wörter und Strukturen.
Das könnte die Annahme stärken, dass die Verstehensprozesse andere sind als lediglich umgekehrte Produktionsprozesse. Zwingend
ist dieser Schluss aber nicht, denn die zeitliche Versetzung könnte ja daran liegen, dass sich nur einfach die Artikulationsfähig-
keit später entwickelt als die Hörfähigkeit, nicht aber die dahinter
liegenden, kognitiven Prozesse selbst. Für diesen Zweifel spricht,
dass ältere Kinder mit entwickelter Artikulation produktiv und rezeptiv ähnliche Performanz zeigen (vgl. Palmer u.a. 1985). Gegen
die Überlappungsannahme spricht wiederum, dass Rezeption und
Produktion gleichzeitig stattfinden können. Es ist offenbar durchaus möglich, auf einer Party gerade jemandem ein Cocktailrezept
zu erklären und gleichzeitig zu hören, wenn in dem Gespräch einer
benachbarten Gruppe der eigene Name fällt oder ein anstößiges
Wort. Und man kann sich selbst zuhören, während man spricht.
Deutet das vielleicht darauf hin, dass sogar auch das lexikalische
Wissen modalitätenspezifisch ist, ein Produktionslexikon, ein Ver-
stehenslexikon, ein schriftliches und ein lautliches? Zumindest für
die Trennung der phonologischen Repräsentation von der ortho-
graphischen spricht, dass die Frequenzinformationen für beide verschieden sind. Die Frequenz eines phonologischen Lexems lässt
keine Rückschlüsse auf die Geschwindigkeit der visuellen Worterkennung zu und umgekehrt. Das zwingt zu der Annahme separater Speicher für die schriftliche und die lautliche Form der
lexikalischen Einheit, was auch theoretisch plausibel ist; jedenfalls
in Sprachen, in denen beide vollständig (wie in Sprachen mit lo-
gographischen Schriftsystemen) oder weit auseinander liegen, wie
im Englischen oder Walisischen. Ob die Trennung sich aber auch
auf die Lemmaebene erstreckt, ist wiederum fraglich. Die Tatsache, dass der lexikalische Zugriff bei der Produktion sowohl durch
Hören als auch durch das Lesen eines semantisch ähnlichen Wortes gestört wird, spricht wiederum für die Annahme, dass beide

Aufnahmeprozesse auf dieselbe lexikalische Repräsentation zugreifen.

Für die Klärung der Überlappungsfrage ebenfalls aufschlussreich sind Beobachtungen des Sprachverhaltens von Sprachpatienten. Dass sprachliche Module unabhängig voneinander gestört sein können, deutet auf Nicht-Überlappung hin. Nach Auswertung mehrerer sprachpathologischer Erkenntnisse schließt Harley (2001: 395) auf eine minimale Überlappung und postuliert vier modalitätenspezifische mentale Lexika mit nur einem gemeinsamen Modul, dem semantischen System.

Wie steht es mit der Überlappung grammatischer Prozesse und Wissensspeicher – soweit man hier überhaupt unterscheidet? Bei der Annahme, dass nicht nur die lautliche sondern auch die syntaktische Verarbeitung prozedural ein Aktivationsausbreitungsvorgang ist, entfällt die Notwendigkeit, getrennte Teilsysteme anzunehmen. Aber was heißt das? Stellen nicht schon zwei getrennte Verbindungen zwischen einem syntaktischen Knoten auf der Wortartebene und einem auf der Phrasenebene, eine top-down und eine bottom-up gerichtete Verbindung zwei Systeme dar? Der Befund, dass eine Störung im syntaktischen Verstehen öfter mit eingeschränkter Leistungsfähigkeit des Kurzzeitgedächtnisses einher geht, als mit einer Beeinträchtigung des allgemeinen Arbeitsspeichers, spricht für ein geschlossenes, abgekapseltes Satzerkennungsmodul, und die Tatsache, dass bei diesen Patienten die syntaktischen Prozesse der Produktion nicht entsprechend gestört sind, spricht für Nicht-Überlappung.

Betrachten wir schließlich die Aufgaben selbst, also syntaktische Kodierung und syntaktische Analyse (engl.: **parsing**), so stehen beide Vorgänge in einem Punkt vor vollständig verschiedenen Ausgangssituationen. Den Input der syntaktischen Kodierung bilden a) eine Message, b) die durch sie aktivierten Wörter und c) die Merkmale ihrer Informationsstruktur. Diese zusammen determinieren die syntaktische Gliederung und die lineare Ordnung der syntaktischen Repräsentation. Den Input in das Satzanalysesystem bilden a) alle Lemmata, die von der jeweils erkannten phonologischen Wortform, dem Lexem, aktiviert worden sind, b) die Reihenfolgeinformation und c) die syntaktischen Angaben zu den schon erkannten Wortformen. Betrachten wir nur den relativ einfachen Satz *Kabine ist klar.* Zu dem Zeitpunkt, an dem das Lemma *Kabine* erkannt ist, ist auch erkannt, dass es eine der vier Kasusformen des Singulars sein kann. Damit kann es theoretisch jedes nominale Satzglied sein z.B. direktes Objekt (*Kabine schließen!*), indirektes Objekt (*Kabine nichts mehr servieren!*), Subjekt eines aktivischen oder passivischen Satzes (*Kabine ist zu schließen!*) und vieles mehr. Schon diese einfache Äußerung illustriert das Kernproblem des Satzanalysesystems und – um es vorweg zu nehmen – es ist derzeit nicht bekannt, wie es damit zurechtkommt. Das Problem ist die **syntaktische Mehrdeutigkeit**, sei sie **temporär** (*Hans versprach sich in der ersten Strophe seines Gedichts mindestens drei Lacher, ... mindestens vier mal*), sei sie **nicht temporär** (*Hans trägt das Gedicht seiner Großmutter vor*).

Fassen wir zusammen: Sprachverstehen ist wie die Sprachproduktion ein komplizierter kognitiver Prozess, der zwei große Schritte umfasst, die lexikalische Erkennung und das Verstehen der Äußerung. Jeder dieser Schritte umfasst wiederum mehrere Aktivitäten, zwischen verschiedenen Repräsentationsebenen. Wie weit das Sprachverstehen- und das Sprachproduktionssystem sich überlappen, ist unklar und Gegenstand aktueller Forschung. Mit dem derzeitigen Kenntnisstand vereinbar ist, dass hinsichtlich der Überlappung zu unterscheiden ist zwischen:

a) sprachlichem Wissen und Sprachverarbeitung
b) den Sprachebenen, also phonologisch/graphematische, syntaktische und semantische Verarbeitung
c) der lautlichen gegenüber der schriftlichen Modalität

Die Befunde über das sprachliche Wissen deuten darauf hin, dass syntaktisches und semantisches Wissens nicht modalitätsspezifisch sind, weder die lexikalische noch die grammatische Wissenskomponente. Die Verarbeitungswege Produktion und Rezeption werden weithin als separat angenommen. Aber an der Satzverarbeitung setzen Versuche an, diese Annahme in Frage zu stellen. Ein Ausgangspunkt ist die Tatsache, dass man sich als Zuhörer mitunter dabei beobachtet, dass man einen Satz, in dem der Sprecher eben eine Pause gemacht macht, an seiner Stelle hätte zu Ende formulieren können. Diesem Phänomen kann man unter kontrollierten Bedingungen nachgehen. Einer Versuchsperson wird bildlich eine Szene gezeigt, in der mehrere Personen und Objekte vorhanden sind. Mit dem Bild-Onset hört die Versuchsperson einen Satz und ihre Blickbewegungen beim gleichzeitigen Betrachten der Szene werden aufgezeichnet. So lässt sich beobachten, dass sich die Aufmerksamkeit des Hörers je nach verarbeitetem Stück des Satzanfangs auf Bildinhalte richtet, die als nächstes in der Äußerung geäußert werden. An der Treffsicherheit der »Vorahnung«, engl. »prediction«, wird geschlossen, dass Verstehen und Sprechen eng miteinander verbundene kognitive Prozesse sind (vgl. Altman & Kamide 2004).

Dass die »Vorhersage« von Fortsetzungen bei hoher genereller
Übergangswahrscheinlichkeit im Langzeitgedächtnis bis aufs Wort
genau sein kann, zeigen EKP-Beobachtungen. Die Versuchsperson
hört einen Satz, der ein allgemein bekanntes Szenario beschreibt,
z.B. *Herbst, Wind, Junge, Rausgehen zum* ... (in Englisch *The day
was breezy so the boy went outside to fly* ... (DeLong, Urbach &
Kutas 2005)). Die Wahrscheinlichkeit, dass das Objekt ein Dra-
chen (*kite*) ist, ist größer als dass es ein Flugzeug ist (*airplane*). Da
kite die unbestimmte Artikelform »a«, *airplane* aber »an« verlangt,
lässt sich prüfen, wie spezifisch die Vorhersage beim Hören ist. Bei
Fortsetzung mit *an* wird ein größeres N 400-Potential gemessen
als bei Fortsetzung mit »a«. Das zeigt an, dass die »prediction«-
Prozesse bis auf die Ebene der phonologischen Kodierung hinunter
das erwartete Segment spezifizieren. Liegen Verstehen und Produzieren wirklich so nahe beieinander?

Mit funktionaler Magnetresonanztomographie lässt sich erkennen, ob die Hirnareale, die beim Sprachverstehen aktiviert sind
dieselben sind wie die beim Sprechen. Haller et al. (2005) haben
Versuchspersonen drei sprachliche Aufgaben gegeben, (a) das Produzieren eines einfachen SVO-Satzes aus vorgegebenen Wörtern
(*werfen, Ball, Junge → Der Junge wirft den Ball*), das Lesen von
Wörtern und das Lesen von Sätzen. Die Analyse durch Subtraktion der Aktivationsdaten ergab, dass bei Subtraktion der Sprachver-
stehensaktivationen signifikante Aktivationen im linken unteren
Frontallappen resultierten. Der Befund ist vereinbar mit Ergebnissen einer PET-Studie von Indefrey et al. (2004), die aufgrund des
zugrunde liegenden Verfahrens (schwaches Röntgenverfahren) eine
höhere lokale Auflösung des Wissens ermöglicht.

Dennoch: Weder hinsichtlich der Art der Prozeduren noch hinsichtlich ihres relativen zeitlichen Ablaufs weisen die Befunde und
die Modelle einstweilen Übereinstimmung auf. Als weitgehend gesichert kann allerdings gelten, dass es bei der Produktion und der
Konzeption ein Zusammenspiel von Aktivitäten auf der syntaktischen und der konzeptuellen Ebene gibt. Hingegen stellt sich die
Verbindung von syntaktischer und lautlicher Verarbeitung in den
strikt vorwärts verarbeitenden Modellen gegenüber den interaktionistischen Modellen verschieden dar. Erstere nehmen bei der
Produktion keine Aufwärtsaktivation von der lautlichen zur Lemmaebene an, letztere hingegen doch. Schließlich unterscheiden sich
offenbar unsere lexikalischen Informationen über die Lautformen
von denen über die schriftliche Form – trivialerweise. Verschieden
sind aber wohl auch die Einträge der lexikalischen Frequenz.

Betrachten wir nun die Vorgänge des Sprachverstehens genauer und fragen wie immer: Welche Prozeduren finden statt und wie laufen sie zeitlich ab?

5.3   Die Lauterkennung

Abbildung 5.1 zeigt in graphischer Form das Schallereignis, das ein Sprecher durch die Artikulation einer Äußerung produziert hat. Das kommunikative Ziel von Sprecher und Hörer ist, dass der Hörer die Absicht und den Sachverhalt erkennt, die ihm durch die Äußerung des Sprechers zu verstehen gegeben werden. Dazu muss der Hörer der lautlichen Form den Inhalt der Äußerung entnehmen und diesen dann mit seinem Wissen über Kontext, Situation und die Welt im Allgemeinen verknüpfen.

Das erste Problem ist nun, dass die **Schallform** nicht die **Lautform** ist. Die Lautform muss dem akustischen Ereignis erst entnommen werden. Das verlangt offenbar die Lösung von zwei Aufgaben. Die lautliche Repräsentation, die es dem Hörer ermöglicht, auf sein lexikalisches Wissen zuzugreifen, ist, wie wir im Kapitel über das Sprechen gesehen haben, eine metrisch gegliederte Kette von Bündeln lautlicher Merkmale. Also muss das vom Gehör aufgenommene Schallkontinuum in eine Form überführt werden, die einen Bezug zu solchen Merkmalen ermöglicht. Dazu muss zum einen erkannt werden, welches zusammenhängende Stück Schall überhaupt einer sprachlichen Einheit entspricht; diese Aufgabe ist die **Segmentierungsaufgabe**. Zum Zweiten muss dem segmentierten Stück Schall entnommen werden, welche lautliche Einheit es ausdrückt; das ist die **Kategorisierungsaufgabe**.

Die feinen und extrem schnellen Mechanismen, die bei der Bearbeitung im Hörorgan und in speziellen kognitiven Programmen ablaufen, können hier nicht ausführlich dargestellt werden. Wir wollen aber versuchen, wenigstens das Lösungsverfahren und die beteiligten Komponenten aufzuzeigen.

Den ersten Teil der Kategorisierung bewerkstelligt ein Organ des Innenohrs, das **Cortische Organ**. Es ist eine Konstruktion aus feinsten Härchen, Membranen, die diese berühren und Nervenzellen, die die Berührungsreize in weitere Nervenzellen weiterleiten. Die Härchen sind für unterschiedliche Schwingungsfrequenzen empfindlich. So wirkt das Cortische Organ wie ein komplexes Filtersystem, das in kleinsten Zeitfenstern das ankommende Schallsignal in die einzelnen Schwingungen zerlegt, die darin enthalten sind, und für jede einzelne registriert, wie »laut« sie ist, also wie viel Druck sie aufweist. Man kann diesen Vorgang physikalisch simulieren. Wir veranschaulichen ihn für einen kleinen Ausschnitt des Ereignisses aus Abb. 5.1. Abb. 5.3 zeigt in großer Auflösung etwas mehr als eine Zehntel Sekunde des gesamten Schallereignisses.

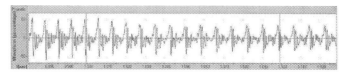

Abb. 5.3: Ausschnitt aus dem oszillographisch dargestellten Schallereignis aus Abb. 5.1.

Das Ergebnis der Arbeit des Cortischen Organs ist eine Darstellung des **Frequenzspektrums** des ursprünglichen Schwingungsgemischs. Für einen Bereich zwischen etwa 20 Hertz und 20.000 Hertz ist ermittelt, wie das Schallereignis zusammengesetzt ist und wie stark in jedem Zeitfenster der jeweilige Frequenzbereich ausgeprägt ist; Graphisch wiedergegeben, nennt man das Ergebnis einer solchen Analyse ein **Spektrogramm**. Das Spektrogramm des Schallereignisses aus Abb. 5.1 zeigt Abb. 5.4.

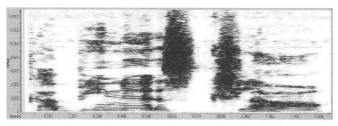

Abb. 5.4: Spektrographische Darstellung eines komplexen Schwingungsereignisses (zum Oszillogramm in Abb. 5.1).

Aus der akustischen Phonetik (Reetz 1999 und Pompino-Marschall 1995) wissen wir nun, dass jeder Sprachlaut ein charakteristisches Schwingungsgemisch aufweist, also sein jeweils individuelles Spektrogramm. Andererseits ist aber ein individuelles Sprechereignis akustisch zusätzlich von einer Reihe von sprachlich irrelevanten Faktoren geprägt, die für die Identifikation der dem Schallereignis zu Grunde liegenden Laute unerheblich und sogar hinderlich sind. Dazu gehören z.B. Sprechermerkmale wie die Stimmlage, die Klangfarbe der Stimme des Sprechers aber auch akustische Besonderheiten der Sprechsituation etc. Sie sind im lautspezifischen Spektrogramm nicht enthalten, müssen also für die Lauterkennung unberücksichtigt bleiben. Lautcharakteristisch sind lediglich strukturelle spektrographische Eigenschaften, das Verhältnis von Spektrogrammbestandteilen, die Art der Schwingungen (periodisch oder nicht-periodisch) und anderes mehr.

Schließlich steht der Kategorisierung ein weiterer Umstand im Wege und das ist die erhebliche **Variationsbreite**, mit der die Laute realisiert werden. Ein Vokal wird in bestimmten lautlichen Umgebungen offener, in anderen geschlossener artikuliert, unter Akzent etwas höher, unter Nebenakzent weniger hoch, vom Sprecher A anders als vom Sprecher B. Wie also kann er identifiziert werden, wo die Konturen seines Schallbildes fließend zu sein scheinen?

Hier kommt dem Menschen ein kognitives Programm zugute, das er wahrscheinlich aufgrund einer genetischen Ausstattung – beim Spracherwerb – installiert hat; das Programm der kategorialen Wahrnehmung. Das Programm akzeptiert keine fließenden Übergänge bei der Wahrnehmung sprachlicher Signale, jedenfalls bei Konsonanten, sondern ordnet einen Höreindruck genau einer lautlichen Kategorie zu, also entweder der Kategorie ›stimmhaft‹ oder ›stimmlos‹, ›dental‹ oder ›palatal‹ usw. (vgl. dazu auch Kap. 3.4). Es ist also festzuhalten, dass das Kategorisierungsproblem in Zusammenarbeit von Cortischem Organ und Lautwahrnehmungsprogramm soweit gelöst wird, dass die akustische Schallrepräsentation der Äußerung in eine lautliche überführt werden kann. Die lautliche Repräsentation unseres Schallereignisses aus Abb. 5.1 ist, wenn alles gelungen ist, diejenige in Abb. 5.5. Zur Illustration des Zusammenhangs zwischen Rohsignal, Spektrogramm und sprachlicher Repräsentation sind alle drei Repräsentationen zusammen dargestellt. Nicht erfasst ist, wie das besagte Programm der kategorialen Wahrnehmung neuronal installiert ist und wie es funktioniert. Das ist bislang auch nicht bekannt. Immerhin deuten Befunde aus experimentellen Aktivationen von kleinsten Neuronenarealen bei Weißbüschelaffen (engl.: Marmosets) darauf hin, dass es im auditiven Kortex spezifische Neuronen gibt, die für bestimmte Tonhöhen konstant sensitiv sind, auch wenn sich das Spektrum – bei gleicher Tonhöhe – verändert (vgl. Bendor & Wang 2005).

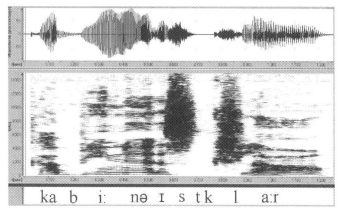

ka b iː nə ɪ s t k l aːr

Abb. 5.5: Schallereignis (Oszillogramm) oben, Frequenzspektrum (Spektrogramm), Mitte, und lautliche Einheiten der Äußerung *Kabine ist klar.*

Theorien der Lautwahrnehmung

Wer sich an dieser Stelle die finalen Schritte der Äußerungsproduktion noch einmal in Erinnerung ruft, wird sich fragen, ob die dort erwähnte Repräsentation als Folge von Sprechsilben nicht auch bei der Schallverarbeitung am Anfang des Verstehensvorgangs eine Rolle spielt. Diese Frage trifft in das Zentrum der Lautverstehensforschung. Tatsächlich gibt es neben der Theorie, der gehörte Schall werde in lautliche Objekte überführt, auch die Annahme, er werde primär in **artikulatorische Gesten** überführt. Die klassische Version dieser Konzeption ist die **Motor-Theorie der Lautwahrnehmung**. In ihr wurde angenommen, die Lautwahrnehmung sei ein stiller Nachvollzug der artikulationsmotorischen Innervation, ausgelöst durch spezifische Eigenschaften des Schalls beim Hören.

Eines der zahlreichen Experimente zur Testung dieser Theorie war ein Hörexperiment mit der Aufgabe, Paare von lautlichen Items als gleich oder verschieden zu beurteilen. Das Material bestand aus Silben mit dem Konsonanten [g]. Von diesem wurden akustisch identische Exemplare in zwei verschiedene Reihen von Silben hineinmontiert, eine Reihe mit Silben, in die das Exemplar gestisch passte und in eine, in die es nicht passte. Die Versuchspersonen hörten jeweils Paare von Silben und sollten beurteilen, ob die darin enthaltenen g-Exemplare gleich oder verschieden sind. Die identischen g-Laute wurden in gestisch passenden Kontexten

häufiger als gleich, in unpassenden als eher verschieden wahrgenommen, was als Evidenz für die Rolle der Geste in der Wahrnehmung gewertet wird (vgl. Fowler 1984).

Andere Beobachtungen sprechen gegen die Gesten-Theorie. So
wird z.B. der retroflexe rhotisierte Zentralvokal [ɚ] auf viele verschiedene Weisen artikuliert, und es ist nach Ohala (1986) unwahrscheinlich, dass Spuren von allen Varianten im Höreindruck
enthalten sein sollten. Außerdem: Die Erfahrung zeigt, dass man
einen Bauchredner verstehen kann, obwohl er sicher nicht die typischen Gesten vollzieht, zumindest nicht mit Lippen und Unter-
kiefer. Auch Papageien sind zu verstehen und das wohl nicht durch
Erkennen der artikulatorischen Gesten. Erwähnt haben wir schon
die Anpassungsfähigkeit der Artikulationsbewegung an evtl. Veränderungen in Artikulationsbewegung an evtl. Veränderungen im
Artikulationstrakt; Essenhappen im Mund oder Veränderungen
im Gebiss. Nach heutigem Forschungsstand beurteilen die Pro-
penenten der Motor-Theory ihre Geltung differenzierter. Zwar
weisen sie weiterhin darauf hin, dass sie die einzige ist, die alle
bisherigen Daten innerhalb einer Konzeption kohärent erfasst. Von
der Annahme, dass die Sprachwahrnehmung von der Geräusch-
wahrnehmung grundsätzlich verschieden sei, ist abgerückt worden;
vgl. dazu allerdings Pieroth (2005). An der Behauptung, das motorische System der Artikulation sei an der Sprachwahrnehmung
beteiligt, wird weiterhin festgehalten; vgl. Galantucci, Fowler &
Turvey (2006). Darin können sie sich durch die Ergebnisse einer
Messung mit transcranialer Magnetstimulation (TMS) von Fadiga et al. (2002) bestätigt sehen. Bei den Versuchspersonen wurden
Aktivationen motorevozierter Potentiale gemessen, wie sie bei der
motorischen Steuerung der Zunge beim Artikulieren der gehörten
Sprachbeispiele stattfinden.

Diese Beobachtungen sprechen zwar gegen die Gestentheorie,
nicht aber zugleich für die zuvor entwickelte Merkmalbündelthe-
orie. Vereinbar mit den Ohala-Argumenten ist eine dritte Möglichkeit, dass das Ergebnis der Wahrnehmung ein **Allophon** ist,
also ein nicht zusammengesetztes Lautobjekt, das auf dem Wege
der Kategorisierung als Element einer Allophonklasse, also eines
Phonems erkannt wird.

Jede dieser drei Theorien ist durch empirische Befunde gestützt, und so liegt die Schlussfolgerung nicht fern, dass das Laut-
erkennungssystem flexibel ist und unter verschiedenen Bedingungen unterschiedliche Verfahren anwendet, wie Remez (1994:
156) erwägt.

In den bisherigen Betrachtungen hat die Tatsache keine Rolle gespielt, dass der Hörer ja über Phonemkenntnisse verfügt, die er zur Kategorisierung des Schallereignisses nutzen könnte. Bei der Identifizierung einer Schallinformation als dieses oder jenes Lautmerkmal könnte ja unter den in Frage kommenden Alternativen dasjenige Phonem, das dem Merkmalsmuster am nächsten kommt, seinerseits die Merkmalszuordnung eines Schalleindrucks sozusagen »von höherer Warte« (top-down) beeinflussen. Ein solches interaktives Laut- und auch Worterkennungsmodell haben McClelland & Elman (1986) vorgeschlagen. Das TRACE-Modell – so der Name – sieht allerdings für den Prozess der Worterkennung sehr aufwendige Prozesse vor und würde einer reinen bottom-up-Theorie weichen müssen, die dieselben Phänomene erklärt.

5.4   Die Worterkennung

5.4.1 Methoden

Mit der Lauterkennung ist die lexikalische Erkennung natürlich noch nicht abgeschlossen, gleichgültig, ob das Ergebnis eine Konstellation von distinktiven Merkmalen ist, die Repräsentation einer motorischen Geste oder ein Allophon. Die Forminformation im Lexikon, das Lexem, ist die phonologische Repräsentation des Morphems, vorzustellen als die Verbindung von Knoten der phonologischen Netzebene zu dem Lexemknoten, je nach Lexemfrequenz eine schnelle oder langsame Verbindung. Und erst über das Lexem führt der Weg zum Lemma. Wie also wird das Ergebnis der Lauterkennung verarbeitet?

Die Antwort hängt entscheidend von der Natur des Prozesses ab, der die Wortgrenzen erkennt. Das Ergebnis der Lauterkennung ist ja – über die Zeit hin – lediglich eine Kette von Phonemen, nicht eine Kette von Wörtern. Wie werden also die Lexeme erkannt? Das kann durch direkte Verbindungen von der Phonemebene zur Lexemebene gehen (lexikalische Prozesse) oder über eine Zwischenstufe der Silbenerkennung vor dem Lexemzugriff (**prä-lexikalische Prozesse**). Ökonomischer erscheint auf den ersten Blick der direkte Zugang zur Lexemebene und wir gehen diesen Weg, zunächst durch.

Eine Schlüsselrolle bei der Aufklärung des Worterkennungsvorgangs spielt die unbestreitbare Tatsache, dass der Versuch, im Schallstrom Wörter zu erkennen, sofort mit dem ersten erkannten

Phonem beginnt und nicht lange auf weitere Informationen gewartet wird. Der Vorgang muss also mindestens drei Schritte umfassen. Zunächst muss mit Hilfe der laufend ankommenden Lautinformation im Lexemnetz gesucht werden (engl. **access**). Sodann muss genau ein Lexem und nur dieses, nennen wir es das Ziellexem, gewählt und alle Konkurrenten müssen ausgeschlossen werden (**selection**), und dann muss die Verbindung zum Lemma hergestellt werden (**integration**, die Zusammenführung von lautlicher, konzeptueller und syntaktischer Information im Lexikon).

Für die On-line-Arbeitsweise der Worterkennung sprechen viele Beobachtungen, u.a. die Fähigkeit zum Schattensprechen (**shadowing**). Geübte Personen können die Sprache, die sie über Kopfhörer aufnehmen, so schnell nachsprechen, dass sie bis zu 250 ms an den Input herankommen (Marslen-Wilson 1973). In die gleiche Richtung deutet die Tatsache, dass die Zeit bis zur Erkennung eines gehörten Wortes kürzer ist, wenn zuvor ein Wort gehört wurde, das mit den selben Lauten anfängt, ein initiales Prime-Wort; hingegen hat ein Reimwort als Prime (also »Hut« zur Erkennung von »gut«) keine beschleunigende Wirkung. Die entscheidende Frage ist nun, zu welchem Zeitpunkt bei gegebener Lautkette ein Lexem als das richtige erkannt wird. Anders gefragt: Wie wird gesucht?

Um das genau zu bestimmen, hat man den Suchvorgang sozusagen im Zeitlupentempo beobachtet. Das kann man bei auditivem Verstehen erreichen, indem man die Schallkette einer gesprochenen Äußerung in kleinen, zeitlich separiert aufeinander folgenden Portionen von z.B. 50 ms präsentiert. So hört die Versuchsperson den Input auf eine steuerbar langsame Weise. Fordert man sie dabei auf, anzuzeigen, sobald sie anhand des gehörten initialen Schallsegments ein Wort eindeutig erkennt, so gibt die dem Schallstück entsprechende Lautkette Aufschluss darüber, wie viel Lautinformation, vom Anfang eines Wortes an gemessen, für die Identifizierung eines Wortes im mentalen Lexikon benötigt wird. Auf den ersten Blick würde man vielleicht vermuten, dass man natürlich immer erst das Wort vollständig hören muss, bevor man entscheiden kann, welches es ist. Das Ergebnis des **Gating-Experiments** – so heißt die stückweise Präsentation einer Schallfolge oder auch einer Buchstabenfolge vom Wortanfang her – ist überraschend. Wird das Wort *ziemlich* stückweise präsentiert, wird es erkannt bevor es ganz gehört ist. Sobald das Schallstück, das das ›*l*‹ darstellt, verarbeitet ist, zeigen die Versuchspersonen an, dass sie ein Wort erkannt haben und nennen fast ausnahmslos das Wort *ziemlich*. Das Wort wird also erkannt, bevor es ganz gehört ist.

Wichtig an diesem Ergebnis ist neben dem Erkennen des Wortes auch, dass die Stelle erkannt ist, an der das nächste Wort beginnen muss, nämlich nach *-lich*.

Für die »vorzeitige« Worterkennung gibt es zwei Erklärungen, eine sprachliche und eine kognitive. Die sprachliche ergibt sich aus einer Eigenschaft vieler Wörter, nämlich der, ein redundantes lautliches Ende zu haben. Redundant ist ein Zeichen, das im gegebenen Zusammenhang keinen zusätzlichen Informationsgehalt hat. Der Informationsgehalt des Lexems ist, das Lemma eindeutig zu bezeichnen. Und diese Information ist bei vielen Wörtern schon durch ein Stück aus der Anfangskette des Lexems vermittelt; ein Stück der Endkette ist redundant. Das letzte lautliche Segment der nicht-redundanten Anfangskette markiert den Punkt, an dem das Wort eindeutig von allen anderen Wörtern der Sprache verschieden ist. Dieser Punkt im Wort ist der **Diskriminationspunkt** des Wortes (uniqueness point). Er ist rein linguistisch bestimmt. Bei vielen Wörtern liegt er allerdings erst auf dem letzten lautlichen Segment. Ein Lexem eines solchen Wortes ist nicht redundant, wie z.B. das von *Kabine*. Erst der finale Schwa-Laut unterscheidet das Wort von *Kabinett*.

Beobachtungen bei der Durchführung von Gating-Experimenten zeigen, dass die Stelle im Wort, an der Versuchspersonen es richtig erkennen, nicht immer mit dem Diskriminationspunkt zusammenfällt. Der **Worterkennungspunkt** (recognition point) liegt in Experimenten mal vor, und mal hinter dem Diskriminationspunkt. Die Stelle in einem Gating, an der die Versuchsperson eine Entscheidung über das Zielwort trifft, sei sie korrekt oder nicht, heißt **Isolationspunkt** (isolation point). Methodische Details des Gating-Paradigmas und ihrer Durchführung behandeln Marslen-Wilson & Tyler (1980).

5.4.2 Der Prozess der Worterkennung

Erinnern wir uns: Die Worterkennung umfasst die Suche, die Selektion und die Integration. Die Suche beginnt unverzüglich mit dem ersten Ergebnis der Lauterkennung, bei *ziemlich* ist das die Affrikate /ts/. So beginnen allerdings auch andere Wörter des Deutschen und solange nicht mehr Information vorliegt, kommen sie alle als Kandidaten für das Zielwort (!) in Betracht, auch das Wort *Ziel*. Mit wachsender Länge der erkannten Lautkette scheiden alle Konkurrenten aus, die mit dem Ziel nicht mehr übereinstimmen. Die Menge der Konkurrenten (engl.: competitors) wird immer kleiner. Der Suchprozess bei der Worterkennung ist also ein sequentieller **Wettbewerbsprozess** (engl.: competition), in dessen Verlauf nach Maßgabe der wachsenden initialen Lautkette die nicht damit übereinstimmenden Konkurrenten ausscheiden. Von dieser Suchstrategie ausgehend, haben Marslen-Wilson & Tyler (1980) ein umfassendes Modell entwickelt und vielfach getestet: das **Kohortenmodell** (engl.: Cohort-Model) der lexikalischen Erkennung. Die Suche beginnt mit der Aktivation aller Lexeme im Lexikon, die mit dem Initialphonem des Zielworts beginnen (Initial-Kohorte) und endet, theoretisch, wenn nur noch ein Lexem im Rennen ist; dieses Lexem wird als das Ziellexem angesehen. Auf weitere Behauptungen des Kohortenmodells kommen wir zurück.

Der Einfluss der Frequenz

Der Suchvorgang verläuft nicht nach einem einheitlichen Zeittakt. Wie alle lexikalischen Prozesse auf Lautebene, wird auch dieser von der Häufigkeit des betroffenen lexikalischen Elements in der Sprache insgesamt beeinflusst. Ebenfalls plausibel ist, dass der Zeitbedarf für den Suchvorgang von der Größe der zu bearbeitenden Kohorte abhängt. Viele Lexeme zu verarbeiten, kostet mehr Zeit als wenige, auch wenn die Aktivation sich im Prinzip im Netz des lexikalischen Wissens gleichmäßig und gleichzeitig ausbreitet. Hinzu kommt, dass Wortfrequenz ihrerseits wieder eine komplexe Größe ist. Es wirkt sich nämlich nicht allein die Frequenz der zielgleichen Lautkette im Lexikon auf die Suchzeit aus, sondern auch die Frequenzen konkurrierender, aber letztlich nicht zielgleicher Einheiten.

Die Wirkung der Lexemfrequenz eines Wortes ist in Experimenten mit ganz verschiedenen Aufgaben bestätigt worden: Worterkennung (auditiv und visuell), lexikale Entscheidung (auditiv), mündliches Wiederholen (auditiv). Die Wortentscheidung ist schneller für hochfrequente als niedrigfrequente Items, die Latenz von Stimulusbeginn bis Sprechanfang ist frequenzabhängig kürzer oder länger (vgl. Marslen-Wilson 1990). Auf das Frequenzverhältnis, also die Differenz zwischen Zielwort- und Konkurrentenfrequenz, reagieren die Versuchspersonen in diesen Aufgaben allerdings nicht – jedenfalls nicht messbar. In der »empfindlicheren« Gating-Aufgabe kommt jedoch auch die Wirkung des Frequenzverhältnisses zu Tage, hochfrequente Ziel-Items werden gegenüber niedrigfrequenten Konkurrenten früh isoliert, allerdings nicht notwendigerweise korrekt. So bestimmen die Versuchspersonen im Vergleich der englischen Wörter *sharp* (hochfrequent) vs. *shark* (niedrigfrequent) *shark* (dtsch.: Hai) früh, etwa in der Mitte des Vokals, aber überwiegend als *sharp* und erst kurz vor Sonoritätsende zunehmend als *shark*. Bei hochfrequenten Konkurrenten dauert die Festlegung (Isolationspunkt) etwas länger. Bei niedrigfrequentem Ziel-Item und hochfrequentem Konkurrenten dauert es am längsten. Sind Ziel und Konkurrent niedrigfrequent, braucht die Suche am zweitlängsten; das ergibt insgesamt die folgende Rangfolge in der relativen Geschwindigkeit der Worterkennung:

hoch/niedrig > hoch/hoch > niedrig/niedrig > niedrig/hoch

In der x/y-Angabe bezeichnet ›x‹ jeweils die relative Frequenz des Ziel-Items, ›y‹ die des Konkurrenten (ebenfalls Marslen-Wilson 1990: 157).

Fassen wir zusammen: Der Suchvorgang ist ein Prozess der Aktivationsausbreitung von unten (Lautebene) nach oben. Die Suche ist organisiert als eine wortinitial beginnende, sequentielle Ausscheidung von Kohorten von Konkurrenten nach Maßgabe der wachsenden Lautkette. Dass die Suche so schnell abläuft, ist eine Folge der Redundanz der Lexemform. Die Selektion eines Lexems kann in vielen Fällen erfolgen, bevor seine Lautform vollständig erkannt ist. Das Worterkennungssystem kann die »gewonnene« Zeit für den Selektions- und den Integrationsprozess verwenden und damit den Anfang des nächsten Lexems und damit den Neustart der Suche vorhersagen.

Der Einfluss der lautlichen Umgebung

Auf gewisse Schwierigkeiten würde dieser Prozess stoßen, wenn eine Sprache überwiegend nicht-redundante Lexeme hätte wie *Hund, Kabine, Buch* etc. Das würde die Flüssigkeit der Worterkennung reduzieren. Ebenfalls offen ist, wie die Worterkennung erfolgt, wenn dem Hörer der Wortanfang entgangen ist oder in der Lautkette ein Störgeräusch auftritt. Ersteres würde die Aktivation der Initial-Kohorte behindern oder vereiteln, Letzteres die Ausschaltung von Konkurrenten, also die sequentielle Eingrenzung des Ziellexems stören. Dass uns solche Umstände tatsächlich nicht entgehen, zeigen schon alltägliche Erfahrungen. Wir haben Schwierigkeiten, die lautlich reduzierten Äußerungen von Kindern zu verstehen (*Fasche* statt *Flasche*, *Talj* für (*Lauf-*)*Stall*). Ähnlich ist es beim Verstehen der Äußerungen von Sprachkranken, Betrunkenen oder Fremdsprachensprechern. Verständnis wird unter solchen Inputbedingungen mitunter erst durch Hinzuziehen von

Informationen auf höheren Ebenen, d.h. mit Hilfe syntaktisch, semantisch und außersprachlich gestützter Schlussfolgerungen möglich.

Was aber ist in den anderen Fällen? Wie werden im einge-
henden Lautstrom Grenzen von Lexemen erkannt, deren lautliche Form infolge von durchaus regulären phonologischen An-
passungen nicht mit der lexikalischen Form übereinstimmen (vgl.
Kap. 4.3.6)? So kann das Lexem von *Stein* durch regressive Assimilation lautlich als [ʃtaɪm] realisiert sein, wie in *Kopfsteinpflaster*,
als [ʃtaɪn] in *Steinhaufen* oder als [ʃtaɪŋ] in *Steingrube*.

Das Worterkennungssystem könnte dem auf zweierlei Weise
Rechnung tragen. Um [ʃtaɪm] als Anfang von *Steinpflaster* zu erkennen, könnte der Selektionsprozess früher beginnen, jedenfalls
bevor [ʃtaɪm] als Non-Wort erkannt und die Kohorte leer ist. Das
würde bedeuten, dass Lemmainformation zur Entscheidung der
Lemmaselektion herangezogen wird. Das Ziellemma würde sozusagen bei seiner eigenen Identifizierung mithelfen: ein Top-down-
Fluss von Information zur Beschleunigung der Worterkennung.
Das nimmt Marslen-Wilson (1987) an. In letzter Konsequenz modelliert ist die Interaktion von Lemmaebene und Phonemebene im
TRACE-Modell (McClelland & Elman 1986) in dem jeder Laut
mit allen Wortpositionen verbunden ist, die er in einer Sprache
einnehmen kann.

Ein anderer Weg bestünde darin, dass vor dem Abgleich der
Lautkette mit den Einheiten der Lexemebene im Lautstrom zusammenhängende Lautfolgen entdeckt werden, die als Ganze die
passenden Einheiten auf der Lexemebene aktivieren können. Das
würde zwar einen prälexikalischen Zwischenschritt erfordern,
dafür aber die sequentielle Suche beschleunigen, weil mit einer
einzigen Aktivation gleich eine Folge von Elementen der ankommenden Lautkette abgearbeitet wird.

In diesem Zusammenhang sind zwei Tatsachen von großem Interesse. Die eine ist, dass eine beliebige Lautfolge als ganze im Input
schneller erkannt wird, wenn sie eine Silbe der Sprache bildet, als
wenn sie nur einen Teil einer Silbe bildet. In einer **Laut-Monito-
ring**-Aufgabe (Achte darauf, wann in der Äußerung, die du hörst,
die Lautfolge ›xy‹ auftaucht), haben französische Versuchspersonen
die Lautfolge [pa] schneller in dem Wort *palace* als in *palmier* entdeckt; ebenso [ka] in *carotte* schneller als in *carton*. Der Befund
spricht dafür, dass die Silbengliederung die Segmentierung des Laut-
stroms beim Verstehen mit bestimmt (vgl. Mehler et al. 1981: 300).

Die zweite Tatsache ist, dass die Erkennung von Morphemen
im Schallstrom von der prosodischen Gliederung beeinflusst wird.

Das einsilbige englische Wort *mint* z.B. wird als Bestandteil eines
Non-Worts korrekter erkannt, wenn es betont und von einer unbetonten Silbe gefolgt ist, (Beispiel *MINTef* = [mɪntəf]; Großschrei-
bung bedeutet ›akzentuiert‹), als wenn es von einer stark betonten
Silbe gefolgt ist. (*MIN TEIF* = [mɪnteɪf]). Die Annahme ist, dass
bei Wahrnehmung einer starken Silbe das System zu einer Sil-
bentrennung neigt, also [mɪn-teif]; dadurch ist das Zielwort nicht
mehr direkt zu erkennen. Infolge der Trennung kann das Zielwort
mint nur durch nachträgliche Zusammenführung der ersten Silbe,
min mit dem Anlaut der zweiten, *t,* erkannt werden. Das geschieht
weniger bei der Wahrnehmung einer schwachen Silbe, [mɪntəf].
     Die beiden Befunde sprechen nach Auffassung von Cutler und
Mitarbeitern für eine **metrisch** gesteuerte Segmentierungsstrategie, durch die der ankommende Schallstrom schon in einer frühen Phase der lexikalischen Erkennung, unter Umständen schon
vor der Phonemerkennung, in Einheiten segmentiert wird, die für
die weiteren Schritte der Worterkennung ausgenutzt werden (vgl.
Cutler & Norris 1988; McQueen, Norris & Cutler 1994; Norris,
McQueen, & Cutler 1995; Norris 1994).
     Zusammenfassend können wir feststellen, dass wir – wieder
einmal – mit konkurrierenden Modellen der lexikalischen Erkennung konfrontiert sind. Das Kohorten-Modell beschreibt die Worterkennung als eine Folge von Such-, Selektions- und Integrati-
onsvorgängen mit top-down-Processing zwischen Selektion und
Suche. Es nimmt keine prälexikalische Segmentierung an und beruht auf Befunden von Worterkennungsexperimenten (lexikalische
Entscheidung, Nachsprechen und Worterkennen bei Gating). Das
TRACE-Modell ähnelt dem Kohorten-Modell, beschreibt die lexikalische Erkennung als vollständig interaktive (bottom–up- und
top-down-)Aktivation aller Lauteinheiten mit allen Positionen in
allen Lexemen. Es erklärt damit besser, dass die Worterkennung
auch ohne die vorherige Erkennung des Wortanfangs erfolgreich
ist. **Metrische Segmentierungsstrategie** (MSS) und Shortlist be-
tonen die Rolle prälexikalischer Prozesse der Segmentierung und
erklären damit die Mitwirkung metrischer und prosodischer Information am Vorgang der lexikalischen Erkennung. Ein informa-
tives und detailliertes Bild der Theorien und der Pro- und Contra-
Evidenz geben Frauenfelder & Floccia (1999), Cutler (1999) und
Zwitserlood (1999).
     Nur en passant sei daran erinnert, dass bislang nur von der au-
ditiven Worterkennung die Rede ist, nicht vom Lesen; dazu später. Ferner ist noch zu klären, wie es weiter geht, denn mit der
Lexeminformation alleine ist weder die Bedeutung einer Äuße-

rung zu verstehen noch gar ihre syntaktische Struktur; es müssen also anhand der Lautform das zugehörige Konzept und die syntaktischen Merkmale (Lemma) erkannt werden, bei mehrdeutigen Wörtern (Homophonen wie /meːX/ für *mehr* oder *Meer*) entsprechend alle in Frage kommenden Lexikoneinträge. Welche Prozesse finden dabei statt und in welcher zeitlichen Abfolge? Stellen wir das kompliziertere Geschehen bei lexikalischer Ambiguität einstweilen hintan. Angesicht der Ebenengliederung des Lexikons liegt die Annahme nahe, dass bei serieller Bottom-up-Aktivation vom Lexem aus zuerst das Lemma, dann das Konzept des Wortes aktiviert wird und beim Produktionsprozess umgekehrt das Konzept, dann das Lemma und zuletzt das Lexem. Letzeres ist mit EEG-Daten mit dem LRP-Go-NoGo-Paradigma auch nachgewiesen (vgl. Kap. 4.3.5) und später mit einem höher auflösenden Verfahren von Schmitt et al. (2001) bestätigt worden.

Unerwartet ist dagegen, dass bei der Worterkennung ebenfalls die semantische Erkennung der syntaktischen vorangeht und zwar – gemessen mit dem erwähnten genaueren Potential N2 – bei Unterlassung der Bewegung zwischen 69 und 95 ms, je nach Gipfel bzw. Beginn der Kurve; siehe dort, Tab. 1. Dieser Ablauf ist mit der theoretischen Vorhersage nicht vereinbar, die aber im Übrigen empirisch gut bestätigt ist; vgl. Levelt et al. (1999). Von dieser Seite, d. h. Roelofs, wird dann auch eine Erklärung darin gesehen, dass der zeitliche Vorsprung der semantischen Entscheidung auf den längeren Zeitbedarf zurückgeht, den die syntaktische Aktivation bis zur ausschlaggebenden Schwelle des Messverfahrens braucht. Sie startet zwar früher als die Konzeptaktivation, diese wird aber infolge der relativ reicheren Vernetzung der semantischen Knoten früher messbar (vgl. Müller & Hagoort 2006: 91). Das Thema bleibt also in der Diskussion.

Erkennen komplexer Wörter

Ein komplexes Wort ist ein Wort, das aus mehreren Morphemen besteht. Jedes flektierte Wort ist also komplex. Es besteht aus dem Stamm und den grammatischen Morphemen. Eine flektierte Form heißt Wortform. Auch ein zusammengesetztes Wort wie *Leitstrahl* ist komplex, ebenso ein Wort, das durch ein Wortbildungsmorphem aus einem anderen Wort abgeleitet ist: *gerade – ungerade*. Die verschiedenen Arten von Komplexität können in einem Beleg zusammen und auch mehrfach zusammen auftreten. Restriktionen gibt es für die grammatische Komplexität. Eine Wortform kann nicht mehrere Morpheme derselben grammatischen Katego-

rien enthalten, also etwa zwei Kasusmorpheme in einer Substan-
tivform.

Um die Aufgaben des Worterkennungssystems im Umgang mit
komplexen Wörtern zu verstehen, rufen wir uns einige sprachliche
Fakten in Erinnerung. Zunächst zur Verwendung: Im Deutschen
sind alle Konstituenten des Kernsatzes (Finites Verb, Subjekt und
ggf. Objekte) komplexe Wortformen. Die meisten Adjektive und
Adverbien sind steigerbar. Nicht-komplex sind lediglich eine Hand
voll Wörter, darunter die Präpositionen, die sog. echten Adverbien
wie *oft, kaum, nicht*, die Konjunktionen *aber, und* etc. Morphologische Komplexität ist also das Normale. Die Sprecher der Cockpitkommunikation (vgl. Kap. 1) verwenden in ihren deutschsprachigen Äußerungen rund 110 Wörter, davon 45 einfache. Zieht
man Wiederholungen ab, ergeben sich 44 komplexe Types und
25 einfache, und die 44 komplexen reduzieren sich auf 34 verschiedene Stämme. Das ist in anderen Sprachen anders. Das Phänomen ist also sprachspezifisch und der Umgang mit morphologischer Komplexität wird mithin in der Kindheit mit der Sprache
erworben.

Komplexität spiegelt sich nicht auf allen Ebenen der lexikalischen Einheit gleichmäßig wider. Ein Item kann auf Lemmaebene komplex, auf der Lexemebene einfach sein; Beispiele: *die, ist* u.a.
Die Form ist, wie man sagt, nicht **transparent**. Auch entspricht
nicht jedem formal komplexen Ausdruck eine komplexe Lem-
ma- und/oder Konzeptrepräsentation; Beispiel *ungefähr*. Das Wort
scheint von der Form her komplex (*un-ge-fähr*, lässt sich aber auf
Lemma- und Bedeutungsebene nicht in entsprechende Teile zerlegen. Solche Formen heißen **pseudokomplex**. Hier ist wieder zu
unterscheiden zwischen echt pseudokomplexen Formen und den
lokal pseudokomplexen. Erstere sind solche, deren Komponenten
alle morphologisch plausibel sind (*un-› ge-› fähr*), letztere solche,
die es nicht sind: *un-ten.*

Dass die morphologische Komplexität den Prozess der Worterkennung betrifft, kann man sich leicht bewusst machen, indem
man sich die theoretischen Möglichkeiten vor Augen führt, wie
komplexe Einheiten auf Lexem- und Lemmaebene gespeichert
sind. Man rufe sich dazu die diesbezüglichen Ausführungen in
Kapitel 2.2.5 in Erinnerung. Es gibt grundsätzlich zwei Möglichkeiten. Jede komplexe Einheit kann als ganze gespeichert sein (**full
listing**) oder es sind nur einfache Einheiten gespeichert (**full parsing**). Beides kann auf beiden Ebenen der Fall sein, so dass theoretisch vier Modelle angenommen werden können. Die Full-Lis-
ting-Modelle sind speicherintensiv, die Full-Parsing-Modelle sind

rechenintensiv. Ein radikales Full- Listing-Modell kann nicht erklären, wie der Hörer neue Wortbildungen verstehen kann wie
etwa *Ethik-rat* und *Stammzellen-forschung*. Da sie aber verstanden
werden, muss der kompetente Hörer über Wortstrukturwissen verfügen. Ein Full-Parsing-Modell ist unökonomisch, besonders für
die Verarbeitung hochfrequenter komplexer Einheiten wie *an-kom-
men*, und es erklärt nicht das Erkennen unregelmäßiger Formen
wie *durf* in *durf-te*. Schauen wir uns neben diesen theoretischen
Erwägungen einige der in Kapitel 2.2.5 erwähnten empirischen
Befunde genauer an.

- In einer lexikalen Entscheidungsaufgabe werden Quasi-Stäm-
me von echten pseudo-komplexen Formen wie *wirsch* von *un-
wirsch* langsamer als Non-Wort klassifiziert als Nicht-Stämme
von unechten (*-ten* von *un-ten*). Das deutet darauf hin, dass das
System versucht, *wirsch* als Lemma zu identifizieren, also einen
Analyseprozess suggeriert.
- Wortbildungsaufgaben (Prime *grasen*, Stimulus *Buch*, Target
buchen) sind leichter, wenn das Prime echt komplex ist, als
wenn es unecht pseudokomplex ist (*Gart-en* – *Buch* – *buchen*).
- Morphophonologisch regelhaft gebildete verbale, deverbative
Non-Wörter werden schneller erkannt, wenn eine der beiden
Komponenten ein Non-Morph ist (*schneid-*oren* bzw. **schrind-
ieren*) als wenn beide zulässige aber falsch angewendete Morphe
sind (*schneid-ieren*).
- Bei lexikaler Entscheidung mit verzögertem Priming (Prime-
wort einfach oder komplex – mehrere Distraktor-Items – Zielwort, einfach) macht es keinen Unterschied, ob das Primewort
einfach oder komplex ist. Das darin enthaltene Zielwort, wird
unter beiden Bedingungen gleich schnell erkannt.

Diese und andere Befunde sprechen für einen analytischen Prozess
bei der Selektion.

- In einer lexikalen Entscheidungsaufgabe mit singular- und plu-
raldominanten Substantiven (*Hose* vs. *Schuh*) in Singular und
Plural zeigt sich ein Häufigkeitseffekt des Stammmorphems
bei den Singularformen und ein Häufigkeitseffekt der gesamten Wortform bei den Pluralformen. Dieser Unterschied tritt
bei der Verarbeitung von Verbformen nicht auf; sie werden in
Singular und Plural durchweg nach der Häufigkeit der Singu-
larform verarbeitet.
- In einer lexikalen Entscheidungsaufgabe mit schriftlich präsentierten Items und vorausgehendem auditivem Priming durch
eine damit gebildete Ableitung (Prime *Steigung*, Stimuluswort

steigen) wird das Stimuluswort schneller erkannt, wenn es semantisch als Stamm des Primeworts transparent ist, als wenn
das nicht der Fall ist (*Richtung – richten*).

Solche Befunde bestätigen die Full-Parsing-Annahme nicht uneingeschränkt. Weitere Befunde und Literaturhinweise enthält
Schriefers (1999). Er kommt zu der Gesamtsicht, dass in der Worterkennung alle Arten von Prozessen möglich sind und je nach Bedingungen der eine oder andere stattfindet.

Allen Prozess-Modellen gemeinsam ist, dass das Ergebnis der
Worterkennung der Zugriff auf das Lemma, ggf. seiner komplexen
Struktur, ist, die Aktivierung der mit ihm verbundenen syntaktischen Informationen und natürlich des von dem Wort bezeichneten Konzepts. Dass schließlich auch der weitere Kontext die Worterkennung beeinflusst, belegen vielerlei Befunde, auf die wir hier
nicht eingehen können; eine Übersicht gibt Zwitserlood (1999).

5.5   Die Analyse der Satzstruktur

Das menschliche Satzanalysesystem, auch **menschlicher Parser**
(engl.: human parser) genannt, erarbeitet aus der durch die Worterkennung aktivierten syntaktischen Information, Teilen der prosodischen Information und der Reihenfolge der Wörter im Satz
dessen syntaktische Struktur. Das ist, technisch gesprochen, die
Gesamtheit der syntaktischen Beziehungen in einem gegebenen
Satz. Denkt man dabei lediglich an die Satzgliedbestimmung im
Schulunterricht, so erfasst man nur einen kleinen Bruchteil des
syntaktischen Gefüges im Satz. Dass die Satzstruktur aus einer
enormen Zahl einzelner Relationen besteht, deren man sich beim
Sprechen und Verstehen gar nicht bewusst ist, wurde in Kapitel 2.1 schon kurz angesprochen. Im Folgenden wird davon ausführlicher die Rede sein. Einleitend werden wir versuchen, unser Problembewusstsein zu schärfen, indem wir die erstaunliche
Komplexität der syntaktischen Beziehungen anhand eines Beispiels
herausarbeiten. Davon ausgehend machen wir uns in Umrissen
ein Bild vom grammatischen Wissen über das in Kapitel 2 schon
Erwähnte hinaus. Im dritten Schritt werfen wir Blicke auf die Arbeitsweise des Parsers anhand exemplarischer, empirischer Befunde
und vollziehen, auf sie bezogen, die großen Schritte der Theoriebildung über das Syntaxanalysesystem nach.

5.5.1 Die Komplexität der syntaktischen Oberfläche

Ein Satz ist eine Folge von Wörtern aber nicht jede Folge von Wörtern ist ein Satz. In einem syntaktisch wohlgeformten Satz ist jede Wortform mit allen anderen syntaktisch verknüpft, unmittelbar oder mittelbar, und Ausdruck dieser Verknüpfung sind grammatische Morpheme und die Wortstellung.

Um das Bewusstsein für die Reichhaltigkeit der syntaktischen Verbindungen in einem Satz zu schärfen, illustriert man sich deren Vorhandensein am besten zunächst an einem Beispiel. In einem Zeitungsbericht über eine Unwetterkatastrophe in Darwin, Australien, stand der folgende Satz:

(5–1) Eine Frau, der der Sturm alles genommen hat, hatte zwei Tage vor Beginn der Katastrophe ihre Tochter, die im Süden des Landes wohnte, überredet, zu einem Besuch zu kommen.

Damit in diesem Satz jedes Wort die Form und die Position bekommt, die es hat, musste der Sprecher ungefähr achtzig verschiedene syntaktische Relationen berücksichtigen und zum Ausdruck bringen, die meisten davon mehrmals im Satz. Wird eine davon nicht beachtet, erscheint an einer berechenbaren Stelle etwas Ungrammatisches, was übrigens vom Hörer mikroskopisch genau registriert und gegebenenfalls auch korrigiert werden kann. Jede Wortform steht also im Einklang mit einer großen Zahl syntaktischer Strukturerfordernisse, was sich z.B. anhand der Wortform *Landes* veranschaulichen lässt. Diese Form und ihre Position ist bestimmt durch die folgenden syntaktischen Relationen:

- Der Wortstamm muss ein Nomen sein und nicht z.B. eine Präposition, sonst entstünde etwas Ungrammatisches: *... *im Süden des von wohnte...*
- Das Nomen muss der Klasse der Nomina angehören, die sich mit einem Artikel zu einer Nominalphrase verbinden und nicht alleine schon eine solche bilden, wie etwa Eigennamen: *...*im Süden des Berlins wohnte ...*
- Das Genus des Nomens muss Neutrum sein. Ein feminines Nomen würde nicht mit der Form des Artikels *des* kongruieren: *im Süden des Gegend ....*
- Der Numerus des Nomens muss Singular sein.
- Der Kasus muss Genitiv sein.
- Das Nomen muss dem Artikel folgen und nicht vorangehen: *... *im Süden Landes des wohnte ...*
- Das Nomen muss der Verbform *wohnte* vorausgehen. Es bildet mit dem Artikel zusammen eine Nominalphrase, deren Be-

standteile (Konstituenten) nicht durch das phrasenexterne finite Verb unterbrochen werden kann.

- Das Nomen *Landes* steht rechts von *wohnte*, weil die Nominalphrase, der es angehört, zum sog. Mittelfeld des Nebensatzes gehört, und das Mittelfeld geht im Nebensatz dem final stehenden finiten Verb voran.

- Das Nomen *Landes* steht rechts von *Süden*, weil die Phrase, der es angehört, eine attributive Relation zu *Süden* erfüllt und die Determinatorposition in der dominierenden Nominalphrase *dem Süden* durch *dem* besetzt ist. Würde diese Tatsache nicht berücksichtigt, würde die nicht wohlgeformte Folge *... *im des Landes Süden ...* entstehen.

- *Landes* steht rechts von *die*, dem Relativpronomen, weil das Relativpronomen *die* satzinitiale Position einnimmt, die den Nebensatz mit der dominierenden Konstituente verbindet.

- *Landes* steht rechts von *Tochter*, weil der Nebensatz, dem es angehört, als ganzer ein Attribut zu *Tochter* ist und seiner Position folgt. Die Relation ist der zwischen *Landes* und *Süden* ähnlich.

Wir brechen die Aufzählung hier ab. Sie hat wohl hinreichend erkennbar gemacht, dass jede syntaktische Eigenschaft einer Wortform und ihre Position in der Wortfolge sich aus dem Ensemble von syntaktischen Relationen und ihrem Zusammenspiel in dem gegebenen Satz ergibt.

5.5.2 Analyseprobleme

Die syntaktischen Beziehungen zwischen den Wörtern im Satz sind Ausdruck ihrer inhaltlichen Bezüge. Dieselben Wörter in anderen syntaktischen Beziehungen drücken einen anderen Inhalt aus, wie (5–2) zeigt.

(5–2) Eine Frau [...] hatte vor Beginn der Katastrophe zwei Tage ihre Tochter [...] überredet, ...

Die syntaktische Struktur muss also im Verstehensvorgang erkannt werden, damit der Inhalt der Äußerung richtig verstanden wird. Der Hörer verarbeitet die eingehende Folge von Wortformen also ebenso detailliert, wie der Sprecher sie konstruiert; der Hörer hat allerdings ein Problem, das der Sprecher nicht hat, das **Analyseproblem**. Der Hörer kennt die inhaltliche Planung nicht, die den Sprecher leitet, gerade diese und keine anderen lexikalischen und grammatischen Ausdrucksmittel zu verwenden.

Das Analyseproblem besteht darin, dass die Informationen, die zur Produktion des Satzes geführt haben, dem Produkt entnommen werden müssen. Das Analyseproblem wäre trivial, wenn einer jeden Wortform alle aktuell relevanten Informationen direkt und eindeutig zu entnehmen wären. Das ist aber nicht der Fall. Die Form *Tochter* z.B. kann Nominativ, Genitiv, Dativ und Akkusativ Singular sein. Der tatsächliche Kasus im Satz 5–1 ergibt sich erst aus Informationen, die später im Satz folgen. Bis dahin kann das Parsing-System keine sichere Entscheidung treffen. **Lokale Mehrdeutigkeit** ist eine Eigenschaft von Wortformen, die die Analyse sehr aufwändig macht, denn es müssen bis zur vereindeutigenden Information (disambiguierende Information) entweder alle Möglichkeiten einkalkuliert bleiben oder es muss eine vorläufige Entscheidung getroffen werden, die, wenn sie falsch war, später wieder revidiert werden muss (**Reanalyse**).

Zu der Schwierigkeit infolge von lokaler Mehrdeutigkeit tritt ein Zeitproblem hinzu. Der Parser muss nämlich möglichst ohne zeitliche Verzögerung arbeiten, weil ihm anderenfalls nachfolgende Informationen entgehen. Des Weiteren kann das Analyseproblem noch dadurch verschärft werden, dass die syntaktische Information, die der Hörer dem Satz entnehmen kann, letzten Endes nicht nur eine, sondern mehrere Strukturen zulässt. Eine Wortfolge ist dann also nicht nur lokal mehrdeutig, sondern **endgültig mehrdeutig**. Im Deutschen bilden z.B. präpositionale Phrasen eine häufige Quelle für endgültige Mehrdeutigkeit. Ein Beispiel ist 5–3.

(5–3) Bertrand Russel wurde wegen Demonstrierens vor dem Parlament verhaftet.

Mit der Phrase *vor dem Parlament* kann der Sprecher den Ort der Verhaftung oder den Ort des Demonstrierens gemeint haben. Syntaktisch ist die Phrase also entweder attributiv mit *Demonstrierens* oder adverbial mit *verhaftet* verknüpft. Da der Sprecher wohl eines von beiden und nicht beides ausdrücken wollte, stellt sich dem Hörer beim Verstehen also die Aufgabe, die gemeinte Lösung von der nicht gemeinten zu unterscheiden und dazu ist außersyntaktische Information erforderlich. Dass zur Auflösung von endgültigen syntaktischen Mehrdeutigkeiten außersyntaktisches Wissen ausgenutzt wird, zeigt die folgende Gruppe (5–4) von Beispielen.

(5–4) (a) Der Ober bringt die Suppe schnell herein.
      (b) Der Ober bringt die Suppe heiß herein.
      (c) Der Ober bringt die Suppe gelangweilt herein.

Hinsichtlich ihrer lexikalisch-syntaktischen Information und Reihenfolge unterscheiden sich die drei Sätze nicht. Und doch ist das adjektivische Element (*schnell, heiß, gelangweilt*) in jedem Satz jeweils mit einem anderen Element verknüpft als in den beiden anderen Sätzen: *schnell* bezieht sich auf *bringt*, *heiß* auf *Suppe* und *gelangweilt* auf *Ober*. Diese Bezüge gehen nicht aus der syntaktischen Information hervor; die ist ja, wie gesagt, in allen Sätzen dieselbe. Dass trotzdem kein Verstehensproblem auftritt, kann also nur daran liegen, dass die intendierte Struktur vom Hörer unter Hinzuziehung von außersyntaktischem Wissen erkannt wird.

Fassen wir zusammen: Um den Inhalt eines Satzes zu verstehen, muss seine syntaktische Struktur verstanden werden. Die syntaktische Struktur umfasst die Beziehungen von Wortformen innerhalb ihrer jeweiligen Phrase (Konstituentenstruktur) und die Funktion der Wortform in der Phrase und letztlich im Satz (Funktionale Gliederung). Dem Parsing-System stehen für die Analyse die lexikalischen Informationen zur Verfügung, die zu jeder Wortform dem Lexikon zu entnehmen sind. Sie bilden ja das Ergebnis der Worterkennung. Im Falle syntaktisch mehrdeutiger Wortformen (Beispiel *Tochter* in 5–2) liefert die Worterkennung nicht nur eine Information, sondern alle lexikalischen Alternativen.

Weitere Inputinformationen sind die Satz-Prosodie und die relative Position jeder Wortform in der Äußerung. Das Analyseproblem besteht darin, dass der Hörer die Planung, die den Sprecher bei der Produktion des Satzes leitet, nicht kennt und sie dem Produkt entnehmen muss. Das Produkt, der Input für den Parser, enthält aber nicht alle Informationen, die für die syntaktische Analyse erforderlich sind. Die syntaktische Struktur einer gegebenen Äußerung ist also alleine durch die sprachliche Inputinformation nicht immer vollständig determiniert; sie ist mehrdeutig, so gut wie immer temporär, oft auch endgültig (lokale bzw. endgültige Mehrdeutigkeit). Trotz all dieser Schwierigkeiten scheint der Hörer die syntaktische Analyse im Allgemeinen reibungslos und zügig zu bewältigen. Mitunter ist er sogar in der Lage, eine vom Sprecher abgebrochene Äußerung syntaktisch wohlgeformt so zu vervollständigen, wie sie der Sprecher geplant hatte. Diese Tatsache wirft eine Reihe spannender Fragen auf, die sich zu zwei Hauptfragen zusammenfassen lassen.

Frage 1: Von welchem Wissen macht der Parser Gebrauch, um die syntaktische Struktur eines Satzes zu rekonstruieren? (Wissensbasis)

Frage 2: Zu welchem Zeitpunkt im Parsing-Prozess wird welches Wissen herangezogen? (Zeitablauf)

In den einschlägigen Untersuchungen stand mal diese, mal jene Frage im Zentrum des Interesses und der Stand der Erkenntnis besteht in einer Reihe von Befunden, die – jeder für sich – die eine oder andere theoretische Konzeption des Gesamtvorgangs stützt bzw. schwächt. Die aus heutiger Sicht wegweisenden Befunde werden im Folgenden dargestellt. Die große Mehrzahl der Parsing-Untersuchungen sind anhand von englischsprachigen Daten durchgeführt worden. Wir werden, wo möglich, Beispiele aus dem Deutschen verwenden.

5.5.3 Parsing und Wissen

Das Satzanalysesystem gilt als ein Paradebeispiel für die Modularität des menschlichen Sprachverarbeitungssystems im Sinne der Kriterien in Kap. 4.1. Parsing ist domänenspezifisch, d.h. die Parsing-Prozesse verarbeiten syntaktisches Wissen und nichts anderes. Der Parsing-Prozess ist demnach zentraler Kontrolle nicht zugänglich. Er ist schnell, informationell verkapselt, er liefert einen sog. flachen Output, nämlich eine syntaktische Struktur und nichts anderes. Er lässt charakteristische Störungssymptome erwarten und ist in einer eng umschreibbaren Stelle neuronal implementiert; dazu unten mehr.

Im Folgenden wird dargelegt, von welchen Wissensinhalten das Parsing-System bei seiner Informationsverarbeitung Gebrauch macht. Das Bild, das sich aus diesen Befunden ergibt, sollte auch zur Einschätzung der Frage beitragen können, wie modularisiert der Parser ist. Im Kapitel über sprachliches Wissen (Kap. 2) ist alles Wesentliche über das sprachliche Wissen des Erwachsenen gesagt. Die großen Bestandteile sind:

- **Bedeutungswissen:** Kenntnis lexikalischer Konzepte, semantischer Klassen (Terme, Prädikate, Konnektoren, Quantoren, etc.), lexikalischer Relationen und semantischer Kombinationsregeln
- **Syntaktisches Wissen:** Kenntnis der syntaktischen Eigenschaften jeder lexikalischen Einheit (Lemma), syntaktischer Relationen, im wesentlichen Dominanz und Präzedenz (Reihenfolge), Kenntnis universaler grammatischer Prinzipien sowie, bei Vorliegen parametrisierter Prinzipien deren Ausprägung in der Sprache des Sprechers/Hörers
- **Morphologisches Wissen:** Kenntnis der Einheiten und der Kombinatorik der Wortbestandteile
- **Phonologisches Wissen**

• **Wissen über die Zuordnung phonologischer, syntaktischer und semantischer Strukturen untereinander**

Diese Aufzählung ist hauptsächlich auf linguistische Unterscheidungen gestützt. An der empirischen Evidenz dafür wurde und wird heftig gearbeitet und die Parsing-Forschung nimmt dabei eine zentrale Rolle ein.

Konstituentenstruktur

Die Wortformen eines Satzes sind durch zwei Systeme von Beziehungen geordnet, ein System von **Präzedenzbeziehungen** und ein System von **Dominanzbeziehungen**. Erstere schränken die Möglichkeiten der linearen Abfolge, letztere die Möglichkeiten zur Phrasenbildung ein und beide sind durch ein generelles Prinzip aufeinander bezogen: das **Lokalitätsprinzip**. Es besagt ganz allgemein, dass die Bestandteile (Konstituenten) einer Phrase einander benachbart sind. Dass ein Hörer sein Wissen über die Präzedenzbeziehungen beim syntaktischen Verstehen einsetzt, lässt sich direkt daran erkennen, dass er als Sprecher selbst kontrolliert, ob jede Wortform am richtigen Platz steht, und Abweichungen korrigieren kann. Auch die Kenntnis der Konstituentenstruktur eines Satzes lässt sich direkt, wenn auch grob, belegen. Wer z.B. die deutsche Sprache beherrscht, ist in der Lage, die Wortkette eines Satzes in Teilketten zu zerlegen, deren Elemente er intuitiv als enger zusammengehörig empfindet als mit Elementen anderer Teilketten also mit Elementen außerhalb der Phrasengrenzen. Die Zerlegung des Satzes *Kabine ist klar* ergibt in etwa die Struktur in Abb. 5.6.

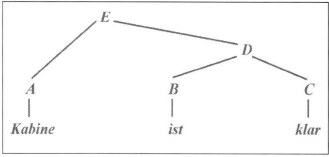

Abb. 5.6: Intuitive Konstituentenstrukturanalyse des Satzes *Kabine ist klar.*

Die Konstituentenstruktur ist also ein Ensemble hierarchischer Beziehungen. Die Kategorie E dominiert A und D direkt, D dominiert B und C direkt und E dominiert B und C indirekt. Die Umkehrbeziehung der Dominanz ist die **Ist-Konstituente–von–Beziehung**. Also B und C sind Konstituenten von D und zwar unmittelbare Konstituenten; A ist unmittelbare Konstituente von E, ebenso D. B und C sind Konstituenten von E. Ein längerer Satz hat eine komplexere Konstituentenstruktur. Die intuitive Struktur von (5–3) ist etwa die in Abb. 5.7.

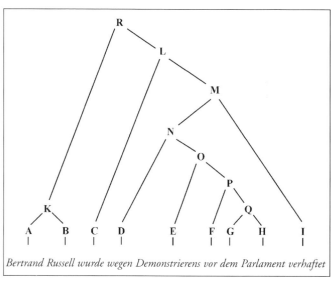

Bertrand Russell wurde wegen Demonstrierens vor dem Parlament verhaftet

Abb. 5.7: Intuitive Konstituentenstruktur von Satz 5–3. Die Bedeutung der Symbole an den Knoten ist außer Acht gelassen. Strukturelle Gemeinsamkeiten von Phrasen sind hier einfachheitshalber nicht ausgedrückt.

Da Satz 5–3 syntaktisch mehrdeutig ist, gibt es noch eine alternative Konstituentenstruktur; die lassen wir einstweilen außer Acht. Empirische Evidenz dafür, dass die Konstituentenstruktur und damit also auch das zu Grunde liegende Regelwissen beim Verstehen eingeschaltet ist, liefern verschiedene Beobachtungen. Sofern die Teilkette, die eine Phrase bildet, auch in der Verarbeitung eine Einheit bildet, sollten Fremdkörper innerhalb der Phrase eher

ignoriert oder in der Wahrnehmung an die Grenzen verschoben
werden. Fügt man z.b. an verschiedenen Stellen in der Lautkette
künstlich ein Klick-Geräusch ein und fordert die Versuchsperson
auf, sich einerseits den Satz einzuprägen und zugleich nach dem
Anhören des Satzes die Position des Klick-Geräuschs anzugeben,
so zeigt sich im Ergebnis der Klicklokalisierung eine Wirkung der
Konstituentenstruktur. Klicks an Konstituentengrenzen, z.B. ...
*Russell * wurde* ... werden korrekter platziert als Klicks innerhalb
von Wörtern ... *wur*de* ... Klicks innerhalb von Wörtern werden
eher (inkorrekt) zwischen den Wörtern an den Phrasengrenzen
wahrgenommen. Die Erklärung liegt nach Fodor, Bever und Garrett darin, dass die Phrase eine Verarbeitungseinheit darstellt (vgl.
Fodor & Bever 1965; Garrett, Bever & Fodor 1965).

Einen anderen Weg, die Wirkung des Konstituentenstruk-
turwissens (KS-Wissen) beim Verstehen zu beobachten, hat Levelt (1969, 1970) entwickelt. Englischsprachige Versuchspersonen
hörten den Satz *The boy has lost a dollar.* Dann wurde ihnen die
Liste aller möglichen Wortpaare dieses Satzes vorgelegt (*the-has,
boy-has, the-lost, the-dollar, boy-dollar* etc.) und sie sollten für jedes
Wortpaar durch einen Wert auf einer 7-Punkte-Skala angeben, als
wie eng zusammengehörig sie seine beiden Wörter empfinden. Die
Ergebnisse zeigen, dass der Grad der Zusammengehörigkeit eine
Funktion der Konstituentenstruktur des Satzes ist. Unmittelbare
Konstituenten werden als enger zusammengehörig empfunden als
Wörter von mittelbaren Konstituenten und die Ordnung der Ska-
lierungen spiegelt die Hierarchie der Dominanzbeziehungen im
Satz linear wieder.

Eine ebenfalls schon weiter zurückliegende Beobachtung von
Martin & Roberts (1966) zeigt die Wirkung des KS-Wissens durch
den Nachweis, dass die syntaktische Komplexität eines Satzes sich
auf das Verstehen auswirkt. Syntaktische Komplexität ist eine Eigenschaft der syntaktischen Struktur eines Satzes. Sie lässt sich auf
der Basis seiner KS bestimmen, grob gesprochen als Funktion der
Anzahl von Verzweigungen in der Struktur. Abbildung 5.7 veranschaulicht, dass die KS auch für jede einzelne Wortform angibt,
wie komplex das Ensemble ihrer Beziehungen zu anderen ist. Um
diese Komplexität zu quantifizieren, hat Yngve (1960) die Produktion der syntaktischen Struktur mittels einer KS-Grammatik und
einem (mathematischen) Erzeugungsautomaten modelliert. Die
Dominanzrelationen werden in einer KS-Grammatik in Regeln
der Form R → K⌢L; K → A⌢B; N → D⌢O ausgedrückt, hier unter
Bezug auf Abb. 5.7 formuliert (»⌢« steht für »verknüpft mit«). Der
Yngve-Automat erzeugt die Struktur schrittweise von oben nach

unten und von links nach rechts. Um nun zum Beispiel die Wortform *Russell* zu erzeugen, müssen drei Regeln aktiviert sein:

(5–5) R → K⌢L,
       K → A⌢B und
       B → *Russell*.

Wenn B → *Russell* erledigt ist, muss der Automat natürlich »wissen«, wie es weitergeht, und dazu werden alle noch nicht abgearbeiteten Verzweigungen zwischengespeichert. Das ist bei der Produktion von *Russell* nur noch die Verzweigung L → C⌢M. Bei der Produktion von *vor* sind Q und J zwischengespeichert, also zwei Verzweigungen. Yngve definiert nun die syntaktische Tiefe einer Wortform als die Zahl der bei seiner Produktion zwischengespeicherten Verzweigungen. Martin und Roberts (1966) haben in einem Erinnerungsexperiment mit schriftlicher Satzwiedergabe festgestellt, dass die mittlere syntaktische Tiefe eines Satzes sich darauf ausgewirkt, wie gut der Satz erinnert wird. Die Beobachtung ist vielfach überprüft und die Berechnungsmethoden sind verfeinert worden (vgl. dazu Bock & Levelt 1994: 970 f.).

Weitere Evidenz zur Rolle des syntaktischen Wissens liefern Ergebnisse von Experimenten, in denen nicht-wohlgeformte Sätze zu verarbeiten waren. So werden Sätze mit fehlerhafter KS langsamer gelesen als korrekte Sätze (Flores d'Arcais 1987). Weiter: Die Reaktionen des Verstehenssystems auf syntaktische Abweichungen lassen sich in spezifischen elektrischen Potentialen außen an der Hirnschale nachweisen. So äußert sich die Verarbeitung eines Satzes mit einem syntaktisch nicht-wohlgeformten Wortformenübergang (*Der Freund wurde im besucht) in einem spezifischen negativen Potential im linken vorderen kortikalen Bereich nach etwa 100 – 200 ms und einem späteren positiven Potential nach etwa 600 ms (vgl. den Überblick in Friederici & Cramon 1999: 333 ff.). Schließlich führen wir hier noch kurz eine Beobachtung an, die später ausführlicher behandelt wird, den sog. Holzweg-Effekt (engl.: garden-path effect). Der Holzweg-Effekt tritt auf beim Lesen und Hören von Sätzen wie 5–6; Satzzeichen sind ausgelassen.

(5–6) Hans versprach Maria im Urlaub keine Zigaretten anzuvertrauen.

Die übliche Reaktion des Verstehenssystems reicht – je nach Schwere des Effekts – von »Stolpern« über Neubeginn der Analyse bis zur Ablehnung des Satzes, wie etwa bei 5–7.

(5–7) Peter hat die Ärztin im Krankenhaus gestern sehr geholfen (aus Hemforth & Strube 1999: 247).

Die Reaktion wird auf eine Irritation des Parsers zurückgeführt, die dadurch zustande kommt, dass das infinite Verb *anzuvertrauen* in 5–6 bzw. *geholfen* in 5–7, nicht mehr in die bis dahin schon aufgebaute, letzten Endes aber nicht zutreffende Struktur eingefügt werden kann, weil sie eben nicht mit den KS-Regeln in Einklang gebracht werden kann. Dass vorübergehend eine zwar zulässige, tatsächlich aber unzutreffende Analyse durchgeführt worden ist, wird verschieden erklärt. Eine Erklärung argumentiert eben mit dem Verlauf des Analysevorgangs auf der Basis von KS-Regeln; dazu unten mehr.

Syntaktische Funktionen

Eine syntaktische Funktion ist eine spezifische komplexe Konfiguration innerhalb der KS des Satzes. Betrachten wir noch einmal Satz 5–1.

(5–1) Eine Frau, der der Sturm alles genommen hat, hatte zwei Tage vor Beginn der Katastrophe ihre Tochter, die im Süden des Landes wohnte, überredet, zu einem Besuch zu kommen.

Auf die Frage, wer wen überredet hat, würden die meisten Deutschsprachigen sicher spontan antworten, dass die Frau diejenige war, die die Tochter überredet hat. In der syntaktischen Beschreibung wird dieser Analyse Ausdruck verliehen, indem man sagt, *eine Frau* nimmt die Funktion des Subjekts im Hauptsatz ein und *ihre Tochter* die Funktion des direkten Objekts. Unter Bezug auf die KS des Satzes lässt sich die Subjektfunktion also als die Nominalphrasedefinieren, die der obersten Verzweigung ihres Satzes hierarchisch am nächsten steht. Das direkte Objekt ist in dieser Redeweise die Nominalphrase, die dem verbalen Element desselben Satzes am nächsten steht.

Natürlich ist das alles komplizierter, als es auf den ersten Blick erscheint. Zunächst einmal kommt noch die Bedingung hinzu, dass Subjekts- und Objektsnominalgruppe in einer spezifischen syntaktischen Beziehung zum Verb stehen müssen. Jedes Verb und viele andere Wörter weisen im Lexikon die Information auf, dass sie bestimmte syntaktische Ergänzungen in der KS fordern. Das Verb *finden* fordert z.B. zwei nominale Ergänzungen oder eine nominale und eine *dass*-Satzergänzung. Das Substantiv *Frage* fordert eine Ergänzung um eine Präpositionalphrase (PP) oder um einen – *ob*-Satz. Jede Präposition fordert eine Ergänzung um eine Nominalphrase (NP). In der Grammatiktheorie heißen diese Ergänzungen Argumente und das Ensemble der Argumente heißt **Argumentrahmen**.

Das Wort, das einen Argumentrahmen fordert, heißt relativ zu diesem Rahmen das Kopfelement, kurz der **Kopf**. Das Kopfelement hat auch noch andere syntaktische Wirkungen. Die wichtigste ist, dass die kategoriale Eigenschaft des Kopfes, also Verb oder Nomen oder Präposition zu sein, die kategoriale Eigenschaft der gesamten Phrase bestimmt, die es mit seinen Argumenten bildet. Ein Verb bildet also eine Verbphrase, ein Nomen eine NP, eine Präposition eine PP. Subjekt und Objekt müssen Argumente des Verbs sein – jedenfalls in einem gewissen Sinne. Hat ein Verb mehrere Argumente, so werden sie dadurch unterschieden, dass jedem eine und genau eine thematische Rollenbeziehung zum Verb zukommt. Solche Rollen, in der Grammatiktheorie **Theta-Rollen** genannt, sind z.B. die Agens-Rolle, die Thema-Rolle, die Rezipient-Rolle. Für die Relevanz dieser Rollen gibt es viel linguistische Evidenz, auf die wir hier aber nicht eingehen. Ihrer Natur nach sind die Theta-Rollen Bedeutungsbeziehungen zwischen der Verbbedeutung und den Referenten der NPs in den Argumentpositionen. Das Ensemble der Theta-Rollen eines Verbs heißt **Theta-Raster**. Weiteres zum Begriff der thematischen Rolle findet sich in jeder Einführung in die Grammatiktheorie, eine kürzere Darstellung bezogen auf das Deutsche z.B. in Grewendorf, Hamm & Sternefeld (1987: 190ff.), eine ausführlichere in Stechow & Sternefeld (1988: 257ff.).

Zur Definition von Subjekt und Objekt gehört neben der oben genannten KS-Bedingung auch noch, dass Subjekt- und Objektkonstituenten zum Theta-Raster des Verbs gehören. Wie die Subjekts- und Objektfunktion im Satz ausgedrückt wird, ist von Sprache zu Sprache verschieden. Im Deutschen ist die Subjekts-NP durch den Kasus Nominativ ausgedrückt, ferner durch die Präzedenzeigenschaft, dass sie in der Zitierform des Satzes, also ohne Einwirkung sonstiger semantischer und kontextueller Umstände, der Objekts-NP voraus geht. Außerdem ist sie auch gekennzeichnet durch ihre Nähe zum Finitheitsausdruck des Satzes, der auch die Tempusmarkierung trägt. Im adverblosen Satz geht das Subjekt der Finitheitskonstituente voran, im adverbial eingeleiteten Satz und in der Entscheidungsfrage (*Ist die Kabine klar?*) folgt das Subjekt dem Finitum; ebenso in W-Fragen, in denen das W-Wort nicht Subjekt ist (*Wen hat die Frau überredet ...?*). Einen weiteren Ausdruck findet die Subjektsfunktion in flektierenden Sprachen darin, dass die Finitheitsflexion mit der Subjektsflexion in Person und Numerus kongruent ist (*Ich komme, du kommst, wir kommen*).

Inwiefern ist dies alles nun für den Parsing-Vorgang von Bedeutung? Die Bedeutung ergibt sich daraus, dass angenommen wird,
ein kompetenter Sprachbenutzer habe neben dem KS-Wissen auch
ein davon zu unterscheidendes direktes grammatisches Wissen von
den syntaktischen Funktionen. Er habe also einen integrierten, unbewussten Begriff jeweils von Subjekt und Objekt und verbinde
mit diesen syntaktischen Funktionen Wissen um ihre Ausdrucksseite direkt, ohne all die genannten grammatischen definitorischen
Einzelheiten jedes mal ausführlich zu analysieren und aus dem Ergebnis die Subjekts- bzw. Objektsbeziehung abzuleiten.

Diese Annahme ist nicht unplausibel. Sie wird schon durch die
kursorische Beobachtung bestätigt, dass *eine Frau* im Satz 5–11
spontan als Subjekt verstanden wird. Ohne dieses Wissen zu unter-
stellen, wäre nicht plausibel, warum nicht *ihre Tochter* als Subjekt
und *eine Frau* als Objekt verstanden werden. Der Form nach können beide NPs Nominativ und Akkusativ sein, und Objekterstsät-
ze sind im Deutschen möglich, wie 5–8 zeigt.

(5–8) Die Kabine habe ich klar gemacht.

Auch experimentelle Beobachtungen stärken die Annahme, dass
das Wissen über die Existenz von Subjekt und Objekt direkt
im Parsing-Prozess eingesetzt wird und zwar auf dem Weg einer Subjekt-vor-Objekt-Präferenz bei der Analyse der ersten No-
minalgruppe im Satz. Subjekterst- und Objektzweitsätze werden
leichter gelesen (vgl. Hemforth & Strube 1999: 259). Subjekt/Ob-
jekt-mehrdeutige Relativpronomen (*Das sind die Professorinnen, die*
[Subj./Objekt] *die Studentin gesehen haben/hat*) werden im ersten
Analysedurchgang eher als Subjekt analysiert als als Objekt (Friederici 1998).

Grammatische Prinzipien

Die Konstituentenstruktur eines Satzes ist, wie oben gezeigt worden ist, ein Ensemble von vielen syntaktischen Relationen. Würde
das syntaktische Wissen eines kompetenten Sprechers/Hörers vollständig aus der Kenntnis aller in seiner Sprache möglichen KS-
Relationen bestehen, würde das zu der Annahme zwingen, dass
er ein enorm umfangreiches und enorm differenziertes Repertoire
solcher KS-Relationen beherrscht und beim Verstehen eines Satzes
jedes Mal die aktuell zutreffenden davon identifiziert und anwendet, veranlasst durch die lexikalischen Eigenschaften der jeweiligen
Wortform. Selbst bei vorsichtiger Schätzung müsste man mehrere
Tausend syntaktischer KS-Bedingungen annehmen. Für die Be-

schreibung relativ kleiner Ausschnitte des Deutschen und des Englischen mit Mitteln einer KS-Syntax sind nach Brockhaus (1971: 78) etwa eintausend verschiedene Kategorien nötig; diese Syntax berücksichtigt und keine adverbialen Gruppen, keine PPs und nur einen Teil von Relativsatztypen (Brockhaus 1971: 69). Eine KS-Syntax des Deutschen enthält also leicht mehrere tausend Kategorien und ein Mehrfaches davon an zulässigen KS-Relationen.

Die relative Leichtigkeit und die kurze Dauer des Spracherwerbs durch das Kind einerseits und die rasche und mühelose Produktion und Rezeption von Sätzen durch den kompetenten Sprecher begründen Zweifel daran, dass das syntaktische Wissen des Menschen eine KS-Syntax ist. Die Zweifel werden verstärkt durch die Feststellung, dass syntaktisch sehr verschiedene Sprachen hinsichtlich einiger struktureller Einschränkungen übereinstimmen und dass sich aus deren Zusammenspiel die KS-Möglichkeiten aller Sprachen vorhersagen lassen. Wie in Kapitel 3.6.1 erwähnt, scheint sich das Kind beim Spracherwerb ebenfalls von solchen Prinzipien leiten zu lassen. Damit man sich die ökonomische Plausibilität eines allgemeinen Prinzips besser vorstellen kann, illustrieren wir den Grundgedanken kurz an einem außersprachlichen Problemlösverfahren, dem, eine komplexe Weganweisung einfach zu erinnern. Um einem Gast den Weg mit dem Auto zu seiner Wohnung zu beschreiben, gibt jemand ihm die folgende Anweisung.

(5–9) Vom Bahnhof aus geradeaus bis zur nächsten Kreuzung. Dann rechts. Dann weiter bis zur nächsten Kreuzung. Dort links. Weiter bis zur ersten Querstraße, die rechts rein. Nächste links, nächste rechts. Dort ist es Haus Nr. 5.

Man wird beim Lesen zweierlei bemerkt haben. Man tut sich schwer damit, sich alle einzelnen Bewegungen einzuprägen. Und: Hinter der Folge von Anweisungen kommt ein Prinzip zum Vorschein: Man biege vom Bahnhof aus bei jeder Gelegenheit ab, abwechselnd rechts und links und das fünf Mal. Die komplexe Anweisung ist auf einfacheres Prinzip zurückgeführt.

Die linguistische Analyse der syntaktischen Vielfalt hat ergeben, dass auch der syntaktische Aufbau der Sätze durch eine relativ kleine Anzahl grammatischer Prinzipien eingeschränkt ist. Nicht alle sind gefunden und einige nicht unbezweifelt. Vergleichsweise gut bestätigt ist, dass der Vielfalt der Phrasen, einfachen und komplexen, NPs, PPs, Adjektivphrasen und allen anderen kategorial verschiedenen, einige wenige Aufbauprinzipien zu Grunde liegen. Die bekanntesten sind das Kopf-Prinzip, das Kopf-Vererbungsprinzip, das Phrasenprinzip und das Ebenenprinzip. Da der Begriff des syntaktischen Kopfes schon intuitiv klar ist, fangen wir mit dem Kopf-Prinzip an:

(5–10) Jede Phrase hat genau einen Kopf.

Das Kopf-Vererbungsprinzip ist oben ebenfalls schon angesprochen worden:

(5–11) Die morphologischen Merkmale einer Phrase werden beim Kopf der Phrase realisiert.

Auch die Vielfalt möglicher hierarchischer Gliederungen eines Satzes lässt sich unter Bezug auf ein Prinzip reduzieren, das Ebenen-Prinzip. Man geht davon aus, dass eine Nominalphrase eine komplexe nominale Einheit ist, eine Verbalphrase eine komplexe verbale usw. und nicht umgekehrt. Kurz: Wenn X eine grammatische Kategorie ist (Nomen, Verb, usw.), dann ist X^0 die lexikalische Ebene von X und X^{max} die phrasale Ebene (auch XP, also NP, VP usw.). Das Ebenenprinzip besagt dann (5–12):

(5–12)   Der Kopf einer Kategorie X^i ist eine Kategorie X^j, wobei j größer oder gleich 0 ist und kleiner oder gleich i. (Formulierung nach Grewendorf, Hamm & Sternefeld 1987: 208)

Wie gesagt, sprechen die relative Einfachheit und die Universalität solcher Prinzipien dafür, dass sie einen Bestand unseres syntaktischen Wissens darstellen. Und damit taucht in der Parsing-Forschung die Frage auf, ob sie beim Prozess des syntaktischen Verstehens ausgenutzt werden. Ein solches Prinzip, dem in der Parsing-Forschung viel Aufmerksamkeit zukommt, schränkt das Verhältnis von Theta-Raster und Argument-Positionen einer Phrase ein. Eine Unzahl von Details übergehend, lässt sich das Theta-Prinzip, auch Theta-Kriterium genannt, etwa wie in 5–13 formulieren.

(5–13) Jeder Argumentposition einer Phrase kommt genau eine Theta-Rolle zu und jeder Theta-Rolle genau ein Argument.

Dieses Wissen, so Pritchett (1992), wird vom Analysesystem ausgenutzt; es leitet daraus eine Analysemaxime ab, die **Theta-Verknüpfung** (theta attachment), vgl. 5–14.

(5–14) Es wird bei jedem Analyseschritt versucht, das Theta-Kriterium zu erfüllen und dabei wird das maximale Theta-Raster angesetzt.

Der erste Teil der Maxime dürfte klar sein. Die Annahme im zweiten Teil ist theoretisch notwendig, weil der Parser der Maxime schon folgen muss, bevor ihm in der linearen Abfolge des Satzes die Information über die tatsächlich in der Phrase gegebene Theta-Struktur zugänglich ist, z.B. bei spät platziertem zugehörigem Kopfelement. Pritchett zeigt nun, wie der Parser in Verfolgung dieser Maxime zuweilen erfolgreich arbeitet und zuweilen in die Irre geht. Seine Beobachtungen bezieht er aus der Verarbeitung englischer Sätze mit lokaler Mehrdeutigkeit. Sie lassen sich schlecht durch deutsche Beispiele ersetzen. Wir behelfen uns daher mit Interlinearübersetzungen.

Aus Ergebnissen von Leseexperimenten ist bekannt, dass scheinbar ähnliche Mehrdeutigkeiten (hier Objekt im Hauptsatz vs. Subjekt im Nebensatz) manchmal einen Holzweg-Effekt auslösen und manchmal nicht. Dazu muss man berücksichtigen, dass die Sätze im Experiment wortweise auf dem Bildschirm präsentiert werden und nicht, wie hier, satzweise. So soll der schrittweise Input der Wortformeninformation in den Parser gesichert werden, etwa wie beim Hören. Typische Satzbeispiele im Deutschen wären 5–15 und 5–16.

(5–15)   Emma sah Fritz fallen.
(5–16)   Emma sah Fritz raubte die Kasse aus (Satzzeichen weggelassen)

Die englischen Belege sind Sätze wie 5–17 und 5–18.

(5–17)   Without her it would be impossible (kein Holzweg-Effekt)
         Ohne sie wäre es unmöglich.
(5–18)   Without her contributions would be impossible.
         (bewusster Holzweg-Effekt)
         Ohne sie wären Beiträge unmöglich.

Dass Satz 5–17 leicht zu analysieren ist und 5–18 zunächst falsch analysiert und in einem weiteren Schritt reanalysiert werden muss, erklärt Pritchett eben mit der Theta-Verknüpfung. Betrachten wir zuerst Satz 5–17. Die Präposition *without* ist der Kopf der PP und hat eine Argumentposition und das Theta-Raster enthält eine thematische Rolle, ›Thema‹ genannt (engl.: theme). Die nächste Wortform ist *her*. Sie ist wortklassenmehrdeutig, kann Possessivartikel sein und Personalpronomen. Als Personalpronomen kann sie alleine eine NP bilden und mit einer Theta-Rolle verknüpft werden. Das geschieht auch gemäß Theta-Verknüpfungsmaxime. Damit ist das Theta-Raster von *without* abgearbeitet und die Analyse geht zur nächsten Theta-Domäne über und gelangt schließlich zur korrekten eindeutigen Struktur des Satzes.

Anders bei der Analyse von 5–18. Sie läuft bis *her* genau wie von 5–17 – natürlich, denn sie hat ja bis dahin denselben Input.

Dann erscheint *contributions*. Hier bieten sich strukturell nun zwei Alternativen. Entweder *contributions* ist der Kopf einer neuen NP oder *her contributions* ist als NP zu analysieren und wird mit der zunächst nur *her* zugeordneten Theta-Rolle aus dem Raster von *without* verknüpft. Da für die neue NP *contributions* noch keine Theta-Verknüpfung verfügbar ist, und die Gruppe *her contributions* eine wohlgeformte NP zur Einnahme der Argumentposition von *without* ist und dafür auch eine Theta-Rolle zur Verfügung steht, wird gemäß der Maxime der Theta-Verknüpfung diese Analyse gewählt. Das stellt sich im weiteren Verlauf der Analyse als unzutreffend heraus, weil die so gerade gebildete PP zusammen mit *would* keine Phrase bildet.

Es wird neu analysiert, entweder ab der letzten Strukturalternative oder bei schwerem Holzweg-Effekt von vorne an und unter Vergleich aller möglichen Wege. Man spricht dann von **Zusammenbruch** und **Neustart**, nicht von Reanalyse. Um zur zutreffenden Struktur von 5–18 zu gelangen, muss der Parser jedenfalls die zunächst angenommene Theta-Verknüpfung von *her contributions* rückgängig machen, *contributions* einer Argumentposition außerhalb der *without*-PP zuordnen und auch einer PP-externen Theta-Rolle, die noch nicht verfügbar sind. Dieser Schritt, so Pritchett, ist kognitiv aufwändig und die Bedingungen, unter denen er erzwungen wird, liefern eine Erklärung für den Holzweg-Effekt.

Wir haben die Arbeit von Pritchett (1992) aus mehreren Gründen hier so ausführlich dargestellt. Sie ist ein Klassiker und fast jede spätere Arbeit über prinzipiengeleitetes Parsing knüpft an den einen oder anderen Punkt darin an. Sie liefert eine überzeugende Generalisierung, von der Theta-Verknüpfungsmaxime ausgehend, auf die Anwendung aller grammatischen Prinzipien beim Parsing:

(5–19) Generalized Theta Attachment: Every principle of the syntax attempts to be maximally satisfied at every point during processing. (Pritchett 1992: 138).

Nach dieser allgemeinen Maxime arbeitet das Satzanalysesystem also eigentlich kurzsichtig, indem es lokale Entscheidungen trifft, die sich später als falsch erweisen und aufwändige Reparaturen erfordern. Die Fakten sprechen aber dafür, dass es so ist. Das ist der Preis für die ansonsten rasend schnelle und störungsfreie Arbeit des Parsers. Und dass dieser Anteil so hoch ist, wie er ist und das Verstehen so unauffällig reibungslos funktioniert, liegt zum einen daran, dass schon der Sprecher darauf achtet, störungsanfällige Äußerungen, also Mehrdeutigkeiten, zu vermeiden. Der zweite Grund

ist, dass in die Analyse auch noch andere Informationen eingehen, von denen gleich die Rede sein wird. Zuvor noch Hinweise
auf weitere Meilenstein-Arbeiten zum prinzipiengeleiteten Parsing.
Pritchett vorausgegangen aber weniger generell in der Konzeption
ist Amy Weinbergs (1988) Erklärung der Verarbeitung leerer Elemente (engl.: **empty categories**) im Parsing unter Bezug auf das
Empty-Category-Prinzip (Eine leere Kategorie muss strikt regiert
sein; vgl. Stechow & Sternefeld 1988: 286) und das Subjazenz-
Prinzip (Eine grammatische Beziehung darf sich nicht über mehr
als einen **Grenzknoten** erstrecken, die Festlegung der Grenzkno-
tenkategorie ist einzelsprachspezifisch). Die von Weinberg (1988)
betrachteten Sätze sind von der Art wie 5–20 und 5–21.

(5–20)   Did you watch the movie without eating?
         Hast du gesehen den Film ohne zu essen?

(5–21)   Who did you meet without greeting?
         Wen hast du getroffen ohne (ihn/sie) zu grüßen?

Damit beide zutreffend analysiert werden, muss in 5–21 der Re-
ferent von *who* sowohl dem Verb *meet* als auch *greeting* als Argument zugeordnet werden, nicht aber dem Verb *eating* in 5–20 die
NP *the movie*.

Gorrell (1995) geht einer Ungenauigkeit in Pritchetts (1992)
Erklärung von Reanalysebedingungen nach. Um zu erklären, dass
oberflächlich ähnlich mehrdeutige Sätze unterschiedlich gut analysiert werden, postuliert Pritchett (1992: 101) die **On-line Lo-
kalitätsbedingung** für Reanalyse (On-Line Locality Constraint,
OLLC).

(5–22) The target position (if any) assumed by a constituent must be »go-
verned« or, »dominated« by its source position (if any), otherwise attachment is impossible for the automatic Human Sentence Processor.

Mit »source position« und »target position« sind Ausgangs- und
Zielposition einer Konstituente bei der Reanalyse bezeichnet. Die
»source position« ist also die erste, i.e. die unzutreffende, und die
»target positon« ist die korrekte.

Diese Bedingung ist in Satz 5–23 erfüllt, was eine stillschweigende
Reanalyse ermöglicht, in 5–24 hingegen nicht, was zu einem Holzweg-Effekt führt.

(5–23)   Ian knows Thomas is a train. (kein Holzweg-Effekt)
         Ian weiß Thomas ist ein Zug (Satzzeichen weggelassen)

(5–24)   Ian put the candy on the table in his mouth.
          (Holzweg-Effekt)
          Ian tat das Bonbon auf den/dem (im Engl. kasusmehrdeutig)
          Tisch in den Mund.

Thomas in 5–23 wird zunächst als direktes Objekt von *knows* analysiert. Die Reanalyse ist möglich, weil diese Position, nämlich die
Argumentposition von *knows* die Zielposition, nämlich Subjekt in
dem Objektsatz, dominiert. Das ist in 5–24 nicht der Fall, und
das löst den Holzweg-Effekt aus. *On the table* wird zunächst als
Präpositionalobjekt zu *put* analysiert, also als Schwesterknoten von
the candy. Diese Position dominiert aber nicht die Zielposition als
PP-Attribut von *candy*. Reanalyse im Sinne von Pritchett ist also
ein Prozess, in den zwei verschiedene Strukturbeschreibungen eingehen und miteinander verglichen werden. Gorrell (1995) merkt
dazu an, dass auf diesen Vorgang die grammatischen Begriffe »dominieren« und »regieren« nicht angewendet werden können (Gorrell 1995: 83), denn sie seien dem Sinn der Grammatiktheorie
nach Relationen in einem Satz, nicht Relationen über Sätze hinweg. Er löst das Problem durch die Konstruktion eines Parsers
mit zwei Prozessbereichen, einem Strukturbauer (engl.: structure
builder) und einem Interpretierer (interpreter). Damit entfällt die
Notwendigkeit für ein eigenes Teilsystem des Parsers, das für die
Reanalyse zuständig ist, und das ganze Strukturbeschreibungen
alternativer Analyseergebnisse vergleicht. In dieser Richtung weiter
geht das Modell von Stuart & Crocker (1998).

Nicht-syntaktisches Wissen

Das menschliche Satzanalysesystem hat zwei Herausforderungen
zu bewältigen. Eine, die der Input mit sich bringt und eine,
die die zeitlichen Bedingungen mit sich bringen. Die Ursache
für die erste liegt in der Mehrdeutigkeit, die zweite in der Notwendigkeit, den pausenlos ankommenden Input on-line zu verarbeiten. Bei der Mehrdeutigkeitsproblematik gilt es, verschiedene Fallgruppen zu unterscheiden, zunächst einmal die lokal
mehrdeutigen, letztlich aber syntaktisch eindeutigen Sätze wie
5–23 und 5–24 von den global mehrdeutigen wie 5–25 und
5–26.

(5–25)   Elvira versprach ihrer Mutter, nie wieder Marmelade
          in ihr Klavier zu schütten.
(5–26)   Der Junge sah das Mädchen mit den Blumen.

Satz 5–25 enthält eine referentielle Mehrdeutigkeit. *ihr* kann sich auf Elvira oder auf die Mutter oder auf beide oder auf eine oder mehrere dritte Personen oder Einrichtungen beziehen. Nimmt man an, dass der Sprecher aber genau einen Bezug gemeint hat, so ist das Verständnis nicht vollständig, wenn der Hörer die Mehrdeutigkeit nicht auflöst. Satz 5–26 ist syntaktisch mehrdeutig. *mit den Blumen* kann PP-Attribut zu *Mädchen* und Adverbial zu *sah* sein. Bei dieser Variante eröffnen sich wieder mehrere Interpretationen, die aber nur semantisch verschieden sind (... während er die Blumen hatte, ... weil er die Blumen hatte, ... indem er die Blumen benutzte).

Die Auflösung der Mehrdeutigkeit hat in beiden Sätzen Konsequenzen für die syntaktische Analyse. Für 5–26 ist das evident. Dass aber auch die Referenzidentität, hinsichtlich der *ihrer* und *ihr* in 5–25 mehrdeutig sind, eine syntaktische Seite hat, zeigen Sätze mit sog. Kontrollverben, 5–27 und 5–28. Beide sind eindeutig.

(5–27) Die Mutter bat Elvira, sich zu waschen.
(5–28) Die Mutter versprach Elvira, sich zu waschen.

In 5–27 bezieht sich *sich* auf das Objekt, in 5–28 auf das Subjekt des Hauptsatzes.

Wenn es so ist, dass die syntaktische Analyse von außersyntaktischen Informationen beeinflusst sein kann, dann liegt die Annahme nahe, dass das menschliche Parsing-System auch davon Gebrauch macht, um die syntaktische Struktur eines gegebenen mehrdeutigen Satzes zu entscheiden. Im Wesentlichen drei Arten von nicht-syntaktischem Wissen sind auf ihre Mitwirkung an der syntaktischen Analyse hin untersucht worden: Prosodische Information, Kontextwissen und Weltwissen. Zur prosodischen Information zählen die Pausierung und die intonatorische Kontur der Äußerung, die sich ihrerseits wiederum aus mehreren Parametern ergibt. Ohne zusätzliche Markierung ist z.B. der folgende Satz mehrdeutig:

(5–29) Peter sagt Maria sei verreist.

Peter kann Subjekt von ...*sagt [Maria sei verreist]* sein oder von ...*sei verreist]* sein. Dann ist *Maria* das Subjekt des Hauptsatzes, also ...*[sagt Maria]*. Orthographisch wird die zweite Lesart durch Kommata aufgezeigt:

(5–29') Peter, sagt Maria, sei verreist.

In der gesprochenen Sprache kann die syntaktische Gliederung u.a. durch die Verteilung von Pausen aufgezeigt werden, in der Lesart (5–29') etwa an den Positionen der Kommata. Spricht man den Satz in dieser Interpretation vor sich hin, stellt man fest, dass sich mit der Pausierung auch der Melodieverlauf ändert. Die zweite Silbe von *Peter* wird höher gesprochen als in der anderen Lesart. Das ist aber bei weitem nicht alles und für sich alleine auch wieder mehrdeutig.

Die Rolle der Prosodie in der Analyse der syntaktischen Struktur steht außer Frage – und nicht nur die der Äußerung, wie schon die eindrucksvolle Sammlung von Beobachtungen in Johns-Lewis (1986) belegt. Das Zusammenspiel von Prosodie und syntaktischer Information ist allerdings so kompliziert, dass bisher nur für punktuelle Ausschnitte zuverlässige Beobachtungen vorliegen. Wir beschränken uns hier auf die Betrachtung eines illustrativen Beispiels, die Untersuchung von Weber, Grice & Crocker (2006). In dieser Eye-Tracking-Studie wurde die Annahme geprüft, dass die Kontur der initialen Teilkette eines Satzes der Form $NP_1 V NP_2$ in die Online-Analyse der syntaktischen Funktion der lokal mehrdeutigen NP_1 eingeht und die Mehrdeutigkeit damit früh aufgelöst wird. Die Versuchsperson sah eine Abbildung mit mehreren Referenten in einer Szene und hörte dazu einen Satz, der ein auf die Abbildung bezogenes Ereignis beschrieb, z.B.: *Die Katze jagt womöglich den Vogel.* Die Intonation ist die der SVO-Lesart. Zu jedem experimentellen Item gab es eine zweite Satzvariante, *Die Katze jagt womöglich der Hund,* also OVS mit der zugehörigen Kontur, hier Fokusakzent auf *Katze.* Gemessen wurde die Verteilung der Fixationen auf die abgebildeten Referenten in der Hörphase vor der desambiguierenden NP_2. Es fand sich ein signifikanter Einfluss. Beim Hören der OVS-Version wurde signifikant mehr auf den wahrscheinlichen Agenten, also den Hund, geblickt, als in der Variante mit der SOV Kontur und zwar, wie gesagt, vor der desambiguierenden NP_2.

Ersteres illustriert Beispiel 5–25. Sofern im vorausgehenden Kontext Information enthalten ist, aus der die Besitzverhältnisse des Klaviers hervorgehen, werden diese eingesetzt. Um die Struktur von 5–26 zu entscheiden, kann das Wissen eingesetzt werden, dass man mit Hilfe von Blumen nicht besser sehen kann, was die Adverbialanalyse unwahrscheinlich macht. Dass auch die Häufigkeit einer Konstruktion in großen Textkorpora einer Sprache die Leichtigkeit der Analyse bestimmt, zeigen die Befunde von Gibson und Mitarbeitern (vgl. Gibson & Perlmutter 1994).

Des Weiteren werden in diesem Zusammenhang Konstruktionen untersucht, die alle eines gemeinsam haben, nämlich dass sie nicht Argumentphrasen sondern Adjunkt-Phrasen betreffen. Das sind Konstituenten, die nicht von einer Kopfkategorie syntaktisch gefordert, sondern einer solchen sozusagen frei hinzugefügt sind. Typische Beispiele sind Adverbiale und Attribute. Sie können syntaktisch die Form einer NP, PP oder auch eines Nebensatzes haben. Hier sind einige Konstruktionen aus den Untersuchungen von Frazier & Clifton (1996: 43).

(5–30) (a) A table of wood that was from Galicia. (Mehrdeutige
           Relativsatzanknüpfung; Tisch oder Holz aus Galizien?)
        (b) Some girl hit some boy last night who was ...
           (Ebenso: Wer ist who?)
        (c) John ate the broccoli raw/naked.
           (Small-clause-Mehrdeutigkeit: Wer ist roh bzw. nackt?)
        (d) The nurse weighed John and Mary.
           (Koordination/Konjunktion – Mehrdeutigkeit)
        (e) The doctor didn't leave because he was angry.
           (Mehrdeutigkeit des Negationsskopus')

Aus Ergebnissen von Paraphrase-, Lesezeit- und Ratingaufgaben leiten Frazier & Clifton eine Annahme über den Analysevorgang bei der Verarbeitung solcher Sätze ab. Die Befunde stützen die Theorie, dass eine syntaktisch nicht analysierbare Phrase zu der jeweils gerade bearbeiteten thematischen Verarbeitungsdomäne »assoziiert« wird und zwar unter Ausnutzung struktureller und nicht-struktureller (i.e. nichtsyntaktischer) Prinzipien. Die jeweils aktuelle thematische Verarbeitungsdomäne ist die maximale Teilstruktur der zuletzt bearbeiteten Kategorie mit Theta-Raster. Frazier und Clifton nehmen also einen neuen Typ von Relationen im sprachlichen Wissen des Menschen an, die sog. Association, das Kernstück ihrer Construal-Hypothese. Um zu demonstrieren, dass und wie Weltwissen an der syntaktischen Analyse beteiligt ist, kommen wir zunächst auf den Holzweg-Effekt zurück.

Wie anhand von Satz 5–6 (Hans versprach Maria ... anzuvertrauen) erläutert, verursacht eine solche Konstruktion der Analyse Verarbeitungsprobleme. Eine syntaktisch mehrdeutige Wortform am Satzanfang wird aufgrund von syntaktischen Analysepräferenzen in einer Lesart verstanden, die sich erst spät im Satz als unzutreffend erweist. Die Analyse endet in einer Sackgasse; in leichten Fällen kann sozusagen im Flug durch Reanalyse eines Teils der Struktur die zutreffende Struktur aufgebaut werden. Bei schwerer Irritation wird abgebrochen und neu gestartet. Hartnäckige garden-path-Sätze werden ohne explizite, bewusste Strukturbetrachtung gar nicht als grammatisch erkannt. Beispiele für unterschiedlich schwere Effekte sind 5–6 und 5–7.

(5–6)   Hans versprach Maria im Urlaub keine Zigaretten
         anzuvertrauen/zu rauchen.
         (zu rauchen löst keinen Holzweg-Effekt aus.)

(5–7)   Peter hat die Ärztin im Krankenhaus gestern sehr geholfen.

Zu den hartnäckigsten Holzweg-Effekten zählen im Englischen
Sätze mit uneingeleitetem Relativsatz mit initialer finit/infinit-
Mehrdeutigkeit der Verbform wie in 5–31.

(5–31)   The horse raced past the barn fell / and fell.

Die *and-fell*-Konstruktion wird leicht analysiert die *fell*-Konstruk-
tion von vielen Versuchspersonen als nicht wohlgeformt beurteilt.
Dem Urteil liegt die Analyse zu Grunde, dass *raced* 3. Pers. Sing.
Prät. Aktiv von *to race*, hier soviel wie rennen, jagen bedeutet.
    Die Struktur wird entsprechend aufgebaut mit *raced* in der Po-
sition des finiten Hauptverbs. Damit ist dann aber die final auftau-
chende Wortform *fell* (stürzte) grammatisch nicht vereinbar. Die
intuitive Bestätigung für den Anfangsteil der Analyse scheint nun
beim Muttersprachler so stark, dass die Mehrdeutigkeit von *raced*,
das auch Partizip Perfekt (gejagt) sein kann, kognitiv nicht realisiert wird. In dieser Lesart ist der Satz aber auch wohlgeformt und
bedeutet soviel wie 5–32.

(5–32)   Das Pferd, das am Stall entlang gejagt wurde, stürzte.

Sätze wie 5–31 vom Typ der *fell*-Konstruktion gelten, wie gesagt,
als hartnäckige Holzweg-Sätze und die Ursache wurde in ihrem
syntaktischen Bau gesehen, in der frühen ungewöhnlichen Mehrdeutigkeit und der spät auftauchenden vereindeutigenden Information. Bemerkenswert ist nun die Beobachtung, dass dieselbe Konstruktion mit anderen Wörtern weniger Analyseprobleme bereitet,
wie etwa Satz 5–33.

(5–33)   The land mine buried in the sand exploded.
         Die Landmine, vergraben im Sand, explodierte.

Auf die entsprechenden Untersuchungen referieren Tanenhaus,
Spivey-Knowlton & Hanna (2000: 93). Die Erklärung für das
Ausbleiben des Holzweg-Effekts bei Sätzen wie 5–33 wird darin gesehen, dass der Parsing-Prozess nicht nur von den syntaktischen Informationen der Wortformen bestimmt wird, sondern
auch von außersyntaktischen; das ist in 5–33 eben der, dass *the
land mine* die Rolle des Aktors von *buried* nicht so gut erfüllt wie

die der theme-Rolle, ein Umstand, der vom Verstehenssystem bei der syntaktischen Analyse dazu ausgenutzt wird, *the land mine* gleich als Subjekt eines uneingeleiteten passivischen Relativsatzes (die im Sand vergraben war) zu analysieren und nicht als Subjekt eines Aktivsatzes mit der finiten Form *buried* als Hauptverb. Eine Landmine ist eben eher bekannt als etwas, was vergraben wird und nicht als etwas, was selbst vergräbt. Damit ist die Position des Hauptverbs noch offen und wird dann ohne Schwierigkeit der finalen Form *exploded* zugewiesen.

Dieselbe Theorie würde auch den Holzweg-Effekt bei 5–31 erklären. Ein Pferd ist eben eher etwas, das selbst rennt, als dass es gejagt wird. Unter Berücksichtigung dieses Wissens wird es in erster Linie als Aktor und Subjekt eines aktivischen Satzes mit *raced* als Hauptverb analysiert.

Zusammenfassend ist also festzuhalten Zur Erkennung der syntaktischen Struktur einer Folge von Wortformen wird syntaktisches und auch außersyntaktisches Wissen eingesetzt; an außersyntaktischem nachgewiesenermaßen jedenfalls satzintern erschließbares semantisches Wissen und über den Satz hinaus Kontextwissen. Eine Bestätigung für diese Feststellung wird von der Beobachtung erbracht, dass sich die verschiedenen Wissensinhalte offenbar auf verschiedene syntaktische Analyseoperationen unterschiedlich auswirken, je nachdem wie informationshaltig die Ausdrucksmittel für die Auflösung anaphorischer und Theta-Rollen-Mehrdeutigkeit in der jeweiligen Sprache sind (vgl. Hemforth, Konieczny & Scheepers 2000).

5.5.4 Der Zeitablauf der syntaktischen Analyse

Vor dem Hintergrund all dessen, was bisher über den Parsing-Vorgang dargestellt worden ist, die Aufgabe, den Input, die Wissensressourcen, kann man sich leicht vorstellen, dass die zeitliche Koordination der einzelnen Informationsverarbeitungsvorgänge keine triviale Angelegenheit ist. Die grundsätzlichen Alternativen sind allerdings überschaubar; sie werden von zwei grundsätzlichen Entscheidungen bestimmt. Das System muss zum Einen entscheiden, wie beim Vorliegen mehrerer Analysemöglichkeiten zu einem gegebenen Zeitpunkt verfahren werden soll. Es kommen zwei Arbeitsweisen in Frage. Das System kann sich für eine Alternative entscheiden und diese unter Registrierung des Zustandes, in dem die Entscheidung getroffen worden ist, weiter verfolgen – unter glücklichen Umständen bis zu einer erfolgreichen Analyse. Erfolg-

reich ist die Analyse, wenn alle Wortformen des Satzes verarbeitet
sind und keine Strukturentscheidung in dem resultierenden Struk-
turbaum mehr offen ist. Da eine erfolgreiche Analyse nicht ausschließt, dass der Satz endgültig mehrdeutig ist, muss danach geprüft werden, ob noch eine weitere erfolgreiche Analyse möglich
ist. Dazu muss der Zustand zum Zeitpunkt der Alternativenwahl
wieder (rückwärts) aufgefunden werden und die Alternative ebenfalls berechnet werden.

Die zweite Möglichkeit ist, im Falle mehrerer möglicher Analysen alle gleichzeitig weiter zu verfolgen, gegebenenfalls, bis mehrere erfolgreich abgeschlossen sind, was nur bei einem endgültig
mehrdeutigen Satz der Fall sein wird. Bei Vorliegen eines temporär
mehrdeutigen Satzes wird bei Auftauchen disambiguierender Information die Analysealternative, die gemäß der Grammatik damit
nicht vereinbar ist, abgebrochen.

Beide Strategien, wie sie hier dargestellt sind, haben gemeinsam,
dass bei jedem Schritt eine Ja/Nein-Entscheidung im Einklang mit
den Syntaxregeln getroffen wird. Sie heißen deshalb beide deterministisch. Nun kann man sich natürlich ein grammatisches Wissen
vorstellen, in dem mehrere Verknüpfungsmöglichkeiten zwischen
zwei Kategorien danach unterschieden sind, wie wahrscheinlich in
einem gegebenen Fall ihre Anwendung ist. Systeme mit probabilistisch bewerteten Verknüpfungen heißen nicht-deterministisch. Ein
System, das zu jedem Zeitpunkt alle syntaktischen Alternativen in
die Berechung einbezieht und keine auf Grund von außersyntaktischem Wissen ausschließt, heißt uneingeschränkt (engl.: unres-
tricted). Werden hingegen syntaktisch gegebene Optionen unter
Berücksichtigung nicht-syntaktischer Informationen ausgeschlossen, heißt das System eingeschränkt (engl.: constraint based parsing). Die Einschränkung kann wiederum als Ja/Nein-Entschei-
dung getroffen werden oder als Gewichtung, also deterministisch
oder probabilistisch. Schließlich werden Analysestrategien danach
unterschieden, ob die mit dem Input gegebenen Informationen,
also lautliche, syntaktische, semantische und kontextuelle, pro
Analyseeinheit zeitlich hintereinander (seriell) oder ohne zeitliche
Einschränkungen bei einem Analyseschritt gemeinsam maximal
ausgenutzt werden (parallel und interaktiv).

Angesichts dessen, was über die Komplexität von Satzstrukturen
am Anfang dieses Kapitels dargelegt worden ist, kann man sich
vorstellen, dass der Versuch, ein im Detail ausgearbeitetes Modell des Parsing-Systems für einen nennenswerten Ausschnitt des
menschlichen Grammatikwissens zu entwickeln, schnell an die

Grenzen wissenschaftlicher Kapazität und Zeitressourcen stößt. Das bis heute bekannteste, ökologisch valide Symbolverarbeitungsmodell ist der sog. **D-Parser** mit Mitchell P. Marcus (1980), nach seinem Autor häufig und respektvoll auch Marcus-Parser genannt. Das ist ein deterministisches, serielles, uneingeschränktes Modell der menschlichen syntaktischen Analyse. Im Aufbau dem Satzerzeugungsautomaten von Yngve ähnlich, umfasst der Marcus-Parser einen Speicher mit syntaktischem Wissen; das ist dargestellt in der Form einer KS-Grammatik. Der Input wird aufgenommen in einem Stapelspeicher (engl.: buffer) und in einem Rechenwerk verarbeitet, Arbeitsspeicher genannt, in dem sich die durch die Wortformeninformation jeweils aktivierten Regeln befinden, bis sie abgearbeitet sind. Backtracking ist nicht möglich und nicht nötig, weil in jedem Zustand der Analyse alle anwendbaren Regeln im Rechenwerk sind und theoretisch so viel Information aus dem Buffer abgefragt werden könnte, dass alle und nur genau die zutreffenden Strukturen des Satzes errechnet werden, für einen syntaktisch eindeutigen Satz also eine, auch wenn er temporär mehrdeutig ist.

Diese Leistung entspricht nun nicht der des menschlichen Parsers, wie der Holzweg-Effekt zwingend belegt. In Annäherung an die Verhältnisse im kognitiven Analysesystem des Menschen wird daher der Speicherraum im Buffer begrenzt, auf 3 bis 5 Einheiten. Gelangt die Analyse trotz Auswertung dieser Information an einen Punkt, an dem die neu ankommende Wortform mit keiner Regel mehr in die bis dahin aufgebaute Analyse eingefügt werden kann, bricht die Analyse ab und stellt auf diese Weise den Holzweg-Effekt dar. Details der Formalisierung, Implementierung und Arbeitsweise eines seriellen deterministischen Parsers (und anderer) stellt Hellwig (1989a und 1989b) dar.

Der Marcus-Parser berücksichtigt also, wie dargestellt, schrittweise alternative Regelanwendungen und entscheidet im Blick auf sozusagen vorausliegende Information. Im Wesentlichen gleich (deterministisch, seriell, schwach semantisch eingeschränkt) arbeitet das Analysemodell von Frazier (1979). In ihm wird angenommen, dass jede Wortform strukturell sofort in die KS eingefügt wird, bei Mehrdeutigkeit unter Verfolgung von gewissen Strategien. Die beiden wirkungsstärksten Strategien sind die **Minimal-Attachment**-Strategie und die **Late-Closure**-Strategie. Minimal-Attachment schreibt vor, bei Vorliegen mehrerer Verknüpfungsmöglichkeiten diejenige zu bevorzugen, die im Rahmen der gegebenen Grammatik minimal ist, gemessen an der Zahl von zusätzlichen Verzweigungen, die in die Struktur aufgenommen werden müssen,

um die aktuelle Konstituente einzufügen. Damit wird z.B. erklärt,
dass bei der Analyse von 5–31 *The horse raced past the barn fell* die
Hauptsatzanalyse (*raced* als finites Hauptverb) der »Uneingeleite-
ten-Nebensatz-Analyse« vorgezogen wird. Letztere würde nämlich
das Einfügen einer zusätzlichen NP-Verzweigung erfordern, erstere nicht.

Die Late-Closure-Strategie schreibt vor, neu ankommende
Wortformen so lange wie grammatisch möglich in die aktuelle
Phrase einzufügen. Diese Strategie erklärt die Neigung des Parsing-Systems zur sog. tiefen Verknüpfung (engl.: **low attachment**);
eine Beispielstruktur ist 5–34.

(5–34) While Mary is mending the sock / (it) fell off her lap.

The sock kann in dem Satz ohne *it* Objekt von *mending* sein oder
Subjekt des Hauptsatzes. Late Closure schreibt die Objektanalyse
vor, weil sie noch möglich ist und damit die VP weiter ausgebaut
wird. Sie stellt sich dann als unzutreffend heraus, was die Verste-
hensschwierigkeit solcher Sätze erklärt. Wirkt sich die Anwendung
beider Strategien widersprüchlich aus, hat Minimal Attachment
Vorrang vor Late Closure.

Der Garden-Path-Effekt wird damit erklärt, dass das Analysesystem in zwei Schritten arbeitet. Im ersten Schritt wird von einem
Teilsystem des Parsers eine Folge von Wortformen zu Phrasen verknüpft, die aber zunächst unverbunden bleiben. Im zweiten Schritt
verbindet ein anderes System die phrasalen Kategorien zu einem
Satzganzen. Die Phrasen und ihre interne Struktur werden dabei
vergessen.

Hat nun infolge von Minimal Attachment und Late Closure
eine unzutreffende erste Analyse stattgefunden, so wird deren Ergebnis an den zweiten Schritt weitergegeben, sofern die disambiguierende Information nicht so nah ist, dass sie noch in den Spei-
cherinhalt des Arbeitsspeichers passt; dessen Kapazität ist auf ca.
5 Einheiten begrenzt. Liegt die vereindeutigende Information außerhalb dieser Länge von Wortfolgen, kommt es zu einer falschen
Satzgliedanalyse und der Fehler wird zu spät erkannt; eine stillschweigende, glatte Reanalyse ist nicht mehr möglich. Die Analyse wird abgebrochen. Das schrittweise Analyseverfahren wird als
»Zwei-Schritt-Analyse« bezeichnet (engl.: **two-step-analysis**).

Das bekannteste Beispiel für eine hinsichtlich aller wesentlichen Merkmale alternative Arbeitsweise des Parsers ist ein pro-
babilistisches, vielfach eingeschränktes, interaktives und paralleles
Modell. Ein solches haben Tanenhaus und Mitarbeiter entwickelt.
Es ist nicht-deterministisch, d.h. mehrere Analyseentscheidungen

konkurrieren miteinander und die insgesamt wahrscheinlichste kommt zum Zug. Es ist vielfach eingeschränkt (constraint based). Bei einer Analyseentscheidung werden nicht nur syntaktische Informationen verarbeitet, aber immer alle syntaktischen Alternativen. Die Zahl der in Betracht gezogenen Alternativen ist allerdings durch Auswertung semantischer und kontextueller Informationen reduziert. Das System arbeitet interaktiv, indem Informationen von sog. höheren Wissensebenen (semantisches und kontextuelles Wissen sowie Weltwissen) in Entscheidungen in tieferen Prozessen eingehen. Es ist schließlich parallelverarbeitend, weil bei mehrdeutiger Informationslage das Parsing-System alle strukturellen Alternativen gleichzeitig bearbeitet und beurteilt.

Von dem Garden-Path-Modell unterscheidet sich der **Constraint based Parser** im Übrigen auch noch hinsichtlich der Methode. Die Theorie als Ganze ist in einem Rechnermodell implementiert, das den Analysevorgang, besonders die quantifizierende, vergleichende Beurteilung von Strukturalternativen für jeden neuen Zustand des Systems neu berechnet. Die Ergebnisse der Berechnung pro Schritt können mit Ergebnissen aus Verhaltensexperimenten verglichen werden. Übereinstimmung des Simulators mit den experimentellen Befunden gilt als Bestätigung der Theorie.

Kernstück der Theorie sind die Constraints. Ein Constraint ist ein Paar von Strukturalternativen; in dem Holzwegsatz *The horse raced ...* sind das z.B. die Alternativen a) Reduzierter Relativsatz (RR) und b) Hauptsatz (engl.: main clause, MC). Nimmt man nun an, dass die Entscheidung für die eine oder die andere Struktur von einer Reihe von satzexternen und internen Umständen bestimmt wird, so kann man den Einfluss (engl.: bias), die jeder dieser Umstände hat, isoliert durch Messungen an geeigneten Datenmengen und anhand von Ergebnissen von Verhaltensexperimenten, in denen je ein Umstand isoliert betrachtet wird, quantifizieren. Im gegebenen Fall wirken auf die Analyseentscheidung u.a. der Umstand, wie wahrscheinlich es im Allgemeinen ist, dass das erste Nomen im Satz die Agens-Rolle des Verbs einnimmt eine oder andere thematische Rolle. Auch, dass z.B. *the horse* Agens von *race* ist, hat für sich genommen eine feststellbare Wahrscheinlichkeit, und die ist anders als die, dass es Patiens von *race* ist. Tanenhaus, Spivey-Knowlton & Hanna nennen diesen Umstand den **Thematic Bias**.

Das zweite ist der Umstand, wie wahrscheinlich generell eine Hauptsatzalternative gegenüber einer Nicht-Hauptsatzalternative ist. Ein dritter Umstand ist die Häufigkeit der Verbform *raced* als finite und als infinite Form usw.

Jeder dieser Constraints trägt bei jedem Schritt der Analyse zur
Berechnung der Gesamtwahrscheinlichkeit für die RR- und die
MC-Entscheidung bei und zwar laufend neu und möglicherweise
anders beim Beginn des Analysevorgangs, als beim Erkennen der
Verbform, und wieder anders als beim Erkennen der PP usw. Je
ähnlicher sich die Präferenzen für die beiden Alternativen sind,
desto länger dauert die Entscheidung für die eine oder die andere
Strukturentscheidung, was, wenn derselbe Vorgang im menschlichen Parsing-System so abläuft, sich in Verzögerungen beim Aufnehmen von neuem Input äußern sollte, im Leseexperiment also
in Fixationsdauer des Blicks auf der entsprechenden Wortform im
Satz. Das Modell ist umso mehr bestätigt, je genauer die von ihm
berechnete Entscheidungszeit sich mit der Verteilung der Fixationszeiten über die Wortformenfolge beim Lesen deckt.

Um dazu etwas Verlässliches zu behaupten, möchte man – wieder einmal – einem gläsernen Gehirn bei der Verarbeitung einer
Äußerung in ihrem Zusammenhang zuschauen können. Dieses
Begehren belegt erneut die Schlüsselrolle der Beobachtungsmetho-
den in unserem Arbeiten, und zwar umso überzeugender, je näher wir diesem Ziel mit der Augenbewegungs-, der EEG- und der
MEG-Aufzeichnung kommen. Dass die Satzstruktur im Prinzip
on-line, d.h. bei verwertbarer Information ohne Verzögerung von-
statten geht, steht außer Zweifel; sonst wäre schon der Holzweg-
Effekt nicht zu erklären. Auch mit dem zeitlichen Ablauf der Wort-
erkennung, wie er sich aus LRP-Experimenten ergibt, steht diese
Annahme im Einklang. Wie aber könnte ein Gesamtbild von dem
Parsing-Geschehen aussehen? Welche Bestandteile des Gehörten/
Gelesenen wertet der menschliche Parser wann aus?

Immerhin, aus den vielen Einzelbefunden, die heute vorliegen,
ergibt sich ein grobes Mosaik des Parsing-Mechanismus bei der
Verarbeitung eines einfachen Satzes in einem Text.

1. Das Auffinden der Satzstruktur ist Satz für Satz ein kon-
    struktiver Prozess, an dessen Beginn die Kenntnis des bis-
    her verstandenen Textes und an dessen Ende die syntaktische
    Struktur steht, mit der die Wörter des neuen Satzes sich hier-
    archisch verbinden.

2. Das Parsing ist ein flüchtiger Prozess, in dem Information lau-
    fend aufgenommen, in Strukturfragmente integriert, kurz ver-
    fügbar gehalten wird und rasch wieder verblasst. Wie welches
    neue Segment zum Aufbau der Struktur beiträgt, entscheidet
    der Parser unter Verwertung von Information aus drei Quel-
    len, (1) den Strukturerwartungen, die sich aus dem vorange-
    gangenen Schritt ergeben (prediction), (2) dem Input, d.i. dem

aktuellen Lemma, und (3) dem lebenslang erworbenen Wissen grammatischer, semantischer und pragmatischer Strukturen und Zusammenhänge (Constraints).

3. Der Informationsstand im Parser ändert sich laufend, also auch die Erwartungen, wodurch der Parser zu phasenweise unterschiedlichen Verarbeitungsprozessen am Anfang, im Innern und am Ende des Satzes veranlasst wird, auch bei syntaktisch gleichartigem Input.

4. Syntaktisch eindeutiger Input wird vom Parser anders ausgewertet als syntaktisch mehrdeutiger, erwarteter Input anders als unerwarteter.

5. Die mit einem erkannten Wort lexikalisch verbundene Information wird zeitlich sukzessiv ausgewertet.

6. Bei eindeutiger Lemmainformation führt der Parser folgende Schritte nacheinander durch:

   6.1 Registrierung der Wortartinformation gemäß Lexikoneintrag; ggf. mehrere,

   6.2 Registrierung der funktionalen Kategorien wie Numerus, Kasus, Genus, Tempus, und der Argumentstruktur des Wortes (Subkategorisierung),

   6.3 Registrierung der lexikalischen Bedeutung,

   6.4 Integration der Informationen in die aktuell bearbeitete syntaktische Phrase,

   6.5 Zusammenfügung (Aggregation) zur Satzstruktur (wrap-up).

7. Syntaktisch mehrdeutiger Input wird on-line desambiguiert. Dabei werden prosodische und semantische Eigenschaften des Inputs und »höheres« Wissen einbezogen.

8. Bei ungünstiger Konstellation kann die Desambiguierung sich als falsch herausstellen, z.B. bei früher lokaler Mehrdeutigkeit und später desambiguierender Information (garden-path).

9. Gegebenenfalls Reanalyse.

10. Ableitung der Satzbedeutung aus der syntaktischen Struktur und den lexikalischen Konzepten (Inhaltsanalyse).

11. Verknüpfung der Inhalte mit Diskurs- und Weltwissen (Referenzielles Verstehen).

12. Schlussfolgerungen auf Sachverhalte, die im Diskurs nicht ausgedrückt sind (Inferencing).

Der Ablauf eines Teils dieser Schritte einschließlich der vorangehenden Laut- und Worterkennung ist in einem funktional-neuroanatomischen Modell von Friederici & Cramon (1999: 339) rekonstruiert. Es macht über die Reihenfolge hinaus auch Aussagen

über die absoluten Zeitspannen (ZEIT-Achse) und die kortikalen
Areale der Funktionen unter Bezug auf die Arealbezeichnungen
nach Brodmann (BA).

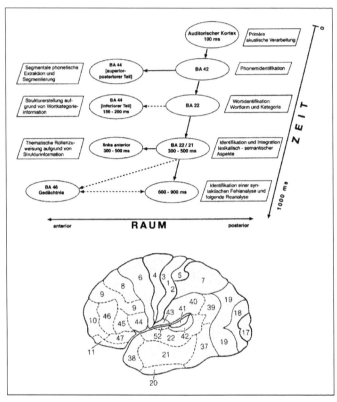

Abb. 5.8: Neurokognitives Modell des Sprachverstehens nach Friederici
& Cramon (1999: Abb. 2, S. 339; wiedergegeben mit freundlicher Geneh-
migung des Hogrefe-Verlages), darunter zur Erläuterung die Brodmann-
Areale, linke Hemisphäre.

Welche Daten stützen alle diese Behauptungen? Dass der Parser
on-line arbeitet ist schon früh erkannt worden, z.B. durch Reak-
tionszeitdaten (Frazier 1979), Eye-Tracking-Daten (Eberhard et al.
1995) und EEG-Ableitungen (Garnsey, Tanenhaus & Chapman
1989). Die Befunde sind vielfach bestätigt und durch neue Er-

gebnisse präzisiert worden. Diejenigen, die dem Leipziger funktionalen neuroanatomischen Modell (Abb. 5.8) zugrunde liegen, sind in Friederici & Cramon (1999) neben vielen weiteren erwähnt. Die Unabhängigkeit der syntaktischen Analyse bei nicht-ambigen Sätzen ergab sich schon aus Eye-Tracking-Daten von Rayner, Carlson & Frazier (1983) und bestätigt sich im ERP-Experiment von Hagoort (2003).

5.6 Lesen

In dem Roman *Der Vorleser* beschreibt Bernhard Schlink an einer Stelle das Aufwachen von Hanna und Michael, dem Ich-Erzähler, in dem Zimmer eines Gasthofs. Er wacht vor ihr auf und verlässt das Zimmer, um Blumen für sie zu besorgen und das Frühstück heraufzuholen. Ihr hat er einen Zettel mit der Nachricht auf den Nachttisch gelegt »»Guten Morgen. Hole Frühstück, bin gleich wieder zurück« oder so ähnlich«. Bei seiner Rückkehr »steht sie im Zimmer, halb angezogen, zitternd vor Wut, weiß im Gesicht. »Wie kannst du einfach so gehen!« [...]« und zieht ihm den schmalen Ledergürtel aus ihrem Kleid durch das Gesicht. Seine Lippe platzt und blutet. Dann scheint sich ihr Schock zu legen und sie weint haltlos (Schlink 1995: 54 ff.). Wer den Roman kennt, weiß, was Michael zu diesem Zeitpunkt nicht wusste. Die 37-jährige Hanna Schmitz kann nicht lesen. Kein Wort. Sie weiß also nicht, wo sie sich befindet, weiß nicht, wie sie ohne ihn nach Hause findet; sie gerät in Panik und reagiert mit dem beschriebenen Wutausbruch.

Die Szene beeindruckt unmittelbar durch ihre Heftigkeit. Darüber hinaus prägt sie sich ein, weil sie zu verstehen gibt, wie das Leben der Analphabetin Hanna organisiert sein muss, wie die Unfähigkeit zu lesen ihre Freiheit in der Gestaltung des Alltags einengt, solange sie sich nicht offenbart und helfen lässt. Und die Szene erinnert eindrücklich an die fundamentale Rolle der Schriftlichkeit im Leben einer Gesellschaft. **Analphabetismus** bedeutet für den Betroffenen als Mitglied einer modernen industriellen und technisierten Mediengesellschaft Isolation bis an den Rand der Überlebensmöglichkeit.

5.6.1 Lesen als Kommunikationsform

Die schriftliche Kommunikation ermöglicht sprachliche Verständigung unter Bedingungen, in der mündliche Face-to-Face-Verständigung nicht möglich ist. Es sind dies alle Konstellationen, in denen den Kommunizierenden

- die gleichzeitige Teilnahme an der Kommunikation nicht möglich ist,
- ein akustischer Kanal nicht gegeben ist, bzw. kein visueller bei Gebärdlern,
- einem der beiden Kommunikationspartner die mündliche Kommunikation nicht zu Gebote steht – und keine gebärdensprachliche Alternative.

Dafür bringt das Schreiben zusätzlich mit sich:
- die automatische Speicherung des Textes und damit
- die Weitergabemöglichkeit,
- den einfachen Einsatz nicht-sprachlicher graphischer Zeichen (Skizze, Icons),
- die Redigierungsmöglichkeit.

Umgekehrt bringt die Bereicherung der Kommunikationsmöglichkeiten auch Einschränkungen gegenüber dem mündlichen Face-to-Face-Settings mit sich:
- kein spontaner Wechsel der Gesprächsrolle,
- kein Feed-back,
- bei fehlendem Sichtkontakt kein Einsatz nicht-sprachlicher Zeichen (Mimik, Gestik, Deixis),
- langsamere Übertragungsrate.

5.6.2 Lesen als Prozess der Sprachverarbeitung

Der kognitive Vorgang des Lesens umfasst, wie man es schon erwartet haben wird, eine große Zahl nach Art und Funktion verschiedener Prozesse. In erster Näherung zu unterscheiden sind die **visuelle Wahrnehmung** und die **Verarbeitung des Wahrgenommenen**. Erstere richtet sich bekanntlich nicht nur auf sprachliche Zeichen, sondern auf die gesamte Oberfläche unserer räumlichen Umgebung, soweit sie Lichtstrahlen im Wellenbereich des Lichtspektrums von ca. 380 bis 760 nm (1 nm = 10 x 10^{-9} Meter) aussendet oder reflektiert.

Physiologie des Sehens

Die physiologische Grundlage des Sehens ist das **visuelle System**: »außen« das bewegliche Auge, der Sehweg und das Sehzentrum im visuellen Kortex im »Innern«. Jede mehrbändige Enzyklopädie beschreibt ausführlich das Sehorgan des Menschen; wir erwähnen hier also nur das für den Lesevorgang Wissenswerte. Das Licht wird vom Auge durch die kreisförmige Pupille aufgenommen. Sie ist eine Öffnung in der bikonvexen Linse, wird von der Iris, der Regenbogenhaut, gebildet und kann durch deren Bewegung im Durchmesser blendenähnlich verändert werden (**Adaption**). Auch die Linse kann zur Schärfenregulierung an die Entfernung eines Objekts anpasst werden (**Akkomodation**). Im Innern des Auges wird das einfallende Licht auf die rückseitige Innenwand des Auges gelenkt. Dort trifft es auf die Netzhaut (**Retina**) mit ihren Millionen von lichtverarbeitenden Zellen. Die sehschärfste Region der Retina ist infolge höchster Dichte an Farbsehzellen die **Fovea**, im Zentrum des sog. gelben Flecks (Makula) gelegen. Sie nimmt nur einen sehr kleinen Teil der Netzhaut ein, ca. 0,02 %. Das macht es erforderlich, das Auge zum Scharfsehen immer auf den Bereich im Gesichtsfeld zu richten, dem die visuelle Aufmerksamkeit gilt. Als **Gesichtsfeld** eines Auges wird der wahrnehmbare Bereich bei Geradeaussehen ohne Bewegung bezeichnet; es beträgt horizontal ca. 150°, der foveale Bereich knapp 2°. Wahrnehmung ist aber auch in dem **parafovealen** Bereich des Gesichtsfeldes möglich, der sich an den fovealen beiderseits anschließt und rund 5° beträgt (mehr dazu unten).

Das gesamte Gesichtsfeld reicht aber noch weiter. Starke distale, d.h. äußere Reize, z.B. Objekte, von denen ein starkes Signal ausgeht (Bewegung, helle Strahlen), nimmt das menschliche Auge auch im **peripheren** Gesichtsfeld noch wahr. Das schließt sich an das parafoveale beiderseits an und reicht für das rechte Auge rechts bis zum schläfenseitigen Rand (temporaler Rand) und links bis zum nasalen Rand, beim linken Auge sinngemäß umgekehrt. Natürlich hat das Gesichtsfeld auch eine vertikale Ausdehnung; sie beträgt etwa 60° nach oben und 70° nach unten. Insgesamt hat das Gesichtsfeld eines Auges also die Form eines Ovals, das horizontal zum temporalen Rand etwas weiter reicht als zum nasalen, je nach Nasenform. Bei beidäugigem Sehen überschneiden sich die Gesichtsfelder beider Augen zentral um ca. 120°; das gesamte beidäugige Gesichtsfeldes beträgt also rund 180°. Der gesamte durch zusätzliche Augenbewegung wahrnehmbare Bereich heißt **Blickfeld**; er beträgt beim Menschen ca. 240°.

Die räumlichen Bedingungen des Lesens

Was ergibt sich daraus nun für die Dynamik des Lesevorgangs? Zunächst einmal folgt daraus, dass beim Lesevorgang immer mehr Information im Blickfeld liegt als nur die jeweils foveal fixierten Schriftzeichen. Bei der üblichen Lesehaltung von 30 bis 40 cm Entfernung vom Text und bei einer Schriftgröße von 10 pt (Punkt; 1 pt = 0.0353 cm) und entsprechender Schriftweite erfassen wir foveal drei bis vier Buchstaben, parafoveal nach rechts weitere ca. 16 und nach links ca. 4 Stellen. Die seitliche Ausrichtung der **Lesespanne** ist nicht physiologisch begründet. Sie wird mit dem Lesenlernen kognitiv installiert und ist bei einem Rechts-Links-Verlauf der Schrift entsprechend linksgerichtet. Die Sehschärfe nimmt nach außen hin asymptotisch bis auf ca. 5% an den Rändern ab und beträgt bei 5° beispielsweise nur noch 40%, bei 20° etwa 10%. Beim hinten seitlich aus dem Auge austretenden Sehnerv enthält die Retina einen lichtunempfindlichen Bereich, den sog. blinden Fleck, bei etwa 15° bis 17° links (rechtes Auge) bzw. rechts (linkes Auge) der Fovea, in Blickrichtung gesehen.

Da der Text im Normalfall vor unseren Augen fest steht, müssen wir die Augen bewegen, um mehr wahrzunehmen als drei bis vier Zeichen. Dazu wird das Auge durch einen »Sprung« (Sakkade) weiterbewegt. Der Landeplatz ist vorab automatisch kalkuliert, was bis zu 200 ms beanspruchen kann, während die Ausführung selbst nur etwa 30 ms dauert, was so gut wie keine Wahrnehmung ermöglicht.

Methoden

Woher weiß man das? Um das zu verstehen, muss man sich mit einigen Methoden der Leseforschung bekannt machen. Wie gesagt, umfasst das Lesen zwei Hauptprozessgruppen, die visuelle Wahrnehmung und die visuelle Verarbeitung. Die visuelle Wahrnehmung wiederum geschieht auf dem Wege der Fixation einer Buchstabenfolge und der Weiterbewegung des fovealen Gesichtsfeldes durch Augenbewegung (Sakkade). Beides kann man messen. Die **Fixation** ist messbar als Zeitintervall; sie beträgt z.B. durchschnittlich 200 ms und variiert erheblich; über die Faktoren, die diese Variation beeinflussen, wird unten mehr gesagt. Als aufschlussreich erwiesen haben sich die Maße: Zahl der Fixationen auf einem Wort, Fixationsdauer, ggf. **Erstfixation** unterschieden von **Blickdauer**, d.i. die Summe der Fixationszeiten bei mehrfacher Fixation auf einem Wort; beim Lesen längerer Einheiten wird auch

gemessen: die Lesezeit des ersten Lesedurchgangs. Die Lesebewegung wird gemessen in Maßen wie Zahl der **Sakkaden** (mittlere
Sakkadenlänge 8–9 Buchstabenpositionen), Zahl der Regressionen
(rückwärts gerichtete Sakkaden), die Lesezeit beim zweiten Lesen
von einer interessierenden Region des Input, die Lesezeit für eine
sprachliche Region bis zum Weiterlesen im Text (go-past duration)
oder die Lesezeit für eine sprachliche Region vor einer Regression
(regression-path duration). Und schließlich lässt sich noch der Le-
seerfolg messen, indem man prüft, ob das Erkannte mit dem Stimulus übereinstimmt; das gängige Maß ist »% korrekt«.

Die Lesespanne wird mit verschiedenen Verfahren der Stimu-
luspräsentation gemessen. Die meist verwendeten sind die Fenstermethode und die Grenzmethode. Beide erfordern eine spezifische
Geräteausstattung mit Programmen zur Augenbewegungsmessung
(Eye-Tracking-System). Solche Systeme erlauben es, den Text fens-
terweise auf dem Bildschirm zu präsentieren (**Moving Window**-
Technik) und die Fenstergröße dabei frei zu wählen. Auch die
Bereiche außerhalb des Fensters links und rechts können auf be-
stimmbare Weise besetzt werden. Die englische Bezeichnung »Moving Window« bezieht sich auf die technische Manipulation, das
Erscheinen des nächsten Fensters automatisch auszulösen, wenn
der Blick durch Sakkade auf eine neue Position wandert. Mit dieser Technik lässt sich die Lesespanne ermitteln, indem man über
mehrere Leseabläufe hin die Fenstergröße variiert und diejenige
ermittelt, die zur besten Leseleistung führt. Umgekehrt kann auch
das foveale Fenster maskiert werden und gleichzeitig das rechts benachbarte Fenster den lesbaren Text enthalten. Das Lesbare kann
dann nur parafoveal wahrgenommen werden und die Leseleistung
kann somit Aufschluss darüber geben, wie die Leseleistung bei
parafovealer Wahrnehmung ist.

Die **Grenzmethode** macht ebenfalls von dem Grundprinzip
Gebrauch, das Gesichtsfeld rechts von der fixierten Region verschieden zu besetzen. Anders als bei der Fenstermethode wird aber
nicht mit einem beweglichen Fenster gearbeitet. Vielmehr ist der
Text einer Zeile ein Stück lang korrekt gegeben und rechts von einer vorher festgelegten Grenze manipuliert z.B. *Fritz trainiert gera-
de draußen im | Garten.* Überschreitet der Blick diese Grenze, wird
das Zielsegment, z.B. *Garten,* sichtbar, wo zuvor lediglich *Garxxx*
oder *Gxxxxx* oder *Becher* sichtbar waren. Die Fixationszeit auf diesem Segment lässt Schlussfolgerungen über die Qualität der parafovealen Wahrnehmung beim Lesen zu. Ausführlich werden diese Methoden dargestellt und erörtert in Inhoff & Rayner (1996),
Rayner & Liversedge (2004) und Rayner et al. (2003).

Leseverlauf

Das Ruhen des Auges (Fixation) und die Verschiebung des fovealen Gesichtsfeldes (Sakkade) finden nicht zufällig statt; ihr Wechsel ist durch innere oder äußere Vorgänge veranlasst, d.h. endogen
bzw. exogen durch Aufmerksamkeitsverschiebung motiviert. Wie
alle Sprachverarbeitung ist auch das Lesen, wie schon gesagt, ein
komplexer Prozess. Betrachten wir zunächst die Abläufe der Worterkennung, dann die der Sakkadensteuerung.

Der Input des Leseprozesses ist visuelle Information von graphischen Figuren, der Output die Aktivation des gelesenen Wortes
im mentalen Lexikon. Wer erfolgreich lesen gelernt hat, hat jede
lexikalische Einheit im mentalen Lexikon eine schriftliche Form
gespeichert, ggf. eine mehrdeutige, wie beispielsweise <Band> für
»das Band« und »die Band« (Musikgruppe) und »der Band« (Buch).
Nun sind aber nicht alle Texte in nur einer und immer derselben
Schrift geschrieben. Dennoch erkennen wir die **Buchstaben**, seien
sie in Garamond wie hier oder in Frutiger geschrieben. Wir würden sie auch erkennen, wenn sie in einer uns zuvor unbekannten
Schrift (z.B. rotis semi sans) geschrieben wären. Also muss die
graphematische Repräsentation abstrakter sein als die von uns jeweils gerade wahrgenommene graphische Realisierung. Anders be-
trachtet: Wir verfügen über die Fähigkeit, graphisch verschiedene
Realisierungen desselben Graphems zu erkennen. Wie geschieht
das? Buchstaben – wie auch Laute – sind Zeichen, die in einigen
Merkmalen übereinstimmen und in anderen nicht. Der Buchstabe
›R‹ weist wie das ›K‹ den linken senkrechten Strich auf, wie das
›B‹ den oberen rechten Halbbogen und wie das ›K‹ wiederum den
unteren rechten Querstrich von oben links nach unten rechts. Die
Buchstaben eines jeden Alphabets lassen sich so nach einem Satz
spezifischer Merkmale analysieren. Mithin enthält das mentale Lexikon eine Merkmalebene, eine Graphemebene und eine Wortebene. Und da die schriftliche Verarbeitung an den Merkmalen
ansetzt, müssen zwischen Elementen der Ebenen Verbindungen
bestehen, schematisch veranschaulicht in Abb. 5.9.

Alle Modelle nehmen an, dass die Schriftverarbeitung an diesen Merkmalen ansetzt, die erkannten Merkmale aktiviert werden
und kaskadierend die Grapheme aktivieren, mit denen sie verbunden sind. Das am stärksten aktivierte Graphem wird als das gegebene erkannt und die Aktivierung setzt sich auf die Wortebene fort. Nicht abschließend klar ist (a) die Rolle der Position des
Zielbuchstabens im Wort, (b) die Identität seiner Nachbarn, (c)
die Richtung der Aktivationsausbreitung. Findet Aktivierung nur

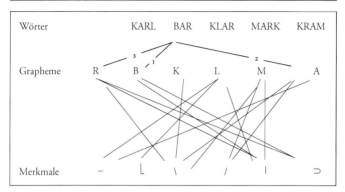

Abb. 5.9: Schema graphematischen Wissens im mentalen Lexikon (Verbindungen unvollständig).

»feed-forward« statt oder interaktiv, auf allen Ebenen kaskadierend oder von der Buchstaben- zur Wortebene nicht mehr kaskadierend? Dass es hier noch viele offenen Fragen gibt, geht nicht auf widersprüchliche, sondern auf unterschiedliche Daten zurück. Das System arbeitet bei Einzelbuchstabenerkennung anders als bei der Erkennung von Buchstaben im Wort, bei tachistoskopischer, d.i. sehr schneller Präsentation des Stimulus anders als bei normaler Lesegeschwindigkeit, beim lauten Lesen anders als beim Korrekturlesen. Gründliche Überblicksdarstellungen über diese und mehr Details der Schriftverarbeitung sind Balota (1994) und Lupker et al. (2005). Es wird in diesem Abschnitt übrigens nicht sorgfältig zwischen ›Buchstabe‹ und ›Graphem‹ unterschieden und wir lassen es auch dabei – aus Einfachheitsgründen.

Worterkennung

Die nächste spannende Frage ist, wie das Lesesystem das Zielwort erkennt. In Kapitel 2.2.1 oben ist der **Wortüberlegenheitseffekt** erwähnt, der darin besteht, dass die Erkennungszeit für ein Wort kürzer ist als die Summe der Erkennungszeiten für die Grapheme, aus denen es zusammengesetzt ist. Evidenz dafür bildeten die Ergebnisse des Experiments von Reicher (1969). Die Stimuli in dem Reicher-Experiment waren vier Wörter lang (*Maus, Maul* etc.). Das entspricht etwa der fovealen Lesespanne und diese Feststellung wirft natürlich die Frage auf, ob die Worterkennung nicht auch von der Wortlänge abhängt und von welchen Faktoren sonst

noch. Das heißt nicht, dass wir hier den Reicher-Effekt problematisieren wollen. Das ist zwar auch vielfach geschehen, soll aber
hier nicht erörtert werden (vgl. u.a. Ferraro & Chastain 1997 und
Larson 2004).

Im Zentrum der Erklärungen stehen die folgenden Fakten:

1. Der Wortüberlegenheitseffekt: Der Wortüberlegenheitseffekt
wird damit erklärt, dass ein Wort infolge seiner graphischen Kontur als ganze Form und somit schneller erkannt wird als die Reihe der Buchstaben von links nach rechts; das führt zu einer vergleichsweise schnelleren Aktivierung der Wortbedeutung, was die
Reicher-Daten erklärt. Für diese Theorie spricht auch die Tatsache, dass durchgehend klein geschriebene Wörter besser verarbeitet
werden als Wörter in Großbuchstaben. Die kleinen Buchstaben
weisen durch ihre Oberlängenunterschiede besser unterscheidbare
Konturen auf als die Majuskelversion derselben Wörter, die die
Oberlängenunterscheide neutralisieren.

2. Der Wortlängeneffekt: Längere Wörter werden weniger schnell
erkannt als kürzere (vgl. Just & Carpenter 1980).

3. Der Wortfrequenzeffekt: Der Wortfrequenzeffekt besteht darin, dass häufige Wortformen besser bearbeitet werden als weniger
häufige.

4. Der semantische Primingeffekt: Der semantische Primingeffekt besteht darin, dass bei einer lexikalischen Entscheidungsaufgabe besser geantwortet wird, wenn der Präsentation des Zielwortes diejenige eines semantisch verwandten Wortes als Prime
vorangegangen ist, z.B. *WOLF – HUND* statt *WOLF – BAUM*.
Der Effekt tritt auch bei einfacher Wortnennungsaufgabe ein. Der
Befund spricht dafür, dass semantische Information bei der Worterkennung mit verarbeitet wird, was bei den Non-Wort-Items nicht
möglich ist. Der Effekt stärkt die Annahme, dass bei der Worterkennung interaktive Aktivierung stattfindet.

5. Der Primingeffekt bei maskierter Wiederholung: Der Primingeffekt bei maskierter Wiederholung besteht darin, dass ein
Zielwort besser bearbeitet wird, wenn ihm in der Präsentation
unmittelbar und kurz dasselbe Wort – allerdings in einer anderen Schreibweise – voran geht, also *hund – HUND*. Auch hier ist
die Erklärung, dass der Prime die Bedeutung voraktiviert und so
– durch Top-Down-Aktivierung – auch das Zielwort schon voraktiviert ist.

6. Der Mehrdeutigkeitseffekt: Der Mehrdeutigkeitseffekt besteht darin, dass mehrdeutige Wörter schneller erkannt werden als eindeutige. Dieser Effekt wird damit erklärt, dass das lexikalische Wissen eine Netzwerkstruktur aufweist und dass Aktivation in diesem Netz zwischen den Knoten in beide Richtungen fließen kann (feed-back). Bei der Wahrnehmung einer mehrdeutigen Wortform werden mehrere Konzepte aktiviert und aktivieren per feed-back stärker die bearbeitete Wortform, was zum Zeitpunkt des Erkennens zu einer schnelleren Reaktion führt; man beachte allerdings die Verzögerungswirkung der Mehrdeutigkeit beim Worterkennen im Kontext (siehe unten).

Diese und weitere Befunde haben zu unterschiedlichen Modellannahmen geführt. Die beiden großen Gruppen von Modellen sind Suchmodelle und Aktivationsmodelle. **Suchmodelle** erklären den Worterkennungsvorgang grundsätzlich als einen Prozess, in dem eine außerlexikalische Suchform mit den Einträgen des mentalen Lexikons verglichen wird bis es entweder zu einer Übereinstimmung kommt oder die Suche ohne Erfolg beendet ist (Non-Wort). Die erwähnten Befunde werden im Suchmodell dadurch erklärt, dass die Suchgeschwindigkeit von Anordnungen des durchsuchten Materials im Lexikon abhängt, die die Suche leiten. Solche Ordnungsparameter sind Länge, Frequenz, Bedeutungsähnlichkeit etc.

Aktivationsmodelle modellieren die Worterkennung als einen autonomen kaskadierenden und – je nach Modell – interaktiven Aktivationsfluss in der mehrdimensionalen Netzstruktur des mentalen Lexikon. Eines der besonders ausgearbeiteten Lesemodelle ist das Parallel Distributed Processing-Modell (PDP) von Seidenberg & McClelland (1989). Es unterscheidet sich von anderen Aktivationsmodellen, indem im Lexikon keine eigenen Repräsentationen von Graphemen, Wörtern und Konzepten angenommen werden, sondern subsymbolische »Merkmale«, die so miteinander verknüpft sind, wie es eben dem lexikalischen Wissen entspricht. Die Erklärungsstärke des PDP-Modells liegt darin, dass es Zeitunterschiede des Suchens präziser vorhersagen kann.

Es ist allerdings schwierig, die Modelle letztlich zu bewerten, weil es kein Modell gibt, das alle Fakten am besten erklärt. Nehmen wir zum Beispiel den Mehrdeutigkeitseffekt. Er wird durch die reiche Aktivationsausbreitung in einem Aktivationsmodell mit Feed-back besser erklärt als in einem Suchmodell. Ein solches erklärt aber den Wortüberlegenheitseffekt besser als ein PDP-Modell, in dem ja die Wortform als ganze gar nicht repräsentiert ist und mithin auch nicht Ziel einer gesamtheitlichen Erkennung eines Wortformschemas sein kann. Umgekehrt wiederum erklären alle Suchmodelle die Fakten weniger plausibel, die auf eine zweiseitige Aktivationsausbreitung zurückzuführen sind. Wie kann man hier weiterkommen? Besonders aussichtsreich erscheint ein methodischer Weg, den wir schon im Zusammenhang mit der Modellierung des Lexikonzugriffs beim Sprechen erwähnt haben, die rechnergestützte Simulation. Auch Lesemodelle sind formal so ausgearbeitet worden, dass sie als leistungsfähige Computersimulationen programmiert werden konnten. Indem ein Simulator eben das menschliche Lesverhalten simuliert, kann mit ihm im Prinzip jede Leseaufgabe unter verschiedenen Bedingungen berechnet und das Ergebnis mit dem menschlichen Leseverhalten verglichen werden, soweit dazu Daten aus psycholinguistischen Experimenten vorliegen (vgl. Kliegl et al. 2004). Besonders komplexe und leistungsfähige Simulationen verschiedener Ausschnitte des Leseprozesses sind: SWIFT (Engbert, Longtin & Kliegl 2002; Engbert et al. 2005), E-Z Reader (Reichle et al. 1999; Reichle, Rayner & Pollatsek 2003) und das Dual-Route-Cascaded-Modell (DRC) von Coltheart und Mitarbeitern (vgl. Coltheart et al. 2001), Letzteres eine Simulation des lauten Lesens, also der Verbindung von schriftlicher und lautlicher Verarbeitung. Einen Überblick enthält Rayner, Juhasz & Pollatsek (2005: 94 ff.).

Lesebewegung und parafoveale Wahrnehmung beim Lesen

In der Mehrzahl der Fälle lesen wir nicht Einzelwörter sondern einen Text, der eine oder mehrere Zeilen lang ist. Unter dieser Bedingung treten zu den Faktoren, die die Einzelworterkennung bestimmen, Umstände hinzu, die die Worterkennung wesentlich mitbeeinflussen. Das sind der Faktor »Kontext« und die Lesespanne in der parafovealen Wahrnehmung. Die Lesebewegung setzt sich aus den beiden Ereignissen »Fixation« und »Sakkade« zusammen, und daraus leiten sich die zwei Hauptfragen der Leseforschung ab: Wie lange ist die Fixation und wohin wird gesprungen? Diese lassen sich auch in einem Satz formulieren: Wann und wohin erfolgt die Sakkade? Über das »Wann«, also die Dauer der Fixation eines Wortes, und über die determinierenden Faktoren wurde oben schon berichtet: Wortlänge, Frequenz etc. Nachzutragen ist allerdings, dass nicht alle Faktoren der Worterkennung sich im Kontext ebenso auswirken wie in der Einzelworterkennung. Markant verändert ist die Wirkung der Mehrdeutigkeit. Während ambige Wörter einzeln schneller erkannt werden als eindeutige, nimmt ih-

re Verarbeitung in einem Kontext mehr Zeit in Anspruch als das
Erkennen von eindeutigen Wörtern.

Das klassische Experiment, das zu diesem Befund geführt hat,
ist das von Rayner & Duffy (1986). Die Untersuchung galt dem
Frequenzeffekt, der semantischen Komplexität und der Mehrdeutigkeit. Im hier interessierenden Experiment lesen Versuchspersonen (a) mehrdeutige und (b) in Länge und Frequenz vergleichbare eindeutige Substantive im Kontext eines zweiteiligen Satzes.
Dessen erster Teil endet mit dem experimentellen Wort und der
zweite Teil enthält die Information, die die Mehrdeutigkeit auflöst, sofern eine gegeben ist. Die mehrdeutigen, hier nur zweideu-
tigen Wörter, unterschieden sich außerdem in der Balanciertheit
der Mehrdeutigkeit; es gibt (a1) ausgeglichene und (a2) nicht ausgeglichene mehrdeutige Nomina. Bei den ersteren sind die beiden
Bedeutungen etwa gleich häufig, die nicht ausgeglichenen haben
eine klar dominante Bedeutung und eine nicht dominante.

Die theoretischen Annahmen waren, dass bei Wahrnehmung
eines mehrdeutigen Wortes

(ii)   die Verarbeitung länger dauert als bei eindeutigen,
(iii) die Verarbeitung eines ambigen Wortes mit einer domi-
       nanten Bedeutung (a2) kürzer dauert als die eines ausge-
       glichenen (a1).

Die Dauer wurde abgeleitet aus den Lesezeiten des zweiten Satz-
teils. Die Ergebnisse bestätigen die Annahme. Die durchschnittlichen Erstfixationszeiten der Zielwörter unter den verschiedenen
Bedingungen (a1), (a2) und (b) sind nicht signifikant verschieden,
aber die Blickzeiten auf den zweiten Satzteil für ausgeglichen ambige sind signifikant länger als für eindeutige und für nicht-aus-
geglichen ambige. Wie allerdings dieser Befund zu erklären ist, ist
offen. Möglicherweise wird bei einem dominant ambigen Wort
nur eine Bedeutung aktiviert, bei ausgeglichen ambigen hingegen
beide, was die längere Bearbeitungszeit der desambiguierenden
Satzregion erklären würde. Sie wäre aber auch damit erklärbar,
dass die Bedeutung des dominant ambigen die Verarbeitung der
zweiten Satzregion beschleunigt. Diese Studie wurde hier so ausführlich erörtert, weil gezeigt werden sollte, dass die Wirkung
eines wortinternen Faktors (hier die Mehrdeutigkeit) sich unter
dem Einfluss weiterer Faktoren (hier Kontext) stark verändern, ja
sogar umkehren kann.

Nun also zu der Frage, wie die parafoveal wahrgenommene
Information beim Lesen genutzt wird. Wie wertet das Lesesystem
die Information aus, die zwar wahrgenommen, aber noch nicht

fokussiert ist. Machen wir uns noch einmal klar: Die parafoveale Information geht beim Lesen von den Buchstabenfolgen aus, die in diesem Augenblick nicht fokussiert werden; sie erreichen das visuelle System also in einem Moment, in dem andere, vorangehende Information fixiert und ebenfalls dem System zum Zweck des Verstehens im weiteren Sinne zugänglich gemacht wird. Theoretisch sind zwei verschiedene Annahmen möglich. Die eine geht davon aus, dass parafoveale Information nicht im fovealen Gesichtsfeld ist und entsprechend schlecht, das heißt langsam, aufgenommen wird. Besinnen wir uns auf die beiden Teilprozesse des Lesens »Wahrnehmung« und »Verarbeitung«, so könnte man folgern, dass parafoveale Segmente zwar wahrgenommen, nicht aber verarbeitet werden. Wozu dann die Wahrnehmung? Eine Verwendung des Wahrgenommenen könnte darin bestehen, die Weite der nächsten Sakkade zu berechnen, so dass diese zügig nach der Fixation eingeleitet werden kann. Immerhin kostet die Berechnung bis zu 200 ms. Für diese Berechnung würde das System auswerten, wie weit das nächste Leerzeichen entfernt und wie lang die darauf folgende Buchstabenkette ist. Bei der generellen Strategie, die Sakkade so zu berechnen, dass der Landeplatz etwas vor der Mitte des Folgewortes sein soll, würde diese Information ausreichen (vgl. Inhoff & Rayner 1996). Die alternative Annahme geht dahin, dass dem parafoveal Wahrgenommenen mehr als nur äußerliche, graphische Information entnommen wird; das müsste dann schon das Ergebnis von höherer Verarbeitung sein, also Graphem- oder Wort- oder Bedeutungserkennung. Diese Theorie impliziert, dass während einer Fixation mehrere lexikalische Einheiten gleichzeitig wahrgenommen und verarbeitet werden können. Das ist z.B. die Grundannahme in dem oben erwähnten SWIFT-Modell (vgl. Kliegl & Engbert 2003).

Was tatsächlich der Fall ist, lässt sich derzeit nicht mit letzter Sicherheit sagen. Sicher ist, dass kurze und sehr häufige Wörter beim Lesen unter bestimmten Bedingungen übersprungen werden. Das sind in der Regel Funktionswörter wie Artikel, Konjunktionen, Auxiliare, also solche, die zudem noch syntaktisch besser erwartbar sind als Inhaltswörter. Neuerdings wurde allerdings mehrfach ein Zusammenhang zwischen dem Überspringen eines Folgewortes und der Fixationsdauer des Vorgängerwortes beobachtet. Das würde einerseits auf eine parafoveale Verarbeitung hinweisen, andererseits aber auch darauf, dass sie mehr Zeit kostet und demnach vielleicht doch nicht parallel zur fovealen Verarbeitung geschieht, sondern seriell. Warum aber dann nicht eine eigene Fixation auf diesem übersprungenen Wort? Eine Erklärung wäre, dass die Lesebewegung kognitiver Kontrolle unterliegt, was sich darin zeigt, dass das System mitunter ökonomisch arbeitet, indem es infolge parafovealer Verarbeitung erkennt, dass sich durch eine etwas längere Fixation auf dem Vorgängerwort eine erneute Fixation auf dem Folgewort erübrigen kann. Der aktuelle Stand der Erkenntnis zu diesen Fragen ist in Rayner, Juhasz & Pollatsek (2005: 92 ff.) präsentiert und kommentiert.

Die bisherige Darstellung hat ausschließlich Fakten und Modelle behandelt, die sich um das stille Lesen bewegen. Wer Lesen gelernt hat und es routiniert beherrscht, kann aber das Gelesene schnell und scheinbar ohne Anstrengung zusätzlich auch noch aussprechen (**lautes Lesen**). Damit stellt sich die Frage, auf welchem Weg von der visuellen Information auf die phonologische zugegriffen wird.

Schriftliche und phonologische Verarbeitung

Angesichts der Tatsache, dass man auch laut lesen kann, wenn man das Lesen gelernt hat, liegt der triviale Zusammenhang auf der Hand. Was wir über den Inhalt und den Aufbau des mentalen Lexikons wissen, legt unmittelbar eine Vermutung darüber nahe, wie die schriftliche Form in das lexikalische Wissen integriert ist, nämlich: Zusätzlich zu dem phonologischen Wissen und ggf. auch dem prälexikalischen Silbenlexikon enthält das mentale Lexikon die oben skizzierte vernetzte Information über Buchstabenmerkmale, Buchstaben, Grapheme und die schriftliche Repräsentation von jedem orthographisch gekannten Wort. Von diesem »graphematischen« Lexem gibt es eine Verbindung zu nicht-schriftlichen Bestandteilen der lexikalischen Einheit, z.B. zu ihrem Konzeptknoten. Dieser ist ja, wie beschrieben, mit dem Lemma und dem »phonologischen« Lexem vernetzt. Wird das graphematische Lexem nun beim Lesen erkannt, wird das Konzept aktiviert und über dieses die Lautform, die dann wie beim Sprechen artikulatorisch realisiert wird. Wer Lesen lernt, lernt also diese zusätzliche Vernetzung. Gibt es aber auch einen nicht-trivialen Zusammenhang zwischen dem Vorgang des Lesens und der phonologischen Repräsentation der Wörter (Lexeme) im mentalen Lexikon? Sowie die Fragen präziser werden, sind die Antworten schon weniger nahe liegend.

(1) Welche lexikalische Ebene ist mit der schriftlichen Repräsentation verbunden?

(2) Wie viel von der nicht-schriftlichen Information wird beim stillen Lesen aktiviert?

(3) Wie viel von der lautlichen Information wird beim Sprechen aktiviert?

(4) Wenn es mehrere Wege der Aktivation gibt, welcher ist der primäre – unter welchen Bedingungen?

Entgegen dem Vorgehen in früheren Kapiteln werden wir diesmal zuerst die Arbeitsweise des Graphem-Phonem-Zusammenhangs behandeln und danach die Frage, wie die Vernetzung im System strukturiert ist.

Gehen wir zunächst noch einmal von Alltagsbeobachtungen aus: Wer laut lesen kann, kann auch Buchstabenfolgen laut lesen, die er noch nicht kennt, seien es Non-Wörter oder dem Leser eben bislang unbekannte Wörter, wie vielleicht das Wort *babig* aus Carnaps berühmter Heideggerkritik. Aus der schriftlichen Form <babig> erzeugt unser Sprachproduktionssystem regulär die Lautform /ba:bwç/. Dass das regulär geschieht, zeigt an, dass wir infolge des Lesenlernens über Ausspracheregeln verfügen, deren Anwendung uns bei der Aussprache unbekannter Graphemfolgen leitet – und umgekehrt beim Buchstabieren unbekannter, gehörter Wörter. Kurz: Wir verfügen über die Kenntnis der **Buchstaben-Laut-Korrespondenz** in unserer Sprache, die auch Sonderfälle einschließt, wie mehrgliedrige Grapheme (<sch>, <ch>, <ee> etc.). Diese Tatsache löst die Frage aus, ob die Graphem-Phonem-Übersetzung der Standardweg des Lesens ist und wenn nicht, welche anderen Wege es noch gibt. Die zweite Frage lässt sich schon vorab beantworten. Wenn es, wie oben dargelegt, einen Wortüberlegenheitseffekt auch beim Lesen gibt und dieser Effekt auf die Erkennung der graphischen Kontur der Buchstabenfolge zurückgeht, dann kann er nicht durch reguläre Graphem-Phonem-Übersetzung zu Stande kommen, weil ja eben keine einzelnen Grapheme aktiviert sind. Also ist von daher mit zwei Wegen zu rechnen, dem Graphem-Phonem-Übersetzen und dem direkten Graphem-Konzept-Zugang; ein solches System wird in der Fachliteratur als Zwei-Prozess-System (dual process model) bezeichnet.

Welche Evidenz liegt zugunsten der beiden Wege vor und welcher Weg hat beim Lesen Priorität? Gehen wir zunächst der Annahme des »Übersetzungsverfahrens« nach. Hier stellt sich zunächst wieder die immer gleiche Frage: Verläuft die Aktivation von Schrift- zu Lautform unidirektional oder interaktiv? Von einem System mit interaktiver Aktivation wird bei Lesen des Wortes <Leib> die Lautform /laip/ aktiviert und infolge von Feed-back der schriftliche Eintrag <Laib>, weil er derselben Lautform zugeordnet ist. Das ist bei allen homophonen Wörtern so, z.B. <mehr>

– <Meer> = /me:ɐ/, <Kälte> – <Kelte> = /kɛltə, <Lehre> – <Lee-
re>, <bis> – <Biss>. Wird einer Versuchsperson in einer lexikalischen Entscheidungsaufgabe ein Homophon und – zur Kontrolle – ein im Übrigen vergleichbares eindeutiges schriftliches Wort,
z.B. <Lampe>, präsentiert, nimmt die Entscheidung bei Homo-
graphen im Durchschnitt mehr Zeit in Anspruch.

Dieser **Homophon-Effekt** der Worterkennung wird mit dem
Zeitbedarf erklärt, den die Aktivierung von zwei Graphemfolgen im Unterschied zu nur einer bei eindeutigen Formen mit sich
bringt. Diese Erklärung wäre noch mit der Annahme vereinbar,
dass die Aktivation ausschließlich unidirektional – feed forward
– verläuft: Die Buchstabenfolge aktiviert eine Lautfolge, diese aktiviert zwei (oder mehr) schriftliche Formen und dann findet ein
Vergleich zwischen diesen und dem Stimulus statt, worauf das
Zielwort erkannt wird.

Schon früh in der Forschungsgeschichte zum Lesen ist allerdings ein Verhalten beobachtet worden, das zu einer Revision
dieses Feed-forward-Modells zugunsten eines interaktiven Modells
Anlass gab, der graphematische Einfluss auf die phonologische
Reimerkennung. Versuchspersonen hören ein mehrsilbiges Wort
und kurz darauf ein weiteres; sie sollen entscheiden, ob die beiden
sich reimen oder nicht. Beispiele: (1) <Reh> – <Zeh>, (2) <Reh>
– <Klee>, (3) <Reh> – <Ruh>. Bei Paaren vom Typ (1) und (2)
wird positiv reagiert, bei (3) negativ. Klar? Interessant ist nun, dass
die positive Reaktion bei (1) schneller erfolgt als bei Paaren vom
Typ (2), was damit erklärt wird, dass beim Hören automatisch
die schriftliche Repräsentation aktiviert wird und ggf. die positive
Entscheidung wegen der Unterschiede der schriftlichen Formen
verzögert, wie im Fall <Reh> – <Klee> (vgl. Seidenberg & Tanenhaus 1979). Derselbe Effekt tritt bei schriftlicher Präsentation der
Stimuli auf; die schriftliche Form ist also bei der Reimkontrolle
immer wirksam, auch dann, wenn sie für die Aufgabenlösung unerheblich ist.

Zusätzliche und direkt überzeugendere Evidenz stellt der Befund eines Reim-Monitoring-Experiments von Ziegler & Ferrand
(1998) dar. Die Versuchspersonen hörten Paare von Wörtern und
sollten wiederum die Reimfähigkeit entscheiden und zwar unter
drei Bedingungen: Typ (1)-Paare enthielten Wörter, die im Reim
phonologisch gleich und orthographisch gleich waren, deutsch also
<falten> – <kalten>, Typ (2)-Paare, die im Reimteil des zweiten
Wortes phonologisch gleich aber orthographisch mehrdeutig waren, <falten> – <halten/hallten>, <rasten> – <fasten/fassten> und
Typ (3)-Paare, die phonologisch und orthographisch verschieden

waren, <kannten> – <konnten>. Die positive Entscheidung ist für
Typ (2)-Paare langsamer erfolgt als für Typ (1)-Paare. Die Erklärung wird darin gesehen, dass trotz phonologischer Eindeutigkeit
die schriftliche Form automatisch mit aktiviert wird und zwar vollständig, auch wenn schon eine positive Entscheidung möglich ist,
ohne dass weiter nach schriftlichen Alternativen gesucht wird.

Halten wir fest: Das Lesesystem und das phonologische System
bilden zusammen ein sog. **Zwei-Prozess-System**. Beim Lesen wird
automatisch phonologische Information aktiviert und beim Hören
automatisch schriftliche (Weg 1). Dieser Weg ist extrem schnell.
Nach dem derzeitigen Stand der Messungen dauert die graphem-
initiierte Aktivation des phonlogischen Lexems nicht länger als 30
ms. Zusätzlich zu diesem »Übersetzungsverfahren« ist die schriftliche Information direkt – unter Umgehung der phonologischen
Route – mit der Konzeptebene verbunden, was den Wortüberlegenheitseffekt erklärt, den semantischen Primingeffekt und besonders auch Daten aus Untersuchungen mit Dyslexiepatienten (vgl.
dazu Kap. 6.1.1). Auf die Frage, ob einer der beiden Wege im
System Vorrang hat und ggf. welcher Weg das ist und wie dieser
Vorrang geregelt ist, gibt es zur Zeit keine klare Befundlage. In
einem ausgeklügelten Experiment mit französischen Wörtern haben Ziegler et al. (2000) einen zeitlichen Vorsprung des direkten
Weges gemessen, in einem späteren Experiment dann allerdings
Kontraevidenz beobachtet (vgl. Van Orden et al. 2005: 65).

6. Sprachstörungen

Die Sprachbeherrschung ist – psycholinguistisch betrachtet – der Besitz von sprachlichem Wissen zusammen mit der Fähigkeit, sprachliche Informationen produktiv und rezeptiv zu verarbeiten, kognitiv und motorisch. Sprachbeherrschung wird vom Menschen im Säuglings- und Kindesalter in der Interaktion mit den Menschen seiner Umgebung erworben.

Wie alle Zustände und Vorgänge in der Natur sind auch die der Sprachbeherrschung krankheitsbedingten Störungen zugänglich. Diese zu untersuchen, zu beschreiben und Verfahren ihrer Behandlung zu entwickeln, ist das Ziel der **Sprachstörungsforschung**. Ihr Gegenstand sind alle bisher beschriebenen Bereiche des sprachlichen Wissens, des Spracherwerbs und der Sprachverarbeitung; das Feld ihrer Phänomene ist demnach ebenso umfangreich und differenziert wie das der Psycholinguistik der gesunden Sprachbeherrschung. Krankheiten, also auch die Sprachkrankheiten, sind typischer Gegenstand der medizinischen Forschung, und so werden in der Sprachstörungsforschung psycholinguistische und neurolinguistische Grundlagen, Modelle und Methoden zweckmäßig und ergiebig zusammengebracht. Wie alle Krankheiten, sind auch Sprachkrankheiten von einem Dienst der WHO erfasst; im ICD (siehe Literaturverzeichnis unter WHO) ist jede bekannte Sprachstörung knapp porträtiert und epidemiologisch dokumentiert. Umfangreiche wissenschaftliche Spezialkompendien der Sprachkrankheiten sind Blanken et al. (1993) und Kent (2004). Die Neurolinguistik als Gesamtbereich ist dargestellt in Brown & Hargoort (1999) und in Stemmer & Whitaker (1998). Umfangreiche neurolinguistische und sprachpathologische Kapitel enthält Gazzaniga (2000). Mit dem vorliegenden Kapitel kann das große Gebiet der Sprachstörungen und -krankheiten nur knapp vorgestellt werden.

Einen Grenzbereich zwischen normaler und gestörter Sprachbeherrschung stellen, so könnte man meinen, die **Versprecher** dar. Sie unterscheiden sich aber in allen wesentlichen Kriterien von den Sprachstörungen. Versprecher sind akzidentielle, in der alltäglichen Sprachverwendung nicht vorhersagbare, momentane Fehlleistungen des Sprachverarbeitungssystems. Sie können beim selben Menschen alle Teilprozesse der Sprachverarbeitung betreffen, das Planen, die lexikalische Verarbeitung, die syntaktische und die lautliche Kodierung und die Artikulation. Sie sind selten – ca. ein Versprecher auf tausend gelungene Abläufe – und sie werden subjektiv nicht als Symptom einer Krankheit empfunden. Im Übrigen treten sie bei Sprachkranken ebenso auf. Eine Sprachstörung betrifft einen eingegrenzten sprachlichen Bereich, d.h. sie weist eine **spezifische Symptomatik** auf. Sie kann auch mit Konzentration auf die Sprachverarbeitung nicht unterdrückt werden und sie ist meist mit einem neurologischen Befund verbunden.

Hinsichtlich der Entstehung sind diejenigen Sprachstörungen, die einen Wechsel von vorangehender, normaler Sprachbeherrschung zum Kranksein darstellen, von denjenigen zu trennen, die mit der Sprachentwicklung einhergehen. Eine weitere, besondere Gruppe, bilden die Sprachstörungen, die infolge einer primär psychiatrischen Krankheit (Schizophrenie, Demenz u.a.) auftreten. Ihre Ursache ist nicht die Verletzung oder Erkrankung des Sprachsystems selbst, sondern eine Störung in einer nicht-sprachlichen Domäne der Geistestätigkeit oder der Emotionalität. Nach Entstehung und Unmittelbarkeit werden mithin drei große Klassen von Sprachstörungen unterschieden.
1. Direkte neurolinguistische Störungen
   a) Erworbene Störungen
   b) Sprachentwicklungsstörungen
2. Sprachstörungen bei psychiatrischen Krankheiten (werden im Folgenden nicht behandelt).

Innerhalb der Klassen werden die Störungstypen nach dem jeweiligen klinischen Befund und/oder nach ihrer sprachlichen Symptomatik beschrieben, d.h. im Wesentlichen danach, welche Organe verletzt sind bzw. welche Komponente der Sprachbeherrschung im sprachlichen Verhalten auffällig ist. Eine kurze Darstellung der neurophysiologischen Grundlagen befindet sich in Kap. 2.3.4.

6.1 Die erworbenen Sprach- und Sprechstörungen

Beim Lesen der folgenden Ausführungen über die verschiedenen Sprach- und Sprechstörungen muss man sich stets bewusst machen, dass die jeweilige Störung in einem gegebenen Krankheitsfall nicht so separiert und prototypisch auftritt, wie sie hier beschrieben ist. Infolge der vielfältigen Vernetzung der kortikalen

Zonen und infolge mehr oder weniger ausgebreiteter Schäden treten meist Symptome mehrerer Syndrome auf.

Je nach betroffener Funktion lassen sich **drei große Gruppen erworbener Störungen** unterscheiden, die Aphasien, die Dysarthrien und die Sprechapraxie:

1. Die **Aphasien** sind Störungen der höheren sprachlichen Funktionen, hauptsächlich der syntaktischen und der konzeptuellen.
2. Bei **Dysarthrien** sind ausschließlich die motorischen Funktionen des Artikulationstraktes gestört, aber nicht nur die Artikulation, sondern auch die anderen Bewegungen wie Schlucken, Kieferbewegungen beim Kauen, die Motorik des Gesichtsausdrucks. Die kognitive Seite der Sprache ist nicht betroffen.
3. Die **Sprechapraxie** ist eine Störung des phonetisch-phonologischen Teilsystems; sie ist eine reine Sprachproduktionsstörung; die Sprachrezeption sowie das syntaktische und lexikalische Teilsystem und die Konzeptualisierung sind nicht betroffen.

Vorbemerkung zum Klassifizieren

Die gängige Klassifikation der erworbenen Sprachstörungen ist aus Zusammenhängen hervorgegangen, die von Hirnchirurgen im 19. Jahrhundert entdeckt worden sind. Den maßgeblichen Befunden gemeinsam ist, dass es **Zusammenhänge zwischen Hirnverletzungen und Veränderungen im Sprachverhalten** der Patienten gab. Es ist hilfreich, diesen Hintergrund zu kennen, wenn man die Aussagekraft der Klassifikation verstehen will. Sie ist nämlich nicht das primäre Ziel der Arbeiten gewesen, die ihre Grundlage darstellen. Das bestand vielmehr darin, worin es heute immer noch besteht, nämlich die neurophysiologische Architektur der Sprache zu erkennen, also in einer funktionalen Neuroanatomie der Sprache. Die bis heute richtungweisenden Arbeiten von Broca (1861), Wernicke (1874) und Lichtheim (1885) stehen nicht nur am Anfang der neuzeitlichen Theoriebildung von Sprache und Gehirn, sondern auch am Ende einer Fülle mittelalterlicher und frühneuzeitlicher Fallbeschreibungen, in denen auch viele andere schon das Zusammentreffen von Sprachstörungen und Halbseitenlähmung rechts erwähnen (vgl. Huber et al. 2000), nicht aber die gemeinsame zugrunde liegende Schädigung spezifischer Areale des Gehirns.

Dieses zu erkennen und systematisch zu interpretieren, gelang den erwähnten Neurologen und wurde Mitte des 20. Jahrhunderts gewissermaßen wieder entdeckt von Norman Geschwind (1965).

Das Gesamtergebnis war eine **Theorie über die Lokalisation der sprachlichen Zentren im Gehirn**, die Verbindungen zwischen ihnen und ihre Rolle bei den sprachlichen Verarbeitungsmodalitäten. Dieses sogenannte Wernicke-Geschwind-Modell besagt im Grunde dasselbe wie das Lichtheim-Modell, beruht aber auf einer breiteren empirischen Basis und es beschreibt die anatomischen Eigenschaften. Die Hauptkomponenten des Modells sind das Broca-Zentrum, das Wernicke-Zentrum und ein verbundener Nervenfaserstrang, subkortikal, im Innern des Gehirns (vgl. noch einmal Abb. 2.5 in Kap. 2.3.4). Im Broca-Zentrum, infolge seiner Lage im vorderen, nach damaliger Theorie motorischen Teil der Hirnrinde, wurden die produktiven Prozessprogramme angenommen, im Wernicke-, auch sensorisch genannten Zentrum, die rezeptiven. Beide Zentren halten Kontakt mit neuronalen Arealen mit begrifflichem Wissen.

Beim Sprechen eines Wortes wird – vereinfacht gesagt – begriffliches Wissen aktiviert, dadurch die zugehörige Lautform des Wortes vom Wernicke- zum Broca-Zentrum geleitet, wo nach motorischer Programmierung die Artikulation gesteuert wird. Beim Hören wird der Schall im Wernicke-Zentrum phonologisch decodiert, die Lautform des Wortes erkannt und das damit verbundene Konzept identifiziert. Die Struktur aus verteilten, aber verbundenen Zentren hat dem Modell auch die Bezeichnung »Konnektions-Modell« eingebracht und die Natur der zugrunde liegenden Daten hat es als Ausgangspunkt für eine grobe Klassifikation der Sprachstörungen geeignet erscheinen lassen. Wie das? Die Fakten, auf denen das Wernicke-Geschwind Modell basiert, sind Kombinationen von drei Phänomenklassen:

(a) Ort einer zerebralen Verletzung (**Läsion**)
(b) Störung einer spezifischen **Sprachfunktion** (Sprechen, Hören, Nachsprechen, Laut-Lesen, Objektbenennung, Satzverstehen, Satzproduktion etc.)
(c) Spezifik des gestörten sprachlichen Wissens (Lexik, Phonation, Syntax, Intonation, Morphologie etc.).

Solche Cluster von Phänomenen wurden bei Patienten mit Hirnläsionen dokumentiert, und das wiederholte Auftreten gleicher Cluster legt die Annahme nahe, dass die Koinzidenz von Läsion, gestörter Funktion und geschädigtem Sprachbereich kein Zufall ist, sondern ursächlich.

Aus dem Ort der Läsion lassen sich die sprachlichen Symptome der Störung vorhersagen und umgekehrt. So kommt einem Cluster von Symptomen der Status eines Syndroms, einer sprachlichen Krankheit zu.

6.1.1 Die Aphasien

Eine Aphasie ist eine Sprachstörung im Zusammenhang mit der Schädigung linkshemisphärischer Hirnzellen. Andere kognitive Funktionen sind im Prinzip nicht affiziert. Die heute häufigsten Ursachen sind Schlaganfall und Tumorbildung. Betroffen sind die kognitiven Teilsysteme der Sprachfähigkeit bei allen Verarbeitungsmodalitäten, rezeptiven, produktiven, mündlichen ebenso wie schriftlichen. Je nach sprachlichen Merkmalen und Lokalisierung im Kortex lassen sich sechs Hauptsyndrome abgrenzen, die im Folgenden stichwortartig beschrieben werden. Standardisiert diagnostiziert werden sie mit Testbatterien. Dem Patienten werden verschiedene sprachliche Aufgaben gestellt, die so konstruiert sind, dass alle Teilsysteme auf ihre Funktionsfähigkeit hin geprüft werden können. Der am weitesten verbreitete Test für das Deutsche ist der **Aachener Aphasie-Test** (AAT), von Huber et al. (1983) mit Ergänzungen um einen Test zum multimodalen Zuordnen und Benennen von Heizmann (1990) und einen Nacherzähltest von Heßmann (1996). **Der AAT enthält sechs Teiltests:**

- Spontansprache; das ist ein standardisiertes Patienteninterview
- Token Test, in dem der Patient auf sprachliche Aufforderung hin Kreise und Vierecke verschiedener Farben zeigen soll
- Nachsprechtest
- Lese- und Diktattest
- Benennungstest
- Auditiver Sprachverstehenstest

Die patholinguistisch und neurologisch unterschiedenen Typen von Aphasien sind in Tabelle 6.1 dargestellt.

Bezeichnung	Sprachliche Störung	Neuronales Substrat
Broca-Aphasie; auch motorische Aphasie	Agrammatismus: die syntaktische Verarbeitung beim mündlichen und schriftlichen Produzieren und Verstehen ist eingeschränkt; einfache, kurze Sätze; Fehlen von Funktionswörtern (Artikel, Hilfsverben, Präpositionen, Konjunktionen); Beeinträchtigung der Satzgliedunterscheidung; langsames, angestrengtes Sprechen; undeutliche Artikulation, vielfach infolge von halbseitiger Lähmung der Sprechmuskulatur. Phonologisches Wissen ist nicht beeinträchtigt.	Linkshemisphärisch, im Bereich des Frontallappens, häufig eng oberhalb der Sylvischen Furche; diese verläuft zwischen Stirnlappen und Schläfenlappen; vgl. Kap. 2.3.4
Wernicke-Aphasie; auch sensorische Aphasie	Störung der semantischen Seite der Sprache beim Sprechen, Schreiben, Verstehen und Lesen; Produktion von Non-Wörtern (phonetische Neologismen); andere lexikalische Abweichungen (*Bahnhof* statt *Zug*); hoher Anteil an Floskeln; Probleme in der Wortfindung; flüssige Sprechweise; syntaktisch, soweit erkennbar, intakte Verarbeitung; Artikulation wenig eingeschränkt, es sei denn durch Lähmung.	Linkshemisphärisch, im hinteren Bereich des Schläfenlappens, häufig nahe unterhalb der Sylvischen Furche

Bezeichnung	Sprachliche Störung	Neuronales Substrat
Amnestische Aphasie	Wortfindungsstörungen; häufige Umschreibungen; Sprachproduktion flüssig, Sprachverständnis leicht gestört.	Linkshemisphärisch, im temporo-parietalen Bereich
Globale Aphasie; auch totale Aphasie	Schwere bis schwerste Störungen der produktiven und rezeptiven Sprachverarbeitung; Beschränkung auf Einwortsätze; automatisierte Satzfragmente; häufige Wiederholungen; Schreiben meist total gestört, ebenso das Leseverstehen. Langsames, angestrengtes Sprechen.	Chronische Schädigung großer linkshemisphärischer Areale des hinteren Frontal- und des vorderen Temporallappens
Leitungsaphasie; auch zentrale Aphasie	Beeinträchtigung des Nachsprechens; um so auffälliger, je länger die Testsätze; wenige Einschränkungen der spontanen Sprachverwendung.	Linkshemisphärisch, im Bereich des Temporallappens oberhalb des Wernicke-Zentrums
Transkortikale Aphasie	Auffallend gute Nachsprechleistung; Beeinträchtigung aller Sprachfunktionen bei spontaner Sprachverwendung; total oder begrenzt auf einzelne Teilsysteme; dementsprechend transkortikal-motorische oder transkortikal-sensorische Aphasie	Linkshemisphärisch, Verletzung des Parietallappens oberhalb des Wernicke-Zentrums

Tab. 6.1: Überblick über die Aphasien.

6.1.2 Die Dysarthrien

Eine Dysarthrie ist keine Erkrankung des Sprachsystems, sondern
der motorischen Steuerung in Kortex, Hirnstamm und Kleinhirn,
also eigentlich eine Folge einer nicht-sprachlichen Erkrankung.
Die Ursachen sind vielfältig. Der gängigen Einteilung liegen wiederum Sprachverhaltensmerkmale und Ort der Läsion zu Grunde,
ggf. zusätzlich als Merkmal die auslösende Primärerkrankung.

Die sprachlichen Merkmale ergeben sich durchweg aus den
Dysfunktionen der verschiedenen Teile des Artikulationsappa-
rates: hörbares Atmen, kurze Artikulationsphasen, raue, dunkle
Stimme, überaspirierte Lautgebung, langsames Sprechen (einge-
schränkte Beweglichkeit von Kiefer und Zunge), Wechsel in der
Sprechdynamik (laut/leise) und in der Tonhöhe; eingeschränkter
Melodieverlauf, Übernasalierung (bei bewegungsgestörtem Gau-
mensegel).

6.1.3 Die Sprechapraxie

Die Sprechapraxie bildet gewissermaßen das Komplement zur
Dysarthrie. Gestört ist die kognitive Seite der produktiven lautlichen Kodierung. Das lautliche Verstehen und das Schreiben sind
nicht beeinträchtigt, ebenso wenig die artikulatorische Motorik.
Alle nicht-sprachlichen Bewegungen der Lunge, der Stimm- und
Mundmuskulatur sind unauffällig. Sprachlich fallen auf: Lauter-
setzungen, -hinzufügungen und -auslassungen; auch einzelne lautliche Merkmale sind verändert, z.B. Länge/Kürze, Nasalität. Die
Silbenverarbeitung ist gestört; es treten Pausen an Silbengrenzen
auf, die Akzentmarkierung ist reduziert und die Unterscheidung
zwischen betonten und unbetonten Silben ist gestört. Koartikula-
tion und Lautübergänge sind auffällig.

6.2 Psycholinguistische Betrachtungen und einige Relativierungen

Die Beschreibungen der Sprachkrankheiten erwecken den Eindruck einer hohen Konvergenz zwischen psycholinguistischem und
klinischem Befund. Dieser Eindruck ist in einer Hinsicht zutreffend, in einer anderen nicht.

6.2.1 Psycholinguistische Betrachtungen

Die Sprachstörungen unterscheiden sich, wie oben dargestellt, charakteristisch in den Verarbeitungsbereichen, in denen die Störungen auftreten. Nun kann man davon ausgehen, dass die Tatsache, dass eine Funktion unabhängig von anderen separat gestört sein kann, Evidenz dafür liefert, dass sie von einem ebenso unabhängigen kognitiven Teilsystem ausgeführt wird. In dieser Hinsicht liefert die Taxonomie der erworbenen Sprachstörungen mit ihren diversifizierten Symptomatiken starke Belege zugunsten der psycholinguistischen Grundannahme, dass die Sprachbeherrschung ein kognitives System aus mehreren modular organisierten Teilsystemen ist. Das wird durch eine Zuordnung dieser Teilsysteme zu den sie betreffenden Störungen deutlich.

- Die **Sprechapraxie** betrifft ausschließlich die phonetisch-phonologische Produktion, nicht die Lauterkennung und nicht die nicht-lautlichen Teilsysteme. Das spricht nicht nur für die Annahme eines separaten Lautverarbeitungssystems, sondern auch für eine Trennung zwischen produktivem und rezeptivem System, jedenfalls auf dieser Ebene der Sprachverarbeitung.
- Bei **Broca-Aphasie** ist im Wesentlichen die syntaktische Verarbeitung gestört, allerdings in der Produktion wie in der Rezeption. Das spricht für ein eigenes Syntaxsystem, zumindest als eigener Wissensbestand; das Broca-Syndrom begründet allerdings nicht die Annahme separater Systeme für die syntaktische Kodierung (Produktion) und das Syntaxverstehen (Parsing, Rezeption).
- Bei der **Wernicke-Aphasie** ist die lexikalische Verarbeitung gestört, in der Rezeption und in der Produktion. Damit wäre die allgemein angenommene Existenz eines einheitlichen lexikalischen Systems, eben des mentalen Lexikons für beide Verarbeitungsmodalitäten begründbar.
- Der Unterschied in den Symptomen der **Leitungsaphasie** (Nachsprechen stark beeinträchtigt) und der **transkortikalen Aphasie** (Nachsprechen auffallend gut, spontane Produktion gestört) stützt schließlich die systematische Unterscheidung zwischen Konzeptualisierer und Formulator.

6.2.2 Relativierungen und Revisionen

In einer anderen Hinsicht ist der Eindruck von der neurolinguistisch-psycholinguistischen Konvergenz zu relativieren. Die Zuordnung von neurologischem und sprachlichem Störungsbild ist weniger sicher als es die tabellarischen Aussagen zu erkennen geben. Es gibt Broca-Patienten ohne Läsion im Broca-Zentrum, Wernicke-Patienten ohne Läsion im Wernicke-Zentrum und umgekehrt Patienten mit Läsionen in dem einen, bzw. anderen Zentrum aber ohne das jeweils entsprechende sprachliche Störungsbild (Dronkers et al. 2000).

Betrachten wir zur Illustration eine exemplarische Studie genauer. Shapiro & Levine (1990) haben experimentell klassifikatorische Merkmale der Broca- und der Wernicke-Aphasie überprüft. Wie in Tabelle 6.1 aufgeführt, ist ein Leitsymptom der Broca-Aphasie eine Störung der syntaktischen Verarbeitung und bei der Wernicke-Aphasie ist die Verarbeitung der Wortbedeutung gestört. In zwei Doppelaufgabenexperimenten, einem mit einer syntaktischen und einem mit einer semantischen Primäraufgabe, überprüfen Shapiro und Levine, ob Broca- bzw Wernicke-Patienten diese Symptome tatsächlich aufweisen. Die Logik beider Experimente gründet auf der allgemeinen Erfahrung, dass ein Verarbeitungsprozess, der funktioniert, auch experimentell behindert werden kann. Umgekehrt lässt sich aus der Beobachtung, dass ein Prozess auf eine gezielte Behinderung reagiert, schließen, dass er ohne diese Störmaßnahme funktioniert hätte. Durchgeführt wurde die Untersuchung mit Broca-Patienten (7), Wernicke- und anderen »Fluent Aphasics« (6) und 10 sprachgesunden Muttersprachlern des Englischen. In dem Syntaxexperiment hören die Versuchspersonen Sätze, die syntaktisch unterschiedlich komplex sind. Die Unterschiede sind herbeigeführt durch syntaktisch unterschiedlich komplexe Verben:

(6–1)   *The old man exhibited # the suit on [] the rack.*
(6–2)   *The happy officer put # the new suit on [] the shelf.*
(6–3)   *The sad girl donated # the new suit to [] the charity.*
(6–4–1) *The old man sent # the new suit to [] the friend.*
(6–4–2) *The old man sent # the friend [] the new suit.*

Die Verben der Sätze weisen unterschiedlich komplexe syntaktische Argumentstrukturen auf: transitiv (6–1), präpositionales Objekt (6–2), indirektes Objekt (6–3) wahlweise indirektes Objekt oder präpositionales Objekt (6–4). Dass die syntaktischen Unterschiede tatsächlich auch unterschiedliche lange syntaktische Verarbeitungsprozesse auslösen, kann als gesichert angenommen werden. Während ein Satz gehört wird, muss die Person – experimentell gesteuert – gelegentlich eine lexikalische Entscheidung treffen. Dazu wird jeweils an einem der beiden markierten Zeitpunkte

(#, []) ein Wort oder ein Non-Wort auf einem Bildschirm gezeigt. Die Erwartung ist, dass bei unmittelbar postverbaler Präsentation der lexikalischen Aufgabe, also bei #, der Prozess der syntaktischen Verarbeitung beeinträchtigt wird, an späterer Stelle innerhalb der Propositionalphase, also bei [], aber eher nicht. Dieser Erwartung liegt die ebenfalls gut bestätigte Annahme zugrunde, dass die Subkategorisierung des Verbs Information enthält, die für das Parsing des Satzes besonders relevant ist. Wird beim lexikalischen Zugriff darauf eine andere Aufgabe gefordert, ist die syntaktische Verarbeitung des Satzes beeinträchtigt und kostet mehr Zeit, vorausgesetzt, sie funktioniert überhaupt. Falls nicht, ist auch keine Folge der Störung durch die Doppelaufgabenbedingungen zu erwarten.

Die Ergebnisse (Reaktionszeiten) zeigten für die normalen Versuchspersonen einen signifikanten Störeffekt für die postverbale Position und keinen Effekt für die PP-interne Position. Die Broca-Patienten wiesen dieselben Ergebnisse auf, die Wernicke-Patienten hingegen keinen Positionseffekt. Demnach ist die Erwartung, dass die Broca-Patienten infolge ihrer agrammatischen Sprachverarbeitung auf die Störung gar nicht reagieren, widerlegt und – im Umkehrschluss – die Annahme von Agrammatismus bezweifelbar. Hinzu kommt, dass die Wernicke-Patienten Reaktionen zeigen, die mit der Agrammatismusannahme vereinbar sind. Im zweiten Experiment wurden die komplementären Annahmen getestet: semantische Störung bei Wernicke-Patienten, keine semantische Störung bei Broca-Patienten. Die Ergebnisse falsifizieren wiederum beide Erwartungen.

Was besagen diese Befunde? Sie besagen, dass die Symptomatik des Broca- bzw. des Wernicke-Syndroms, wie es in der klassischen Charakterisierung der beiden Krankheiten figuriert, einer experimentellen Überprüfung anhand einer Stichprobe nicht standhält: der Befund ist kein Einzelergebnis. Binder (2003) wertet Verhaltens- und FMRT-Daten von Wernicke-Patienten aus und zeigt, dass das Syndrom zusätzlich zu den klassisch beschriebenen Symptomen auch Störungen der lautlichen Kodierung und der Motorik umfasst. Dieser Befund steht für eine Menge neuer Befunde, die durch Anwendung nicht-invasiver Methoden mit neurotomographischer Messung möglich geworden sind. Gleichartige Untersuchungen mit PET berichten u.a. Caplan et al. (2000).

Welche Konsequenzen sind aus dieser Kenntnislage zu ziehen? Am stärksten hat sich die neue Methodik erwartungsgemäß auf die Analyse bzw. Diagnostik von Sprachstörungen ausgewirkt. Herkömmlich wurden sog. Aphasietests eingesetzt, mit denen ausschließlich Verhaltensdaten gewonnen, die den klassischen Symp-

tomen zugeordnet wurden. Für das Deutsche gilt der AAT als
Standard. Demgegenüber schlägt Caplan (1992) ein gänzlich an-
deres Vorgehen vor. Statt Verhaltensdaten eines Patienten nach
Symptomen zu klassifizieren, geht die Analyse vom Modell des
Sprachgesunden aus. Aus der langjährigen psycholinguistischen
Forschung der Prozesse bei Lesen, Laut-Lesen, Wort-Verstehen,
Spontansprache, Objektbenennung, auditivem Satzverstehen etc.
liegen differenzierte Modelle dieser sprachlichen Funktionen vor,
wie z.b. das Nimwegener Modell der Sprachproduktion. Caplan
schlägt nun vor, bei der Analyse der Sprachstörung von diesen
Modellen auszugehen und sie nach Art einer Checkliste dazu zu
verwenden, schrittweise und detailliert ein Bild einer Störung zu
ermitteln. Das Ergebnis der Anwendung dieses »Checklisten«-Ver-
fahrens ist dann ein höher aufgelöstes Störungsprofil, nicht die Zuordnung zu einem herkömmlichen, gröberen Syndrom; vgl. etwa
die 30 Checks zur Beschreibung von zwei Patienten, die herkömmlich als Agrammatiker klassifiziert werden (in Caplan 1992/1994:
332 f.). Damit ist sicherlich eine Entwicklung eingeleitet, wie die
Enzyklopädie von Kent (2004) zeigt, nicht jedoch schon eine
Wende im klinischen Alltag.

6.3 Die Sprachentwicklungsstörungen

Sprachentwicklungsstörungen (SES) haben mit erworbenen Sprachstörungen sehr viel weniger gemeinsam, als die beiden Bezeichnungen erkennen lassen. Zu allererst sind die Betroffenen verschieden. Von SES betroffen sind Säuglinge und Kinder, später dann
Erwachsene. Die SES-Forschung gilt aber dominant den ersteren
und nur in Vergleichsanalysen auch Erwachsenen. Die Ausgangslage von SES ist davon gekennzeichnet, dass vor der Erkrankung
ein normaler Spracherwerb nicht stattgefunden hat; die SES sind
die Krankheit. Die erworbenen Sprachstörungen treten erst infolge
einer Erkrankung oder eines Unfalls auf. Die meisten SES gehen
auf eine genetische Veränderung zurück; sie ist entweder klinisch
bekannt und im Einzelfall erkennbar (Down-Syndrom, Autismus,
Fragiles-X-Syndrom, Williams-Beuren-Syndrom u.a.) oder ein genetischer Hintergrund ist (noch) nicht erkannt (spezifische SES).
    Der für die SES-Forschung besonders beschwerliche Unter-
schied zur erworbenen Sprachstörung liegt in dem späten Auftreten der Krankheit im sprachlichen Verhalten. Ansatzpunkte
für linguistische und psycholinguistische Datenanalysen bieten

sich aus evidenten Gründen erst mit dem Einsetzen erkennbarer Sprachverarbeitung, rezeptiv oder produktiv. Das ist frühestens in der zweiten Hälfte des ersten Lebensjahres; aussagekräftige sprachliche Daten in anderen als nur dem lautlichen Bereich liegen erst im zweiten bis zehnten Lebensjahr vor. Da aber angenommen werden muss, dass die Ursache der SES schon mit der Geburt besteht und sich vielleicht schon auf die ersten Augenblicke des Kontakts mit der Umgebung auswirkt, müssen alle Voraussetzungen und Bedingungen der Entwicklung des Säuglings von Anfang an in die SES-Untersuchungen einbezogen werden, ggf. auch eine ev. erbliche Vorbelastung. In die SES-Forschung gehen also klinische, biologische, neurologische, kognitionspsychologische, entwicklungspsychologische, psycholinguistische und linguistische Befunde ein.

Das Ziel dieses Kapitels kann nur eine Skizze der best bekannten SES und ihrer Merkmale sein. Wie eingangs erwähnt, sind die verschiedenen SES unterschiedlich gut bekannt, am besten und am längsten diejenigen, die mit einer genetisch bedingten Entwicklungsstörung einhergehen. Worin unterscheiden sich die verschiedenen Störungen voneinander? Das primäre Kriterium ist, ob eine Verbindung mit einer anderen, nicht sprachlichen Entwicklungsstörung besteht, wie bei Autismus, Down-Syndrom, Fragiles X-Syndrom und Willams-Beuren-Syndrom. Davon unterschieden wird nach derzeitigem Kenntnisstand die spezifische Sprachentwicklungsstörung (sSES; engl. specific language impairment, SLI). **Weitere Kriterien sind:**
– Störung des sprachlichen Wissens
– Störung der Sprachverarbeitung (Sprechen, Hörverstehen)
– Verzögerung des Erwerbs
– Abweichender Erwerb
– Rezeptiv auffällig
– Expressiv auffällig
– Betroffene sprachliche Domäne: Wortschatz, lautlicher Bereich, Syntax, Morphosyntax, Morphologie, Semantik (Semantische Klassen, Sinnrelationen)
– Kommunikation (Perspektivenwechsel, Adressatenorientiertheit, Kohärenz)

Unter Verwendung dieser Merkmale sind die genannten SES in den folgenden Abschnitten skizziert. Neben der erforderlichen Kürze erschwert auch die beträchtliche Heterogenität der Ausprägung innerhalb der Patientengruppe den Versuch einer profilierten Charakterisierung. Deutlich materialreichere Kurzdarstellungen sind Rice & Warren (2004) und Rice, Warren & Betz (2004), auf die sich die folgenden Skizzen stützen, ohne gesonderte Referenz in jedem Detail anzuzeigen.

6.3.1 SES bei Autismus

Autismus ist eine schwere psychische Entwicklungsstörung in den Verhaltensbereichen der sozialen Interaktion, der Kognition und des repetitiven stereotypen Verhaltens (vgl. WHO, ICD 10, Ordnungsnummer F84). Der Erwerb der Sprache kann bei Kindern mit dieser Entwicklungsstörung je nach Typus und Schwere sehr unterschiedlich verlaufen. Im Extremfall kann die Entwicklung der Sprachfähigkeit fast vollständig unterbleiben – man spricht hier von »sprachlosen« Autisten. Eine Statistik berichtet von bis zu einem Fünftel autistischer Kinder ohne Sprachfähigkeit bis ins neunte Lebensjahr (fünf Wörter oder weniger), während bei den nicht-sprachlosen Kindern der Erwerb lediglich verzögert und abweichend verläuft. Generell, aber auch speziell aus der Sicht der Modularitätshypothese (vgl. Kap. 4.1), stellt sich die Frage, ob und wie Autismus und SES ursächlich verbunden sind. Als Anhaltspunkt zur Klärung der Frage wird gesehen, dass die Diskrepanz von sprachlichen und nicht-sprachlichen kognitiven Fähigkeiten bei den sog. sprachlosen und den sprachlichen Autisten verschieden ist, soweit sich bei sog. »sprachlosen« überhaupt noch von sprachlichen Fähigkeiten reden lässt. Der Vergleich zeigt jedenfalls, dass sprachlicher Autismus mit einer größeren Sprach/Außer-Sprach-Diskrepanz einhergeht als sprachloser Autismus. Bei ersterem sind die sprachlichen Fähigkeiten erkennbar besser ausgeprägt als die nicht-sprachlichen, bei dem sprachlosen umgekehrt. Das wird als Zeichen dafür gedeutet, dass das Ausbleiben des weiteren Spracherwerbs dieser Fallgruppe durch die Entwicklungsstörung verursacht ist.

Wie verläuft der Spracherwerb im nicht-sprachlosen Fall? Insgesamt ist in dieser Gruppe bei etwa zwei Dritteln der Spracherwerb gestört, bei einem Drittel eher unauffällig. Die Störung besteht eher in einer Verzögerung als im Aufbau abweichenden sprachlichen Wissens. Der Erwerb des Lautsystems ist wenig auffällig, der Lexikerwerb dagegen stark betroffen. Ebenfalls gestört ist der Erwerb morphosyntaktischer Kategorien, in erster Linie der Finitheitsmarkierung. Darin ähneln sich SES bei Autismus und die spezifische Sprachentwicklungsstörung (sSES), und dieser Umstand beflügelt natürlich die Spekulation, dass die sSES schließlich doch auch mit einem generellen kognitiven Defizit verbunden ist, und sei es auch nur temporär in einem für den Spracherwerb spezifisch relevanten Zeitfenster. Gegen vorschnelle Gleichsetzungen sprechen wiederum feine aber beharrliche Unterschiede. Einer zeigt sich in der Ausprägung der Kommunikationsbereitschaft. Zwar wird die sprachliche Interaktion von Kindern beider Fallgruppen gemieden; dies ist aber bei sSES-Kindern eher eine Folge der Sprachstörung, bei den SES-Kindern mit Autismus hingegen ein primäres Symptom.

6.3.2 SES bei Fragilem X-Syndrom (Fra-X)

Fra-X ist die zweithäufigste Entwicklungsstörung mit geistiger Behinderung. Die Ursache ist eine erbliche Genmutation. Wie auch bei Autismus variiert die Schwere der Ausprägung stark, allerdings aufgrund anderer biologischer Abweichungen als bei Autismus. Verhaltensmerkmale sind – neben der Sprachstörung – geistige Behinderung, besonders Lernbehinderung, Hyperaktivität, gesteigerte Aggressivität und im Alter zunehmende Intelligenzminderung. Das Fra-X-Syndrom kann schon früh im Säuglingsalter, aber – je nach Verlauf der Genexpression – auch noch postpubertär in Erscheinung treten. Eine Diskrepanz zwischen sprachlichen und außersprachlichen kognitiven Fähigkeiten besteht besonders in der Unterentwicklung im visuell-räumlichen Denken. Das sprachliche Wissen ist weniger beeinträchtigt als das sprachliche Verhalten. Die Phonation von Fra-X-Patienten ist geprägt von rauer Vokalartikulation und auffälliger Schwankung im Sprechtempo. Hinzutreten kann undeutliche Artikulation, besonders stark bei spannungsarmer Gesichtsmuskulatur. Unter dem Einfluss von emotionaler Erregung leidet der Redefluss durch Pausen und polternde Redeweise. Im pragmatisch-semantischen Bereich fallen Fehler und Verwechslungen von definiten und indefiniten Kennzeichnungen auf und Inkohärenz relativ zu einem referenziellen Rahmen. Das Kommunikationsverhalten entwickelt sich im Adressatenbezug verzögert, was sich u.a. in einem auffälligen Mangel im Feed-back-Verhalten dokumentiert.

6.3.3 SES bei Down-Syndrom

Das Down-Syndrom ist ebenfalls eine genetische aber nicht erbliche Entwicklungsstörung mit körperlicher und geistiger Behinderung. Auffallende körperliche Merkmale sind schräg stehende

Augenlider, flache Nasenwurzel und weiter Augenabstand. Die
Störung der körperlichen Entwicklung zeigt sich vor allem in verlangsamter Motorik, Atembeschwerden und allgemeiner Hypotonie, die geistige Störung in verlangsamter Reaktion auf äußere Reize, Aufmerksamkeitsschwäche, Lernbehinderung, mentaler
Retardation (IQ zwischen 35 und 70) und in der Entwicklungsstörung der Sprache. Der Spracherwerb ist insgesamt verzögert
und kann so verlangsamt sein, dass noch im Kindesalter, etwa bei
Schulbeginn, dominant Einwortäußerungen produziert werden.
Häufiges Symptom ist auch eine Schädigung des Hörorgans, die
sich in periodischer Entzündung des Mittelohrs auswirkt. Die Diskrepanz zwischen sprachlicher und außersprachlicher Kognition ist
nicht einheitlich, sondern domänenspezifisch. Der Wortschatz entwickelt sich besser als vergleichbare außersprachliche Leistungen,
Grammatik- und besonders Syntaxerwerb eher schlechter. Im Erwerb der Finitheit ähneln Down-Syndrom-Kinder etwa den sSES-
Kindern. Anders als bei diesen sind – u.a. infolge der allgemeinen
Hypotonie – die Phonation und die Artikulation eingeschränkt, in
schweren Fällen bis zur Unverständlichkeit. Der Gebrauch seman-
tisch-pragamatischer Ausdrucksmittel ist unauffällig, der Zusammenhang referenzieller Ausdrücke mit dem referenziellen Rahmen
ist häufig inkohärent. Das Kommunikationsverhalten weist einen
deutlichen Mangel im Adressatenbezug auf.

6.3.4 SES bei Williams-Beuren-Syndrom

Ursache der WBS-Entwicklungsstörung ist eine genetische Veränderung, genauer, ein Verlust von genetischer Information, der spontan bei der Entwicklung der Keimzelle geschieht. Die Schädigung
ist erst seit Mitte der 1990er Jahre mittels eines Testverfahrens
auf molekularbiologischer Grundlage zuverlässig zu diagnostizieren. Die Symptome von WBS sind überwiegend organische Fehl-
bildungen und Störungen, eher in der Entwicklung außersprachlicher als sprachlicher Fähigkeiten. Zu den körperlichen Anzeichen
zählen neben der ursächlichen genetischen Fehlbildung typische
Gesichtszüge mit ausgeprägt hoher Stirn, großer Schädelpartie,
Schielen (nicht allgemein), Kleinwuchs, Gefäßverengung in Herz-
nähe, heisere Stimme bei auffallend tiefer Stimmlage, Anfälligkeit
der Niere. Zu den psychischen Symptomen zählen eine auffallend
freundliche und zutrauliche Persönlichkeit schon im Kindesalter,
leichte geistige Retardation, besonders im visuell-räumlichen Denken, Überempfindlichkeit der auditiven Wahrnehmung und kaum

beeinträchtigte Sprachentwicklung. Sie weist im weiteren Verlauf Verzögerungen auf und endet mitunter vor Erreichen einer vollständigen Sprachbeherrschung; das äußert sich vor allem in der Verarbeitung von Relativsätzen und negativen Fragesätzen – auch noch im Erwachsenenalter. Die Diskrepanz zwischen sprachlichen und außersprachlichen kognitiven Fähigkeiten ist wegen verminderter Leistungen im nonverbalen Bereich auffällig und damit sozusagen umgekehrt zu der bei den sSES-Kindern ausgeprägt. In einigen Studien wird auch eine Abweichung im sprachlichen Wissen von WBS-Kindern behauptet. WBS-Kinder und -Erwachsene organisieren nämlich ihre Sprachproduktion eher unter Rückgriff auf gespeicherte komplexe Phrasen und ganze Sätze statt auf Prozeduren regelhafter Kombinatorik.

6.3.5 Spezifische Sprachentwicklungsstörung (sSES)

Als sSES (engl.: **SLI**, d.i. specific language impairment) wird die Sprachentwicklungsstörung bezeichnet, bei der direkt und ausschließlich die Entwicklung der Sprachfähigkeit gestört ist. Sie weist eine Verbreitung von sechs bis acht Prozent in der Bevölkerung auf und hat einschneidende Konsequenzen für die Entwicklung der Lebenstüchtigkeit, unter anderem deshalb, weil sie die schulischen Leistungen wesentlich beeinträchtigt. sSES kann verschiedene Teilsysteme der Sprache betreffen und alle Modalitäten ihrer Verwendung. Die Störung in der Entwicklung der phonetisch-phonologischen Produktion äußert sich in anhaltender Verwendung reduzierter Wortformen (*Bume* für *Blume, Neemann* für *Schneemann*), anhaltender ›s‹-Schwäche (**Sigmatismus**), anhaltender ›r‹-Schwäche (**Rhotazismus**) u.a.

Gestört sein können auch die lexikalische Entwicklung und die Entwicklung des syntaktischen Wissens. Fletcher (1991) dokumentiert Störungen im syntaktischen Verstehen, der syntaktischen Kodierung einfacher Sätze, Störungen in der Verwendung von Funktionswörtern und in der Produktion syntaktisch komplexer Sätze, Marshall & van der Lely (2007) eine Disjunktion zwischen Störungen im morphosyntaktischen und derivationsmorphologischen Wissen (vgl. auch van der Lely 2005). In der schriftlichen Modalität können Lesen und Rechtschreibung gestört sein (**Legasthenie = Lese-Rechtschreibschwäche** (LRS) oder nur die Rechtschreibfähigkeit alleine). sSES führt auch zu auffälligem Kommunikationsverhalten: Reduzierte Gesprächsinitiative, Nervosität beim Angesprochenwerden, Inkohärenz im Redebeitrag.

Als Ursachen von sSES kommen theoretisch alle großen Gruppen von Einzelstörungen in Betracht: Störungen in der Entwicklung des Sprachverstehens, Störungen in der Entwicklung der Sprachproduktion und Behinderungen beim Aufbau sprachlichen Wissens durch Beeinträchtigung der Wahrnehmung oder des Gedächtnisses. Jede dieser Störungen kann ihrerseits wiederum eine neurologische Ursache haben. Befunde aus der Zwillingsforschung und der Vererbungsforschung legen eine genetische Grundlage von sSES nahe (vgl. Bishop, Noth & Donlan 1995; Fisher et al. 1998 und Rice & Warren 2004).

Aus der derzeitigen Situation folgt daher in erster Linie die Notwendigkeit, frühe Indikatoren für das Vorliegen von sSES zu identifizieren. Das ergibt sich u.a. aus dem Hauptergebnis der jüngeren Spracherwerbsforschung, dass nämlich wesentliche Schritte des Spracherwerbs in den ersten Monaten des Sprachkontakts stattfinden. Einen Schritt in dieser Richtung gehen Untersuchungen von Weissenborn, Penner, Höhle und Friederici (vgl. Höhle et al. 2006; Penner et al. 2006 und Weissenborn 2003). Der Grundgedanke ist, den normalen Ablauf des Erstspracherwerbs differenziert zu ermitteln, ein Sample von Kindern, darunter solche mit familiär erwartbar erhöhtem Risiko, longitudinal zu beobachten und später tatsächlich auftretende Störungen auf zuvor dokumentierte Unterschiede in der Entwicklung der betroffenen Kinder im Vergleich zu den normal entwickelten zurückzuführen.

6.3.6 Nicht-klinische Sprachentwicklungsstörungen

In diese Gruppe der Sprachentwicklungsstörungen zählen – mit allen genannten Vorbehalten – das Stottern und das Poltern. **Stottern** (Verbreitung etwa 1% der Bevölkerung) ist eine Störung im fließenden Sprachablauf bei jeweils gegebener Sprachbereitschaft. Typische Merkmale, die einzeln oder gemischt auftreten können, sind Wiederholen von Silben, Dehnung von Einzellauten und Blockade bei einem Einzellaut mit oder ohne Wiederholung. Alle diese Vorgänge können von mehr oder weniger angestrengten bis hin zu krampfartigen Bewegungen von Auge, Augenlid, Gesicht, Händen oder Füßen begleitet sein. Stottern kann auch bei normaler Sprachentwicklung zeitweise zwischen dem zweiten und fünften Lebensjahr auftreten, dauert aber nicht an. Chronisches Stottern wird angenommen, wenn die Phänomene häufig und länger als sechs Monate auftreten, wenn das Kind der sprachlichen Kommunikation ausweicht, beim Sprechen körper-

lich stark angespannt ist oder bestimmte Wörter auffällig vermei-
det.

Die Verzögerungsphänomene scheinen nicht zufällig in der
Rede verteilt zu sein. Schon Brown (1945) hat bei englischsprachigen Stotterern auffällige Distributionen gefunden. Gestottert
wird häufiger bei Konsonanten als bei Vokalen, häufiger bei vollen
lexikalischen Wörtern als bei Funktionswörtern, häufiger bei langen Wörtern als bei kurzen und schließlich nur am Silbenanfang
und bei betonten Silben (Wingate 1988).

Die **Ursachen des Stotterns** sind nicht abschließend aufgeklärt. Die ältere Annahme, die Ursache sei eine unvollständige
Lateralisierung des Gehirns, also eine Störung der entwicklungs-
bedingten Zuordnung von Funktionen zu Arealen des Kortex, haben sich letztlich nicht bestätigt, jedenfalls nicht, wenn man daran
festhalten will, dass die Ursache in allen Stotterfällen die gleiche
sein muss.

Auf eine Dysfunktion in der Motoriksteuerung deuten elektro-
myographische Daten. EMG-Daten sind Daten über die elektrophysiologischen Zustände in den Muskeln, hier speziell in der Ar-
tikulationsmuskulatur. In dieselbe Richtung deuten die erwähnten
motorischen Reflexe anderer Muskelgruppen (Smith 1993: 866).

Der Zusammenhang des Stotterns mit emotionalen Faktoren
wird durch die häufig zu beobachtende erhöhte Pulsfrequenz,
Oberflächenspannung der Haut, Schwitzen und verstärkten Blut-
fluss nahe gelegt. Von daher wird eine Beteiligung des vegetativen
Nervensystems an den Stotterursachen nicht ausgeschlossen.

Die **Symptome des Polterns** sind auffallend hohe Sprechge-
schwindigkeit bei Störungen des Sprechrhythmus aber ohne Zö-
gern und ohne Wiederholungen, häufiger Satzabbruch, Pausen
und ruckartiger Wiederbeginn, Lautvertauschungen (*Tatsatur* für
Tastatur) und Silbenauslassungen (*Tastur* für *Tastatur*, *Habilation*
für *Habilitation*). Je nach Schweregrad kann die Verstehbarkeit beeinträchtigt sein. Als Ursache werden eher entwicklungspsychologische Faktoren als organische Schäden vermutet.

7 Literaturverzeichnis

7.1 Lehrbücher

Carroll, David W. (1999). Psychology of Language. 3. Aufl. Pacific Grove u.a.: Brooks & Cole Publ. Comp.

Field, J. (2004). Psycholinguistics. The Key Concepts. Oxon: Routlegde.

Huber, O. (2000). Das psychologische Experiment. Eine Einführung. 3. Aufl. Bern: Verlag Hans Huber.

Whitney, P. (1998). The Psychology of Language: From Data to Theory. Boston u. New York: Psychology Press.

7.2 Einführende Darstellungen

Clark, H. & E. Clark (1977). Psychology and Language. New York u.a.: Harcourt Brace Jovanovitch.

Dijkstra, T. & G. Kempen, (1993). Einführung in die Psycholinguistik. Bern: Hans Huber Verlag.

Fodor, J. A., Bever, T. G. & M. F. Garrett, (1974). The Psychology of Language. An Introduction to Psycholinguistics and Generative Grammar. New York u.a.: McGraw-Hill Book Company.

Garman, M. (1990). Psycholinguistics. Cambridge: Cambridge University Press.

Harley, T. (2001). The psychology of language. From data to theory. 2. Aufl, Hove: Psychology Press.

Kess, J. E. (1992). Psycholinguistics: Psychology, linguistics, and the study of natural language. Amsterdam: John Benjamins Publ. Comp.

Rickheit, G. & H. Strohner, (1993). Grundlagen der kognitiven Sprachverarbeitung. Tübingen, Basel: Francke Verlag.

Rickheit, G., Sichelschmidt, L. & H. Strohner. (2002). Psycholinguistik. Die Wissenschaft vom sprachlichen Verhalten und Erleben. Tübingen: Stauffenburg Verlag Brigitte Narr.

Steinberg, D. D., Nagata, H. & D. P. Aline. (2001). Psycholinguistics. Language, Mind and World. 2. Aufl. Harlow: Person Education Ltd.

7.3 Handbücher

Bhatia, T. K. & W. C. Ritchie, Hg. (2006). The Handbook of Bilingualism. Oxford: Blackwell Publishing Ltd.

Blanken, G., Dittmann, J., Grimm, H., Marshall, J. C. & C. W. Wallesch, Hg. (1993). Linguistic Disorders and Pathologies. An International Handbook. Berlin u.a.: Walter de Gruyter.

Crystal, D. (1997). The Cambridge Encyclopedia of language. 2. Aufl. Cambridge: Cambridge University Press.

Davies, A., Hg. (2005). The Handbook of Applied Linguistics. Oxford: Blackwell Publishing Ltd.

Doughty, C. J. & M. H. Long, Hg. (2003). The Handbook of Second Language Acquisition. Oxford: Blackwell Publishing Ltd.

Dronkers, N. F. & C. A. Ludy, Hg. (1998). Brain lesion analysis in clinical research: Handbook of neurolinguistics. San Diego u.a.: Academic Press.

Fletcher, P. & B. MacWhinney, Hg. (1995). The handbook of child language. Oxford: Blackwell Publishing Ltd.

Friederici, A. D., Hg. (1999). Sprachrezeption. Göttingen: Hogrefe Verlag.

Gazzaniga, M. S., Hg. (2000). The New Cognitive Neurosciences. 2. Aufl. Cambridge MA: The MIT Press.

Gernsbacher, M. A., Hg. (1994). Handbook of psycholinguistics. San Diego u.a.: Academic Press.

Grimm, H., Hg. (2000). Sprachentwicklung. Göttingen: Hogrefe Verlag.

Gullberg, M. & P. Indefrey, Hg. (2006). The Cognitive Neuroscience of Second Language Acquisition. London: Blackwell Publishing Ltd.

Herrmann, T. & J. Grabowski, Hg. (2003). Sprachproduktion. Göttingen: Hogrefe Verlag.

Holyoak, K. J. & R. G. Morrison, Hg. (2005). The Cambridge Handbook of Thinking and Reasoning. Cambridge: Cambridge University Press.

Kent, R. D., Hg. (2004). The MIT Encyclopedia of Communication Disorders. Cambridge MA: The MIT Press.

Pisoni, D. B. & R. E. Remez, Hg. (2005). The Handbook of Speech Perception. Oxford: Blackwell Publishing Ltd.

Snowling, M. J. & C. Hulme, Hg. (2005). The Science of Reading: A Handbook. Oxford: Blackwell Publishing Ltd.

Stemmer, B. & H. A. Whitaker, Hg. (1998). Handbook of Neurolinguistics. San Diego u.a.: Academic Press.

Zimbardo, P. G. (1995). Psychologie. Berlin: Springer-Verlag.

7.4 Weitere im Text zitierte Titel

Aitchison, J. (1997). Wörter im Kopf. Eine Einführung in das mentale Lexikon. Tübingen: Niemeyer Verlag.

Aitchison, J. (1998). The articulate mammal: An introduction to psycholinguistics. London: Routledge.

Altmann, G. T. M., & Kamide, J. (2004). Now you see it, now you don't: Mediating the mapping between language and the visual world. In: The interface of language, vision, and action: Eye movements and the visual world, hg. von J. M. Henderson & F. Ferreira. New York: Psychology Press, 347–386.

Aristoteles (1983). Über die Seele. Darmstadt: Wissenschaftliche Buchgesellschaft.

Baars, B. J., Motley, M. T., & D. G. MacKay (1975). Output editing for lexical status in artificially elicited slips of the tongue. In: Journal of Verbal Learning & Verbal Behavior, 14(4), 382–391.

Barrett, M. (1995). Early lexical development. In: The handbook of child language, hg. von P. Fletcher & B. MacWhinney. Oxford: Blackwell, 362–393.

Barsalou, L. W. (1999). Perceptual symbol systems. In: Behavioral and Brain Sciences 22, 577–609.

Bates, E. & F. Dick (2000). Beyond phrenology. Brain and language in the next millennium. In: Brain and language 17, 18–21.

Bates, E. et al. (1994). Developmental and stylistic variation in the composition of early vocabulary. In: Growing points in child language, hg. von K. Perera. Cambridge: Cambridge University Press, 85–124.

Becker, A. (2005). The Semantic Knowledge Base for the Acquisition of Finiteness. In: The Structure of the Utterance, hg. von H. Hendricks. Berlin u.a.: Mouton de Gruyter, 263–314.

Behne, T., M. Carpenter et al. (2005). One-year-olds comprehend the communicative intentions behind gestures in a hiding game. In: Developmental Science 8, 492 - 499.

Behrens, H. & W. Deutsch (1991). Die Tagebücher von Clara und William Stern. In: Theorien und Methoden psychologiegeschichtlicher Forschung, hg. von H. E. Lück & R. Miller. Göttingen. Hogrefe, 67–76.

Bendor, D., & X. Wang (2005). The neural representation of pitch in primate auditory cortex. Nature, 436 (25 August 2005), 1161–1165.

Berg, T. (1988). Die Abbildung des Sprachproduktionsprozesses in einem Aktivationsflussmodell: Untersuchungen an deutschen und englischen Versprechern. Tübingen: Niemeyer.

Bernstein, B. (1962). Social class, linguistic codes and grammatical elements. In: Language and Speech, 5, 288–314.

Besner, D. (1990). Does the reading system need a lexicon? In: Comprehension processes in reading, hg. von D. A Balota, G. B. Flores-d'Arcais & K. Rayner. Hillsdale: Laurence Erlbaum Publ, 73–95.

Best, C. T. (1994). The emergence of native-language phonological influences in infants: a perceptual assimilation model. In: The development in speech perception: the transition from speech sounds to spoken words, hg. von J. Goodman. Cambridge: The MIT Press, 167–224.

Bierwisch, M. (1966). Strukturalismus. Geschichte, Probleme und Methoden. In: Kursbuch 5, 77–152.

Binder, K. S. (2003). Sentential and discourse topic effects on lexical ambiguity processing: An eye movement examination. In: Memory & Cognition 31, 690–702.

Bishop, D. V. M., T. North et al. (1995). Genetic basis of specific language impairment: Evidence from a twin study. In: Developmental Medicine an Child Neurology 37, 56–71.

Bloom, L. (1973). One word at a time. The use of single word utterances before syntax. The Hague u.a.: Mouton.

Bloom, L. (1993). The transition form infancy to language: acquiring the power of expression. Cambridge: Cambridge University Press.

Blumenthal, A. L. (1970). Language and psychology: historical aspects of psycholinguistics. New York u.a.: John Wiley and Sons, Inc.

Bock, K. J. (1986). Syntactic persistence in language production. In: Cognitive Psychology 18, 355.

Bock, K. & W. J. M. Levelt. (1994). Language production: Grammatical encoding. In: Handbook of psycholinguistics, hg. von M. A. Gernsbacher. San Diego: Academic Press, 945–984.

Bock, K., Loebell, H. & R. Morey (1999). From conceptual roles to structural relations: Bridging the syntactic cleft. In: Psychological Review 99, 150–171.

Bock, K. & R. K. Warren. (1985). Conceptual accessibility and syntactic structure in sentence formulation. In: Cognition 21, 47–67.

Borer, H. & K. Wexler (1987). The maturation of syntax. In: Parameter setting, hg. von T. Roeper & E. Williams. Dordrecht: Kluver, 123–172.

Bradley, D. C., M. F. Garrett et al. (1980). Syntactic deficits in Broca's aphasia. In: Biological studies of mental processes, hg. von D. Caplan. Cambridge: The MIT Press, 269–286.

Braine, M. (1963). The Ontogeny of English Phrase Structure: the First Phase. In: Language 39, 1–13.

Branigan, H. & M. Prat-Sala (2000). A cross-linguistic perspective on discourse context and syntactic processing in language production. In: Cross-linguistic perspectives on language processing, hg. von M. De Vincenzi, & V. Lombardo. Dordrecht: Kluver, 205–226.

Brazelton, T. B. & B. T. Cramer (1991). Die frühe Bindung. Die erste Beziehung zwischen dem Baby und seinen Eltern. Stuttgart: Klett Cotta.

Broca, P. (1861). Remarques sur le siège aculté du langage articulé; suvie d'une observation d'aphémie (perte de la parole). In: Bulletins de la Société Anatomique 6, 330–357 und 398–407.

Brockhaus, K. (1971). Automatische Übersetzung. Braunschweig: Friedrich Vieweg und Sohn.

Brown, C. M. & P. Hagoort. (1999). The neurocognition of language. Oxford: Oxford University Press.

Brown, R. (1973). A first language: Early stages. Cambridge, MA: M.I.T. Press.

Brown, R. & D. Mc Neill (1966). The »Tip of the Tongue« Phenomenon. In: Journal of Verbal Learning and Verbal Behavior 5, 325–337.

Brown, S. (1945). The loci of stutterings in the speech sequence. In: Journal of Speech Disorders 10, 181–192.

Brown-Schmidt, S. & M. K. Tanenhaus. (2006). Watching the eyes when talking about size: An investigation of message formulation and utterance planning. In: Journal of Memory and Language 54, 592–602.

Budwig, N. (1995). A developmental functionalist approach to child language. Hillsdale: Lawrence Erlbaum.

Butterworth, B. (1980). Evidence from pauses in speech. In: Language Production Vol. I: Speech and Talk, hg. von B. Butterworth. New York u.a.: Academic Press, 155–176.

Butterworth, B. (1983). Lexical representation. In: Language Production. Vol. II: Development, writing and other language processes, hg. von B. Butterworth. New York u.a.: Academic Press, 257–294.

Caplan, D. (1992). Language. Structure, Processing, and Disorders. Cambridge, MA: The MIT Press.

Caplan, D., Y. Grodzinsky et al. (2000). Positron emission tomographic studies of syntactic processing. In: Language and the brain: Representation and processing, hg. von Y. Grodzinsky, L. Shapiro & D. Swinney. New York: Academic Press, 315–325.

Caramazza, A. (1997). How many levels of processing are there in lexical access? In: Cognitive Neuropsychology 14, 177–208.

Caramazza, A., Laudanna, A. & C. Romani (1988). Lexical Access in Inflectional Morphology. In: Cognitive Neuroscience 14/1, 297–332.

Caramazza, A. & M. Miozzo (1997). The relation between syntactic and phonological knowledge in lexical access: evidence from the »tip-of-the-tongue« phenomenon. In: Cognition 64, 309–343.

Cattell, J. M. (1885). The intertia of the eye and the brain. In: Brain 8, 295–312.

Chafe, W. L. (1980). The development of consciousness in the production of a narrative. In: The pear stories. Cognitive, Cultural, and Linguistic Aspects of Narrative Production, hg. von W.L. Chafe. Norwood, N.J.: Ablex.

Chialant, D. & A. Caramazza (1995). Where is Morphology and How is it Processed? The Case of Written Word recognition. In: Morphological Aspects of Language Processing, hg. von L.B. Feldman. Hillsdale: Laurence Erlbaum, 55–78.

Childers, J., B., M. Tomasello et al. (2006). Are Nouns Easier to Learn Than Verbs? Three Experimental Studies. In: Action meets word: How children learn verbs, hg. von K. Hirsh-Pasek & R. Golinkoff. New York: Oxford University Press, 311–335.

Chomsky, N. (1993). Lectures on Government and Binding. The Pisa Lectures. Berlin: Mouton de Gruyter.

Chomsky, N. (1995). The minimalist program. Cambridge, MA.: The M.I.T. Press.

Chomsky, N. (2006). Language and mind. 3. Aufl. Cambridge: University Press.

Chomsky, N. & H. Lasnick. (1993). The theory of principles and parameters. In: Syntax. Ein internationales Handbuch, hg. von J. Jacobs et al. Berlin u.a.: de Gruyter, 506–569.

Christiansen, M. H. & N. Chater (2001). Connectionist psycholinguistics. Norwood N.J: Ablex Publishing.

Clark, E. V. (1993). The lexicon in acquisition. Cambridge: Cambridge University Press.

Clark, H. H. (1996). Using language. Cambridge: Cambridge University Press.

Coles, M. G. H. (1989). Modern Mind-Brain Reading: Psychophysiology, Physiology, and Cognition. In: Psychophysiology 26, 251–269.

Coltheart, M., K. Rastle et al. (2001). DRC: A dual route cascaded model of visual word recognition and reading aloud. In: Psychological Review 108, 204–256.

Cooper, R. P. & R. N. Aslin. (1990). Preference for infant directed speech in the first month after birth. In: Child Development 61, 1584–1595.

Crinion, J., R. Turner et al. (2006). Language Control in the Bilingual Brain. In: Science 312, 1537–1540.

Curtiss, S. (1977). Genie: A psycholinguistic study of a modern-day ›wild child‹. New York: Academic Press.

Cutler, A. (1999). Prosodische Struktur und Worterkennung bei gesprochener Sprache. In: Sprachrezeption, hg. von A. D. Friederici. Göttingen: Hogrefe Verlag, 49–83.

Cutler, A. & D. Norris (1988). The role of strong syllables in segmentation for lexical access. In: Journal of Experimental Psychology: Human Perception and Performance, 14/1, 113–121.

De Houver, A. (1995). Bilingual language acquisition. In: The Handbook of Child Language, hg. von P. Fletcher, & B. MacWhinney. Oxford: Blackwell, 219–250.

De Smedt, K. (1990). Incremental sentence generation. Diss. Universität Nijmegen.

Dehaene-Lambertz, G. (2004). Bases cerebrales de l'acquisition du langage: Apport de la neuro-imagerie. In: Neuropsychiatrie de l'Enfance et de l'Adolescence 52, 452–459.

Dell, G. S. (1986). A spreading activation theory of retrieval in language production. In: Psychological Review 93, 283–321.

Dell, G. S. (1990). Effects of frequency and vocabulary type on phonological speech errors. In: Language and Cognitive Processes 4, 313–349.

Dell, G. S. (1995). Speaking and misspeaking. In: Language, hg. von M. Libermann & L. R. Gleitman. Cambridge, MA: The M.I.T. Press, 183–208.

DeLong, K. A., Urbach, T. P. & M. Kutas (2005). Probabilistic word pre-activation during language comprehension inferred from electrical brain activity. In: Nature Neuroscience, 8/8, 1117–1121.

Demonet, J. M. (1998). Tomographic Brain Imaging of Language Functions: Prospects for a New Brain/Language Model. In: Handbook of Neurolinguistics, hg. von B. Stemmer & H. A. Whitaker. San Diego: Academic Press.

Deuchar, M. & S. Quay (2000). Bilingual acquisition: Theoretical implications of a case study. Oxford: University Press.

Dietrich, R. (1989). Communication with few words. An empirical account of the second language speaker's lexicon. In: Language processing in social context, hg. von R. Dietrich & C. F. Graumann. Amsterdam: Elsevier, 233–276.

Dietrich, R. (1994). Wettbewerb - aber wie?: Skizze einer Theorie der freien Wortstellung. In: Was determiniert Wortstellungsvariation? Studien zu einem Interaktionsfeld von Grammatik, Pragmatik und Sprachtypologie, hg. von B. Haftka. Opladen: Westdeutscher Verlag, 33–47.

Dietrich, R. (1999). On the production of word order and the origin of incrementaltity. In: Representations and processes in language production. In: R. Klabunde & C. v. Stutterheim. Wiesbaden: DUV, 57–87.

Dietrich, R. (2003). Inwiefern kann eine Sprache einfach sein? In: Zeitschrift für Literaturwissenschaft und Linguistik 33, 56–75.

Dietrich, R. (2006). Language acquisition II. Second language acquisition in the 20th century. In: History of the Language Sciences, hg. von S. Auroux. Berlin: Walter de Gruyter, 2705–2728.

Dietrich, R., & P. Grommes (1998). ›nicht‹. Reflexe seiner Bedeutung und Syntax im Zweitspracherwerb. In: Eine zweite Sprache lernen, hg. von H. Wegener. Tübingen: Gunter Narr Verlag, 173–202.

Dietrich, R. & P. Grommes. (2003). The Organisation of Coherence in Oral Communication. In: Linguistische Berichte. Special Issue 12, 103–125.

Dietrich, R., W. Klein et al. (1995). The acquisition of temporality in a second language. Amsterdam: Benjamins.

Dijkstra, T. & G. Kempen (1993). Einführung in die Psycholinguistik. Bern: Verlag Hans Huber.

Dogil, Grzegorz & Jörg Mayer (1992). Sprache und Gehirn. Ein neurolinguisti-
sches Tutorial (http://www.ims.uni-stuttgart.de/phonetik/joerg/sgtutorial/).

Doughty, C., M. & H. Long. (2000). Eliciting second language speech data. In:
Methods for studying language production, hg. von L. Menn & N. Bernstein
Rathner, Mahwah: Lawrence Erlbaum Associates Publishers, 149–177.

Doughty, C. J. & M. H. Long. (2003): The handbook of second language
acquisition. Studies in Second Language Acquisition: 888. Malden, MA:
Blackwell.

Dronkers, N. F. & C.A. Ludy. (1997): Brain lesion analysis in clinical research.
In: Handbook of Neurolinguistics, hg. von B. Stemmerer und H. Whitaker.
San Diego: Singular Press, 173–187.

Dronkers, N. F., Redfern, B. B., & R. T. Knight (2000). The neural architecture of language disorders. In: The new cognitive neurosciences, hg. von M.
N. Gazzaniga. Cambridge, MA: The M.I.T. Press, 949–958.

Dulay, H. & M. K. Burt (1974). You can't learn without goofing. In: Error
analysis. Perspectives on second language acquisition, hg. von J. C. Richards
& J. C. London: Longman, 95–123.

Eberhard, K. M., Spivey-Knowlton, M. J., Sedivy, J. C. & M. K.Tanenhaus
(1995). Eye movements as a window into real-time spoken language comprehension in natural contexts. In: Journal of Psycholinguistic Research, 24/6,
409–436.

Eilers, R. E., W. J. Gavin et al. (1982). Cross-linguistic perception in infancy: early effects of linguistic experience. In: Journal of Child Language 9,
289–302.

Eimas, P. et al. (1971). Speech perception in infants. In: Science 171, 303–
306.

Einstein, A. & L. Infeld. (1938). The Evolution of Physics. The Growth of
Ideas from Early Concepts to Relativity and Quanta. New York; deutsch:
Die Evolution der Physik. Von Newton bis zur Quantentheorie. Hamburg:
Rowohlt 1956.

Ellis, R. (1994). The study of second language acquisition. Oxford: University Press.

Elsen, H. (1991). Erstspracherwerb - Der Erwerb des deutschen Lautsystems.
Wiesbaden: Deutscher Universität Verlag.

Elsen, H. (1999). Ansätze zu einer funktionalistisch-kognitiven Grammatik:
Konsequenzen aus Regularitäten des Erstspracherwerbs. Tübingen: Niemeyer.

Engbert, R., Longtin, A., & R. Kliegl (2002). A dynamical model of saccade
generation in reading based on spatially distributed lexical processing. In:
Vision Research, 42/5, 621–636.

Engbert, R., Nuthmann, A. et al. (2005). SWIFT. A Dynamical Model of Saccade Generation During Reading. In : Psychological Review 112/ 4, 777–
813.

Epstein, I. (1915). La pensée et la polyglossie. Essai psychologique et didacti-
que. Lausanne: Payot.

Eubank, L. (1991). Point counterpoint: Universal grammar in the second language. Amsterdam: John Benjamins Publ. Comp.

Fadiga, L., L. Craighero et al. (2002). Speech listening specifically modulates the excitability of tongue muscles: a TMS study. In: European Journal of Neuroscience 15/2, 399–402.

Fay, D. A & A. Cutler. (1977). Malapropismus and the structure of the mental lexicon. In: Linguistic Inquiry 8, 505–520.

Feleki, E. & H. P. Branigan (1997). Animacy effects in Greek sentence production: Evidence for single-stage syntactic processing. Poster presented at the 3rd Conference of Architectures and Mechanisms of Language Processing (AMLaP–97). Edinburgh.

Ferraro, F. R. & G. Chastain. (1997). An analysis of Reicher-task effects. In: Journal of General Psychology 124, 411–442.

Fifer, W. P. & C. Moon (1989). Psychobiology of newborns' auditory preferences. In: Seminars in perinatology 13, 430–433.

Fillmore, C. J. (1968). The case for case: Universals in linguistic theory. New York: Holt, Rinehart and Winston, 1–88.

Findlay, J. M., J. M. Henderson et al. (2004). Eye Scanning and Visual Search. In: The Interface of Language, Vision, and Action: Eye Movements and the Visual World, hg. von J. M. Henderson & F. Ferreira. New York: Psychology Press, 134–159.

Findley, J. M. & I. D. Gilchrist. (2004). Active Vision. The Psychology of Looking and Seeing. New York: Oxford University Press.

Fisher, S. E. et al. (1998). Localisation of a gene implicated in severe speech and language disorder. In: Nature genetics 18, 168–170.

Fletcher, P. (1991). Evidence from syntax for language impairment. In: Research on child language disorders: A decade of progress, hg. von J. Miller. Boston: College Hill Press, 169–188.

Floccia, C., J. Goslin et al. (2006). Does a Regional Accent Perturb Speech Processing? In: Journal of Experimental Psychology: Human Perception and Performance 32, 1276–1293.

Flores d'Arcais, G. B. (1987). Syntactic processing during reading for comprehension. In: Attention and Performance 12: The Psychology of Reading, hg. von M. Coltheart. Hillsdale, NJ: Laurence Erlbaum, 619–633.

Fodor, J. A. (1983). The modularity of mind. An essay on the faculty psychology. Cambridge, MA: The MIT Press.

Fodor, J. A. & T.G. Bever (1965). The psychological reality of linguistic segments. In: Journal of verbal learning and verbal behaviour 4, 414–420.

Fodor, J. A., Garrett, M. F. & L. Britt (1975). Pikapu: The perception of speech sounds by prelinguistic infants. In: Perception and Psycholinguistics 18, 74–78.

Fodor, J. A., M. F. Garrett et al. (1980). Against definitions. In: Cognition 8, 263–367.

Fodor, J. A. & Z. W. Pylyshin (1988). Connectionism and cognitive architecture: A critical analysis. In: Cognition 28, 3–71.

Fowler, C. A. (1984). Segmentation of coarticulated speech in perception. In: Perception and psychophysics 36, 359–368.

Frauenfelder, U. H. & C. Floccia. (1999). Das Erkennen gesprochener Wörter. In: Sprachrezeption, hg. von A. D. Friederici. Göttingen: Hogrefe Verlag, 1–48.

Frazier, L. (1979). On comprehending sentences: Syntactic parsing Strategies. Bloomington: Indiana University Linguistics Club.

Frazier, L. & C. Clifton (1996). Construal. Cambridge, MA: The M.I.T. Press.

Friederici, A. D. (1998). Diagnosis and reanalysis: Two processing aspects the brain may differentiate. In: Reanalysis in sentence processing, hg. von J. D. Fodor & F. Ferreira. Dordrecht: Kluver, 177–200.

Friederici, A. D. (2005). Neurophysiological markers of early language acquisition: From syllables to sentences. In: Trends in Cognitive Sciences 9, 481–488.

Friederici, A. D. (2006). The Neural Basis of Sentence Processing: Inferior Frontal and Temporal Contributions, In: Broca's region, hg. von Y. Grodzinsky & K. Amunts. Oxford: Oxford University Press, 196–217.

Friederici, A. D. & D. Y. von Cramon (1999). Neurobiologische Grundlagen des Sprachverstehens. In: Sprachrezeption, hg. von A. D. Friederici. Göttingen: Hogrefe Verlag, 307–349.

Friederici, A. D., T. C. Gunter et al. (2004). The relative timing of syntactic and semantic processes in sentence comprehension. In: Neuroreport: For Rapid Communication of Neuroscience Research 15, 165–169.

Fromkin, V. A. (1980). Introduction. In: Errors in linguistic performance: slips of the tongue, Ear, pen, and hand, hg. von V. A. Fromkin. New York: Academic Press, 1–12.

Galantucci, B., C. A. Fowler et al. (2006). The motor theory of speech perception reviewed. In: Psychonomic Bulletin & Review 13, 361–377.

Garnham, A. (2001). Mental models and the interpretation of anaphora. Philadelphia: Psychology Press.

Garnsey, S. M., Tanenhaus, M. K., & R. M. Chapman (1989). Evoked potentials and the study of sentence comprehension. In: Journal of Psycholinguistic Research 18/1, 51–60.

Garrett, M. F. (1980). Levels of processing in sentence production. In: Language Production, Vol 1. Speech and talk, hg. von B. Butterworth. London: Academic Press, 177–220.

Garrett, M., Bever, T. G. & J. A. Fodor (1965). The active use of grammar in speech perception. In: Perception & Psychophysics 1, 30–32.

Gazzaniga, M. S. (2000). The new cognitive neurosciences. 2. Aufl. Cambdrige, MA: The MIT Press.

Gee, J. P. (1999). Introduction to discourse analysis: Theory and method. London u.a.: Routledge.

Gentner, D. (1982). Why nouns are learned before verbs: linguistic relativity versus natural partitioning. In: Language development Vol. 2: Language, thought, and culture, hg. von S. A. Kuczaj. Hillsdale: Lawrence Erlbaum Associates, 301–334.

Gentner, T. Q. , K. M. Fenn et al. (2006). Recursive Syntactic Pattern Learning by Songbirds. In: Nature Neuroscience 440, 1204–1207.

Geschwind, N. (1965). Disconnexion syndromes in animals and man. In: Brain 88, 237–294.

Gibson, E. & N. J. Perlmutter. (1994). A corpus-based analysis of psycholinguistic constraints on prepositional-phrase attachment. In: Perspectives on sentence processing, hg. von C. F. Clifton, L. Frazier & K. Rayner. Hillsdale: Laurence Erlbaum, 181–198.

Goldmann-Eisler, F. (1968). Psycholinguistics: experiments in spontaneous speech. London u.a.: Academic Press.

Goodz, N. S. (1989). Parental language mixing in bilingual families. Infant Mental Health Journal 10, 5–43.

Gorrell, P. (1995). Syntax and Parsing. Cambridge: University Press.

Graf, R., M. Nagler et al. (2005). Faktorenanalyse von 57 Variablen der visuellen Worterkennung. In: Zeitschrift für Psychologie 213, 205–218.

Greenberg, J. H. (1966). Some Universals of Grammar with Particular Reference to the Order of Meaningful Elements. In: Universals of Language, hg. von J. H. Greenberg. Cambridge: The MIT. Press, 73–113.

Greenfield, S. (1996). The human mind explained. London: Henry Holt and Co.

Grewendorf, G., F. Hamm et al. (1987). Sprachliches Wissen. Frankfurt a.M.: Suhrkamp.

Griffin, Z. M. (1998). What the eyes say about sentence planning. Ph. Diss. University of Illinois at Urbana Champain.

Griffin, Z. M. & K. Bock (2000). What the eye says about speking. In: Psychological Science 11, 274–279.

Grimm, J. (1837). Deutsche Grammatik: Vierter Theil: Syntax. Göttingen: Dietrich.

Grommes, P. & R. Dietrich (2002). Coherence in O. R.-team and cockpit communication. A psycholinguistic contribution to Applied Linguistics. In: Georgetown University Roundtable on Language and Linguistics 2000. Linguistics, Language, and the Professions, 190–219.

Hagoort, P. (2003). Interplay between Syntax and Semantics during Sentence Comprehension: ERP Effects of Combining Syntactic and Semantic Violations. In: Journal of Cognitive Neuroscience 15, 883–899.

Hahne, A. (1998). Charakteristika syntaktischer und semantischer Prozesse bei der auditiven Sprachverarbeitung. MPI Series in Cognitive Neuroscience 1.

Haider, H. & C. Schaner-Wolles (1987). Spracherwerb und Kognition: Eine Studie über interpretative Relationen. In: Grammatik und Kognition: Psycholinguistische Untersuchungen, hg. von J. Bayer. Opladen: Vieweg Verlag, 41–80.

Haller, S., E. W. Radue et al. (2005). Overt sentence production in event-related fMRI. In: Neuropsychologia 43, 807–814.

Hamers, J. F. & M. H. A. Blanc (2000). Bilinguality and bilingualism. New York: Cambridge University Press.

Hauser, Marc D. (1996). The evolution of communication. Cambridge MA: The MIT Press.

Hauser, M. D., N. Chomsky et al. (2002). The faculty of language: What is it, who has it, and how did it evolve? Science 298, 1569–1579.

Heibeck, T. H. & E. M. Markman (1987). Word learning in children: An examination of fast mapping. Child Development 58, 1021–1034.

Heidelberger Forschungsprojekt. (1977). Pidgin-Deutsch spanischer und italienischer Arbeiter in der Bundesrepublik. Die ungesteuerte Erlernung des Deutschen durch spanische und italienische Arbeiter. Eine soziolinguistische Untersuchung. Osnabrücker Beiträge zur Sprachtheorie. Universität Osnabrück.

Heizmann, W. (1990). Entwicklung des Supplements „Multimodales Zuordnen und Benennen« zum Aachener Aphasie-Aest (AAT)". TH Aachen.

Hellwig, P. (1989a). Parsing natürlicher Sprachen: Grundlagen. In: Ein internationales Handbuch zur computergestützten Sprachforschung und ihrer Anwendungen, hg. von I. S. Bátori, W. Lenders & W. Putschke. Berlin u.a.: Walter de Gruyter, 348–377.

Hellwig, P. (1989b). Parsing natürlicher Sprachen: Realisierungen. In: Ein Internationales Handbuch zur Computergestützten Sprachforschung und ihrer Anwendungen, hg. von I. S. Bátori, W. Lenders & W. Putschke. Berlin u.a.: Walter de Gruyter, 378–432.

Hemfort, B., Koniecny, L. & C. Scheepers (2000). Syntactic Attachment and Anaphor Resolution. The Two Sides of Relative Clause Attachment. In: Architectures and Mechanisms for Language Processing, hg. von M. W. Crocker, M. Pickering & C. Clifton, jr. Cambridge: Cambridge University Press, 259–281.

Hemfort, B. & G. Strube (1999). Syntaktische Struktur und Sprachperzeption. In: Sprachrezeption, hg. von A. D. Friederici. Göttingen: Hogrefe Verlag, 243–270.

Henderson, J. M. & F. Ferreira (2004). The interface of language, vision, and action: Eye movements and the visual world. New York: Psychology Press.

Hennon, E., K. Hirsh-Pasek et al. (2000). Die besondere Reise vom Fötus zum spracherwerbenden Kind. In: Sprachentwicklung, hg. von H. Grimm. Göttingen: Hogrefe Verlag, 41–103.

Herrmann, T. & J. Grabowski (1994). Sprechen: Psychologie der Sprachproduktion. Heidelberg u.a: Spektrum.

Herrmann, T. & J. Grabowski (2003). Sprachproduktion. Göttingen u.a.: Hogrefe Verlag.

Herrmann, T. & K. Schweizer (1998). Sprechen über Raum. Bern: Verlag Hans Huber.

Heßmann, V. (1996). Das AAT-Supplement-Text-Nacherzählen: Klinisch-empirische Untersuchungen zu Gütekriterien und Normierung. Phil. Diss. RWTH Aachen.

Hickok, G. & D. Poeppel (2000). Towards a functional neuroanatomy of speech perception. In: Trends in Cognitive Sciences, 4/4, 131–138.

Hildebrandt, N. et al. (1995). Lexical factors in the word superiority effect. In: Memory and Cognition, 23/1, 23–33.

Hockett, C. F. (1960). The origin of speech. Scientific American 203, 88–96.

Höhle, B. & R. van de Vijver et al. (2006). Word processing at 19 months and its relation to language performance at 30 months: A retrospective analysis of data from German learning children. Advances in Speech Language Pathology 8, 356–363.

Höhle, B. & J. Weissenborn (1999). Discovering grammar: Prosodic and morpho-syntactic aspects of rule formation in first language acquisition. In: Learning: Rule extraction and representation. Hg. von A. D. Friederici & R. Menzel. Berlin: Walter de Gruyter, 37–70.

Hopper, R. (1992). Telephone conversation. Bloomington: Indiana UP.

Huber, P., K. Gutbrod et al. (2000). Zur Geschichte der Aphasiologie und Sprachlokalisation im Gehirn. Schweizer Medizinische Wochenschrift, 49–59.

Huber, W. et al. (1983). Der Aachener Aphasie-Test (AAT).Göttingen: Hogrefe.

Hüning, W. K. (1998). Discourse analysis. The state of the art. Essen.

Hyams, N. (1986). Language acquisition and the theory of parameters. Dordrecht: Kluver.

Hyönä, J., R. Radach et al., Hg. (2003). The Mind's Eye: Cognitive and Applied Aspects of Eye Movement Research. Amsterdam: Elsevier.

Indefrey, P., F. Hellwig et al. (2004). Neural responses to the production and comprehension of syntax in identical utterances. In: Brain and Language 89, 312–319.

Indefrey, P. & W. J. M. Levelt (2000). The neuronal correlates of language production. In: The New Cognitive Neurosciences, hg. von M. S. Gazzaniga. Cambridge, MA: The MIT Press, 845–865.

Inhoff, A. & K. Rayner (1996). Das Blickverhalten beim Lesen. In: Schrift und Schriftlichkeit. Ein Interdisziplinäres Handbuch internationaler Forschung, hg. von H. Günther & O. Ludwig. Berlin: Walter de Gruyter, 942–957.

Jackendoff, R. (1999). The representational structures of the language and their interactions. In: The neurocognition of language, hg. von C. M. Brown & P. Hagoort. Oxford: University Press, 37–82.

Jackendoff, R. & S. Pinker (2005). The nature of the language faculty and its implication for evolution of language. In: Cognition 97, 211–225.

Jescheniak, J. D. (2002). Sprachproduktion. Der Zugriff auf das lexikalische Gedächtnis. Göttingen: Hogrefe.

Jescheniak, J. D., A. Hahne et al. (2003). Information flow in the mental lexicon during speech planning: Evidence from event-related brain potentials. In: Cognitive Brain Research 15, 261–276.

Jescheniak, J. D. & W. J. M. Levelt (1994). Word frequency effects in speech production. Retrieval of syntactic information and of phonological form. In: Journal of Experimental Psychology: Language memory and Cognition 20, 824–843.

Johns-Lewis, C., Hg. (1986). Intonation in Discourse. London: Croom Helm Ltd.

Johnson-Laird, P. D. (1983). Mental models: towards a cognitive science of language, inference, and consciousness. Cambridge: Harvard University Press.

Jordens, P. (1997). Introducing the Basic Variety. Special Issue of Second Language Research 13.

Jusczyk, P. (1997). The discovery of spoken language. Cambridge, MA: The MIT Press.

Jusczyk, P. W., Pisoni, D. B., & J. Mullennix (1992). Some consequences of stimulus variability on speech processing by 2-month-old infants. In: Cognition, 43/3, 253–291.

Just, M. A. & P. A. Carpenter (1980). A theory of reading: From eye fixations to comprehension. In: Psychological Review 87, 329–354.

Kaltenbacher, E. (1990). Strategien beim frühkindlichen Syntaxerwerb: Eine Entwicklungsstudie. Tübingen: Gunter Narr Verlag.

Kanler Nebon, G. et al. (1995). The head turn preference procedure for testing auditory perception. In: Infant Behavior and Development 18, 111–116.

Kaplan, R. M. & J. Bresnan (1982). Lexical-functional grammar: A formal system for grammatical representation. In: Mental representation of grammatical relations, hg. von J. Bresnan. Cambridge, MA: M.I.T.-Press, 173–281.

Kauschke, C. (2007). Erwerb und Verarbeitung von Nomen und Verben. Tübingen: Niemeyer.

Kempen, G. & E. Hoenkamp. (1987). An incremental procedural grammar for sentence formulation. In: Cognitive Science 11, 201–258.

Kess, J. E. (1992). Psycholinguistics: psychology, linguistics, and the study of natural language. Amsterdam: John Benjamins Pub.

Klann-Delius, G. (1999). Spracherwerb. Stuttgart und Weimar: Verlag J. B. Metzler.

Klein, W. (1986). Second language acquisition. Cambridge: Cambridge University Press.

Klein, W. & C. Perdue (1992) Utterance structure. Developing grammars again. Amsterdam: John Benjamins Publ. Comp.

Klein, W. & C. von Stutterheim (1989). Referential movement in descriptive and narrative discourse. In: Language processing in social context, hg. von R. Dietrich & C. F. Graumann. Amsterdam: Elsevier, 39–76.

Kliegl, R. & R. Engbert (2003). SWIFT Explorations. In: The Mind's Eye: Cognitive and Applied Aspects of Eye Movement Research, hg. von J. Hyönä et al. Amsterdam: Elsevier, 391–411.

Kliegl, R., E. Grabner et al. (2004). Length, frequency, and predictability effects of words on eye movements in reading. In: European Journal of Cognitive Psychology 16, 262–284.

Kohlmann, U. (1996). Objektreferenz in Beschreibungen und Instruktionen. Eine empirische Untersuchung zum Zusammenhang von Textstruktur, referentieller Bewegung und Formen von Objektreferenzen. Frankfurt a. M.: Peter Lang Verlag.

Krueger, L. E. (1992). The word-superiority effect and phonological recoding. In: Memory and Cognition 20/6, 685–694.

Kuhl, P. K. (1979). Speech perception in early infancy. Perceptual constancy for spectrally dissimilar vowel categories. In: Journal of the Acoustical Society of America 66, 1668–1679.

Kuhl, P. K. (1983). Perception of auditory equivalence classes. In: Infant Behavior and Development 6, 263–285.

Kuhl, P. K. (2004). Early Language Acquisition. Cracking the Speech Code. In: Nature Neuroscience, 831–843.

Kutas, M. & C. K. van Petten (1994). Psycholinguistics electrified: Event-related brain potential investigations. In: Handbook of psycholinguistics, hg. von M. A. Gernsbacher. San Diego: Academic Press, 83–144.

Labov, W. & J. Waletzki (1967). Narrative analysis: Oral versions of personal experience. In: Essays on the verbal and visual arts, hg. von J. H. MacNeish. Seattle, 12–44.

Larson, K. (2004). The Science of Word Recognition or how I learned to stop worrying and love the bouma. Advanced Reading Technology, Microsoft Corporation.

Legendre, G., P. Hagstrom et al. (2002). Partial constraint ordering in child French syntax. Language Acquisition. In: Journal of Developmental Linguistics 10, 189–227.

Leopold, W. F. (1939–49). Speech development of a bilingual child: a linguist's record. 4 Bände. Evanston: Northwestern University Press.

Leuninger, H. (1993). Reden ist Schweigen, Silber ist Gold: Gesammelte Versprecher. Zürich: Amann Verlag.

Leuninger, H. (1998). Danke und Tschüs fürs Mitnehmen. Neue gesammelte Versprecher. München: Deutscher Taschenbuch Verlag.

Leuninger, H. (2000). Mit den Augen lernen: Gebärdenspracherwerb. In: Sprachentwicklung: Enzyklopädie der Psychologie, hg. von H. Grimm. Göttingen: Hogrefe, 229–270.

Leuninger, H. (2006). Sign Languages. Representation, Processing, and Interface Conditions. In: Interfaces in Multilingualism, hg. von C. Lleo. Amsterdam: John Benjamins Publ. Comp., 231–260.

Leuninger, H. & D. Happ, Hg. (2005). Gebärdensprachen: Struktur, Erwerb, Verwendung. Linguistische Berichte. Sonderheft 13. Hamburg: Buske Verlag.

Levelt, W. J. M. (1969). The scaling of syntactic relatedness: A new method in psycholinguistic research. In: Psychonomic Science 17, 351–352.

Levelt, W. J. M. (1970). A scaling approach to the study of syntactic relations. In: Advances in psycholinguistics, hg. von G. B. Flores d'Árcais & W.J.M. Levelt. Amsterdam: North Holland Publ. Comp., 109–121.

Levelt, W. J. M. (1982). Linearization in describing spatial networks. In: Processes, beliefs, and questions: Essay on formal semantics of natural language processing, hg. von S. Peters & E. Sarinen. Dordrecht: Kluver, 199–220.

Levelt, W. J. M. (1983). Monitoring and self-repair in speech. In: Cognition 14, 41–104.

Levelt, W. J. M. (1989). Speaking. From Intention to Articulation. Cambridge MA: The MIT Press.

Levelt, W. J. M., Hg (1992). Lexical access in speech production. In: Cognition Vol. 42. (Special Issue).

Levelt, W. J. M., A. Roelofs et al. (1999). A theory of lexical access in speech production. In: Behavioral and Brain Sciences 22, 1–75.

Levelt, W. J. M., H. Schriefers et al. (1991). The time course of lexical access in speech production: A study of picture naming. In: Psychological Review 98, 122–142.

Levelt, W. J. M. & L. Wheeldon (1994). Do speakers have access to a mental syllabary? In: Cognition 50, 239–269.

Lichtheim, L. (1885). On aphasia. Brain 7, 433–484.

Linde, C. & W. Labov. (1975). Spatial networks as a site for the study of language and thought. In: Language 51, 924–939.

Locke, J. L. (1994). The child's path to spoken language. Cambridge, MA.: Harvard University Press.

Lorenz, K. (1965). Über tierisches und menschliches Verhalten. Aus dem Werdegang der Verhaltenslehre. München und Zürich: Piper.

Luck, S. J. (2005). An Introduction to the Event-Related Potential Technique. Vol. 4: Cognitive Neuroscience. London: The MIT Press.

Lupker, S. J., Snowling, M. J., & C. Hulme (2005). Visual word recognition: Theories and findings. In: The Science of Reading: A Handbook, hg. von M. J. Snowling & C. Hulme. Oxford: Blackwell Publishing Ltd., 39–60.

MacKay, D. G. (1987) The organization of perception and action: A theory for language and other cognitive skills. New York: Springer Verlag.

MacWhinney, B. (1995). The Childes Project: tools for analyzing talk. Hillsdale: Lawrence Erlbaum.

Marcus, M. P. (1980). A theory of syntactic recognition for natural language. Cambridge MA: The MIT Press.

Marshall, C. R. & H. K. J. van der Lely (2007). Derivational morphology in children with Grammatical-Specific Language Impairment. In: Clinical Linguistics & Phonetics 21, 71–91.

Marslen-Wilson, W. (1987). Functional parallelism in spoken word-recognition. In: Cognition 25, 71–102.

Marslen-Wilson, W. (1990). Activation, competition and frequency in lexical acess. In: Cognitive models of speech processing: Psycholinguistic and computational perspectives, hg. von G. T. M. Altmann. Cambridge: Cambridge University Press, 148–172.

Marslen-Wilson, W. & L. K. Tyler (1980). The temporal structure of spoken language understanding. In: Cognition 8, 1–71.

Martens, V. E. G. & P. F. de Jong (2006). The effect of word length on lexical decision in dyslexic and normal reading children. In: Brain and Language 98, 140–142.

Martin, E. & K. H. Roberts(1966). Grammatical factors in sentence retention. In: Journal of Verbal Learning and Verbal Behaviour 5, 211–218.

Mattys, L. et al. (1999). Phonotactic and prosodic effects on word segmentation in infants. In: Cognitive Psychology, 38, 465–494.

Mayberry, R. I., E. Lock et al. (2002). Linguistic ability and early language exposure. In: Nature 417, 38.

McClelland, J. L. & J. L. Elman (1986). The TRACE model of speech perception. In: Cognitive Psychology 18, 1–86.

McKoon, G. & R. Ratcliff (1992). Inference during reading. In: Psychological Review 99, 440–466.

McQueen, J. M., Morris, D. & A. Cutler (1994). Competition in spoken word recognition: Spotting words in other words. In: Journal of Experimental Psychology: Learning, Memory and Cognition, 20/3, 621–638.

McRae, K., M. J. Spivey-Knowlton et al. (1997). Modeling the influence of thematic fit in On-Line Sentence Comprehension. In: Journal of Memory and Language 38, 283–312.

Medicus, G. (1985). Evolutionäre Psychologie. In: Evolution, Ordnung und Erkenntnis, hg. von J. A. Ott et al. Berlin und Hamburg: Parey, 126–150.

Mehler, J. M. et al. (1981). The syllable's role in speech segmentation. In: Journal of Verbal Learning and Verbal Behaviour 20, 298–305.

Meibauer, J. & M. Rothweiler, Hg. (1999). Das Lexikon im Spracherwerb. Tübingen: Francke & Narr (UTB).

Meisel, J. M. (1989). Early differentiation of languages in bilingual children. In: Bilingualism across the lifespan: aspects of acquisition, maturity and loss, hg. von K. Hyltenstam & L. K. Obler. Cambridge: University Press, 13–40.

Meringer, R. & Mayer, K. (1895). Versprechen und Verlesen. Eine psychologisch-linguistische Studie. Stuttgart: Göschen.

Meyer, A. S. (1990). The time course of phonological encoding in language production: The encoding of successive syllables of a word. In: Journal of Memory and Language 29, 524–545.

Meyer, A. S. (1991). The time course of phonological encoding in language production: Phonological encoding inside of the syllable. In: Journal of Memory and Language 30, 69–89.

Meyer, A. S. (1992). Investigation of phonological encoding through speech error analyses: Achievements, limitations, and alternatives. In: Cognition 42, 181–211.

Meyer, D. E. & R. W. Schvanefeldt (1971). Facilitation in recognition of pairs of words: Evidence of a dependence between retrieval operations. In: Journal of Experimental Psychology 90, 227–234.

Miller, G. A. (1991). The science of words. New York: Scientific American Library.

Miller, M. (1976). Zur Logik der frühkindlichen Sprachentwicklung: Empirische Untersuchungen und Theoriediskussion. Stuttgart: Klett.

Mills, A. (1985). The acquisition of German. In: The Crosslinguistic Study of Language Acquisition: The Data, hg. von D. Slobin. Hillsdale: Lawrence Erlbaum, 141- 254.

Molfese, D. L. et al. (2001). Language development during infancy and early childhood: Electrophysiological correlates. In: Approaches to bootstrapping in early language development, hg. von J. Weissenborn & B. Höhle. Amsterdam: John Benjamins, 181–229.

Molfese, D. L. (1987). Electrophysiological indices of categorial perception for speech. In: Categorical perception: The groundwork of cognition, hg. von S. Harnad. New York: Cambridge University Press, 421–443.

Molfese, D. L. & V. J. Molfese (1979). Hemisphere and stimulus differences as reflected in the cortical responses of newborn infants to speech stimuli. In: Developmental Psychology 15, 505–511.

Montague, R. (1970). English as a formal language. In: Linguaggi nella societa e nella tecnica, hg. von B. Visentini et al. Milano: Edizioni di Communità, 189–224.

Motley, M. T. (1980). Verification of »Freudian Slips« and semantic prearticulatory editing: Evidence from laboratory-induced slips of the tongue. In: Errors in linguistic performance: Slips of the tongue, ear, pen and hand, hg. von V. A. Fromkin. New York: Academic Press, 133–147.

Motley, M. T., Baars, B.J. & C. D. Camden (1981). Syntactic criteria in particulatory editing: Evidence from laboratory-induced slips of the tongue. In: Journal of Psycholinguistic Research 10, 503–522.

Motley, M. T., Camden, C. T. & B. J. Baars (1982). Covert formulation and editing of anomalies in speech production: Evidence from experimentally elicited slips of the tongue. In: Journal of Verbal Learning and Verbal Behavior 21, 578–594.

Müller, O. & P. Hagoort (2006). Access to lexical information in language comprehension: Semantics before syntax. In: Journal of Cognitive Neuroscience 18, 84–96.

Nelson, K. (1985). Making sense: The acquisition of shared meaning. Orlando: Academic Press.

Newport, E. (1990). Maturational constraints on language learning. In: Cognitive Science 14, 11–24.

Norris, D., Butterfield, S., McQueen, J. M. & A. Cutler (2006). Lexically guided retuning of letter perception. In: Quarterly Journal of Experimental Psychology 59, 1505–1515.

Norris, D., McQueen, J. M. & A. Cutler (1995). Competition and segmentation in spoken-word recognition. In: Journal of Experimental Psychology: Learning, Memory and Cognition, 21/5, 1209–1228.

Nuthmann, A. & E. Van der Meer (2005). Time's arrow and pupillary response. In: Psychophysiology 42, 306–317.

Ohala, J. J. (1986). Against the direct realist view of speech perception. In: Journal of Phonetics 14, 75–82.

Okada, K. & G. Hickok (2006). Left posterior auditory-related cortices participate both in speech perception and speech production: Neural overlap revealed by fMRI. In: Brain and Language 98, 112–117.

Ortmann, W. D. (1978). Hochfrequente deutsche Wortformen, Vol. IV. München: Goethe-Institut.

Paivio, A. (1978). Comparisons of mental clocks. In: Journal of Experimental Psychology: Human Perception and Performance, 4/1, 61–71.

Paivio, A. (1986). Mental Representations - A Dual Coding Approach. Oxford: Oxford University Press.

Palmer, J. et al. (1985). Information processing correlates of reading. In: Journal of Verbal Learning and Verbal Behaviour 24, 59–88.

Paradis, J. (2001). Do bilingual two-year-olds have separate phonological systems? In: International Journal of Bilingualism 5, 19–38.

Pearson, B. Z., S. C. Fernandez et al. (1993). Lexical development in bilingual infants and toddlers: Comparison to monolingual norms. In: Language Learning 43, 93–120.

Pechmann, T. (1994). Sprachproduktion. Zur Generierung komplexer Nominalphrasen. Opladen: Westdeutscher Verlag.

Penner, Z. (2000). Phonologische Entwicklung: Eine Übersicht. In: Sprachentwicklung, hg. von H. Grimm. Göttingen u.a.: Hogrefe, 105–139.

Penner, Z., Krügel, C., Gross, M., & V. Hesse (2006). Sehr frühe Indikatoren von Spracherwerbsverzögerungen bei gesunden, normalhörenden Kindern. In: Frühförderung Interdisziplinär, 25/1, 37–48.

Perdue, C. (1984). Second language acquisition by adult immigrants. A field manual. Rowley, MA: Newbury House.

Perdue, C. (1993–1994). Adult language acquisition: Crosslinguistic perspectives. Cambridge: Cambridge University Press.

Peterson, R. P. & P. Savoy (1998). Lexical selection and phonological encoding during language production: Evidence for cascaded processing. In: Journal of Experimental Psychology: Learning, Memory and Cognition 24, 539–557.

Piaget, J. (1923). Sprechen und Denken des Kindes. Düsseldorf: Schwann.

Piaget, J. (1973). Einführung in die genetische Erkenntnistheorie. Frankfurt a. M.: Suhrkamp; engl.: New York: Columbia Univ. Press. 1970.

Pickering, M. J. & H. P. Branigan (1998). The representation of verbs: Evidence from syntactic priming in language production. In: Journal of Memory and Language 39, 633–651.

Pieroth, H. G. (2005). Zur Sprachlautkonstitutierung im phonetischen Wahrnehmungsprozess. Berlin: Walter de Gruyter.

Pinker, S. (1994). The language instinct. New York: William Morrow & Company.

Pinker, S. & A. S. Prince (1991). Regular and irregular morphology and the psychological status of rules of grammar. In: General sessions and parasessions on the grammar of event structure, hg. von L. A. Sutton et al. Berkeley, 230–251.

Poeppel, D. & G. Hickok (2004). Introduction: Towards a new functional anatomy of language. In: Cognition 92, 1–12.

Pompino-Marshall, B. (1995). Einführung in die Phonetik. 2. Aufl. 2003. Berlin: Walter de Gruyter.

Prat-Sala, M. (1997). The production of different word orders: A psycholinguistic and developmental approach. Edinburgh: Univ. of Edinburgh.

Prat-Sala, M. & H. P. Brannigan (2000). Discourse constraints on syntactic processing in language production: A cross-linguistic study in English and Spanish. In: Journal of Memory and Language 42, 168–182.

Preyer, W. T. (1882). Die Seele des Kindes. Beobachtungen über die geistige Entwicklung des Menschen in den ersten Lebensjahren. Leipzig: Th. Grieben's Verlag.

Prillwitz, S. et al. (1989). HamNoSys. Version 2.0; Hamburger Notationssystem für Gebärdensprache. Eine Einführung. Hamburg: SIGNUM.

Pritchett, B. L. (1992). Grammatical competence and parsing performance. Chicago: University of Chicago Press.

Quay, S. (1993). Language choice in early bilingual development. Cambridge: Cambridge University Press.

Rayner, K., M. Carlson et al. (1983). The interaction of syntax and semantics during sentence processing: Eye movements in the analysis of semantically biased sentences. In: Journal of Verbal Learning & Verbal Behavior 22, 358–374.

Rayner, K. & S. A. Duffy (1986). Lexical complexity and fixation times in reading: Effects of word frequency, verb complexity, and lexical ambiguity. In: Memory & Cognition 14, 191–201.

Rayner, K., B. J. Juhasz et al. (2005). Eye Movements During Reading. In: The science of reading: A handbook, hg. von N. A. Snowling & C. Hulme. Oxford: Blackwell Publishing, 79–97.

Rayner, K., S. P. Liversedge et al. (2004). Visual and Linguistic Processing during Eye Fixations in Reading. In: The interface of language, vision, and action: Eye movements and the visual world, hg. von F. Ferreira & J. M. Henderson. New York: Psychology Press, 59–104.

Rayner, K., S. J. White et al. (2003). On the Processing of Meaning from Parafoveal Vision During Eye Fixations in Reading. In: The Mind's Eye: Cognitive and Applied Aspects of Eye Movement Research, hg. von J. Hyönä et al. Amsterdam: Elsevier, 213–234.

Reetz, H. (1999). Artikulatorische und akustische Phonetik. Trier: Wissenschaftlicher Verlag.

Reicher, G. M. (1969). Perceptual recognition as a function of meaningfulness of stimulus material. In: Journal of Experimental Psychology 81, 274–280.

Remez, R. E. (1994). A guide to research on the perception of speech. In: Handbook of psycholinguistics, hg. von M. A. Gernsbacher. San Diego: Academic Press, 145–172.

Rice, M. L. et al. (2004). Growth Models of Developmental Language Disorders. In: Developmental language disorders: From phenotypes to etiologies, hg. von M. L. Rice & S. F. Warren. Mahwah, NJ: Lawrence Erlbaum Associates Publishers, 207–240.

Richter, F. (1927). Die Entwicklung der psychologischen Kindersprachforschung bis zum Beginn des 20. Jahrhunderts: Ein Beitrag zur Geschichte der Kinderseelenkunde. Münster.

Rieck, B.-O. (1987). Natürlicher Zweitspracherwerb bei Arbeitsimmigranten. Eine Langzeituntersuchung. Frankfurt a. M.: Verlag Peter Lang.

Roelofs, A. (1992). A spreading-activation theory of lemma retrieval in speaking. In: Cognition 42, 107–142.

Rohrer, C. & C. Schwarze (1988). Eine Grammatiktheorie für die prozedurale Linguistik: Die lexikalisch-funktionale Grammatik (LFG). In: Sprache in Mensch und Computer, hg. von H. Schnelle & G. Rickheit. Opladen: Westdeutscher Verlag, 9–64.

Romaine, S. (1998). Early bilingual development: from elite to folk. In: Bilingualism and migration, hg. von G. Extra & L. Verhoeven. Berlin: Mouton de Gruyter, 61–74.

Ronjat, J. (1913). Le dévelopment du langage observé chez un enfant bilingue. Paris: Champion.

Rothweiler, M. (1999). Neue Ergebnisse zum fast mapping bei sprachnormalen und sprachentwicklungsgestörten Kindern. In: Das Lexikon im Spracherwerb, hg. von J. Meibauer & M. Rothweiler. Tübingen: Francke & Narr (UTB), 252–276.

Rugg, M. D. & M. G. H. Coles. (1997). Electrophysiology of Mind. Event-related Brain Potentials and Cognition Vol. 25: Oxford Psychology Series. Oxford: Oxford University Press.

Sacks, H., Schegloff, E. A., & G. Jefferson (1974). A simple systematics for the organisation of turn-taking in conversation. In: Language 50, 696–735.

Samuel, A. G. (1986). The role of the lexicon in speech perception. In: Pattern Recognition by Humans and Machines: Speech perception, hg. von E. C. Schwab & H. C. Nussbaum. New York et al. Academic Press, 89–109.

Schade, U. (1992). Konnektionismus: Zur Modellierung der Sprachproduktion. Westdeutscher Verlag: Opladen.

Schade, U. (1999). Konnektionistische Sprachproduktion. Wiesbaden: DUV.

Schaner-Wolles, C. & H. Haider (1987). Spracherwerb und Kognition: Eine Studie über interpretative Relationen. In: Grammatik und Kognition, Linguistische Berichte, Sonderheft 1, hg. von J. Bayer, 41–80.

Schattuck-Hufnagel, S. (1979). Speech errors as evidence for a serial order mechanism in sentence production. In: Sentence processing: Psycholinguistic studies presented to Merrill Garrett, hg. von W. E. Cooper & E.C.T. Walker. Hillsdale Laurence Erlbaum, 295–342.

Schegloff, E. A. (1979). Identification and recognition in telephone conversation openings. In: Everyday language: Studies in Ethnomethodology, hg. von G. Psatas. New York: Irvington Publ., 23–78.

Schegloff, E. A., Jefferson, G. & H. Sacks (1977). The Preference for Self-Correction in the Organization of Repair in Conversation. In: Language 53, 361–382.

Schiller, N. O. (1997). The role of the syllable in speech production: Evidence from lexical statistics, metalinguistics, masked priming, and electromagnetic midsagittal articulography. Nijmegen: MPI Series in Psycholinguistics.

Schlink, B. (1995). Der Vorleser. Zürich: Diogenes Verlag; zit. nach der Jubiläumsausgabe 2002.

Schmitt, B. M., A. Rodriguez-Fornells et al. (2001). Electrophysiological estimates of semantic and syntactic information access during tacit picture naming and listening to words. In: Neuroscience Research 41, 293–298.

Schreuder, R. & H. Baayen (1995). Modelling morphological processing. In: Morphological aspects of language processing, hg. von L. B. Feldman. Hove: Lawrence Erlbaum, 131–156.

Schriefers, H. (1999). Morphologie und Worterkennung. In: Sprachrezeption, hg. von A. D. Friederici. Göttingen: Hogrefe Verlag, 117–153.

Schriefers, H. Meyer, A. S. & W. J. M. Levelt (1990). Exploring the time course of lexical access in language production: Picture-word interference studies. In: Journal of Memory and Language 29, 86–102.

Schriefers, H. J., E. Teruel et al. (1998). Producing simple sentences: Results from picture word interference experiments. In: Journal of Memory and Language 39, 609–632.

Schwartz, B. D. & L. Eubank (1996). What is the ›L2-initial state‹? In: Second Language Research 2, 1–6.

Scupin, E. & Scupin, G. (1907, 1910). Bubis erste Kindheit. Leipzig: Grieben.

Seidenberg, M. S. (1995). Visual word recognition. In: Speech, language, and communication, hg. von J. L. Miller & P. D. Eimas. San Diego u.a.: Academic Press, 137–179.

Seidenberg, M. S. & J. L. McClelland (1989). A distributed, developmental model of word recognition and naming. In: Psychological Review 96, 447–452.

Seidenberg, M. S. & M. K. Tanenhaus (1979). Orthographic effects on rhyme monitoring. In: Journal of Experimental Psychology: Human Learning & Memory 5, 546–554.

Shapiro, L. P., & B. A. Levine (1990). Verb processing during sentence comprehension in aphasia. In: Brain and Language, 38/1, 21–47.

Sinclair-de Zwart, H. (1971). Sensomotoric action patterns as a condition for the acquisition of syntax In: Language Acquisition: Models and Methods, hg. von E. Ingram & R. Huxley. New York: Academic Press, 121–136.

Slobin, D. I. (1973). Cognitive prerequisites for the development of grammar. In: Studies of Child Language Development, hg. von C. A. Ferguson & D. I. Slobin. New York: Academic Press, 175–211.

Slobin, D. I. (1985 ff.). The Crosslinguistic Study of Language Acquisition. Vol. 1–5. Hillsdale: Lawrence Erlbaum.

Smith, A. (1993). Stuttering: Physiological correlates and theoretical perspectives. In: Linguistic disorders and pathologies, hg. von G. Blanken et al. Berlin u.a.: Walter de Gruyter, 864–870.

Soderstrom, M., G. Deborah, N. Kemler et al. (2005). Six-month-olds recognize clauses embedded in different passages of fluent speech. In: Infant Behavior & Development 28, 87–94.

Spalek, K. (2005). Storage and Retrieval of Lexical-Syntactic Properties: The Case of Grammatical Gender. Enschede: Print Partners Ipskamp.

Stark, H. K. & J. A. Stark (1990). Syllable structure in Wernicke's aphasia. In: Morphology, phonology, and aphasia, hg. von J.-L. Nespoulous & P. Villard. New York: Springer Verlag, 213–234.

Stark, J. A. & H. K. Stark (1991). Störungen der Textverarbeitung bei Aphasie. In: Einführung in die linguistische Aphasiologie. Theorie und Praxis, hg. von G. Blanken. Freiburg: Hochschul-Verlag, 231–285.

Stechow, A. von & W. Sternefeld (1988). Bausteine syntaktischen Wissens: Ein Lehrbuch der generativen Grammatik. Opladen: Westdeutscher Verlag.

Steinberg, D. D., H. Nagata et al. (2001). Psycholinguistics. Language, Mind, and World. Essex: Pearson Education Limited.

Stemberger, J. P. (1982). The nature of segments in the lexicon. In: Lingua 56, 43–65.

Stern, C. & W. Stern (1920). Die Kindersprache. Eine psychologische und sprachtheoretische Untersuchung. Leipzig: Verlag von Johann Ambrosius Barth [1. Aufl. 1907].

Stern, C. & William Stern (1909). Anleitung zur Beobachtung der Sprachentwicklung bei normalen, vollsinnigen Kindern. In: Zeitschrift für Angewandte
Psychologie und Psychologische Sammelforschung 2, 313–337.

Stroop, J. R. (1935). Studies of interference in serial verbal reactions. In: Journal
of Experimental Psychology 18, 643–662.

Stuart, P. & M. W. Crocker. (1998). Generalized monotonicity for reanalysis
models. In: Reanalysis in sentence processing, hg. von J. D. Fodor & F. Ferreira. Dordrecht: Kluwer Academic Publishers, 365–400.

Stutterheim, C. v. (1986). Temporalität in der Zweitsprache. Berlin: de Gruyter.

Stutterheim, C. v. (1994). Quaestio und Textaufbau. In: Sprache und Kognition: Perspektiven moderner Sprachpsychologie, hg. von H.-J. Kornadt, J. Grabowski & R. Mangold-Allwinn. Heidelberg u.a.: Spectrum. Akademischer
Verlag, 251–274.

Stutterheim, C. v. (1997). Einige Prinzipien des Textaufbaus: Empirische Untersuchungen zur Produktion mündlicher Texte. Tübingen: Niemeyer.

Stutterheim, C. v., & W. Klein, (1989). Referential movement in descriptive
and narrative discourse. In: Language processing in social context, hg. von
R. Dietrich & C. F. Graumann. Amsterdam: Elsevier, 39–76.

Stutterheim, C. v., W. Klein et al. (2002). Quaestio and L-perspectivation. In:
Perspective and perspectivation in discourse, hg. von C. F. Graumann & W.
Kallmeyer. Amsterdam: John Benjamins Publ. Comp., 59–88.

Stutterheim, C. v. & R. Nüse (2003). Processes of conceptualization in language production: Language-specific perspectives and event construal. In:
Linguistics 41, 851–881.

Szagun, G. (1991). Sprachentwicklung beim Kind. München: Psychologie Ver-
lags Union.

Taeschner, T. (1983). The Sun is Feminine. A Study on Language Acquisition
in Bilingual Children. Berlin: Springer Verlag.

Tanenhaus, M. K., M. J. Spivey-Knowlton et al. (2000). Modelling thematic
and discourse context effects with a multiple constraints approach: Implications for the architecture of the language comprehension system. In: Architectures and mechanisms for language processing, hg. von M. W. Crocker et
al. Cambridge: University Press, 90–118.

Tanenhaus, M. K. & J. C. Trueswell (1995). Sentence Comprehension. In:
Speech, Language, and Communication, hg. von J. Miller & P. D. Eimas.
San Diego: Academic Press, 217–262.

Templin, M. C. (1973). The study of articulation and language development
during the early school years. In: The genesis of language. A psycholinguistic approach, hg. von F. Smith & G. A. Miller. Cambridge, MA: The MIT
Press, 173–186.

Timmermans, M. et al. (1999) Incremental grammatical encoding in event descriptions. Paper presented at the 21st annual conference of the cognitive science society. In: Proceedings of the 21st annual conference of the cognitive
science society. Hillsdale: Lawrence Erlbaum Publ.

Tomasello, M. & M. Carpenter (2005). The Emergence of Social Cognition in
Three Young Chimpanzees. In: Monographs of the Society for Research in
Child Development 70/1, 1–136.

Tomasello, M., M. Carpenter et al. (2005). Understanding and sharing intentions: The origins of cultural cognition. In: Behavioral and Brain Sciences 28, 675–735.

Tracy, R. (1991). Sprachliche Strukturentwicklung: Linguistische und kognitionspsychologische Aspekte einer Theorie des Erstspracherwerbs. Tübingen: Gunter Narr.

Tracy, R. (2000). Language mixing as a challenge for Liunguistics. In: Crosslinguistic structures in simultaneous bilingualism, hg. von S. Döpke. Amsterdam: John Benjamins Publ. Comp., 11–36.

Tracy, R., & I. Gawlitzek-Maiwald. (2000). Bilingualismus in der frühen Kindheit. In: Sprachentwicklung. Enzyklopädie der Psychologie, Serie III; Sprache Bd. 3, hg. von H. Grimm. Göttingen: Hogrefe, 495–535.

Tropf, H. (1983). Variation in der Phonologie des ungesteuerten Zweitspracherwerbs. 2 Bde. Phil. Diss. Neuphilologische Fakultät der Universität Heidelberg.

Turennout, M. I. van (1997). The electrophysiology of speaking: investigations on the time course of semantic, syntactic, and phonological processing. Phil. Diss. Radboud University Nijmegen.

Ullmer-Ehrich, V. (1982). The structure of living space descriptions. In: Speech, place and action, hg. von R. J. Jarvella & W. Klein. Chichester u.a.: John Wiley and Sons, 219–250.

Van der Lely, H. K. J. (2005). Domain-specific cognitive systems: Insight from Grammatical-SLI. In: Trends in Cognitive Sciences 9, 53–59.

Van Nice, K. Y. & R. Dietrich (2003). Task sensitivity of animacy effects: Evidence from German picture descriptions. In: Linguistics 41, 825–849.

Van Orden, G. C., H. Kloos et al. (2005). The Question of Phonology and Reading. In: The science of reading: A handbook, hg. von N. A. Snowling & C. Hulme. Oxford: Blackwell Publishing, 61–78.

Volterra, V. & C. J. Erting. (1994). From gesture to language in hearing and deaf children. Washington DC: Gallaudet University Press.

Volterra, T. & V. Taeschner (1978). The acquisition and development of language by bilingual children. In: Journal of Child Language 5, 311–326.

Weber, A., M. Grice et al. (2006). The role of prosody in the interpretation of structural ambiguities: A study of anticipatory eye movements. In: Cognition 99, B63-B72.

Weil, H. (1879). De l'ordre des mots dans les langues anciennes comparées aux langues modernes. Paris: F. Vieweg.

Weinberg, A. (1988). Locality in syntax and in language processing. Diss. Cambridge MA: The MIT Press.

Weinert, S. (2000). Beziehungen zwischen Sprach- und Denkentwicklung. In: Sprachentwicklung, hg. von H. Grimm. Göttingen: Hogrefe, 311–361.

Weissenborn, J. et al. (1998). Children's sensitivity to word-order violations in German: Evidence for very early parameter-setting. In: Proceedings of the 22nd Annual Boston University Conference on Language Development, Vol 2, Sommerville, MA.

Weissenborn, J. (2000). Der Erwerb von Morphologie und Syntax. In: Sprachentwicklung. Enzyklopädie der Psychologie; Serie III, Sprache, Bd. 3, hg. von H. Grimm. Göttingen: Hogrefe, 141–169.

Weissenborn, J. (2003). Untersuchungen zum frühkindlichen Spracherwerb: Ergebnisse und Konsequenzen für das Verständnis von Sprachentwicklungsstörungen. In: 4. Wissenschaftliches Symposium des dbs e.V. am 17. und 18. Januar 2003. Deutscher Bundesverband der Sprachheilpädagogen. Fulda: Langen-Müller, Ulrike de, Iven, Claudia & Volker Maihack: Früh genug, zu früh, zu spät? Modelle und Methoden zur Diagnostik und Therapie sprachlicher Entwicklungsstörungen von 0 bis 4 Jahren.

Werker, J. F., J. C. Goodman et al. (1994). Cross-language speech perception: Development change does not involve loss. In: The development of speech perception: The transition from speech sounds to spoken words, hg. von J. C. Goodman & H. C. Nusbaum. Cambridge: The MIT Press, 95–120.

Werker, J. F. & C. E. Lalonde (1988). Cross-language speech perception: Initial capabilities and developmental change. In: Developmental Psychology 24, 672–683.

Wermke, K, & W. Mende (1992). Sprache beginnt mit dem ersten Schrei. In: Spektrum der Wissenschaft. Dezember 1992, 115–118.

Wernicke, C. (1874.). Der Aphasische Symptiomencomplex: Eine Psychologische Studie auf Anatomischer Basis. Breslau: Verlag Max Cohn & Weigert.

Whitaker, H. A. (1971). On the representation of language in the brain. Edmonton: Linguistic Research Inc.

Wiedenmann, N. (1998). Versprecher. Phänomene und Daten. Mit Materialien und Diskette. Wien: Edition Praesens.

Wiedenmann, N. (1992). Versprecher und die Versuche zu ihrer Erklärung. Ein Literaturüberblick. Trier: Fokus. Wissenschaftlicher Verlag Trier.

Williams, H., Zeigler, H. P., & P. Marler. (2004). Birdsong and singing behavior. In: Behavioral neurobiology of birdsong. New York: Academy of Sciences.

Wingate, M. E. (1988). The structure of stuttering: A psycholinguistic analysis. New York: Springer Verlag.

Yngve, V. H. (1960). A model and a hypothesis for language structure. In: Proceedings of the American Philosophical Society. Vol. 104, 444–466.

Young, D. J. (1991). The relationship between anxiety and foreign language oral proficiency ratings. In: Language anxiety. From theory and research to classroom implications, hg. von E. K.Horwitz, & D.J. Young. Englewoods Cliffs NJ.: Prentice Hall, 57- 63.

Zhang, Biyin & Danling, P. (1992). Decomposed storage in the Chinese lexicon. In: Language Processing in Chinese, hg. von C. Hsuan-Chih, Ovid J. & L. Zheng. Amsterdam: North-Holland, 131–149.

Zhu, X. et al. (1999). Is there phonologically mediated access to lexical semantics in reading Chinese? In: Reading Chinese Script, hg. von J. Wang, A. W. Inhoff & H. C. Chen. Mahwah, NJ: Lawrence Erlbaum Associates, 135–171.

Ziegler, J. C. & L. Ferrand (1998). Orthography shapes the perception of speech: The consistency effect in auditory word recognition. In: Psychonomic Bulletin & Review 5, 683–689.

Ziegler, J. C., L. Ferrand et al. (2000). Visual and phonological codes in letter and word recognition: Evidence from incremental priming. In: The Quarterly Journal of Experimental Psychology A: Human Experimental Psychology 53, 671–692.

Zwitserlood, P. (1999). Gesprochene Wörter im Satzkontext. In: Sprachrezeption. Enzyklopädie der Psychologie, Serie III. Sprache, Bd. 2, hg. von A. D. Friederici. Göttingen: Hogrefe Verlag, 85–116.

Sachregister

Sammlung Metzler

Printed in the United States
By Bookmasters